신범죄심리학

千 定 煥
李 東 任 공저

도서출판 진 영 사

신범죄심리학

千定煥 · 李東任 공저

2012년 8월 24일 초판인쇄
2012년 8월 26일 발 행
발행인 박 진 영
발행처 도서출판 진영사
인천광역시 부평구 갈산동 16-22번지
전화 : 032)505-4207
팩스 : 032)505-4206
E-mail : 0183734207@hanmail.net
등록 : 122-91-77317

ISBN 978-89-6541-091-1 93350
값 17,000원

머리말

이 책은 범죄심리에 관한 전문학술도서이다. 범죄심리학은 다양한 학문이 필요한 학제적 학문으로 사회복지학, 심리학, 법학, 범죄학, 인간학 등 관련 학문이 많은 분야로 쉽게 접근하기가 곤란하나 다시 말하여 범죄인의 심리를 알기 위하여서는 다양한 관련분야의 지식이 필수적이다. 이러한 관계로 범죄심리학의 올바른 이해를 위해서는 인간학 등 다양한 지식의 축적이 없이는 보다 정확한 프로파일링을 할 수가 없게 된다. 범죄심리학에 관한 오해의 하나는 범죄심리학은 심리학의 한 분야가 아니라는 것이다. 특히 범죄가 갈수록 진화되어가는 시점에서는 범죄 심리의 정확한 이해를 위해서는 탈심리학적인 접근도 필요하다고 할 것이다. 가령, 마약범죄인의 중독성을 알기위해서는 마약수요의 탄력성이라는 경제학적 접근이 필수적이듯이 때로는 심리학적 접근 외에도 탈심리학적 접근이 중요하다고 할 것이다. 현재 범죄심리학에 관해서는 다양한 저서들이 나와 있으며 각기 특성들을 가리고 있다. 원래 범죄심리학 책은 먼저 인간의 본성학에 대한 소개가 있고 그 다음에 개별범죄심리들의 현상과 대응방안과 프로파일링과 범죄인에 대한 교정방안이 나오는게 순서가 되는데 이렇게 하기 위해서는 많은 분량과 보다 더 전문적인 분야이지만 여러 사정으로 인하여 그렇지 못한 것이 학계의 현실이다. 이 책은 필자가 2006년에 출간한 「신범죄심리학」(대왕사)중에서 불필요한 부분은 삭제하고 주로 개별범죄심리 이론들로 24개장을 재구성한 책이다. 범죄심리에는 정답이 없고 추론만 가능한 분야이므로 다양한 범죄의 심리에 대하여 다양한 의

견과 주장을 소개하고 비판하는 방법이 범죄심리에 대한 올바른 공부방법이 될 것이다. 최근에 발생하는 범죄에 일부 언론이 범죄심리를 단정적으로 하는 것이 자주 나오나 이는 잘못된 것이다. 범죄심리학은 과학에 관한 영역이 아니라 추론의 영역이기 때문이다. 필자가 2006년에 모 출판사에 출간한「신범죄심리학」은 해당 출판사와의 계약기간이(5년) 끝났으며 그 책을 재출간해줄 출판사를 찾다가 진영사와 계약을 맺게 되었다. 따라서 이번에 내놓은 범죄심리학은 필자가 2006년에 출간한「신범죄심리학」의 재출간임을 밝혀둔다. 이번에 재출간하면서 기존의「신범죄심리학」의 내용 중에 지나치게 어려웠거나 필요하거나 불필요한 부분을 삭제한 바 이 과정에서 이동임 박사님의 많은 도움을 받았다. 이동임 박사는 범죄학에 관해 열정적인 학자로 책의 문제점과 내용 및 방향에 대해 전문적인 조언을 해주었기에 공저자의 자격이 충분하며 감사드린다. 그리고 재출간하면서 초판에 없었던「묻지마범죄」를 추가하고 수정 보완하였다. 아무쪼록 본 책이 범죄심리를 공부하는 분들에게 조금이라도 도움이 되길 기원한다.

2012년 8월 25일 千定煥

목 차

제1장 범죄심리학의 의의[1)]

1. 서 론

범죄심리학이란 범죄를 행한 범죄인의 심리에 관한 이론과 그러한 범죄심리를 가진 개별범죄인의 범죄심리치료와 교정에 관한 학문이라고 할 때, 먼저 그러한 개별범죄 심리이론을 언급하기 전에 그러한 범죄를 행하는 인간이 무엇인가? 즉, 인간의 특징 · 인간관 · 인간본성론 등에 관한 언급이 우선 있어야 한다. 또한 범죄의 개념과 도덕의 개념을 알기 위해 최소한의 윤리학적 기초지식을 쌓아야 하며, 그 뒤에는 도대체 범죄의 개념이 무엇인가에 대한 범죄개념론의 언급이 있어야 한다. 그리고 범죄학의 구성 및 범죄이론과 범죄원인에 관한 기본적 개념들과 이론들을 숙지해야 하며, 범죄심리의 필수적 심리이론인 사회심리학 · 정서심리학 · 동기심리학 · 학습심리학 · 이상심리학 · 성격심리학 등을 총론에서 언급하였다. 사회심리학에서는 공격이론, 귀인이론, 친사회적 행동, 사회지각, 애착, 동조, 집단심리, 편견 등이 포함되어 여기서 공격성은 범죄인의 공격행동 설명에 필수적 기반이론이며, 귀인이론(attribution theory)에서는 그러한 행위를 하게 된 범죄인의 범죄행위의 원인을 찾는 이론이다. 집단심리는 조직범죄와 관련된다. 또한 학습심리학은 과연 범죄인의 범죄행위가 후천적으로 학습된 것이라고 보는 견해와 관련된 심리이론이고, 성격심리학은 범죄인의 성격을 여러 분석들에 의해 설명하는 이론이며, 동기심리학은 범죄인의 성격을 여러 분석들에 의해 설명하는 이론이며, 동기심리학은 범죄행동의 동기와 관련된 이론이다. 이처럼 범죄심리학에서는 심리학의 개념과 기본이론들은 필수적이므로 여기에 아주 쉽게 서술하였다.

그 다음으로 범죄 커뮤니케이션이론의 기초를 알기 위해서는 커뮤니케이션의 기초이론을 숙지해야 하는데, 오늘날 TV나 인터넷, 신문, 게임 등 현대 커뮤니케이

---

1) 이 부분은 천정환의 범죄심리학(대왕사, 2006년)의 21-2면을 전재

션이 범죄에 미치는 영향이 너무나 중요하므로 왜 인간이 매스컴에 의해 영향을 받아 범죄를 하고, 테러범죄와 같이 왜 테러범들은 매스미디어를 이용해 범죄를 행하며, 또 언론 등의 매스미디어가 범죄발생과정상에 발생하는 인격권의 침해 등 미디어 자체의 범죄의 속성을 알아야 한다. 미디어범죄의 정의에 대해서 필자는 "미디어에 의행 영향 받은 모방범죄처럼 미디어를 이용한 범죄, 국제적 테러범들이 자신들의 정치적 의사를 전달하기 위해 미디어를 이용한 범죄 그리고 범죄인과 피해자 또는 제3자의 명예훼손 등의 미디어 자체의 범죄"라고 정의한다.

이와 같은 미디어범죄는 현대에서 매스미디어의 영향이 급증하는 현실에서 중요시되므로 이러한 미디어범죄를 알기 위해서는 기본전제지식으로 미디어의 커뮤니케이션이론을 숙지해야 함은 물론인데 특히 2005년 말에 발생한 MBC의 'PD수첩' 사태처럼 학문범죄가 명백한데도 언론이나 우상숭배자들이 그러한 학문범죄를 동조하고, 나아가 그러한 학문범죄에 세뇌된 우상추종자들이 PD수첩 제작진과 이들의 진실을 옹호하는 사람 및 네티즌들에게 사이버폭력을 오랜 기간 행하는 범죄행위나 확신범을 이해하기 위해서는 이러한 기본이론인 커뮤니케이션이론이 필수적이다.

이처럼 범죄심리학의 이론을 근본적으로 탐구하기 위해서는 위에서 언급한 범죄인간학, 윤리학[2] 범죄론, 범죄학론, 범죄이론, 범죄원인론, 피해자론, 범죄 커뮤니케이션론, 심리학이 필수적이므로 범죄심리학 총론에서 다루어야 하나, 여기에서는 지면관계상 일정부분만 포함시켰다.

여기에서 범죄인간학은 방대한 인간학의 범위 중에서 범죄원인과 관계되는 인간본성론, 인간특성론, 인간행동론을 의미한다고 할 수 있다. 적어도 과실범이 아닌

---

2) 윤리학이란 한 집단의 윤리적 기준 또는 어떤 직업이나 직책에 관련된 도덕문제에 해당되는 이론적 개념이다. 이러한 윤리학은 기술(記述)윤리학(도덕현상에 대해 역사적·서술적인 경험과학적인 탐구), 규범윤리학(삶의 윤리적 지침을 제공하기 위해 여러 이론을 탐구), 메타윤리학(도덕언어와 가치어의 의미·용법에 대한 인식론적인 문제제기)으로 구분된다. 한편 도덕과 법은 원시사회에서는 분화되지 않고 Taboo의 형태 속에 포함되어 있었으나 사회의 발달로 점차 분화되어 법은 옳은 것을 명령한다면 도덕은 착한 것을 명령한다는 것이고, 법은 소극적(해치지 마라)이라면 도덕은 적극적이고(남에게 베풀어라), 법이 강제규범이라면 도덕은 내면적 도덕성에 근거한 자율규범이다. 또한 법은 외부에 나타난 인간행위를 규제하나 도덕은 내재적 동기를 문제를 삼는다. 결국 도덕은 법보다 넓고 포괄적이며, 법이 가야 할 방향을 제시해 주고 법률을 평가하는 역할을 한다.

범죄행동은 반드시 원인이 있고, 그런 범죄행동과정은 논리적이고 목적지향적이란 점에서 인간행동학의 지식은 중요하다.[3] 그러나 인간행동학은 범죄인간학 부분에서 제외하였는데 그 이유는 대학교재로 하기에 너무 방대한 양이 된다는 현실적 이유를 고려했기 때문이다.

이렇게 범죄인간학의 개념을 범죄심리학 총론에 포함시킨다면 강도, 절도와 같은 전통적 범죄나 오늘날 증가되는 화이트칼라범죄, 폭력범죄, 확신범, 테러 등 복잡하고 동태적인 현대범죄를 일으키는 개인과 집단의 근본속성의 배경을 유추할 수 있게 된다.

2. 범죄심리학의 개념과 범위

1) 기존의 견해

범죄심리학에 대해서는 아직 통일된 견해가 없지만, 이상현에 의하면 범죄심리학(Criminal Psychology)은 범죄 및 범죄자를 이해하려는 학문으로 범행심리, 범죄수사, 범죄예방 등을 다루는 학문이다. 구체적으로 심리학 분야인 지각, 인지, 학습, 기억, 사고, 지능, 정동(情動) 등의 기초적 영역과 또한 인접학문인 인류학, 생물학, 생리학, 사회학, 정신의학, 통계학 등의 광범위한 지식으로 범죄자나 비행자 행동을 사회문화적, 개체적, 집단적으로 규명하려는 학문이라고 주장한다.[4] 즉 그에 따르면 범죄심리학은 범행심리학, 범죄수사, 범죄예방 등을 다루는 넓은 개념이고, 심리학과 심리학의 인접학문인 인류학·생물학 등의 지식으로 비행자의 행동을 연구하는 학문이라고 주장하며, 범죄심리학을 심리학적 이론방법을 사용하고 연구하는 인문과학의 일부라고 주장한다.[5] 한편 미야자와 고이찌는 범죄심리

3) 가령 하나의 범죄행동에도 여러 원인이 있을 수 있고, 또한 하나의 범죄상황이 여러 개의 범죄행동을 야기할 수 있듯이 범죄자극과 범죄행동의 인과율은 중요하며, 개인의 범죄행동에 영향을 미치는 외적·내적 요인과 범죄자극과 동기부여간에 일어나는 인간행동과정론의 지식은 중요하다.

4) 이상현, 범죄심리학, 박영사, 2004, 11면.

5) 이상현, 상게서, 11면.

학을 범죄원인론에 범죄심리학을 범죄현상학에 포함시켰고, 범죄현상학은 범죄학의 한 부분으로 관념하여 범죄심리학을 범죄학의 한 분야로 취급한다.

김종률은 범죄수사를 범죄심리학의 영역에 포함시키는 이상현과 달리 범죄수사심리학은 범죄심리학과 구분해야 한다고 주장하고 있다. 즉 범죄심리학이 범죄자가 왜 범죄를 범하게 되는가를 중심으로 다루면서 범죄와 범인의 상호관계를 연구한다면, 수사심리학은 유죄의 피의자나 무고한 피의자를 어떻게 분별해 내고 어떻게 피의자로부터 진실을 털어놓게 심리적 가교를 놓어 주는가가 우선적 과제로서 이를 과학적으로 연구하는데 중점을 두기 때문이라고 한다.[6)]

김종률은 범죄심리학과 수사심리학을 구분해야 한다고 주장하는데 법정심리학은 증인과 목격자의 증언에 대한 신빙성 연구가 대종을 이루기 때문이다.[7)]

2) 사 견

먼저 범죄심리학을 심리학과 심리학의 인접학문의 지식으로 범죄인의 행동을 규명하는 인문과학의 일부라고 한 이상현 교수의 주장의 잘못된 점을 지적하면 범죄심리학은 인문과학의 일부가 아니라 종합응용과학이라는 점이다. 인문과학과 종합응용과학은 전혀 다른 개념이기 때문이다. 범죄심리학은 심리학과 심리학의 인접학문인 인류학, 사회학, 정신의학뿐만 아니라 심리학의 인접학문이 아닌 수학, 행정학, 경제학, 기호학, 마약물학, 커뮤니케이션학, 종교학, 사회복지학, 정책학 등 수많은 사회과학과 자연과학의 협동적 지식이 필요한 종합응용과학이기 때문이다.

화이트칼라범죄인은 철저히 계산적이므로 탈세를 행하는 화이트칼라범죄인의 행동분석을 위해서는 탈세경제학적 지식이 필요한데, 이 때 수학적 접근이 필수적이다. 또한 조직폭력이나 가정폭력범죄에서 발생하는 의사소통망의 형태와 조직화·

---

6) 김종률, 수사심리학, 학지사, 2004, 18면; 그는 수사심리학의 범위에 피의자의 행동관찰론, 행동분석면담기법, 피의자신문기법, 참고인조사기법, 범인 프로파일링, 진술서분석, 거짓말탐지기 등을 열거하고 있다.

7) 김종률, 상게서, 19면.

관료화를 이해하기 위해서는 행정학의 조직론적 지식이 필요하며, 범죄심리경제론에서는 미시경제학적 지식이 필수적이고, 거대조직폭력집단이 가지는 독점적 지위를 알기 위해서는 시장진입이론과 산업조직론 등의 지식이 필요하다. 거대조직폭력집단도 비공식적으로는 하나의 기업이며 국제무역을 행하는 경제주체이기 때문이다.

2005년에 발생한 논문조작범죄에 있어서는 분명한 학문범죄인에도 불구하고 많은 정상적인 사람들조차 비이성적 지지를 보낸 현상은 심리학이론으로만 설명이 곤란하며, 소위 커뮤니케이션에서 말하는 침묵의 나선효과이론을 알아야 한다. 또한 테러리즘의 원인을 알기 위해서는 테러리즘의 의제설정효과와 감염이론과 같은 커뮤니케이션이론이 필요하며, 뉴스의 기호학적 접근을 위해서는 기호학이론이 필요하다. 종교범죄와 같은 확신범죄의 원인을 알기 위해서는 이단학과 같은 종교학적 지식이 필수적이며, 일부 범죄가 가지는 복지적 요소를 알기 위해서는 사회복지학의 지식도 필요하고, 범죄심리의 형성에 영향을 주는 형사사법정책 의제설정을 알기 위해서는 정책학의 지식도 필요하다.

범죄심리치료이론도 범죄심리학의 한 부분이므로 기존의 심리치료이론 외에 예술치료·원예치료 등이 필요한 점에서 미술학과 원예학의 기초지식이 필요하다. 이처럼 범죄학이나 범죄심리학은 인문과학, 사회과학, 자연과학, 예술학 등 수많은 학문적 협동지식이 필요한 종합응용과학인 점에서 그 특징이 있다. 따라서 범지심리학을 심리학적 지식과 범죄학과 관련된 모든 지식으로 범죄인의 행동원인을 체계적으로 규명하고, 나아가 그러한 범죄심리를 치료하는 기법을 포함하는 학문으로 정의할 수 있다.

연구의 중점과 연구범위가 다른 피해자심리학, 수사심리학, 법정심리학, 교정심리학, 범죄심리학과는 구분되어야 한다. 가령 교정심리학도 범죄심리의 교정이라는 면에서는 법심리학과 일부 공통점이 있겠지만 일단 범죄인이 교정시설에 수용되면 수용심리라는 새로운 변수와 역할관계가 성립되는 수인사회라는 독특한 사회가 형성되므로 둘은 구분되어야 한다. 그러므로 필자는 범죄심리학의 연구범위로 먼저 범죄를 행하는 인간의 본성에 관한 이론인 범죄인간본성론과 범죄원인론 그리고 합리적 선택이론과 관계되는 범죄심리 경제이론과 범죄심리 커뮤니케이션 이론 등이 범죄심리학의 기초로서 다루어져야 하며, 범죄심리학의 본론에서는 각 범죄유형별로 개별범죄에 대한 개념과 구성요건 같은 법적 접근, 범죄를 행하게 된 범죄경제학적 접근, 범죄현상 및 범죄의 심리를 추론하는 범죄심리적 접근이 포함되어야 하고, 그러한 개별범죄심리에 적합한 범죄심리기법이 연구범위에 포함되어야 한다고 생각한다. 따라서 이 책도 그러한 순서에 의해 기술되었다.

제2장 청소년범죄심리[8)]

1. 개 념

청소년 연령에 대해서는 다양한 견해가 있고, 여러 법에서 약간씩 다르게 규정하지만 여기서 20세 미만의 자(10세 이상)로 하기로 한다. 청소년 관련 법률에서 연령 및 외국의 청소년 연령은 〈표 2-1-1 및 표 2-1-2〉와 같다. 청소년은 충동성과 모방성이 강하고, 아직 기본적인 사회화의 단계에 있는 만큼 일단 기본적 사회화가 완성된 성인이 행하는 범죄와는 그 성격에서 차이가 있다고 할 수 있다. 그것은 청소년의 여러 특성[9)]에서 기인한다고 할 수 있다. 여기에서 청소년범죄란 청소년비행 또는 청소년 일탈행위보다 좁은 의미이다. 즉 청소년비행과 청소년 일탈행위란 법적 개념과 사회학적 개념을 포함하는 의미로 쓰이지만, 청소년범죄에는 살인, 절도처럼 모든 연령에서 범죄가 되는 일반적 범죄와 포르노물 접촉 등 청소년기에만 범죄가 되고, 그 시기가 지나면 범죄가 되지 않는 경과적 범죄가 있는데, 이러한 범죄가 많은 것이 청소년범죄의 특성이다.

〈표 2-1-1 청소년 관련 법률에서 청소년 명칭 및 연령규정〉

법률상 명칭	연 령	규 정 법 률	준 용 법 률
청소년	만 19세 미만	청소년보호법(연 나이 적용)	다른법 우선적용 규정

8) 이 부분은 신범죄심리학(천정환, 대왕사, 2006)의 165~178면을 전재

9) 청소년은 미숙한 아동기에서 성인으로 옮겨가는 과도기이고, 이런 과도기성으로 인해 주변인적 성격, 즉 아동과 성인 그 어느 쪽에도 완전히 소속되지 못한다. 또한 급격한 변화와 심리적 갈등을 겪는 질풍노도의 시기이며, 신체적 성숙과 심리적·사회적 미숙에 따른 성장발달의 불균형으로 성인으로서의 지위와 역할획득이 지연되는 지불유예기이다(오영재 외, 청소년복지론, 대왕사, 2004, 44~45면).

	9~24세	청소년기본법 : 연령에 대한 정의 없이 청소년 명칭 사용 방송법, 종합유선방송법 외국간행물 수입·배포에 관한 법률 옥외광고관리법	UN 권장사항 : 5~24세를 청소년으로 규정 청소년기본법 : 육성·지원의 폭 확대 도모
소 년	20세 미만	소년법	
아 동	18세 미만	아동복지법	
연소자	18세 미만	영화진흥법 음반 및 비디오에 관한 법률 공연법	공연법상에는 연령규정 없이 연소자로만 규정
미성년자	만20세 미만	미성년자 연령을 정의한 법률 없음, 즉 민법의 성년개념 반대해석, 연령 정의 없이 미성년자 명칭 사용	민법제4조(성년기):만20세로 성년이 된다. 민법제5조(미성년자 능력)원용
	19세 미만	국민건강증진법 향정신성의약품관리법	명칭 없이 연령만 규정
청소년, 미성년자, 18~19세 미만자 혼용		풍속영업의 규제에 관한 법률	풍속영업의 종류에 따라 출입제한 연령을 상이하게 규정

자료 : 김진화 외, 청소년문제행동론, 학지사, 2002, 12면.

〈표 2-1-2 각국의 청소년 연령범주〉

국 가 명	연 령 층(세)	국 가 명	연 령 층(세)
가봉	7~14	스페인	30세까지
그리스	14~30	시리아	15~24
네팔	40세까지	아르헨티나	40세까지
레소토	14~45세	오스트리아	14/15~25/27
르완다	7~24	요르단	15~24
마다가스가르	15~30	이디오피아	14~30

미국	16~24	이란	15~30
방글라데시	15~30	이집트	18~35
벨기에	16세까지	인도	15~30
부르카아프소	7~25	자메이카	15~25
불가리아	14~35	잠비아	12~35
브라질	14~24/30	중국	7~30
브룬디	21세까지	콩고	6~35
산마리노	26세까지	핀란드	29세까지
스리랑카	15~29	한국	9~24
스위스	15~34	헝가리	15~35

자료 : 김진화 외, 전게서, 13면.

2. 특징과 동기

일반적으로 청소년범죄의 공통된 특징으로는 성범죄나 악풍과 관계되는 비행이 증가하고, 범죄소년의 연령이 저하되면서 이유 없이 비행이 증가하며, 집단비행과 조직폭력범이 증가하고, 중류 이상 가정출신 소년의 비행화와 Thrill의 자동차 절도가 증가하고 있다. 특히 최근에는 청소년절도가 편의점 등에서 많아 사회적 문제가 되고 있다.10)

소년범죄의 특징과 관련하여 웨이너(Weiner)는 소년비행원인에 초점을 맞추어 성격적 비행(정서불안으로 반사회적 성격장애로 인해 야기되는 범죄), 사회적 비행(슬럼가처럼 반사회적 행동을 용인하는 문화권의 소년이 그 곳에서 승인되는 범죄를 하는 것), 기질적 비행(주의력의 결핍 또는 간질병적 기질로 인한 비행) 신

10) 성인절도범죄는 1982년 이후로 계속 감소함에 비해 청소년절도범죄는 1966년부터 1971년까지는 감소추세를 보이다가 1972년부터 1983년까지는 증가추세를 보이고, 1984년부터 1990년까지 다시 감소하다가 1990년 초반부터 증가하고 있다. 보통 청소년 절도비행은 전체 청소년 비행의 약 90%를 차지할 만큼 많다(김준호 외, 청소년비행론, 청목, 2003, 286면).

경증적 비행(긴장, 후회감이 갑자기 강렬해져 범죄가 되듯이 자신의 욕구를 표현하기 위해 개인적 동기로 시도한 범죄), 실험적 비행(호기심으로 범죄행위를 일시적으로 행하는 것으로 담배나 음주가 있다) 등으로 분류하였다.

보통은 전체 청소년범죄 중에서 우발범의 발생비율이 제일 높고, 해가 갈수록 이러한 우발적 범행이 증가함을 알 수 있다. 이렇게 증가하는 이유는 청소년기의 특성으로 충동성이 강하고 질풍노도의 시기로써 분노조절훈련이 잘 되지 않은 것과 충동성·난폭성을 증가시킨다는 보고가 계속되는 인스턴트식품과 첨가물이 들어 간 식품의 과잉섭취도 하나의 원인이 될 수 있다.[11] 이것은 범죄행위시 범죄행위로 인한 이익과 비용을 계산해서 행하는 합리적 범죄인이 많은 성인범죄와의 차이점이라고 할 수 있다. 또한 이욕범죄가 우발범의 다음으로 많이 차지하는 것은 역시 이욕은 연령층과 관계없이 범죄원인의 큰 요인이 됨을 보여주고 있다. 그리고 이러한 이욕범 중에서도 유흥비 마련이 큰 비중을 차지하는 것은 선정성이 과도한 매스컴의 영향과 유흥업소의 발달 및 Sex산업의 발달 그리고 과도한 입시경쟁체제 등이 그 이유로 추정될 수 있다.

청소년비행을 설명하는 요인으로는 생화학적 요인들과 심리적 요인들로 나눌 수 있다. 먼저 생화학적 요인에는 호르몬수준과 유전적 영향 및 신경계 기능장애 등이 있는데, 최근에 많이 논의 되는 것이 식원성 증후군이다. 즉 가공식품에 많이 들어 있는 각종 첨가물이나 패스트푸드식품 속에 많이 들어 있는 지방이나 콜레스테롤, 납이 많이 포함된 각종 캔 음료, 수은이 많은 참치, 이상행동을 일으킨다는 보고가 있는 백설탕이 많이 첨가된 음식 등 이러한 음식물에 들어 있는 각종 유해요소가 청소년비행의 원인이 된다. 가공식품과 패스트푸드식품을 다른 연령층보다 많이 섭취하는 청소년들의 비행과 관련하여 최근 많은 논의가 이루어지고 있다.

청소년비행의 심리적 요인을 설명하는 이론들에는 정신분석이론과 인지이론 그리고 인성이론이 있다. 정신분석이론에서 프로이드는 인간의 인격구조는 원초적

11) 여러 식품첨가물이 신체적 유해성과 일부에게 알레르기를 가져 온다는 것은 확실하지만, 공격성의 증가를 초래한다는 것에는 찬·반의 논란이 있다.

욕망인 Id와 Ego, 도덕적 양심을 의미하는 초자아인 Superego가 있는데, 원초적 본능을 초자아가 통제하지 못할 때 범죄행위를 한다고 한다.

애들러(Adler)는 열등감의 극복을 인간의 기본욕구로 신체적 결함과 기능적 결함 및 과도한 사회적 억압 등이 청소년에게 열등감을 일으키고 이것을 지나치게 보상하려는 시도에서 비행행위를 한다고 보며, 아이콘(Aichon)은 비행청소년은 자신들의 충동적인 행동성향을 통제할 수 없기 때문에 원초적 욕망인 Id에 의해 지배된다고 한다.[12] 그리고 행동이론에서는 한 개인의 성격은 무의식적인 과정보다는 타인과의 상호작용을 하는 과정에서 학습, 즉 어떤 행동이 타인의 긍정적 반응에 의해 강화가 된다면 그 행동은 지속된다고 보고, 폭력행위가 빈번한 가정에서 자란 청소년들은 그런 행동들이 보상을 받는 것이라고 배울 수 있다는 것이다.[13] 또한 도덕성의 발달과 지능[14] 및 정보처리능력과 관계되는 인지이론에서는

---

12) 김준호 외, 전게서, 72~73면.
13) 김준호 외, 상게서, 74면.
14) 지능이란 지적능력을 말하며, 경험한 내용을 활용할 수 있는 총괄적인 역량을 말한다. 19세기까지 지능은 지성과 혼용되어 사람의 사고에 대한 고유능력이라고 믿었으나 진화론의 영향으로 그런 생각은 비판되었으며, 동물의 본능적 행동이라고 믿어졌던 사실의 일부가 지능의 본능적으로 생각됨으로써 지능은 행동의 어떤 종류로 간주되기 시작해 지성과 구별하여 지능의 본질에 대한 연구가 관심의 대상이 되었다. 웩슬러(Wechsler)의 견해는 "지능이란 목적을 향해 행동하고, 합리적으로 사고하며, 환경에 효과적으로 적응하는 개인의 총합적 능력"이라고 하였으며, 지능검사를 처음 만든 비넷(Binet)은 "지능은 판단하고 이해하고 추리하는 능력"이라고 했다. 또한 지능은 일반능력이라고 생각된 적이 있으나 1920년대에 요인분석이론의 발달로 지능이라는 보편적 능력의 존재는 부정되었으며, 지능이 특수능력의 종합이라는 것도 실증연구에서 부정되었다. 따라서 지능이 일반능력 또는 특수능력으로만 구성되었다고 보기는 어려우며, 지능의 구성요인에 대해 다음의 주장이 있다. 요인분석법은 지능을 여러 개의 독립적인 특수능력들의 배합으로 보는데 2요인설을 주장한 스피어만(Spearman)의 '요인분석법을 발전시킴'은 많은 지능검사를 피험자에게 실시하고 그 결과를 상관관계에 의한 인지분석에 의하여 지능을 일반지능요인(모든 지능검사에 공통되는 지능)과 특수지능요인(개인에 따라 특유하게 갖고 있는 지적능력)으로 구분했다(일반지능요인을 g요인, 특수지능요인을 s요인이라 한다). 군집요인설을 주장한 호이징거(Hoizinger)는 일반지능요인과 특수지능요인이 존재한다는 것으로 켈리와 서스톤 및 길포드(Kelly, Thurstone & Guilford) 등이 다요인설을 주장했다. 서스톤은 지능이란 7개의 요인으로 구성되어 있으며, 이 요인들을 1차 능력이라고 명명했는데, 7개 요인에는 언어이해, 단어유창성, 수리능력, 공간관계, 기억, 지각속도, 추리 등이 있다. 길포드는 내용, 조작, 결과라는 3차원의 지능모형을 개발하고, 각 차원에서 하위차원들이 존재하며, 그 결과로 지능은 120개의 요인으로 구성되어 있다는 것을 제시했다. 지능의 본질에 대한 위와 같은 요인접근법 외에 최근에는 인지접근법이 있는데, 최근의 인지심리학의 발전은 지능의 구성요소를 밝히는 요인접근법으로부터 지능이라는 개인차의 기초가 되는 기본적인 인지과정을 밝히는 노력(인지접근법)이 대두되었는 바, 혼(Horn)은 지능을 유동지능과 결정지능의 두 유형으로 구분하였으며, 유동지능은 정보처리의 속도와 정확성에 관여하고, 결정지능은 판단 및 문제해결에 기여한다고 한다. 유동지능은 연령증가에 따라 퇴보하고, 결정지능은

인지발달단계에 따라서 판단능력에 차이(비행청소년들의 다수는 도덕성 발달단계가 낮은 단계이다)가 나고, 이것이 비행과 연결된다고 보며, 청소년들의 인지능력의 결함, 즉 잘못된 정보처리와 사고가 비행의 속성(폭력을 쉽게 사용하는 청소년들은 정보를 부적절하게 사용하거나, 너무 늦게 정보를 내린다)이라고 보며, 지능이 비행행위보다 직접적인 관련이 있는 다른 요인들에 영향을 줌으로써 간접적으로 비행에 영향을 미친다고 한다.[15)]

3. 청소년범죄심리

청소년범죄의 심리는 청소년 비행 원인이론[16)]과 청소년심리학이론[17)]에서 그 특

퇴보하지 않는다. 인지적 접근의 하나인 스텐버그(Sternberg)의 성분적 접근은 문제해결에 작용하는 지적 성분과정의 유형을 상위성분, 수행성분, 획득성분, 파지성분, 전의성분으로 나누었는데, 이런 성분접근법은 특정한 정신능력이 우수하거나, 부족한 원인이 어떤 정신과정에 기인하는지를 알려 준다(요인분석법은 지능의 구조에 중점을 두며, 성분접근법은 지능의 과정에 초점을 두는데, 성분접근법의 성립에 영향을 미친 것은 인지심리학이다).

15) 김준호, 전게서, 75~78면.

16) 청소년비행 원인이론에는 생물학적 이론과 심리학적 이론 및 사회학적 이론이 있다. 먼저 생물학적 이론은 청소년비행은 신체, 지능, 기질, 신경, 염색체 등 유전적으로 전달되는 생물학적 인자의 영향을 받고 있다고 보는 이론이다. 심리학적 이론은 청소년비행의 원인을 욕구불만에 따른 정서불안과 긴장, 부정적 자아의식, 반항성이나 충동성, 공격성, 신경증, 지나친 외향성 등과 같은 특수한 성격요소, 정신질환이나 신경증, 정신병 등과 같은 정신장애 등 개인의 심리적 특성에 두고 있다. 대표적인 이론으로는 프로이드의 정신분석이론, 에릭슨의 정체감이론, 반두라의 사회학습이론 등을 들 수 있다. 프로이드에 의하면 초자아가 제대로 발달하지 않아 제 기능을 못하면 역할혼란과 좌절감에 빠지고, 이런 정체성 혼란을 회피하기 위해 비행을 한다고 한다. 사회학습이론은 비행은 욕구가 아닌 모방이나 역할모형학습을 통하여 획득된다고 본다. 사회학적 이론은 비행을 비행하위문화, 상반된 가치관과 이해관계에 의한 갈등, 무규범상황, 계층 또는 빈부격차, 사회적 통제의 결여, 기호구조 차이, 범죄행동과의 접촉 등으로 설명하고 있다. 대표적인 이론으로는 쇼와 맥케이(Shaw & Mckay)의 문화전달이론, 머튼(Merton)의 아노미 이론, 벡커(Becker)의 낙인이론이 있고, 이 외에도 사회화의 실패 또는 보상심리로 비행을 일으킨다고 한다(한상철 외, 청소년심리학, 양서원, 1997, 447~451면).

17) 청소년심리학이론에서 발생론을 주장한 홀(Hall)은 청소년기는 급격한 성적 성숙으로 인한 무한한 충동력과 정신적 에너지를 갖게 되며, 성급하고 과격하며 격정적인 활동성을 갖게 된다고 설명하였다. 이와 같이 청소년기를 동요, 갈등, 위기의 시기로 보는 홀의 견해는 청소년기에 대한 관점에서 지대한 영향을 미쳤는데 개인의 발달은 발생적·생물학적 사고방식이라고 한다. 사회문화적 상대론을 주장한 미드(Mead)는 홀이 주장한 질풍노도와 같은 위기가 청소년기에는 없으며, 그 원인을 경쟁이나 성인으로부터의 역할압력이 없었고, 인간관계가 따뜻한 사모아인의 문화적인 생활양식에서 찾았는데, 청소년에 대한 이해에 있어서 사회·문화적 요인의 영향력이 크게 작용할 수 있음을 보여 주었다. 레윈(Lewin)은 Field 이론을 주장해 생활공간이란 현재의 순간적인 의미만을 갖는 것이 아니라 과거의

징을 많이 유추할 수 있다.

합리적 선택이론의 관점에서 보면 아직 합리성이 부족한 청소년은 범죄행동의 선택에서 상당히 위험애호적 선호도와 탐색적인 모험심 및 부모가 대신 해결해 주리라는 기대심리가 작용할 수 있다. 예컨대 성인의 경우에는 범죄행위로 인한 이익과 비용을 계산하고, 동시에 자신이 갖는 가치관을 개입시켜 범죄를 선택하지만, 미완성된 청소년의 경우에는 범죄행위로 인한 이익과 비용 외에도 위와 같은 심리들이 개재되므로 설령, 범죄행위로 인한 예상손실이 예상이익보다 큰 경우에도 범죄행동이 선택될 수 있다. 또한 자신에 대한 관심이 집중되는 청소년은 위의 이익-비용분석에서 비용의 개념을 개인적 비용에만 한정시켜 사회적 비용을 포함시키지 않아 범죄예상순이익이 더 커 보여 범죄의 유혹을 더 받게 된다.

청소년범죄는 우발적 범행이 가장 많은 바, 이는 '욱'하는 격정심리가 심리적으로 제어되지 못하고 바로 표출되므로 나타난다고 할 수 있다. 그러나 청소년의 이런 우발적 범행에도 자세히 관찰하면 '욱'하고 바로 범행하는 그 순간에도 복잡하고 동태적인 작용에 의해 범행의 손익을 계산하는 치밀함을 보이는 범행도 많다. 그런 치밀한 심리 속에는 고의범보다 우발적 범행이 형량이 적거나, 처벌되지 않는다는 사실을 알고 자신의 고의적인 행동을 횻김에 순간적 실수로 위장하는 교활한 범죄인도 있다.

청소년의 비행심리에는 합리화의 방어기제가 많이 쓰인다. 자신의 문제행동이나 무단결근을 지나치게 체벌이나 편애를 하는 교사 또는 너무나 비인간적인 학교행정으로 돌려 자신의 행동을 정당화시켜 자신의 자존심을 지키려고 한다. 또한 치

경험과 미래의 희망도 현재의 심리적 영역 내에 있다는 이론을 주장하고, 청소년기의 특성으로 주변인적 성격이 있어 불안해진 청소년은 매우 수줍어 하다가 갑자기 공격적이 되는 등 극단적 행태를 보인다. 또한 아동으로서의 의존성을 잃음과 동시에 성인이 갖는 독립적 특권은 아직 획득하지 못하는 소수집단의 지위에 있으므로 아동기에 대한 부정은 성인에 대한 동경으로 흡연, 음주를 하고, 성인에 대한 도피는 아동기로의 퇴행과 무조건적 반항으로 나타난다고 한다. 또 세대론을 주장한 만하임(Mannheim)은 오늘날의 학생운동이 부모세대의 그것과 다르듯이 역사적 시각에서 청소년의 변화과정을 이해할 것을 주장했다. 아우서벨(Ausubel)은 청소년기를 사회적 지위에 중대한 변화를 일으키는 성격발달상의 특수한 단계라고 규정하고, 이 시기에는 성격의 재구성, 강한 자기목적성 발달의 기능적인 면의 연속성과 발달의 질적인 면의 비연속성, 사회적 지위의 획득과정, 부모와의 기생적 관계의 박탈이 생긴다고 주장하였다. 또한 에릭슨은 자아정체감이론을 주장했고, 또한 청소년기의 생태학적 맥락을 알아야 문제행동을 이해할 수 있다는 생태론도 있다(한상철 외, 전게서, 38~47면).

환의 방어기제도 쓰인다. 가령 출세의 방법이 공부와 주먹에 있다고 믿는 청소년은 도저히 학업으로서는 출세할 수 없게 되어 도달행동이 저지될 때, 출세와 관계되는 주먹에 대한 목표를 달성함으로써 본래의 욕구를 만족하려고 한다. 또한 공격자와의 동일시 과정에서 비행이 발생한다. 그리고 가끔 주의집중기제를 사용하는 학생도 있다. 즉 자신에 대한 부모나 교사의 관심을 집중시키기 위해 비행행위를 하는 것인데, 이 때 비행행위의 특징은 고의에 의한 것이고, 비행의 정도도 학교차원이나 학부모차원에서 충분히 해결 가능한 범위를 선택하는 점이다. 이러한 주의집중기제에 의한 범행은 정상적인 성인에게는 잘 나타나지 않는다.

청소년의 많은 비행은 모방심리에 의한 것이 많은데, 가령 흡연과 음주를 하는 성인들의 행동을 모방하여 어른스럽기를 희망하는 경우이며, 매스 커뮤니케이션학에서 말하는 탄환효과이론이 가장 잘 적용되는 계층이 바로 청소년이다. 즉 범행을 미화하는 각종 영상물의 커뮤니케이션 효과에 그대로 노출되어 그러한 범행의 가치관이 쉽게 내면화 된다. 또한 여러 요인에 의해 우울증이 생겨 자아가 손상된 청소년은 우울증의 고통을 벗어나기 위해 타인을 공격하거나, 자신을 공격하는 자해나 자살을 하는 경우도 있다.

청소년의 비행에는 집단사고와 같은 집단심리가 많이 작용한다. 그 이유는 청소년기에는 각종 준거기준을 제공해 주는 또래집단의 영향력이 크기 때문에 이러한 집단이 주는 동조압력에 쉽게 순응하기 때문이다. 따라서 바람직하지 못한 또래집단에 들어간 경우는 특히, 응집력과 규범이 강한 또래집단일수록 동조압력과 집단사고의 위험은 커지므로 소속원도 비행에 동조하게 된다. 또한 집단응집력이 커질수록 범죄에 대한 책임분산의식이 강해 보다 더 큰 집단비행을 쉽게 결정한다.

범죄피해자인 학생이 보상심리와 쾌감을 주는 장면을 맛보려는 심리의 복합작용에 의해 범죄가해자가 될 수도 있다. 가령 힘센 학생에게 돈을 빼앗긴 학생이 자신의 상처에 대한 심리를 회복하고, 자기가 당할 때의 공격자의 정복감을 모방하고 싶어 자신보다 힘이 약한 학생에게 자기가 당한 그 방법 또는 그 이상의 방법으로 돈을 뜯는다. 또한 부모로부터 심리적 이유과정이 적절치 않거나, 급격히 진행되면 그에 대한 반발로 퇴행이 일어나고 그에 따른 문제행동이 발생할 수 있다.

에릭슨(Erikson)은 청소년비행을 청년이 역할정체감을 성공적으로 해결하지 못한 결과로 보고 청년기에 자신의 행동이 사회기준이나 부모의 기준에 미치지 못함을 깨달으면 부정적 정체감을 형성하고, 비행의 길로 접어든다고 주장한다.[18] 그러나 아동이나 청소년이 자신의 행동이 부모기준에 미치지 못함을 알면 바로 부정적 정체감을 형성한다는 그의 주장은 일반화 될 수 없고, 부분적인 설명에 지나지 않는다. 가령 학생이 부모가 원했던 학업성적에 도달하지 못해도 바로 학생이 부정적 정체감을 형성하는 것은 아니며, 이 때 사회나 교사, 부모, 또래집단 등의 이질적인 반응적 커뮤니케이션들의 역동적인 작용에 의해 또 다른 긍정적인 자아정체감이나 원래 성격의 자아정체감보다 좀 더 낮은 긍정적 정체감이 얼마든지 형성 가능하고, 학생의 성숙도나 합리적 계산력이 낮은 경우 등의 여러 필수조건이 합쳐져야 부정적 정체감을 형성하기 때문이다.

18) 정옥분, 청년발달이해, 학지사, 1998, 326면.

제3장 여성범죄심리[19)]

1. 여성범죄의 특성

사회가 전문화되어 가고 복잡해져 감에 따라 범죄는 증가하는 것이 시대적 추세이다. 그런데 사회가 민주화·전문화되어 가고, 성역할 고정관념이 무너지며, 여성의 사회참여가 확대되어 가는 오늘날 여성에 의한 범죄도 증가한다. 과거에는 남성만의 특유한 영역의 범죄에도 이제는 여성이 주체가 될 정도로 과거에 비해서 여성의 범죄율이 증가하게 되었다. 그러나 여성에 의한 범죄는 남성에 의한 범죄와 비교해 아직도 유형과 발생빈도에서 차이가 나는데, 그것은 성의 생물학적 측면과 사회학적 측면 및 심리적 측면에서의 특성에서 기인한다고 할 수 있다. 지금까지 형사정책학에서 언급되는 여성범죄의 특징의 개략을 살펴보면 다음과 같다.

여성범죄는 남성범죄의 10～20% 내외로 보는데 이렇게 여성범죄의 비율이 적은 이유에 대해 롬브로조(Lombroso)는 타고난 여성범죄자는 남성보다 훨씬 적다고 하고, 여성은 남성에 비해 진화가 덜 되었으며, 보수적이며 노출성이 적기 때문에 여성의 범죄가 적다고 하고, 매춘을 범죄에 포함시킨다면 남성범죄를 능가한다고 한다. 달톤(Dalton)은 범죄와 생리의 상관성을 강조했고, 슬라터와 코위(Slater & Cowie)는 여성은 염색체 때문에 범죄를 적게 범한다고 하였다. 폴락(Pollak)은 여성들이 남성보다 더 범죄적이고 사악하므로 범죄적 성향은 남성에 뒤지지 않는다고 하고 있으며, 여성범죄는 암수범죄가 많기 때문에 통계상 여성범죄가 남성보다 낮게 나타난다고 한다. 프로이드는 여성이 심리적 형성과정에서 생기는 남근숭배의 성향을 극복하지 못하면 남성이 되고자 하는 시도로써 범죄를 한다고 한다. 기사도정신가설에서는 보통 사회가 여성범죄에 대해서는 관대하므로 고소와 고발이 잘 행해지지 않아 여성범죄가 적다고 하며, 사실설에서 여성은 행동범위가 좁고,

19) 신범죄심리학(천정환, 대왕사, 2006)의 179~192면을 전재

가정에 집중하므로 범죄가 적다고 하고, 그 외에 자기체면설, 마녀설, 세력갈등론도 여성범죄가 적은 이유에 대해 논하고 있다.

롬브르조는 기회적 성격이 강하다고 하고(여성은 환경의 영향에 의한 기회범이 많고, 여성범죄는 생래성이 드물며, 덜 계획적이라고 함), 아샤펜부르크(Aschaffenburg)는 여성범죄는 부정직성과 불성실성과 관계되고, 은폐성은 원인이 아니라고 하였다. 여성범죄의 은폐성을 언급한 폴락(Pillak)은 『여성의 범죄』에서 여성은 배후에서 범죄활동에 가담하고, 소규모적·반복적 범행의 경향이 있으며, 범행을 직접 할 때에도 비신체적 방법에 의한다고 한다. 그리고 여성범죄는 수동적 성격이 강하다고 하는데, 그것은 여성이 주로 남성의 범죄에 관여하는 일종의 종범의 형태로 가담하든가 아니면 할 수 없이 남성의 범행에 따라가는 경우가 많음을 알 수 있다.

여성범죄의 비율이 높은 범죄는 유기와 낙태, 간통, 명예에 관한 죄, 영아살해 등이 있다. 그리고 여성범죄는 죄질별로는 재산범이 가장 많고, 죄명별로는 사기가 가장 많다.

2. 여성범죄의 원인

1) 심리학적 · 사회학적 요인

여성은 남과 달리 고정관념으로는 수동성, 감수성, 낮은 지적수준, 질투감, 의존성이 강한 심리적 특성을 갖고 있으며, 이러한 것은 범죄의 특성에도 반영되는데, 가령 치정살인의 경우에는 오히려 여성이 남성보다 더 잔인한 경우가 있는데, 그것은 질투심이 강한 여성의 심리적 특성에서 비롯된 것이다.

남녀 간의 심리적 성차에 관하여 공격성을 보이지만 여성은 신체적 공격성의 부족을 언어적 공격성으로 보충한다는 견해도 있으며, 마코비(Maccoby)의 연구에서는 성인의 경우 남성이 여성보다 더 공격적이지만 바론(Baron)의 연구는 여성의 역할변화(수동성의 약화)로 그러한 성차는 대부분 사라졌다고 주장한다.[20] 또한 남성은 어릴 때부터 두려움을 보이지 않도록 학습받지만, 여성은 두려움을 보일 수 있도록 기대되고, 여성의 공포와 불안반응은 남성과 달리 동정과 위로를 받는 점[21]에서 알코올중독, 약물중독, 마약중독이 남성보다 여성에서 적은 이유를 설명할 수 있다.

여성은 보통 고정관념의 의존성[22]이 남성보다 강하므로 남성이 주도하는 범죄에 대해 남성에 의해 설득당하거나, 자신의 의견을 수정하기 쉬우므로 흉악한 범죄에도 거리낌 없이 종범 또는 공범의 형태로 참여함을 흔히 보게 된다. 이러한 의존성은 주체성이 낮은 여자일수록 강하다. 여성의 심리적 요인 중에서 원한, 질투가 두드러진 범죄요인이다. 그리고 보통 가부장적 사회문화가 강한 곳에서 폐쇄적인 성관계를 가져 온 여인들은 그러한 제한적이고 폐쇄적인 성관계 대상에 대한 애착이나 집착이 남성보다 훨씬 강하므로, 사랑하는 남성으로부터 배신을 당할 경우에는 남성의 경우보다 훨씬 부정적 한계효용이 크므로 이러한 배신감을 잘 조절하지 못할 경우 본인 또는 제3자를 이용한 치정살인이나 원한살인 혹은 상해 등의 범죄를 초래하는 것을 주위에서 쉽게 볼 수 있다. 이것은 가부장적 문화가 발달한 나라보다 그렇지 않은 나라에서 여성에 의한 치정범죄가 적다는 것을 통해서도 알 수 있다.

전환증의 하나인 히스테리는 기복이 심한 감정반응과 격정적 반응을 수반할 수 있는데, 고부간 갈등의 고통이나 동서지간의 갈등이 심한 여자나 노처녀 또는 직장 내의 수직적 권력관계에 종속당하는 여자들에게서 많이 나타나며, 이러한 히스테리는 정신병이 특별한 범죄유발단서를 만나면 범죄가 촉진될 수 있는데, 소위 공격의 치환이나 감정의 전이현상이 나타나기도 한다.

망상증환자도 범죄와 연관될 수가 있는데, 망상증이란 논리적으로 일관되어 있

20) 진영석, 정신보건사회사업, 백산, 2005, 418~419면.
21) 진영석, 상게서, 419면.
22) 어떤 연령에서든지 여성이 남성보다 더 의존적이라는 고정관념은 실제로 입증되지 않았으며, 여성이 더 의존적임을 발견한 연구결과는 대부분 고정관념을 기초로 한 평가 또는 실험적 상황변인 때문이라는 가능성을 제기하고 있다(진영석, 상게서, 410면).

지 않으나 사고과정에서 엉뚱한 생각이 체계화되어 관련된 체계를 만들어 확실히 믿는 것으로 과대방상, 피해망상, 조종망상, 관계망상[23] 등이 있다. 이러한 망상의 병리적 원인에 대해서는 생물학적 원인과 심리학적 원인 및 사회적 원인이 있다. 이러한 망상증환자는 의심이 많고, 적대적이며, 때로는 충동조절장애가 있어 자살이나 폭력의 위험이 있다. 여기에는 색정형(주된 망상은 자신이 누군가에 의해 사랑받고 있다는 것으로, 상대는 대개 높은 신분을 가진 자, 또는 직장상사로서 환자는 그 상대와 접촉하기 위해 노력하는데 여성이 많다), 과대형(자신이 뛰어난 재능을 가졌다는 것 또는 어떤 중요한 사람과 특별한 관계에 있다는 망상), 질투형(오셀로증후군으로 정당한 이유 없이 애인을 믿을 수 없다는 망상으로 사소한 증거를 갖고 망상을 정당화 한다) 피해형(어떤 사람들이 자신에게 피해를 주고 있다는 망상), 신체형(흔한 망상은 신체의 일부가 잘못되었다는 망상으로 의사들을 찾아가 성형수술을 해달라고 요구한다) 등이 있다.[24]

자기중심적 사고가 강한 사람들에게 잘 나타나는 망상증, 특히 질투형 망상과 피해형 망상 및 색정형 망상은 여성에게 많은 편이다. 질투형 망상은 의부증으로 나타나 남편을 폭행 또는 살해하려는 범죄로 발전할 수 있으며, 유명인사 등을 끈질기게 접촉하려는 색정형 망상환자는 여자 스토커로 발전할 수 있다. 피해형 망상이 지나치면 자신의 안전을 상대적으로 적게 갖고 있는 여성이 부부권력의 균형이 깨어졌을 때, 여성은 보상욕구의 차원에서 시어머니와 시아버지를 학대하는 경향이 있을 수 있다. 즉 남편에 비해 적은 권력을 가진 아내가 또다시 박탈당해 줄어든 권력을 채우기 위해 자신의 권력을 시아버지와 시어머니, 때로는 자녀에게 지나치게 행사할 때, 노인학대나 아동학대가 생길 수 있다. 다시 말해서 남편이 아내보다 많은 권력적 자원을 갖고 통제하는 권력관계에 있다고 해도 그런 상태에서 아내가 만족하면 그것이 형평의 개념인데, 이 때 권력의 차원이 아내의 의도에 반해서 남편으로 더 이동하고, 이것을 아내가 적절히 통제하지 못하게 되면 보상심리에 의해 자녀와 노인에게 숨겨진 권력을 행사하게 되고, 이것이 지나칠 때

23) 이 세상의 모든 일은 자신과 관계되는 일로 현실적으로 지각하는 것을 말한다.
24) 진영석, 전게서, 182~185면.

바로 노인학대나 자녀학대로 이어진다. 이에 반해 남편은 자녀와 장모·장인에게 권력을 행사하지 않고, 직장에서 직장 내의 권력관계 속에서 그것을 해소하려는 경향이 있고, 이것이 직장 내의 권력관계에서 적절히 해소되지 않을 때 알코올이나 약물에 의존하게 된다.

정신분석학자들에 따르면 여성의 심리 중에는 남근에 대한 열등감이 있는데, 즉 여성은 심리적 형성과정에서 남성생식에 대한 열등감과 남성생식기의 숭배경향을 갖게 되고, 이러한 경향을 극복하지 못하게 되면 공격적인 성향을 갖게 된다고 한다.[25] 그러나 정신분석학적 이론은 지나치게 성심리적 요소를 중시하고 인간의 주체적 자아를 무시하고 있다.

폴락(Pollak)은 여성범죄는 은폐성이 강하고, 아동, 남편, 가족, 애인, 등 자신과 밀접한 관계에 있는 자를 피해자로 하는 경우가 많으며, 범죄의 배후의 활동에서 가담하거나, 직접 하더라도 학대 등 비신체적 방법에 의하며, 사기, 절도 등 주로 소규모적인 범행을 자주 하지만, 범죄성향 그 자체는 남성 못지않다고 주장하였다.[26] 그러나 폴락의 주장은 여성이 그렇게 행하는 범죄의 유형에 대한 심리적 근거를 제시하지 못하고 있으며, 경험적이고 추론적인 수준에 지나지 않는다. 폴락은 여성의 범죄성향은 남자에 못지않을 만큼 강하다고 주장하나 전혀 과학적 또는 심리학적 근거를 제시하지 못하고 있다. 다만 경험적 추론상 여성들은 치정이나 원한에 의한 살인 등 극히 일부의 범죄에서는 여성의 공격성은 남성보다 때로는 남성과 동등할 정도의 잔인성은 있을 수 있지만, 모든 범죄로 일반화시켜 논하는 것은 잘못이 있다.[27]

롬부르조(Lombroso)는 여성범죄자의 대다수는 타인에 의한 암시나 저항할 수 없는 유혹에 의해 이루어지며, 이 때 암시를 주는 자는 대개 애인 혹은 남편 그리

25) 김성진, 범죄심리학, 동인, 2002, 187면.
26) Pollack, *The Criminality of Women,* University of Pennsylvania, 1959; 신진규, 범죄학 겸 형사정책, 법문사, 1995, 185면에서 재인용.
27) 롬브르조(Lombroso)도 여성의 범죄잔인성은 남성보다 더 세련되고, 악질적이라고 주장하지만, 모든 여성으로 일반화시키지 않고 여성 중의 극소수의 범죄자만이 남성의 생래적 범죄자보다 더 큰 범죄성 또는 변태 등을 보인다고 주장하고 있다(신진규, 상게서, 186면). 그러나 그도 극소수의 여성이 그토록 잔인한 범죄성을 보이는데 대한 과학적·심리적·통계적 수치를 제시하지 못하는 추론상의 주장에 지나지 않는다.

고 아버지 등의 남성인 경우가 많고, 이 경우의 범죄행위는 범죄에 대한 직접 개입적인 흥미에서보다 그 남성을 위하여 행한다고 주장하였다.[28] 즉 여성의 심리적 수동성을 범죄원인으로 내세울 경우, 이 원인에 의한 범죄는 애정관계나 보험사기 등 특수한 동기에 의한 범죄에 한한다. 그럼에도 불구하고 대다수 여성범죄가 심리적 의존성 및 조종성 그리고 암시성에 의해 이루어진다고 일반화시키는 것은 잘못된 것이다. 이것은 피암시성과 전혀 무관하게 주체적 심리에 의해 일어나는 범죄, 예컨대 생리 때의 절도행위나 아동학대, 노인학대, 여성간의 폭행, 모욕, 영아살해, 명예훼손 등 많은 범죄가 피암시성과 무관하게 일어나기 때문이며, 최근에 일어난 경제적 궁핍으로 일어난 난자매매 등 신종범죄도 여성의 주체적 의지에 관련된 것이 많다.

에들러(Adler)는 여성운동의 영향으로 여성의 사회적 활동은 많아지고, 이에 따라 여성의 의식 또는 변화되면서 도달하고자 하는 목표는 많아지지만, 기회는 제한되어 있기 때문에 여성범죄가 증가한다고 한다.[29] 즉 여성범죄의 증가를 의식과 심리적 성숙에 의하여 설명하는데, 상당한 설득력이 있는 주장이다. 한국사회에서도 여성들은 가부장적 사회에서 심리적·사회적 약함을 숙명으로 알았으나, 사회화가 민주화되고 여권운동의 성숙과 여성학이론의 발달 및 양성평등문화가 확산되면서 한국여성들은 심리적 성숙을 가져왔고, 여기에 성숙과 주체적 자아를 깨닫게 하는데 기폭제가 되었다.

2) 생물학적 요인

여성이 생리 중에 범죄를 행한다는 보도가 자주 있듯이 여성 특유의 생물적 요인이 범죄와 관련 있다는 연구가 많다. 여성은 출산과정에서 정신적 저항력이 약화되고, 그것이 원인이 되어 범죄와 연결된다는 것으로, 젤하임(Sellheim)에 의하면 이 시기의 내분비의 평형장애로 정동성의 부조화를 느끼게 되어 범죄관련성이 높다는 것이다.[30]

---

28) 신진규, 상게서, 186면.
29) 김준호 외, 여자청소년의 비행실태에 관한 연구, 형연원, 1995, 33면.

볼렌베르크(Wollenberg)는 월경 중에 정신혼란, 감정자극, 불화, 질투, 충동성이 있으며, 선망, 질투, 복수동기에 의한 범죄는 이런 월경과의 관계에서 고려되어야 하는데, 이런 현상은 월경의 직전에서 최초의 1일 사이에 가장 현저하다고 한다.[31] 휘버(Huber)는 분만 시의 정신상태를 생리적인 것과 병적인 것으로 나누고, 전자 중에는 다시 쇠약상태와 흥분상태가 있고, 후자 중에는 기억장애, 몽롱상태, 정신병상태, 조울증상태[32]로 구분된다고 한다.[33]

임신 시에도 월경 시[34]와 같은 감정이상을 경험하게 되고, 특히 히스테리, 간질 등의 소질을 가진 여성의 경우 망상이나 강박관념이 더해져 폭력으로 발전할 가능성이 크고, 폐경의 경우에도 성적 매력의 감소라는 중압감이 정서불안을 야기해 범죄와 관련된다고 보고 있다.[35]

여성 생리기의 범죄를 상술한다면 월경 전 증후군과 폐경기로 나눌 수 있다. 월경 전 증후군의 원인에는 심리적 요인과 생물학적 요인(호르몬의 불균형, 비타민 결핍, 체액정체) 및 사회적 요인(사회학습, 심리적 스트레스)이 있다. 롬브로조와 페리(Lombroso & Ferri)의 연구에 의하면 공무집행방해죄의 80명의 여성에서 71명이 월경 시에 일어났고, 쿠크(Cooke)는 파리여성에 의한 모든 폭력범죄의 84%가 월경 전후에 발생했다고 한다.[36] 한편 신체적 변화와 우울증 등의 정신병을

30) 김성진, 전게서, 184면.
31) 신진규, 전게서, 187면.
32) 조울증은 흥분상태인 조상태와 우울상태인 울증을 순환하는 것으로 순환성 정신병이라고도 하며, 실제로는 어느 한쪽으로 나타나는 경우가 보통이다. 원인에는 유전적 특성, 정신분석학적 설명(유아 때의 어떤 경험이 나중에 조울상태를 유발), 학습된 무력감, 학습이론(환경이 적응행동에 대한 보상을 제공하지 못할 때)이 있다. 증세로는 조증은 아주 흥분된 상태로 자신에 확신을 갖고 강박관념, 망상을 갖고 모든 충동을 표현하며, 우울한 느낌을 피하기 위해 반동형성을 쓴다. 울증은 무력감, 낙심, 무관심, 무가치감이 특징으로, 이것이 신경증인 우울증과 다른 것은 환상, 망각이 수반되는 점이다.
33) 신진규, 전게서, 187면.
34) 생리도벽으로 인한 절도 시 원칙은 절도죄가 성립된다. 즉 충동조절장애와 같은 성격결함은 형의 감면사유인 심신장애가 아니다. 그러한 충동조절장애가 매우 심각해 원래 의미의 정신병과 동등하다고 평가할 수 있는 경우에는 그로 인한 절도를 심신장애로 인한 범죄로 보아 책임이 조각된다는 판례가 있다(대판 2002. 5. 24, 2002도1541).
35) 김성진, 전게서, 185면.
36) 달톤(Dalton)의 연구에서도 여성에 의한 모든 범죄의 49%가 월경기간 또는 월경 전에 이루어졌다고 주장하였다(김보환, 범죄생물학, 동국대학교출판부, 230~231면); 생리기와 범죄와의 연관성에 대해서 상세한 내용은 김보환, 상게서, 229면 이하를 참조할 것.

가져올 수 있는 폐경기에 범죄가 많다고 폴락(Pollak)은 주장하고, 디오반(D'orbam)도 생리기 중에서 폐경기가 두 번째 절정을 가져 온다고 주장하며, 폐경기에도 많은 여성들이 정신생활에 상당한 장애를 느껴 여러 범죄에 가담한다고 한다.[37] 그리고 위돔과 아메스(Widom & Ames)에 의한 유전적 요인과 여성범죄는 가계연구(Cloninger 연구는 여성사회병리학자들이 남성사회병리학자들보다 사회병리적 친척을 가진 비율이 높다고 보고), 쌍둥이 연구(Rowe는 쌍둥이간의 비행일치율이 남성과 여성 모두 이란성 쌍둥이보다 일란성 쌍둥이가 높다고 주장), 양자 연구(Sig Vardson의 입양연구에서 생부모가 범죄성이 있는 138명의 여성들은 775명의 그렇지 않은 여성들에 비해서 더 높은 범죄율을 보인다고 보고), 원형질 연구(Gibbon은 비행소년들 가운데 높은 비율의 상염색체 이상성과 성염색체 이상성을 발견함을 보고)가 있다.[38]

그 외의 생물학적 요인으로는 생물학적 조숙성(Healy는 신체적으로 조숙한 소녀들의 비행이 많다고 주장)과 호르몬(Widom 연구는 자궁 내에서나 유년기에 남성화는 호르몬에 노출되는 것이 비행의 원인일 가능성을 보고) 및 신경적 결함(Cowie 연구 등에서 태아기 문제 또는 학대로 인한 중추신경계의 손상이 비행성의 발달에 공헌) 등이 논의되고 있다.[39] 그러나 생물학적 요인은 여성범죄의 하나의 독립적 원인이라기보다는 잠재된 유발적 요인이라고 봄이 타당하다. 여성범죄의 공급은 남성범죄처럼 범죄가격이 가장 큰 변수이며, 이외는 개인심리적 요인, 개인생물학적 요소 등과 같은 비합리성, 사회제도와 문화경제력과 같은 사회환경적 요소 등이 복잡하게 역동적으로 작용하는 속에서 범죄가 발생하므로 여성 특유의 생물학적 요소가 바로 특정범죄(가령 월경 시의 절도행위)의 원인이라는 시각은 복잡한 변수관계를 하나의 변수로 귀착시키는 환원주의적 오류에 지나지 않는다. 다만 남성과 달리 여성 특유의 생물학적 요소는 특정범죄에 있어서 충동조절장애가 심한 일부 여성에 한해 강력한 범죄촉발요인이 됨에 지나지 않는다.

37) 김보환, 상게서, 234면.
38) 김보환, 전게서, 236~242면.
39) 김보환, 상게서, 242~334면.

3. 여성범죄의 실태

여성범죄는 계속 증가추세에 있는데, 이는 여성의 사회활동범위가 확대된 것이 가장 큰 이유이고, 이외에도 여러 이유로 인하여 생계에 시달린 여성들의 범죄가 증가한 것과 자본주의의 심화 및 여권의식의 발달 등 여러 요인들이 있을 수 있다.

제4장 노인범죄심리[40]

1. 노인범죄의 개념과 특성

노인범죄에서 노인의 나이에 대해 검찰청의 범죄분석 자료에는 61세 이상을 기준으로 하고 있고, 법무연수원의 『범죄백서』에는 60세 이상의 범죄인을 노인범죄인이라 하며, 노인복지법에서는 노인을 65세 이상으로 보고 있는 등 노인의 연령기준에 대해 여러 기준이 있지만 통일되지 않아 혼란을 초래하고 있으므로 통일을 기할 필요가 있다. 한편 미국의 교정기관은 50세 이상을 노인범죄인이라 하는 등 외국도 나라마다 노인의 연령에 대해 여러 기준이 있다. 우리나라의 형의 집행 및 수형자 처우에 관한 법률(이하 수형자처우법이라 한다)에 의하면 수형자 분류처우규칙 제15조의 수용급에서는 노인에 대한 분류급이 없다. 다만 수형자처우규칙 제39조의 급외자 규정에서 70세 이상인 자를 급외자로 분류하여 특별처우하며. 수형자처우법 시행령 제106조에서 '노쇠자' 라 함은 연령이 70이상인 자로 규정하여 70세 이상을 노인수용자로 보고 있다. 그러나 많은 학자들은 60세 이상을 노인으로 보고 있기도 한다. 여기에서는 수형자처우법에 따라 70세 이상을 노인수용자로 보는 것을 원칙으로 하되, 70세 이하라 하더라도 신체적·정신적 기능이 취약한 60세 이상 수용자는 노인수용자에 포함시키는 신축적 개념정의가 필요하고 하겠다.

노인범죄의 특성에 대해 이건종은 노인의 범죄율이 다른 연령층에 비해 낮은데, 이는 생물학적 · 사회심리학적 · 사회환경적 요인 등 여러 이론에 의해 입증된다고 하고, 전체 노인범죄 중 57%가 범죄경력이 있으며, 이들의 최초 범죄가 41~50세 사이에 가장 많이 일어난다고 한다.[41] 또한 김승용은 노인범죄는 인간관계기술이 부족한데, 이는 최근 5년간 죄명별 노인범죄에서 폭력이 가장 높은 비율을 차지하

40) 신범죄심리학(천정환, 대왕사, 2006)의 193-201면을 전재
41) 홍성분, 교정복지론, 현악사, 2004, 201면.

고 있고, 노인의 폭력범죄의 발생률이 높은 이유는 이들의 원만하지 못한 인간관계 때문이라고 한다.[42] 최옥채는 노인범죄는 중복욕구를 갖는데, 노인범죄를 사회복지측면에서 보면 이들 노인은 노인복지 서비스의 대상자이고, 나아가 범죄인으로서 교정복지 서비스의 클라이언트가 되며, 노인범죄는 특정한 서비스만 이들의 욕구를 해결할 수 없기 때문에 다양한 개입을 한다고 한다.[43]

사견으로는 노인범죄는 인간관계기술이 부족하다는 김승용의 주장은 무리가 있다고 생각한다. 그것은 노인의 폭력범죄는 직접원인으로 인간관계의 부족뿐만 아니라 여러 요인에 의해 발생하기 때문에 다른 요인을 무시하고, 노인범죄는 모두 인간관계기술이 부족하다고 하는 것은 일반화의 오류를 범하고 있다. 또한 노인범죄는 중복욕구를 갖고 있기 때문에 다양한 개입을 필요로 한다는 최옥채의 주장은 일견 타당성이 있어 보이나, 사실상 대부분의 범죄인은 중복욕구를 갖고 있다는 점에서 특별한 가치적 논점은 아니라고 생각한다. 최옥채는 노인범죄가 중복욕구를 갖는다고 하여 노인이 아닌 범죄인은 중복욕구가 없는 것처럼 의미를 주고 있으나, 노인이 아닌 젊은 수용자라도 장애인이면 역시 장애인복지 서비스와 교정복지 서비스라는 중복 서비스의 대상이고, 또한 여성수용자도 여성복지 서비스와 교정복지 서비스의 중복 서비스 대상이며, 마찬가지로 외국인수용자와 소년수용자 및 대부분의 젊은 수용자도 역시 중복 서비스의 대상이 될 수 있다. 대부분의 젊은 수용자는 교도작업을 하므로 근로복지와 산업복지 서비스의 대상임과 동시에 교정복지 서비스의 이중적 욕구의 대상이 되므로, 노인범죄만 중복욕구를 갖는다는 최옥채의 가치적 주장은 잘못된 논리를 펼치고 있음을 알 수 있다. 그리고 노인범죄는 양적으로도 많으며, 질적으로도 엑스너(Exner)가 지적한 것처럼 노인범죄는 '약함의 반영상'의 결과로써 오래 전부터 노인범죄의 전형이라고 할 수 있는 모욕, 방황, 유아추행, 장물 등이 있는데, 이와 같은 범죄의 대부분은 노년기라는 여러 특성 속에 본래의 범죄행위나 성적 행위의 대상행위(代償行爲)로써 행해지고 있다.[44]

---

42) 김승용, 노인과 범죄, 추계학술대회, 2000, 23면.
43) 최옥채, 교정복지론, 학지사, 2004, 342면.
44) 지광준, 범죄학, 경인, 2002, 447면.

2. 노인범죄심리

노인범죄의 심리는 노인의 특징[45]에서 찾을 수 있다. 노인은 은퇴하는 사회적 일탈을 경험하게 되면 범죄의 유혹을 받기가 쉬운데, 그것은 노인들이 경제활동의 참가에서 배제되면서 경제적으로 빈곤해지기 때문이다. 특히 전통적으로 가부장적 태도가 강한 사회에서 노인은 자신의 권위 때문에 자식들에게 용돈을 달라는 말을 하기가 쉽지 않으며, 또한 자식들에게 짐이 되지 않으려고 생각하는 빈곤노인에게는 더욱 그렇다고 할 수 있다. 특히 밥벌이를 해야 한다는 절박감에 빠진 노인들은 생계형 절도의 유혹을 받기 쉬운데, 우리나라의 경우에도 대형 할인점에서 소규모 물건의 절도범 중 과반이상이 노인이라고 한다. 이렇게 노인들의 소규모 절도행위가 최근 급증하는 이유는 노인들이 젊은이들의 심리를 역이용하기 때문이다. 즉 가벼운 절도행위를 하다가 적발되어도 젊은 직원들은 자신들의 노부모를 생각해서 신고하지 않을 것이라는 기대심리와 설령 신고하여 경찰에 넘어간다고 하더라도 젊은 경찰들이 나이 많은 노인들을 형사처벌로 이어지지 않을 것이라는 기대심리를 갖고 있다. 특히 노인범죄 중에서 지능적인 범죄는 범죄가 발각되면 갑자기 치매노인행세를 하거나, 수화를 하여 농아인 행세를 하거나, 다리를 절룩거려 장애인행세를 하여 상대의 동정심을 유도하거나, 자신을 노숙자라고 말하는 범죄노인도 예상할 수 있다. 즉 젊은이들과 달리 노인들은 범죄로 인한 처벌이나

45) 노인의 성격특징에 대해 윤진은 다음과 같이 지적한다. 먼저 우울증이 증가하는데 우울증적 경향은 노년기 전반에 걸쳐 증가한다. 신체적 질병, 배우자의 죽음, 경제사정의 악화, 사회와 가족들로부터 소외 및 고립, 일상생활에 대한 자기통제의 불가능, 지나온 세월에 대한 회한 등이 원인이다. 또한 경직성이 증가하는데 경직성은 융통성과 반대되는 개념으로 어떤 문제해결에 있어서 그 방법이나 행동이 옳지 않거나, 이득이 없음에도 불구하고 자기에게 익숙해 있는 습관적인 태도나 방법을 고수하고 이를 여전히 계속하는 행동의 경향이다. 그리고 내향성과 수동성이 증가한다. 즉 외부자극에 대한 반응보다는 자기 자신의 사고나 감정에 의해서 사물을 판단하게 되는 경향이 많아진다. 노화에 따라 모든 문제를 능동적으로 해결하려는 경향이 약해지고 누군가의 도움을 받아 수동적으로 해결하거나, 신비적으로 또는 우연히 잘 되도록 내맡겨 버리는 경향이 증가한다. 또한 노인이 되면 조심성이 증가하는데, 그것은 정확성을 중요시 하고, 신체적·심리적 메카니즘이 쇠퇴한 것이 원인이며, 또한 결정에 대한 자신감의 감퇴로 확실성을 기하기 위해 조심성이 요청된다는 것이다. 과거에 대한 회상이 증가하고, 오래되고 친근한 사물에 대한 애착심이 증가하며, 시간전망의 변화로 앞으로 남은 날을 계산한다. 그리고 의존성이 증가하는데, 경제적·신체적·정신적 의존성 및 중요한 사람을 상실함으로써 생기는 사회적·심리적 의존성 등이 증가한다(장인협, 노인복지, 서울대학교 박사학위논문, 2000, 78~82면).

체포에 대한 두려움이 적어 범죄비용을 낮추게 되고, 그 결과 범죄순이익이 커지므로 범죄공급의 유혹을 더 받게 된다.

경제적으로 가난하지 않은데도 가벼운 범죄행위를 하는 노인은 퇴행의 방어기제를 위장해서 사용하는 경우도 있다. 즉 사회적 지지의 결여로 외로운 노인이나, 고독, 소외감으로 괴로운 노인들은 어린 아이들이 행하는 유치한 행동이나 가벼운 범죄행동을 보임으로써 자신의 진정 원하는 것이 무엇인가를 자식 등 주위에 신호를 보내기 위해 행하는 경우도 있다.

한편 노인이 행하는 살인 등의 중범죄는 적지만, 노인이 행하는 살인은 젊은이들과 달리 TV채널권이나 음식투정 등 사소한 일이 대부분이라고 한다.[46] 또한 우리나라는 최근 노인들의 성범죄도 증가하는데, 이는 인터넷과 Sex산업발달이 원인이지만, 노인은 Sex감정의 표출을 자제해야 된다는 문화적 압력을 많이 받는 상황에서 갈등하는 정력적인 노인들이 자식들 몰래 원조교제하는 경우가 이에 해당한다. 이러한 성범죄노인의 심리는 절도노인의 심리와 달리 범죄적발에 대한 두려움이 많아 은밀하고 치밀한 계획으로 행하되, 체포될 경우에는 자존심의 고양을 위해 순진한 노인네가 오히려 유혹당했다고 상대에게 책임을 전가하는 노인도 있으며, 이 과정에서 더욱 머리가 좋은 노인들은 자신의 성적 외로움을 자식들이 알아주어 매력적인 젊은 여자노인과 재혼을 바라는 노인도 있다.

노인들은 피해자이면서 가해자라는 이중적 지위도 있는데, 사기범죄와 문서범죄에 이용당하는 노인 중에는 사기범의 심리를 역이용하는 노인범죄도 있다. 예컨대 자기에게 명의만 빌려 주면 100만 원을 주겠다는 사람이 사기범이라는 것을 알아차린 노인은 자신은 한 번도 그런 일은 없는 척 순진한 행세를 하고, 오히려 더 많은 돈을 요구해 주민등록증을 빌려주고 나서 만일의 경우를 대비해 주소도 이름도 모르는 사람이 10만 원을 자신의 명의를 빌려갔다고 파출소에 미리 신고해 놓은 치밀한 노인도 있다. 특히 정보화범죄에 가담하는 노인들은 경찰이나 일반인

46) 한국일보, 2006. 2. 1일자 참조; 한편 본 기사에 의하면 인구의 1/5이 노인인 일본은 1999년 2%에 불과했던 노인범죄가 2005년에는 10%로 급증했는데, 신종 노인범죄로 홍역을 치른다고 한다. 노인범죄의 대부분은 절도와 소매치기이고, 2005년에 노인이 행한 살인사건은 141건이었다고 한다. 일본과 같이 고령화로 되어가는 우리 사회에 시사하는 바가 크다.

들이 보통 노인들은 컴퓨터 등 인터넷이나 휴대전화결재 등 새로운 경제 시스템에 미숙하다고 생각하는 상식을 역이용하는 지능적인 노인범죄도 있다.

도박범죄에 참여하는 노인들에게는 과거 의존성이 강했던 노인들이 많을 수 있는데, 그것은 과거로부터 의존성이 강했지만 자식들의 가난으로 의존할 수 없게 되자 게임오락기 등의 도박을 통한 운에 의존하려고 한다. 또한 자살도 사회적으로 범죄에 포함될 수 있으므로 자살노인들은 자기증오심이 강하거나, 사회적 접촉이 없어 우울증이 극심한 노인에게서 많다고 할 수 있다. 특히 한이 많은 노인은 끔찍한 방법으로 자살을 하여 어떤 신호를 보내기도 한다. 또한 전통적 가족관계가 유지되고 다양한 직장경험이 없는 시골노인보다 도시노인에게 우울증과 사회적 이탈감이 더 심한데, 이러한 사회적 이탈감이 욕구좌절로 이행될 경우에는 욕구좌절에 대한 반응으로써 공격적인 범죄행동이 생길 수 있는데, 특히 인생과정이 성공적이지 못한 경우에는 더 그럴 수 있다.

최근에 증가하는 아내의 남편에 대한 학대나 유기는 젊은 층보다는 노인층에서 많은데, 그것은 남자노인에게는 신체적 힘과 경제력 및 정력 등의 우월함이 사라졌고, 더욱이 남녀평등의식이 급신장되면서 여성노인들의 잔재된 이기적 본능심리가 되살아나기 때문이다. 이 때 학대나 유기를 행하는 여성노인들이 사용하는 방어기제는 합리화이다. 즉 남편이 과거에는 바람도 많이 피었고, 경제적으로 자신에게 많은 고통을 주었기 때문에 자신의 그런 행위는 정당하다는 심리이다. 또한 직장에서 연령으로 퇴출당하는 등의 사회적 이탈감은 이제 더 이상 법규범에 동조해야 하는 문화적 압력의 강도가 감소하게 되는데, 이러한 법문화적 압력의 감소도 노인범죄증가의 한 요인이 될 수 있다. 그리고 황혼이혼도 많은데 그 이유는 자식들을 위해 남편의 억압이나 폭정, 바람피우기 등을 일삼는 것을 보면서도 자식들이 결손가정에서 혼인하는 것을 원치 않아 이혼을 미루다가 자식들이 출가하면, 그 때 아내 없이 한 번 살아보라는 보복심리에서 비롯되고 있다. 즉 나이가 들면 아내는 남편 없이도 충분히 살 수 있지만 남편은 아내 없이 혼자 음식을 차려먹거나 집안일을 하기 힘든 세상이다.

노인범죄 중에는 범죄가 목적이 아니고 수단인 경우도 있다. 가령 극심한 가난으로 차가운 방에서 밥도 제대로 먹지 못하는 것보다 따뜻한 방과 영양가 있는 음식이 제공되는 교도소에 들어가기 위해 가벼운 범죄를 행하는 경우도 있다. 즉 우리나라의 교정시설도 이제 냉난방과 충분한 영양가 있는 음식이 제공되고, 교정작업을 통해 돈도 벌 수 있으며, 외로움도 덜 수 있는 장점이 있다. 이러한 수단적 범죄인은 경찰에서 그러한 속내를 밝히지 않으려고 한다. 즉 잘못하면 입소되지 않을 수 있다는 두려움 때문이다.

제5장 화이트칼라범죄심리[47)]

1. 개 념

1) 기존학자들의 개념

화이트칼라범죄는 서덜랜드(Sutherland)에 의하면 상류계층이 그들의 직무상과 관련하여 일어나는 범죄를 말한다. 가령 의사가 직무와 관련하여 공단에 진료비를 부당하게 청구하는 것처럼 상류계층이 그들의 직무상과 관련해서 일어나는 범죄이므로 의사가 직무와 관련 없이 행하는 살인은 화이트칼라범죄가 아니며, 조직폭력배가 문서를 위조하는 범죄는 그가 상류증이 아니므로 화이트칼라범죄가 아니다. 이 같이 서덜랜드가 주장한 화이트칼라범죄의 성립요건은 상류층이라는 사회적 지위와 직무상 일어나는 범죄에 한정한 것이 특징이다. 그러나 최근에는 화이트칼라범죄의 민주화 요청에 의해 개념이 확대되어 존경받고 합법적인 직업활동을 하는 과정에서 범죄행위중심으로 이동되었다.[48)] 그러나 범죄학적으로 화이트칼라범죄의 정의는 통일된 견해가 없고 여러 견해가 난무할 뿐이다.

레머트(Lemert)는 사무직과 관리직의 경계를 나누어 사무직원에 대해서는 화이트칼라범죄의 적용을 배제하고, 관리직 이상의 높은 직급에 대해서만 화이트칼라범죄의 적용을 하는 것은 잘못되었다고 서덜랜드를 비판하고, 보다 범위를 확대하여 화이트칼라계층과 블루계층이 행하는 범죄를 블루칼라범죄라고 주장하였다.[49)]

이윤호는 대부분의 화이트칼라범죄는 사회적 지위가 높은 사람에 의해 직업범죄로 볼 수 있다고 한다.[50)] 그리고 송광섭은 현대에서는 화이트칼라범죄가 더 이상

---

47) 신범죄심리학(천정환, 대왕사, 2006)의 202-210면을 전재

48) 진계호, 형사정책, 대왕사, 2002, 235면.

49) 최영인 외, 화이트칼라범죄의 정의와 원인이론, 백산출판사, 2005, 23면.

50) 이윤호, 현대사회와 범죄의 이해, 삼경, 2004, 370면.

높은 사회적 지위가 있는 사람에게만 제한되지 않지만, 여전히 범죄자가 존경받는 직업을 갖고 있어야 한다는 것을 인용하면서 깡패두목이 증권사기로 거액을 얻는 것은 화이트칼라범죄가 아니라고 기술하였다.[51] 따라서 기존의 국내외학자들의 공통점은 관리직 등 일정한 사회적 계층을 전제로 화이트칼라범죄를 논하고 있음을 알 수 있다.

2) 필자의 신화이트칼라범죄 개념론

필자는 기존학자들이 상류층이나 관리직 등 행위자의 속성을 중심으로 화이트칼라범죄를 주장한 것에 대해 사회계층을 가리지 않고, 범죄행위내용을 중심으로 한 신화이트칼라범죄론을 주장한다. 즉 기존의 이론들은 사무직 등을 하는 계층을 White Collar와 육체적 노동을 하는 Blue Collar로 나누고, White Collar 계층에 의한 범죄를 화이트칼라범죄로 보고 있다. 즉 과거에는 서덜랜드가 사무직 중에서도 상류계층이 직무상 행한 범죄를 화이트칼라범죄라고 했고, 오늘날에는 범위가 확대되어 사무직 등 존경받고 합법적인 직업과정에의 범죄로 개념이 확대되었다. 따라서 기존의 정의를 보면 깡패나 육체노동자 및 일용직 등의 전형적인 하류계층의 어떠한 범죄도 화이트칼라범죄가 될 수 없다는 모순에 빠진다. 이에 대해 하류층이든 상류층이든 관계없이 범죄내용이 문서조작, 횡령, 보험, 사기, 신용카드사기, 환경범죄, 증권사 등의 경제범죄처럼 비물리적이고 비폭력적인 경우에 해당되면 모두 화이트칼라범죄이고, 범죄내용이 살인, 강간, 강도, 절도, 폭행, 상해 등 물리적이고 폭력적이면 모두 블루칼라범죄라고 할 수 있다.

필자의 주장에 의하면 송광섭이나 기존의 학자들이 블루계층인 깡패가 증권사기로 거액을 번 것은 그들의 주장과 달리 화이트칼라범죄가 된다. 마찬가지로 의사나 고위층 등의 상류층이 강도나 절도 등을 행하면 블루칼라범죄가 되는데, 기존의 블루계층이 행하는 강도 등의 물리적이고 폭력적인 범죄를 진한 블루칼라범죄라고 한다면, 사무직이나 상류층에 의한 강도 등의 폭력적·물리적 범죄를 옅은 블

---

51) 송광섭, 범죄학겸 형사정책, 유스티니아뉴스, 1998, 751면.

루칼라범죄라고 명명하기로 한다. 마찬가지로 사무직 등의 화이트칼라계층이 범하는 횡령, 문서사기 등 비폭력적·비물리적 범죄를 옅은 화이트칼라범죄라고 명명하고, 이를 신화이트칼라범죄의 개념이라고 표현한다. 필자의 신화이트칼라범죄론의 근거는 화이트칼라범죄의 특징과 결과에 근거하고 있다. 가령 화이트칼라범죄론의 특징은 그 피해가 국민 등 불특정집단에 많고, 범행에 전문지식을 요하는 암수범죄가 많으며, 증거확보가 곤란하고 은밀하게 이루어져 피해가 막대하다는 것에 있다.

육체노동자와 같은 블루계층이 보험사기를 행하면 그 피해는 모든 보험가입자에게 전가되고, 특히 보험사기는 증거확보가 곤란하고 전문지식을 요하지만, 최근 하류계층에 의한 보험사기가 급증하여 경제질서를 교란시키고 있다. 마찬가지로 일용직 등 블루계층이 산업폐기물을 회사의 지시에 반해서 기름 값을 아끼려고 심야에 근처의 강가에 버리는 환경범죄행위를 하면, 그 피해는 개인이 아닌 모든 국민이 지게 되듯이, 육체노동자가 행하는 비폭력적범죄들도 얼마든지 기존의 화이트칼라범죄의 특징을 갖게 되므로, 범죄피해의 결과와 범죄의 특징에 비추어 블루계층에 의한 비폭력범죄도 화이트칼라범죄에 넣자는 것이다. 다만 블루계층에 의한 이러한 비폭력적 · 비물리적 · 지능적 범죄를 옅은 화이트칼라범죄라고 한 것은 기존의 상류계층이 행하는 전통적인 화이트칼라범죄인보다 범죄인이라는 낙인이 더 크고 또한 처벌이 큰 점, 즉 소위 선택성은 범죄내용보다는 범죄자의 신분을 중심으로 이루어져 고위층의 보험사기는 육체노동자의 보험사기보다 더 약한 처벌을 받게 되는 것이 사법현실이므로 그렇게 표현하였다. 마찬가지의 논리로 똑같은 강간을 하여도 육체노동자보다 고위층이 더 약한 처벌(특히 한국사회에서는 더욱 심하다)을 받으므로 상류계층에 의한 절도 등의 폭력범죄를 옅은 블루칼라범죄, 하류층에 의한 절도 등의 폭력범죄를 본래적 의미의 블루칼라범죄 즉 진한 블루칼라범죄라고 명명한 것이다. 따라서 필자의 신화이트칼라범죄론에서 'White Collar'는 행위자의 신분속성이 아니라 행위자의 행위내용의 성격에 근거하고 있음을 알 수 있다.

2. 유형과 필자의 화이트칼라범죄의 계층화론

티이오(A. Thio)는 피해자 중심으로 ① 고용인절도, 횡령, 날치기, 고객·종업원의 회사에 대한 범죄, ② 산업재해, 직업병발생 등 회사의 고용원에 대한 범죄, ③ 위험음식, 불완전한 제품, 소비자사기, 허위광고, 가격담합 등 회사의 고객에 대한 범죄, ④ 폐기물 불법매립, 폐수의 무단방류, 기업의 환경오염 등 회사의 일반시민에 대한 범죄로 분류하였다.[52)]

에델헤르츠(H. Edelhertz)는 가해자가 범행수법을 중심으로 ① 복지연금법사기, 세금사기 등 개인의 이익을 위해 범하는 특별위반(Adhoc Violation), ② 횡령, 뇌물수수 등 조직 내의 중요한 위치에 있는 자가 조직에 대해 범하는 신뢰남용, ③ 공정거래위반 등 기업조직에 의해서 범해지는 사기수법(Con Game) 등으로 분류하였다.[53)]

무어(M. Moore)는 ① 방문판매사기와 어음사기 등 신용사기, ② 계량기의 속임·부당한 요금청구 등 고객을 속이는 행위, ③ 소방검증 시 업주로부터 검증의 대가로 물품요구나 기업체의 물품구매 시 금품수수 등 조직 내의 권한남용 및 착취, ④ 재물횡령, 고용인 사기, 컴퓨터범죄 등 조직 내의 자신의 지위를 이용한 행위, ⑤ 보험사기, 신용카드사기, 복지 관련사기, 의료사기 등 조직에 대한 고객사기, ⑥ 기관의 중요한 위치에 있는 사람이 기관 활동을 예측하고자 하는 사람에 대한 정보판매와 뇌물(Influence Peddling and Bribery), ⑦ 가격담합, 불공정거래, 환경범죄 등 정부의 구책을 위반한 기업범죄(Business Crime) 등으로 분류하였다.[54)] 콜만(J.W. Coleman)은 조직범죄와 직업범죄로 대별한 후 조직체 범죄를 다시 부당한 광고, 사기, 탈세 등의 사기, 기망형 시장지배적인 지위남용행위와 부당한 공동행위 및 전문가 집단의 공모행위 등의 시장통제형, 불안정한 생산과정

52) A. Thio, Deviant Behavior, 2nd ed, Houghton Mifflin, co, 1983., p. 419; 진계호, 전게서, 236면에서 재인용.
53) H. Edelhertz, The Nature Impact and Prosecution of White-collar Crime, U.S. Government Printing Office, 1970, pp. 73~75; 진계호, 상게서, 236면에서 재인용.
54) M. Moore, Note Toward a National Strategy to Deal White-collar Crime, Lezington Books, 1980, pp. 32~34; 진계호, 전게서, 239면에서 재인용.

등으로 세분하고, 직업범죄를 다시 고용인절도, 컴퓨터범죄, 횡령, 소비자대상범죄 및 상거래상 뇌물수수 등의 기업부문에 대한 권력판매형 범죄, 사기, 횡령, 등의 정부부문, 고객대상범죄 등의 전문가부문 등으로 세분하였다.[55]

한편 미국의 FBI와 미국범죄학회에서 제시한 기준에 의하면 화이트칼라범죄의 모의성[56]에 기초해 경제적 이익을 사취하는 화이트칼라범죄(횡령, 위조, 합법에 의한 재물강취, 사기), 공공기관대상 화이트칼라범죄(뇌물수수, 사업방해, 직권남용, 배심원에 대한 편파판정, 위증), 경제적 화이트칼라범죄(환경범죄, 행정규제위반, 노동범죄, 불공정거래)로 나눈다.[57] 그러나 화이트칼라범죄를 경제범죄, 환경범죄, 컴퓨터범죄, 기업범죄, 문화범죄, 공무원범죄, 정치범죄로 나눌 수 있는데, 여기서 필자는 각국에 따라서 모든 화이트칼라범죄에도 상징조직과 상징폭력의 Power의 크기에 따른 위계가 있다는 화이트칼라범죄의 계층화론을 제시한다. 가령 한국에서의 화이트칼라범죄를 정치인에 의한 정치범죄, 공무원범죄, 기업범죄, 환경범죄 등으로 나눈다. 상징조직의 가능성이 가장 커서 가장 Power가 큰 것이 정치범죄이고, 그 다음이 기업범죄, 공무원범죄, 환경범죄, 컴퓨터범죄의 순으로 계층화되어 있다. 즉 상징형성과 상상조작 및 상징폭력의 힘이 클수록 화이트칼라범죄가 비범죄화 되거나, 처벌이 약할 가능성이 커진다는 것이 필자이론의 핵심이다.

상징형성의 힘이 가장 큰 정치범죄는 그 만큼 비범죄화가 되거나, 처벌이 다른 화이트칼라범죄에 비하여 처벌이 상대적으로 약해질 수 있다. 가령 국회의원이 외유를 나갈 때 문서를 조작하여 과대경비를 받았거나, 선거법 위반 또는 수액의 공천헌금을 받았어도 형사처벌되지 않고 정치적 관행이라는 상징조작수법을 동원하여 비범죄화되는 일이 한국에서는 많았다. 즉 정치적 관행이라는 상징조작에 의한 상징폭력에 의해 비범죄화되어 왔고, 처벌되어도 관대한 처분을 받아왔다. 또한

---

55) J.W. Coleman, The Criminal Elite, 1950, p. 34; 진계호, 상게서, 239면에서 재인용.

56) 모의성은 화이트칼라범죄를 다른 유형의 범죄와 확연하게 구분하는 특징으로, 이를 형법학적 관점에서 보는 것은 아니며, 범죄학적 견지에서 보는 것은 아니며, 범죄학적 견지에서 보는 모의라는 개념이다. 범죄학에서 모의성은 다의적 표현이다. 즉 형법에서는 범죄를 저지르기 이전에 동기적 차원에서 모의성을 보이나 범죄학에서는 음모나 계획 외에 범죄은폐, 사후범행의 재시도, 증거은닉 등의 전 과정을 포함시킨다(최인영 외, 합리적선택이론, 백산출판사, 2005, 54~96면.

57) 최인영 외, 상게서, 54~96면.

대기업 총수의 경제적 비리행위도 국가경제의 중요성이라는 상징동원에 의한 상징폭력에 의해 비범죄화 되거나, 약한 처벌을 받아 온 것이 한국사회의 현실이었다.

상징조작의 힘이 가장 약한 해킹 같은 컴퓨터범죄는 상징조작이나 상징형성력이 없어 정치범이나 기업범죄보다 상대적으로 더 무거운 처벌을 받는다. 이러한 상징조작에 의한 비범죄화가 가능한 것에는 자기회사의 이익을 최우선시하는 매스컴에 의한 여론호도와 상류층에 취약한 법의 선택성을 보여주는 사법부도 한 몫을 했다.

3. 특 징

화이트칼라범죄는 다른 범죄와 달리 철저히 계산적이다. 즉 경제학에서 말하는 합리적 선택이론의 영향을 가장 많이 받아, 행위 시 예상되는 이익과 손해를 비교형량하여 최적의 행위를 선택한다는 것이다. 또한 화이트칼라범죄는 수법과 내용의 전문화와 기술화로 인하여 증거확보가 곤란하여 암수범죄가 많은 것이 사실이다. 가령 고도의 컴퓨터기술을 요하는 부분의 컴퓨터범죄는 전문가가 아니면 범죄사실을 찾기 어렵고, 교묘한 증거인멸도 가능하다. 그런 점에서 은폐성이 강한 범죄라고 할 수 있다.

화이트칼라범죄는 일반범죄와 달리 피해자계층이 광범위하며 피해액이 막대함에도 피해자들이 모르는 경우가 많고, 바로 이러한 피해자들의 무관심에 기인한 특성에 의해 화이트칼라범죄가 독버섯처럼 음흉하게 기생하게 된다. 가령 공무원들이 무허가건물이나 포장마차를 철거할 때는 철거용역회사를 모집하는데, 이 때 1인당 지출비용이 1만 원이면 실제로는 5만 원으로 기재했거나, 동원된 용역인원수보다 많은 인원을 동원했다고 허위기재했다면 그 피해는 모든 국민에게 가지만, 국민들은 전혀 자신들이 피해자라는 것을 모르고 오히려 철거를 지휘하는 공무원에게 감사하게 생각한다.

화이트칼라범죄의 처벌에는 법의 선택성이 많이 작용하여 결과적으로 계층간 위화감을 조장한다. 법의 선택성의 배경에는 사법부의 잘못된 인식과 높은 학력이라는 공통점 등이 작용한다. 뇌물 받은 공무원이 실형을 선고받는 경우가 한국사회에서는 거의 없고, 있다 하더라도 집행유예로 풀려난다. 이런 사법부의 솜방망이 처벌은 극도의 합리성에 따라 행하는 공무원들에게는 범죄비용의 저하를 가져와 더욱 많은 공무원범죄가 확대재생산 되고, 공무원 조직사회로 급속히 확산된다. 또 부패된 공직사회에서는 아무리 깨끗한 공무원이라도 일단 한 번 공무원범죄에 개입하면 계속 범죄를 행할 수밖에 없다. 그리고 부패된 집단이 아니어도 일단 화이트칼라범죄를 행하면 발을 빼기도 힘든데, 그것은 너무나 적은 범죄비용에 비해 범죄예산이 매우 크므로 중독되기 때문에 재범률이 높다.

화이트칼라범죄가 대체로 고학력층이나 고위층 및 사무직 등에서 이루어지므로 다른 육체노동자에 의한 길거리범죄보다 사회적 비난 정도가 약하여 상대적으로 죄의식도 약하다. 즉 자신들은 비범죄적 이미지라는 인상을 갖게 된다.

공무원이 저지르는 화이트칼라범죄는 고도의 상징성과 상징조작이 가능해 전혀 의도되지 않은 방향으로 나아가 오히려 국민의 피해가 증가될 수 있다. 예컨대 공무원 뇌물사건이 빈번히 발생하면 기본급과 각종 수당을 합친 연봉이 적지 않음에도 불구하고 그들은 '쥐꼬리만한 월급'이란 상징조작을 동원해 국민의 동정을 유도하고, 오히려 뇌물사건이 공무원 임금인상이라는 정책의제도 형성되는 기막힌 일이 발생한다. 공무원 연봉의 반 밖에 되지 않는 기본급을 공무원 임금의 전부로 생각하는 국민들의 동정심리를 이용해 오히려 여론을 역전시키려 하는데, 여기에 일부 여론이 그런 상징조작에 가담하면 국민에게 부담을 주는 비합리적인 정책결정이 탄생하게 된다. 이외에도 화이트칼라범죄는 지능적 · 관료적 · 간접적 · 권력적인 특성을 가지며, 정보화사회로의 진전으로 새로운 화이트칼라범죄가 탄생하게 된다.

4. 화이트칼라범죄의 심리

부패된 조직에서 발생하는 화이트칼라범죄인은 합리화라는 방어기제를 사용한다. 합리화란 자기행동의 동기를 은폐하기 위해 사회적으로 용인되는 구실을 붙여

자기의 행동을 설명하여 자기를 유능하게 보이게 하는 수단이다. 즉 부패된 공무원 조직에서는 화이트칼라범죄인은 주위의 모든 공무원들이 문서조작 등의 범죄를 하므로 자신도 조직의 이익과 화목을 위해 할 수 없이 가담한다는 논리도 자기범죄를 스스로 합리화 한다.

돈을 많이 밝히는 화이트칼라범죄인 중 직급이 낮은 자는 일종의 보상행동인 치환이라는 방어기제를 사용한다. 어떤 목표에 대한 욕구가 어떤 장애에 의해 도달행동이 저해될 때 그 목표와 관계되는 다른 목표를 달성함으로써 본래 욕구를 만족시키는 것이다. 따라서 고급관리직시험에 실패하여 하위직으로 들어간 자는 직위가 낮은데서 오는 보상행동으로 돈을 추구하게 되고, 그것이 문서조작 등의 방법으로 화이트칼라범죄를 하게 된다는 것이다. 또한 동일시라는 방어기제를 쓰는 화이트칼라범죄인도 있는데, 이는 이욕적 동기보다는 관계적 심리욕구가 강한 자에게서 발생한다. 동일시란 개인이 자기를 어떤 사람이나 집단 또는 소속의 감정적 유대를 강하게 가짐으로써 후광효과를 받아 만족케 하는 것으로, 동일시하고 싶은 사람이 문서조작 등의 화이트칼라범죄를 행하면 그런 대상과 목적에 동일시하게 된다.

화이트칼라범죄인은 이중적 도덕심리를 가지고 있다. 즉 국민이나 고객에 대해서는 법을 준수하는 것을 강요하고, 법규를 지키지 않는 고객에 대해서는 이해할 수 없다는 태도를 보인다. 그러면서도 자신의 불법행위는 중대한 범죄로 인식하지 않는데, 이것은 사회의 비난의식이 약한 것에도 기인한다. 따라서 범죄가 적발되어 처벌받을 때도 판사 앞에서만 형식적으로 뉘우치는 교활함을 보이고, 속으로는 자신의 범죄행위가 불운하다고 생각한다.

화이트칼라범죄인은 아주 지능적이므로 특히, 프로급의 화이트칼라범죄인은 공범조차 믿지 않고 언젠가는 배신할 수 있다는 의심을 갖고 치밀한 방법으로 자신에게 유리한 증거를 인위적으로 만들어 놓는 완벽함을 보인다. 가령 고객으로부터 뇌물을 수시로 받는 자는 언젠가는 자신의 범죄사실이 고객에 의해 폭로될 수 있다는 깊은 의심으로 인하여 그런 내적 불안을 제거하기 위하여 불안해소방법을 쓰는데, 뇌물을 주는 자와 이야기 하면서 "저는 이런 청탁돈을 받은 적이 없기에

당신의 청탁돈을 받을 수 없다"라는 말을 또렷이 하고, 그 내용을 소형 녹음기에 녹음한다. 그런 다음 녹음기를 끄고 돈을 챙기는 치밀한 수법을 보이는데, 이 녹음내용을 여러 곳에 복사해 두어 만일의 경우에 자신의 무죄증거로 이용하려고 한다. 또한 악질적인 상습적 화이트칼라범죄인에게는 인격장애의 현상도 나타나고, 일부 정치범에게는 과대망상증이 나타나기도 한다.

제6장 가정폭력범죄심리[58]

1. 기존의 개념과 필자의 반론

신체적 · 경제적 · 성적 · 정신적 폭력의 개념을 가지는 가정폭력에 관한 연구는 1962년 캠프(Kempe)가 '매맞는 아동증후군'을 발표하면서 시작되었고, 1970년대 여성운동의 일환으로 여성의 인권문제에 대한 사회적 관심이 고조되면서 관심을 갖기 시작했으며, 우리나라는 유교적 가부장문화로 인해 가정폭력이 사회적 이슈가 되기까지 상당한 저항을 받아 오다가 1980년대부터 여성단체에 의해 이 문제가 다루어지기 시작하였다.[59] 이러한 가정폭력의 개념에 대해 가족구성원 사이의 신체적 · 정신적 또는 재산상의 피해를 수반하는 행위라는 견해[60]와 가정폭력이란 가족구성원간의 폭력으로써 부모의 자녀에 대한 폭력, 부부간의 폭력, 자녀의 부모에 대한 폭력, 형제자매간의 폭력, 그 외에 가족구성원간의 폭력견해도 있다.[61]

가족학대란 가족구성원 중의 한 사람이 다른 가족에게 계획적이고 반복적·의도적으로 물리적인 힘을 사용하거나 정신적 학대를 통하여 심각한 신체적·성적·정신적 손상과 고통 및 재산상의 피해를 수반하는 적극적이거나 철회적인 모든 폭력행위라고 김영화는 말한다.[62] 이처럼 모든 기존학자들은 가족폭력 또는 가족학대를 가족구성원 사이의 폭력에서 제외시키고 있다.

필자는 자기 자신에 대한 폭력도 가정폭력에 포함시켜 가정폭력을 "가족구성원 중 일부가 다른 구성원의 전부나 다른 구성원의 일부 또는 자신들에게 행하는 의

58) 신범죄심리학(천정환, 대왕사, 2006)의 211-235면을 전재
59) 김영화, 가족복지론, 양서원, 2003, 94면; 가정폭력의 역사에 관해 로마법률에 의하면 남편이 아내를 폭행할 수 있는 권리를 오래 전부터 합법적으로 부여받고, 남편의 아내에 대한 폭력행사를 아내에 대한 합법적 통제수단으로 간주하였으며, 사회문제로 간주하지 않았다고 한다(부산대학교, 여성학, 중앙적성, 1996, 96면).
60) 최영인 외, 가정폭력범죄와 여성에 의한 스토킹, 백산출판사, 2005, 11면.
61) 이상현, 범죄심리학, 박영사, 2004, 205면.
62) 김영화 외, 전게서, 96면.

도적인 모든 폭력행위"라고 정의한다. 이렇게 정의하게 되면 기존의 가정폭력의 개념인 '가족구성원간의 폭력'은 당연히 내포하면서 필자가 주장하는 자신에 대한 가정폭력의 개념도 포함하게 되어 보다 정치한 가정폭력의 개념이 된다. 필자가 주장하는 내적 폭력이란 가령 남편이 아내나 다른 가족구성원에게는 어떠한 신체적·성적·경제적 폭력도 가하지 않지만, 여러 가지 이유로 자신을 학대하거나 방임하는 것이다. 비합리적인 이유로 자신을 끊임없이 정신적으로 괴롭혀 자신을 학대한다든지 오랜 기간 식사를 하지 않는다든지, 오랜 기간 침묵하는 것이나 자신의 신체에 상처를 내는 신체적 학대행위 등은 결과적으로 가족구성원들에게 불안과 공포를 주는 점에서 넓은 의미의 가정폭력이라고 할 수 있다. 왜냐하면 가정폭력의 공통된 증상은 구성원이 느끼는 불안과 공포감이기 때문이다. 특히 각종 정신병이 폭증하고 치열한 경제사회문화와 인간소외가 갈수록 진전되어가는 정보화사회에서 필자가 주장하는 내적 폭력이 가정폭력에서 중요한 의의를 갖게 된다고 할 수 있다. 그런데 과거와 달리 복잡한 현대사회에서는 이러한 가정폭력이 빈번하게 일어날 수 있는 여건을 제공해 오고 있다. 특히 최근에는 아내에 대한 남편의 학대, 아이들에 대한 구타, 그리고 가정폭력이 확장되어 배우자간의 가족에 대한 폭력도 증가하는데, 이런 것은 경제적 이유와 개인의 성격적 이유 및 문화적 이유, 외국인 아내의 급증으로 인한 사회적 피해와 더불어 국가적 부담을 주는 심각한 문제가 되고 있다. 이처럼 가정폭력이 형사정책적으로 문제가 되는 것에 대해 형법은 보충성으로 인해 가정문제에 대한 개입을 자제하여 가정폭력이 형법의 보호범위를 벗어난 사각지대에 놓일 가능성이 높고, 폭력이 난무하는 가정은 청소년의 성격형성에 나쁜 영향을 미치며, 소년비행의 원인이 된다.[63)]

가정폭력의 심각성과 증대로 인해 1997년 가정폭력근절을 위한 두 가지 법률이 제정된 바, 1997년 12월 13일 제정된 '가정폭력범죄의 처벌에 관한 특례법(이하 가정폭력특별법이라 한다)'과 1997년 12월 31일에 제정된 '가정폭력방지 및 피해자보호 등에 관한 법률(이하 가정폭력 피해자 보호법이라 한다)'을 제정하였다. 먼저 가정폭력특별법은 가정폭력범죄를 행한 자에 대해 환경조성과 성행교정을 위

63) 배종대, 형사정책, 홍문사, 2003, 205면.

한 보호처분을 과함으로써 가정의 평화와 안전을 도모하기 위한 목적으로 제정되었다. 동법에 따르면 법원이 행하는 보호처분에는 피해자에 접근금지, 피해자에 대한 친권행사의 제한, 보호관찰, 사회봉사, 수강명령(100시간 이내), 가정폭력 피해자 보호법이 정하는 보호시설에의 감호위탁, 의료기관에의 치료위탁, 관련 상담소에 상담위탁 등이 있다. 보호처분이 진행되는 동안에도 법원은 필요하다고 인정하는 경우에는 직권 또는 보호관찰관 및 수탁기관의 장의 청구에 의해 1회에 한해 보호처분의 종류와 기간을 결정으로 변경할 수 있고, 법원은 행위자의 성향이 교정되어 정상적인 가정생활이 유지될 수 있다고 판단되거나 기타 보호처분을 계속할 필요가 없다고 판단할 때에는 직권 또는 신청으로 보호처분의 전부 또는 일부를 종료할 수 있다.

한편 가정폭력 피해자 보호법은 가정폭력 범죄피해자의 보호를 목적으로 하고 있는데, 이와 관련하여 국가 또는 지방자치단체는 가정폭력 관련 상담소와 가정폭력 피해자보호시설을 설치·운영할 수 있다. 동법 제5조에 따르면 가정폭력 관련 상담소는 가정폭력에 관한 상담에 응하고, 가정폭력으로 인하여 정상적인 가정생활 및 사회생활이 어렵거나 기타 보호를 필요로 하는 피해자에 대한 임시보호를 하거나 가정폭력 피해자 보호시설로 안내하며, 법률적 사항에 관한 자문을 얻을 수 있도록 관련기관 등에 필요한 협조와 지원을 요청하고, 경찰서 등으로부터 인도받은 피해자를 보호하는 일을 하며, 가정폭력예방의 홍보와 가정폭력 및 피해에 관한 조사 · 연구를 행한다.

의료기관은 가정폭력 피해자, 가족, 친지 또는 상담소나 보호시설의 장 등의 요청이 있을 때에는 피해자에 대해 치료·상담 등을 내용으로 하는 치료와 보호를 실시하여야 한다. 따라서 동법은 가정폭력 피해자에게 법률적 측면, 의료적 측면, 상담적 측면, 시설보호적 측면에서 피해자의 재활을 위해 서비스를 제공함을 규정하고 있다 그러나 우리나라는 보호처분으로 인한 상담교육을 마치면 그만이고, 상담교육에 불성실한 경우에도 제재나 재수강을 할 수 없는 것이 현실이다.

2. 가정폭력의 발생원인과 특징

가정폭력이 이처럼 심하게 발생하는 이유에 대해 김승권은 정신병리학적 이유, 사회심리학적 이유, 사회문화적 이유, 여권론적 이유로 분류한 바, 그 내용은 다음과 같다.[64] 먼저 정신병리학적 이론에서는 가정폭력이 개인의 병리적 속성, 즉 신체적 결함, 정신적 결함, 성격결함, 스트레스 중독, 각종 약물중독에서 온다고 본다. 이 이론에 따른 사회사업적 개입은 정신분석이론을 사용하여 초기 생활경험이 어떻게 구타자에게 보이는 병리학적 특성인 충동, 좌절, 낮은 자아존중감, 친밀감에 대한 공포, 역의존, 발달지체 등의 문제들에게 영향을 주었는지를 파악하고자 하며, 구타자들이 그들의 감정을 표현하고 스스로 더 잘하도록 배울 기회를 주는 치료적 접근법을 주장하고 가족적 뿌리에 대한 통찰력을 얻도록 하는데 개입의 초점을 둔다.

사회환경, 개인, 집단 또는 조직간의 상호작용에 의해 설명하는 사회심리학적 이론에서는 대인관계에서의 좌절, 학습과정, 타인의 태도, 조직에 반영되는 자신의 태도 등이 가정폭력의 원인이 된다고 본다. 따라서 좌절에 의한 것일 때는 그 좌절에 대한 통제력을 키우는 것과 사회경제적 자원을 강화하는 것이다. 폭력행위를 학습된 현상으로 이해될 때에는 사회사업적 개입방법은 학습과정인데, 구타자가 어떻게 현재의 폭력적인 행동을 배우고 보상받았는지를 가르쳐서 그들의 행동이 병리적인 틀에서 벗어나게 하고, 새로운 비폭력적 행동과 지지적인 신념들을 다시 내면화시키고자 한다.

교환-자원이론에서는 부부간의 상호작용이 보상의 극대화와 비용의 극소화에 의해 지배된다고 보고, 비용이 보상을 초과한다고 판단되면 분배적 공정성을 되찾기 위해 폭력을 사용한다고 보므로, 이 때 사회사업적 개입은 폭력에 따르는 보상을 감소시키고 손실을 증가(형사처벌)시키는 것이 된다.

갈등이론에서는 모든 집단에서는 갈등이 불가피한 것으로 전제되며, 폭력을 갈

---

64) 김승권, "가정폭력 실태연구", 보건연구원, 1998, 43면 이하; 박영숙, "아내 학대에 대한 이론", 정갑석박사기념논문, 1999, 78면 이하에서 재인용.

등해결을 위한 다른 방법이 실패했을 때 나타난다고 보고, 이 때 사회사업적 개입은 갈등에 대한 이해와 갈등을 해소하는 기술습득 및 가정폭력에 대한 사회적 통제강화 등이 된다.

폭력의 원인을 사회구조, 기능, 하위문화, 사회체계 등과 같은 거시적 요인에 강조점을 두고 가족 내에서의 폭력을 설명하는 것이 사회문화이론이다. 먼저 체계이론에서는 가족간의 인간관계를 환류과정으로 보고, 환류과정 속에서 가정폭력이 강화 또는 감소된다고 보는데, 환류과정에서는 가족과의 상호작용이 중요하다고 보며, 폭력은 의사소통의 부족에서 온다고 보므로 사회사업적 개입은 부부를 함께 치료하는데 있다.

문화적 이론은 가정폭력을 용납하는 문화에 속하는 가족에게 폭력이 생긴다고 보고, 이 때 사회사업적 개입은 문화적 규범과 가치를 바꾸는 것이다.

구조적 이론에서는 빈곤계층, 다자녀가족 등 개인의 사회경제적 위치가 폭력에 영향을 미치는 원인으로 작용하고 있음을 주장하고, 사회경제적 위치가 낮은 자들이 폭력을 발생한다고 보므로, 사회사업적 개입은 빈곤완화와 가족계획 및 박탈감 완화를 위한 상담을 병행하는 것이다.

기능적 이론은 가정폭력이 가족에 대해 일정한 기능을 유지하기 때문에 발생한다고 보고, 가정폭력은 억압된 좌절을 해소시켜 더 심각한 폭력을 감소시키는 역할을 한다고 보므로. 사회사업적 개입은 좌절과 적대감을 해소할 수 있는 적합한 방법을 찾는다.

여권론적 이론은 폭력을 경제적이고 정치적인 현상으로 보는 막시스트의 관점에 기초하는데, 막시즘의 관점에 의하면 자본주의가 가부장제와 결합할 때 남성은 지배계급, 여성은 피지배계급이라는 성으로 이분되는 사회구조가 형성되고, 이 때 남성은 여성을 통제하기 위한 수단으로 폭력을 행사한다. 따라서 사회사업에서는 단기적으로는 일시보호, 정서적 지시, 성차별적 법체계와 협상하기 위한 지지 등의 구체적 서비스가 주어져야 하며, 정기적으로는 안정된 직업과 남편에 대한 교육도 있어야 한다고 한다. 이와 관련하여 신은주는 기존의 사회사업이 학대받는 여성이 사회에 적응하는 것을 강조하는 반면, 여권주의 사회사업은 기존구조의 개혁을 모색하고 성차별을 극복하려는 시도를 한다고 하며, 여권주의적 사회사업의 목적은 여성들이 자신의 삶에 대한 통제력을 회복하는 것이다.[65]

가정폭력의 특징으로는 은폐성(가정폭력은 사회 내의 다른 폭력에 비해 외부로 잘 노출 안 됨), 연속성(모든 학대들이 가장 경미한 것에서부터 가장 심각한 수준에까지 연속되거나 여러 학대행위들이 혼합되어 학대), 남성주도성(경제력, 지위, 완력, 인지수준 등의 권력형태가 더 강한 남성에 의해 주도), 상습성(폭력이 반복될수록 부부간의 화해의 단계가 줄어들거나 폭력의 주기가 빨라진다), 세대전수성(여러 학자에 의해 가정폭력이 세대전승 되며, '한국여성의 전화' 통계에 의하면 가정폭력 남성이 아동기에 가정폭력을 경험한 경우가 60.6%라고 한다)의 특성을 갖고 있다.[66]

3. 유형과 진행과정

보통 가정폭력은 남편이 아내를 폭행 또는 상해를 가하거나 그들의 자녀의 아동에 대한 학대나 방임인 아동학대 등을 포함한 개념이다. 또한 자녀의 부모에 대한 폭행과 형제자매간의 폭행도 포함된다. 그런데 가정폭력에서 배우자 폭력은 대부분 남편이 가해자이고 아내가 피해자라는 것을 전제하고 있다.[67] 그러나 엄격한 의미에서 이런 견해는 잘못되었으며, 아내가 남편에 대한 폭력이나 폭력의 위협도 비록 그 수는 적다고 해도 존재하므로 남편도 가정폭력의 피해자가 될 수 있다. 이것은 이론상으로는 부부폭력[68]은 형법적 의미[69] 그리고 정신적 또는 정서적 의

65) 신은주, 아내학대에 대한 사회사업분석, 서울대학교, 1995, 137면; 박경숙, 전게논문, 84면에서 재인용.
66) 김영화 외, 전게서, 97~98면.
67) 이윤호, 전게서, 92면; 이인혜, 현대인의 정신건강, 대왕사, 2005, 251면.
68) 보통 부부다툼→우발적 폭력→배우자 살해라는 메카니즘이 있는데, 2005년 7월 여성 무기수형자 44명 가운데 23명이 배우자를 살해했다. 또 2004년에 발생한 가정폭력의 원인 가운데 우발적 분노가 46.5%로 2003년 26.2%보다 크게 늘었다면서 부부싸움이 폭력으로 이어지고 폭력이 거듭되면 살인이라는 극단적인 선택을 하게 되는데, 폭력은 배우자에 대한 증오심과 복수심의 표출이다(문화일보, 2006. 03. 20).
69) 형법에서 말하는 폭행죄의 폭행은 협의의 폭행으로 사람의 신체에 직·간접적인 유형력의 행사를 말하므로 반드시 신체에 대한 직접적인 접촉을 요건으로 하는 것은 아니다. 또한 폭행죄는 형식범으로 구

미의 폭력인 학대를 포함한 개념이다. 따라서 남편만을 가정폭력의 가해자로 전제하는 것은 잘못되었다고 볼 수 있고, 부부 모두가 가정폭력의 주체 또는 객체가 될 수 있으므로 배우자폭력이란 용어가 더 정확하다고 할 수 있다.

가정폭력의 유형에는 자신에 대한 폭력, 배우자 폭력(여기에는 폭행, 상해, 성적 폭행, 정서적 폭행 등이 모두 포함), 부모의 아동학대, 아동 또는 자녀의 부모학대, 형제자매간의 폭력, 기타 가족구성원간의 폭력이 있다.[70)]

필자는 가정폭력을 행위의 태양에 따라 폭행 등의 적극적 가정폭력과 방임 등의 무작위로 인한 소극적 가정폭력으로 나누고 또한 내용에 따라 폭력, 상해, 유기 등의 신체적 가정폭력[71)], 경제적 방법으로 고통을 주는 경제적 가정폭력, 배우자가 특정 인척이나 사람과는 관계를 갖지 못하도록 괴롭히는 관계적 폭력, 배우자의 정신적 또는 정서적 측면에서 고통을 주는 정신적 가정폭력 그리고 성적 측면에서 배우자를 괴롭히는 성적 가정폭력으로 나눈다. 또한 가정폭력의 대상자가 자기 또는 타인이가에 따라 자신에 대한 가정폭력인 내적 가정폭력과 자신을 제외한 가족구성원에 대한 가정폭력인 타자가정폭력으로 나눌 수 있으며, 타자가정폭력은 다시 가정폭력대상자가 1인인 경우의 단수적 타자가정폭력과 복수인 복수적 타자가정폭력으로 나눈다. 그러나 아동학대는 다른 장에서 다루므로 여기에서 가정폭력은 주로 배우자폭력을 다루기로 한다.[72)] 따라서 가정폭력에서 남자와 여자

성요건에 해당하는 행위를 하면 바로 기수가 된다. 예컨대 아내가 남편에 대한 폭행의 의사로 리모콘을 던졌으나 남편이 맞지 않아도 폭행죄가 성립하며, 스트레스에 지친 아내가 남편에게 심한 욕설을 하거나, 폭언을 하거나, 고함을 질러 놀라게 한 경우에도 폭행죄가 성립한다. 따라서 적어도 형법이론에 따르면 아내의 남편에 대한 가벼운 폭행은 많이 발생할 수 있다. 왜냐하면 신체에 대한 직접적인 유형력의 행사뿐만 아니라 간접적인 유형력의 행사도 이론상 기수의 성립 가능성이 높기 때문이다.

70) 기타 가족구성원에 대한 가정폭력에 대한 사견으로 원래 가족은 아니지만 같이 거주하는 배우자의 부모와 배우자의 혈족 또는 같이 거주하는 양육위탁 된 사람은 기타 가족구성원이 되며, 또한 같이 거주하지 않아도 배우자의 부모 등도 확대된 가족구성원으로 볼 수 있다. 따라서 배우자의 부모가 어느 한 쪽 배우자에 대한 폭력이나 배우자가 배우자의 부모에 대한 폭력도 모두 가정폭력에 포함될 수 있다.

71) 가령 남편이 병든 아내를 아무런 조치 없이 그냥 내버려 두고 가출하거나 또는 같이 있으면서도 병든 아내에게 아무런 조치를 하지 않는 것도 형법상 유기죄에 포함되는데, 유기란 질병 기타 사유로 인하여 부조를 요하는 자를 보호할 의무가 있는 자가 보호 없는 상태에 두는 것으로, 형법상 유기죄는 추상적 위험범으로 법익침해의 결과가 발생할 필요는 없고, 소극적·적극적 유기가 모두 포함되며, 작위에 의한 유기이든 부작위에 의한 유기이든 모두 포함된다.

72) 이 때 배우자에는 이성에 의한 배우자와 동성간의 배우자를 모두 포함한다.

가 어떻게 해서 폭력의 악순환에 빠지는가를 웨스트(West)는 긴장형성의 단계, 구타단계, 후회와 화해의 단계로 나누는 바, 그 과정은 다음과 같다.[73]

먼저 최초의 단계인 긴장형성의 단계는 가벼운 구타가 발생되는 단계로, 여자는 폭력이 다시 발생하지 않도록 하기 위하여 남자에게 더 허용적이며, 남자의 욕구를 예상하고 노력하며 남자를 즐겁게 하려고 애쓴다. 두 번째 단계인 구타단계에서는 심각한 구타가 발생하는 단계로 여자는 남자를 즐겁게 하려는 노력이 더 이상 효력을 발휘하지 못한다는 것을 알게 되며, 더 이상 남편의 구타를 통제할 수도 예측할 수도 없게 된다. 남자는 항상 여자를 가르치려 들고 여자가 충분히 고통을 받았다고 판단되면 구타가 중단된다. 여자에 대한 급성적인 공격이 끝났을 때 비로소 남자는 자신의 폭행사실에 대한 충격을 받고, "자신의 본심이 아니었다"라며 부정하게 되는데, 이 때 남자나 여자 모두 폭행의 심각성에 대해 잘 알고 있다. 최종단계인 후회 및 화해단계에서는 잠시 동안 구타가 없는 달콤한 기간이 나타난다. 남자는 여자에게 친절하고 애정적이며 미안해하고, 다시는 때리지 않겠다는 맹세를 한다. 이러한 기간이 몇 주나 몇 달 동안 계속되면 여자는 자신이 남자의 폭행의 심각성을 과대평가했다는 생각을 하게 된다. 그러나 이전의 폭행을 촉발했던 것과 유사한 긴장이 재등장하게 되면, 남자는 다시 통제력을 상실하고 여자는 지난번보다 더 많이 맞게 된다.

한편 알퍼트(Alpert)는 가정폭력의 진행과정을 구타충동이 일어나는 시기(이것은 사소한 내용을 가지고 짜증을 내는 경우가 대부분이다), 때릴 구실을 마련하는 시기(구타의사가 있으면 이를 실행에 옮기기 위한 빌미를 제공받기 위해 여러 방법을 동원한다), 구타발생시기(다양한 수단을 통해 여성에 대한 구타가 진행된다)로 나누었다.

---

73) 이인혜, 전게서, 252~253면.

4. 가정폭력 사례분석

가정폭력의 피해자가 주로 아이들이라면 아내와 자녀들이 극단적인 폭력의 상황에서 남편 또는 아버지를 살해한 사건 등을 통해서 가정폭력의 심각성을 살펴보기로 한다.

2006년 3월 28일 MBC TV의 PD수첩에서는 가정폭력을 견디다 못한 아내들이 남편을 살해하고 정신적 후유증을 겪고 있는 내용을 방송한 내용을 살펴보면 다음과 같다.

2005년 5월에 청주 여자교도소에 수감 중인 431명의 여성수형자 중 남편 또는 애인을 살해한 수형자는 249명이고, 이 중 82.9%가 남편학대가 원인이 되어 살해한 것이라고 한다. 이 중에서 제작진이 만난 A씨는 2005년11월에 평소 가족들을 학대해 온 만취된 남편을 줄넘기로 살해한 여성이었다. A가 남편을 죽일 때 두 아들들도 범행현장을 목격했지만, 그가 죽고 나서도 아이들은 조금도 슬프지 않았고, 아버지는 악마로써 천벌을 받았다고 말하였다. 또한 A의 딸도 아버지를 원망했는데 딸은 아버지에게 강제추행을 당한 적이 있었다. 동네 주민들은 A의 남편이 평소부터 술주정이 심하고, 가게에 와서 아무 물건이나 집어 들며 술만 먹으면 가족들에게 폭행했다고 증언했다. 사건 당일 날도 A가 아이들에게 주려고 돼지고기를 사왔는데, 남편이 돼지고기를 가게에 가서 술로 바꿔 먹자 순간적으로 A가 남편을 죽였다는 것이다. 구속된 A에 대해 변호인은 심신미약에 의한 우발적 범행이라고 주장하고, 그 근거를 보호관찰소에서 행한 심리결과인 심한 우울증과 무기력 및 정신적 미약을 제시하고 재판부에 정식 정신감정 요청을 했으나 받아들이지 않았다.

이에 임상심리전문가인 조영범이 7일간 11가지 평가도구로써 그녀를 심리조사한 결과에 의하면 과잉흥분반응과 살해사실 및 학대기억에 대해 회피반응, 학대경험을 받은 것에 대해 반복회상과 사건당시에 대해 정신적 해리성 장애상태였다고 한다.[74] 또 그녀의 외상 후 스트레스 장애(PTSD)[75]의 점수는 25점으로 상당히 높은 수준이었다. 그녀의 두 아들에 대한 심리검사결과 '매맞는 아이증후군'의 점수가 각각 38점과 35로 나타나 정상점수인 20점 이하보다 높았는데, 이들은 현실부정감과 현실괴리감을 겪고 있었다.

---

74) 해리성 장애는 갑자기 극심한 정신적 충격을 받았을 때 발병되는데, 이것은 개인의 내적 갈등에 대한

또 다른 사례로 남편에게 8년간 상습폭행을 당한 B씨(얼굴공개)는 뇌출혈로 병원에 입원 중이었다. 그녀의 남편은 B를 대야 속의 빨래감을 발로 밟아 빨래하듯이 폭행했으며, 실탄이 든 공기총으로 수차례 위협을 받는 등 학대를 견디다 못해 피신 중이었다. 제작진이 그녀와 인터뷰 도중에 그녀가 과거의 경험을 회상하니 그런 감정변화를 견디지 못해 몸에 이상징후가 나타났고, 그 전부터 그녀는 알 수 없는 코피를 흘리고 있었으며, 불안과 대인기피증 및 수면장애를 겪고 있었다.

병원에서는 B에게 외상 후 스트레스 증후군이라고 진단했으며, 그녀는 그 당시의 장면이 환각처럼 떠오르고 지나친 경계반응을 보여 동전소리 등 작은 소리에도 놀라는 반응을 보였다. 이러한 장애는 뇌신경막의 위축이 그 원인으로 알려져 있고, 재난을 당한 자들에 대한 뇌신경망 위축변화에 대한 연구는 있어 왔지만 아직 가정폭력피해자들의 뇌신경망변화에 대한 검사는 없었다. 이에 PD수첩이 최초로 가정폭력피해자 여성 5명을 대상으로 MRI를 이용해 뇌신경망변화를 병원측에 측정을 의뢰하였다.

그 결과 검사수치가 대구지하철 방화사건 피해자들이 겪은 0.22와 동일하게 나와 뇌신경망 자체가 구조적으로 손상되었다. 즉, 뇌의 정서부분과 인지부분담당이 손상되어 감정조절능력과 인지조절능력이 저하되어 판단력이 저하되었다. 이처럼 뇌의 특정부위의 변화가 오고 그 회복이 늦어져 외상성 스트레스장애가 온다고 한다. 따라서 이들은 맞지 않아도 맞고 있다는 착각이 발생하는데, 이수정은 가정폭력에 시달리는 여성을 '테러리스트에 잡힌 인질들'에 비유하여 인질들은 테러리스트의 뒷모습만 보아도 언제 자신이 죽을지 모른다는 공포를 느끼고, 약간의 자극에도 충동적이 되는 것에 비유하였다.

방어일 수도 있고, 외부로부터 가해지는 정신적 충격에 대한 방어일 수도 있으나, 어느 경우든 갑자기 나타났다가 곧 회복되는 것이 그 특징이다. 여기에는 해리성 기억상실증과 둔주, 다중성격, 이인증이 있다. 해리성 기억상실은 어떤 정신적 충격을 받은 사건이 있은 후에 자신의 신상에 대한 중요한 사실들을 기억해 낼 수 없게 되는데, 이는 기억하기 조차 싫은 경험에 대한 반응일 수 있다. 둔주는 극심한 스트레스를 받고 난 후에 발생하는 정체감의 상실로 자신이 누구인지, 무슨 일을 하던 자인지 기억하지 못한다. 다중성격은 한 개인이 서로 다른 때에 각각 나타나는 여러 개의 분리된 성격을 갖고 있는 것을 말한다. 이인증은 기억장애의 수반 없이 현실감각의 장애가 나타난다(이인혜, 전게서, 163면).

75) 외상 후 스트레스장애는 전쟁, 지진 등의 극단적인 경험 뒤에 겪는 임상적 상태로써 극심한 공포, 무력감, 죄의식이 수반되는데, 외상 직후부터 시작될 수 있고, 오랜 기간이 지난 후에 시작될 수 있다. 특징은 사건을 재경험하려는 경향이 있는데, 그들은 사건에 대한 반복적이고 집요하게 떠오르는 고통스러운 회상에서 벗어날 수가 없다. 외상적 사건을 재경험할 때에는 그 참혹한 기억으로 인해 정서적으로 마비되고, 자율신경계의 과잉각성과 과민성이 나타나며, 주의집중과 과제수행이 어려워진다. 외상 후 스트레스장애는 개인이 외상에 대처하기 위해 자신의 에너지를 소진시킴으로써 발생하는데, 사건에 대한 기억이 매일 되살아나고, 그 사건이 재발할 것이라는 비합리적 공포에 사로잡힌다(이인혜, 상게서, 148면).

한편 청주여자교도소의 여자수형자(남편살해범)들의 외상 후 스트레스 장애수치를 조사하니 평균수치가 37.25로 교통사고 피해자들의 평균수치인 25보다 높았고, 위험성 가정척도(가해자의 살해가능성)도 외국보다 높게 나왔으며, 이들의 평균형기도 15년으로 다른 살인범에 비해 높았는데, 이것은 사회적 편견과정에서의 문제점[76]과 아직 외상 후 스트레스장애나 매맞는 아내증후군이 법적으로 인정되지 않고 개별판사에 의한 작량감경사유에 그치는 것이 그 이유라고 한다.[77] 한편 미국 캘리포니아주에서는 남편을 살해한 아내들의 판결과정에서 '매맞는 아내증후군[78]'이 증거로 채택되어 무죄 또는 감형의 사유로 인정된다고 하는데, 앞으로 우리나라도 가정폭력과 상습학대가 원인이 되어 남편을 살해한 여성들이 외상 후 스트레스장애 또는 매맞는 아내증후군으로 인정받아 법적인 판단기준으로 자리잡을 것으로 기대되는데, 문제는 그 중 아주 교활한 일부 여성들이 이런 제도를 악용할 소지가 있는 살인범을 파악할 여러 심리적 도구들이 개발되어야 한다. 다시 말해서 가정폭력이나 학대가 가볍게 있었다고 해도 또 다른 목적이 개입되어 범행을 할 수 있는 아주 교활한 범인도 예상할 수 있다. 즉 가벼운 학대 등의 이유가 있었지만, 실제 목적은 다른 남자와의 치정이나 보험금 등 여러 동기에 의해 발생할 수 있음에도 매맞는 아내증후군이 폭넓게 인정되면 그러한 목적들을 가진 일부 살인범도 악용할 수 있다는 점이다. 그러나 이번 PD수첩이 최초로 실시한 매맞는 아내들에 대한 MRI 측정을 통해 가정폭력피해자들이 겪는 외상 후 스트레스 증후군이 단순한 심리적 차원을 넘어서 신경계의 생리적 증상이라는 것을 과학적으로 밝힌 점과 가정폭력에 의한 외상 후 스트레스장애가 다른 대형 참사에 의한 그것 못지않다는 점을 밝힌 것은 시사하는 바가 크다.

---

76) 남편을 살해하는 여성들은 경찰의 조사과정에서 자신들이 패륜으로 모는 수사 분위기와 사건당시의 재현이 너무나 싫어 수사관의 질문에 '예'라는 답변을 하게 되고, 이런 초기 진술이 형량결정에 영향을 주었으며, 가정학대의 사실을 진술할 기회가 없었다고 한다. 또한 가정학대로 인한 정신감정에 대한 요청을 법원이 예산부족으로 받아들이지 않고, 또한 정신감정이 악의적으로 이용될 여지가 있다고 법원은 판단하는 것도 불리한 형량의 한 이유라고 한다. 대부분의 여성 범죄자들은 공포로 인해 범죄사실을 다 인정한다고 한다(MBC PD수첩, 2006. 03. 28).

77) 그러나 최근에는 가정폭력 피해자의 살인에 대한 진일보한 판결이 있었다. 앞에서 본 패륜모자에 의한 살인사건에서는 1심에서 심신미약을 인정하지 않은 공주치료감호소의 감정을 근거로 인정하지 않았으나 2심에서는 심신미약을 인정한 대학병원의 감정서를 근거로 '매맞는 아내증후군과 매맞는 아이증후군'을 인정받아 가벼운 형인 징역 5년이 선고되었는데, 판결문에서 '외상 후 스트레스장애'를 판결의 근거로 적시한 것이 특징이었다. 즉 이 사건에서 30년간 아버지로부터 학대받은 아이들이 아버지가 또 다시 어머니를 폭행해 기절시키자 아버지를 살해한 것으로 극한의 자극이 주어졌을 때, 자살 또는 타살의 충동이 발생하는 대표적인 사례였다(MBC PD수첩, 2006. 03. 28).

한편 정신병원에로의 감금이 가정폭력의 수단으로 악용되고 있는데, 2006년 4월 23일에 소개된 KBS TV의 '취재파일' 내용을 다음과 같다.

A여는 남편의 폭행에 시달리다가 남편에 의해 강제로 정신병원에 강제입원되어 73일간 감금되었다. 문제는 가족의 말만 믿고 정상인인 A여를 정신과의사(여)가 10분 만에 그 자리에서 폐쇄병동에 입원을 결정한 바, 이러한 무한한 재량권을 인정한 정신보건법이 문제가 되고 있다. 변호사의 도움으로 빠져나온 A여는 남편과 정신과의사를 고소한 바, 남편은 감금죄로 형사처벌을 받았으나 사상 최초로 법정에 선 정신과의사에게 법원은 정신과 진료의 특성을 감안해 의사의 재량권을 벗어나지 않았다고 무죄판결을 내렸다. 이에 대해 인신구속과 같은 정신병동에 입원을 즉석에서 결정할 수 있는 막강한 권한을 가진 정신과의사의 재량권을 견제해야 한다는 비판이 대두되고 있다.

또 다른 사례로는 2004년 발생한 패륜모자사건이다.

이 사건은 어머니와 아들이 망치를 이용해 피해자를 죽인 사건이었다. 평소부터 피해자는 아내와 아이들을 심하게 폭행하고, 도구를 이용해 괴롭히며, 밥도 안주는 등의 학대를 가해 모자는 옷을 입고 잠들고, 매일 밤마다 학대에 비명을 지르며 도망을 다녔다. 아들은 아버지와 다른 길을 가기 위해 사회복지사의 길을 선택해서 직장에서 착실하고 성실한 자로 인정받았지만 그는 집에만 가면 괴로웠고, 평소부터 자살 또는 타살의 충동이 발생하는 외상 후 스트레스장애를 보였다. 사건당일에도 아버지가 어머니를 폭행했고, 어머니가 쓰러진 것을 보았는데, 갑자기 전화가 와서 통화한 뒤에 오다가 망치가 보였고, 그 망치로 아버지를 살해했다. 그러나 그는 그 뒤의 과정을 기억 못하는 정신적 해리를 보였는데, 이 정신적 해리현상(어떤 여성은 그 순간 하얀 연기가 지나갔다고 말함)은 남편을 살해한 다른 여성들에게도 공통적으로 나타났다. 그런데 아들이 아버지를 망치로 죽이려 할 때, 아버지와 아들간에 망치를 뺏으려는 싸움이 있었는데, 이 때 처음에는 싸움을 말리려고 한 어머니가 갑자기 망치를 아버지에게 빼앗기면 자신들도 죽을 수 있다는 공포감이 들어 남편의 손을 붙들어 결국 아들이 아버지를 살해하게 만들었다.

---

78) 미국은 1970년대부터 '매맞는 아내 증후군'을 증거로 인정하려는 노력이 있는 바, 그 선두가 캘리포니아주이다. 헤비어스 프로젝터 센터에서는 4년 전부터 그런 학대에 대한 진술기회 없이 수감된 여성들을 재심사해서 법원에 탄원서를 보내어 70%가 정신감정을 인정받아 석방되었다고 한다. 현재는 법정에서 학대 받은 여성증후군이 수용되어 각계의 전문가가 학대받은 여성들에 대한 조사를 통해 결과를 법정에서 진술하고 이것이 채택된다고 한다(MBC PD수첩, 2006. 03. 28).

또 다른 피해사례로 C씨는 매맞는 아내증후군(Barrered Woman Syndrome)을 보이고 있었다.

그녀는 남편의 폭력이 더 무서운 것이 폭력 후 약을 사와서 치료해 주는 남편의 모습이었다. 보통 가정폭력은 가벼운 구타→극심한 폭력→용서를 청하며 회유하는 3단계가 반복된다. C는 언젠가는 남편이 좋은 사람이 될 것이라는 기대를 버리지 못하고 이 과정을 반복하다가 자포자기하고 무기력에 빠지는데(학습된 무기력 상태), 심리학자들은 '매맞는 아내증후군'을 외상 후 스트레스장애의 하위개념으로 동일시되어 사용된다고 한다.[79)]

또 다른 사례로써 가정폭력이 얼마나 무서운 결과를 가져 오는지를 살펴본다. 2006년 3월 14일 방영된 SBS TV의 긴급출동 SOS에 소개된 내용은 다음과 같다.

어느 지방의 시골에 한 20대 청년이 자기 집에서 몇 년 동안 나오지 않는 은둔형 외톨이의 생활을 하자 동네 주민들이 방송국에 연락하여 취재가 시작되었다. 취재결과에 의하면 그는 어릴 때부터 아버지가 어머니를 가족들에게 행하는 폭력을 그래도 보고 자랐는데, 성격도 우울하며 내성적이었고, 학교친구도 없었다. 그러다가 아버지가 죽은 뒤 어머니가 재혼하자 어머니에 대한 분노가 극에 달해 가족들에게 폭행을 가하는 바람에 가족들이 모두 가출하고 그만 혼자서 몇 년 동안 집안에만 틀어박히는 외톨이 생활을 하고, 집밖에 나올 때는 마스크로 얼굴을 가리고 나왔다. 또 집안 곳곳에 칼로 무장하고 어머니가 있었던 방을 커텐으로 가리는 등 극도의 분노감이 표출되었는데, 한 번씩 어머니가 집에 왔다가 음식을 두고 가면 더욱 공격적이 되어 집안과 모든 물건을 파괴하는 행동을 보였다. 다만 동네 주민들에게는 해를 끼치지 않았다.

이상과 같이 수년간 집안에만 틀어박혀 극도의 분노감을 표시하고 집안의 물건을 부수는 그의 행동은 바로 가정폭력의 결과였던 것으로, 아버지가 가족에게 했던 폭력을 그대로 모방해 어머니와 가족에게도 나타난 것이며, 특히 어머니의 재혼이 있자 어머니에 대한 배신감으로 분노가 옮겨지고, 분노를 참을 수 없는 충동조절장애와 망상이 온 것이며, 모든 분노를 폭행과 공격으로 의사소통하려고 했던 것으로 결국 가정폭력의 모든 피해자는 가족인 것이다.

---

79) 여성이 가정폭력에 계속 시달리는 이유는 언젠가는 남편의 폭력이 사라질 것이라는 희망을 계속하게 되는 것이지만, 폭력이 계속 될수록 학습된 무기력상태가 된다. 따라서 그 이후의 가정폭력의 원인은 희망과 무기력의 복합감정이다.

또한 같은 날 방송된 내용에는 청소결벽증에 걸린 아버지가 아이들에게 하루에 5시간씩 집안청소를 시키고 조금이라도 먼지가 있으면 그 자리에서 매질을 한다. 그런데 어머니는 아버지의 장기간의 상습폭행을 견디지 못하고 도망간 상태였다. 갑자기 생긴 아버지의 청소결백증에 대해 어머니가 도망간 상태에서 아이들을 학대하는 정당한 이유의 하나로 청소를 택했다는 의견이 제시되었다. 그런데 문제는 아버지의 폭력에 장기간 노출된 아이들이 공격적이 된 것이다. 전문가가 아이들을 놀이치료를 통해 행동을 관찰하니 아들간에 서로 심하게 때리고 공격하는 행동을 계속 보였는데, 이것은 아버지의 폭력행동을 아이들이 모방한 것으로 비행청소년으로 가는 단계인 품행장애[80]가 나타냈다.

한편 2006년 4월 12일 MBC TV의 '형사'에 소개된 사례에는 살인보다 더 잔인한 의처증남편에 의해 농약을 강제로 먹고 타살된 여인이 있었다.

그 여인은 결혼 후 22년 동안 매일 남편의 폭력에 시달렸는데, 남편은 남들 앞에서는 아주 정상적이었으나, 아내 앞에서는 완전 야수로 돌변해 아내를 폭행하는 의처증을 보였다. 이로 인해 이혼 후 그 여인이 식당에서 일하면서 애인이 생기자 이 사실을 안 남편이 자기를 배신했다면서 납치해 자살로 위장한 거짓유서를 강요해 적게 하고, 농약을 먹게 했으나 응급실에서 죽기 직전에 유서와 달리 농약을 강제로 마시게 되었다고 진술해 남편을 체포한 바 있는데, 가정폭력의 무서움을 보여준 사건이었다.

5. 대 책

가정폭력은 이처럼 개인적 피해 외에도 많은 비용이 들어감으로 적절한 대책이 필요하다.[81] 이러한 심각한 피해와 비용을 초래하는 가정폭력에 대한 대책에는 앞

80) 품행장애는 타인의 기본권을 침해하고, 사회규범을 어기는 지속적 행동양태이다. 품행장애의 아동은 또래의 아동이 하는 일반적 장난의 정도를 벗어나서 반복적으로 다른 아동이나 어른들의 권리를 침해하는 반사회적 행동을 보인다. 이들은 애착의 발달이 제대로 되지 않아 또래와의 지속적 교우관계를 유지하지 못하고 공격적인데, 이런 공격적 행동에는 목적이나 이득이 없이 난폭하게 근다는 특징이 있다. 이런 공격성 중에서 신체적 공격성은 일찍 나타나지만 언어적 공격은 좀 늦게 나타난다(문선화 외, 아동복지, 양서원, 2005, 355면).

81) 한국에서는 가정폭력으로 인한 연간 사회적 비용이 3조원이라는 연구가 있는데, 연구가 실린 기사내

에서 살펴보았듯이 관련법에서의 대책과 사회적 대책 및 사회복지적 대책이 있다.

먼저 규범적 대책으로서의 법적 대책에는 가정폭력범죄의 처벌 등에 관한 법률이 있는데 동법의 목적은 가정폭력범죄의 형사처벌절차에 관한 특례를 정하고 가정폭력범죄에 대하여 환경의 조성과 성행의 교정을 위한 보호처분을 함으로써 가정폭력범죄로 파괴된 가정의 평화와 안정을 도모하고 건강한 가정을 육성함을 목적으로 한다.

동법 제4조에는 신고의무가 있는데 누구든지 가정폭력범죄를 알게 된 때에는 수가기관에 신고할 수 있고, 일정한 자(가령 아동의 교육과 보호를 담당하는 기관의 종사자와 그 장, 아동 또는 60세 이상의 노인 기타 정상적인 판단능력이 결여된 자의 치료 등을 담당하는 의료인 및 의료기관의 장, 노인복지법에 따른 노인복지시설과 아동족지시설, 장애인복지시설의 종사자와 그 장)가 가정폭력범죄를 알게 된 때에는 정당한 사유가 없는 한 이를 신고하여야 하며, 일정한 자(아동복지법에 따른 상담소, 보호시설 및 성폭력범죄의 처벌 및 피해자보호에 관한 법률에 따른 성폭력피해 상담소 및 보호시설에 근무하는 상담원과 그 장)가 상담을 통하

용은 다음과 같다.

보건복지부와 한국보건사회연구원은 최근 만 20세 이상 성인남녀 1,000명을 대상으로 음주에 따른 가정폭력 위험성 등을 WTA(Willingness to Accept; 가정폭력에 대해 보상받을 경우 수용할 수 있는 금액) 방식으로 실시한 조사결과 이 같이 분석되었다고 2006년 6월 19일자 밝혔다. WTA 방식이란 "댁의 가정에서 폭력이 발생해 보상을 받을 경우 1년에 얼마 정도가 적당하다고 생각하느냐?"라는 질문을 통해 각각의 폭력행위 보상액수를 산정한 뒤 전국의 가정 내 음주폭력발생률 등을 대입해 비용을 산출하는 것이다. 폭력행위는 물건을 던지거나 밀치기, 빰 때리기, 정신적 모멸감 주기, 발로 차기, 주먹이나 혁대, 몽둥이, 골프채 등으로 때리기, 흉기로 위협하기 등 구체적으로 지적했다. 조사결과에 따르면 음주로 인한 가정폭력비용은 40대에서 가장 많아 총액수의 절반에 가까운 1조 5,229억 원이나 되었다. 다음은 30대(1조 1,274억 원), 50대(4,220억 원), 20대(1,202억 원), 60~65세(1,052억 원) 등의 순이었다.

또 술을 마시지 않는 사람이 가정폭력을 일으킬 가능성을 '1'로 잡았을 때, 1주일에 소주 1병 으로 거의 3배에 이르는 것으로 분석되었다. 하지만 하루 소주 1병씩 1주일에 1~2일 술을 마시는 보통수준의 음주자일 경우에는 그 위험도 1.025로 큰 차이는 없는 것으로 나타났다. 반면 물건 던지기나 밀치기 등 '가벼운 신체적 폭력'의 행사는 술을 조금이라도 마신 음주자는 비음주자에 비해 그 가능성이 훨씬 더 높은 것으로 조사되었다. 비음주자의 가능성을 '1'로 했을 때, 상습음주자는 2.671이었고, 보통수준의 음주자도 1.496이나 되었다. 1일 소주 1병 이하의 술을 한 달에 1~3회 마시는 소량 음주자의 경우에는 1.329로 나타났다. 술을 조금이라도 마실 경우에는 가벼운 폭력을 행사할 소지가 다분해지는 셈이다. 보고서는 "술을 많이 마실수록 가정폭력도 더 많이 행사하게 된다"면서 "음주는 그 자체로도 문제지만 그보다는 다양한 사회문제의 발생원인이 되는 것이 더 큰 문제"라고 지적했다(세계일보, 2006. 3. 20).

여 그 사실을 안 때에는 이를 즉시 신고하여야 한다. 그리고 동법 제6조는 본 범죄의 고소에 관한 특례를 두고 있는데, 피해자는 형사소송법 제224조의 규정에도 불구하고 행위자가 자기 또는 배우자의 직계존속의 경우에도 고소할 수 있고, 피해자에게 고소할 법정대리인이나 친족이 없는 경우에는 이해관계인의 신청이 있으면 검사는 10일 이내에 고소할 수 있는 자를 지정해야 한다.

사법경찰관은 가정폭력범죄의 신고를 받은 즉시 현장에 임하여 일정한 조치를 하여야 하며, 신속히 수사하여 검사에게 송치해야 하고, 이 때 가정보호사건으로 처리함이 상당한지 여부의 의견을 제시할 수 있다. 검사는 가정폭력범죄로써 사건의 성질, 동기, 결과, 행위자 성행 등을 고려하여 이 법에 의한 보호처분에 처함이 상당하다고 인정할 때에는 가정보호사건으로 처리할 수 있다. 그리고 법원의 가정보호사건을 조사·심리함에 있어서는 의학 · 심리학 · 사회학 · 사회복지학 기타 전문적인 지식을 활용하여 행위자 · 피해자 기타 가정구성원의 성행, 경력, 가정상황과 가정폭력범죄의 동기, 원인, 실태 등을 밝혀서 이 법의 목적을 달성할 수 있는 적정한 처분이 이루어지도록 노력하여야 한다(동법 제19조). 판사는 필요한 경우에는 결정으로 행위자에게 임시조치(주거의 퇴거, 100m 이내의 접근금지, 일정시설에의 위탁이나 유치)를 결정할 수 있다. 또한 판사는 심리의 결과 보호처분을 할 수 있는데, 다음 각 호의 처분은 병과할 수 있고, 제1호·제2호 및 4호 내지 제7호의 보호처분의 기간은 6월을 초과할 수 없으며, 동항 제3호의 사회봉사·수강명령은 100시간을 각각 초과할 수 없다.

1. 행위자가 피해자에게 접근하는 행위의 제한
2. 친권자인 행위자의 피해자에 대한 친권행사의 제한
3. 보호관찰 등에 관한 법률에 의한 사회봉사·수강명령
4. 보호관찰 등에 관한 법률에 의한 보호관찰
5. 가정폭력방지 및 피해자보호 등에 관한 법률이 정하는 보호시설에의 감호위탁
6. 의료기관에의 치료위탁
7. 상담소 등에의 상담위탁

따라서 가정폭력범죄의 처벌에 관한 특례법의 가장 큰 특징은 이와 같은 보호처분인데, 그것은 과거에는 가정폭력을 신고하지 못하는 큰 이유가 가정폭력을 행사하는 가족구성원이 형법상 형사처분[82]을 받게 되는 불이익을 줄 수 없다는 것이 가정폭력범죄의 처벌에 관한 특례법이다.

사회적 대책으로는 가정폭력과 배우자폭력 및 아동학대 등은 개인적 차원의 문제만 아니라 사회적 부담을 요구하는 사회적 문제라는 인식과 함께 가정폭력의 희생자는 또 다른 곳에서 사회폭력의 가해자가 될 수 있으며, 나중에 성장하여 가정폭력의 가해자가 될 수 있다는 공동체적 의식이 선행되어야 한다. 따라서 가정폭력과 아동학대 및 가족방임 등의 문제에 사회가 적극적으로 대처하고, 관련기관 및 이웃주민들이 가정폭력예방운동에 유기적으로 참여하는 사회운동의 제도화가 필요하다.

사회복지적 대책에는 가족치료적 접근과 교정복지적 접근 및 기타 등이 있는데, 가족구성원들의 내적 갈등이 원인이 된 가정폭력에 대해서는 가족치료기법의 활용이 요구된다. 가족치료모델에는 다음과 같은 것이 있다고 한다.[83]

① 정신분석학적 가족치료의 대표적인 모델로는 대상관계론이 있다 이 이론에 의하면 아동기의 부모와의 관계에서 내면화된 대상의 무의식적 잔존이 자아의 핵심을 형성하게 되고, 초기의 대인경험에서 생겨난 자아상(Self Image)과 대상상(Object Image)의 형태가 정신구조이다. 안정감 있는 건강한 성격을 지닌 성인이 되려면 유아기에 안정되고 사랑받는 인간적 애착의 경험이 선행되어야 한다고 보아 치료자가 해석을 사용하여 교육적인 반응을 보여주고 방어를 지적해 줌으로써 가족원들은 무의식적 방어기제를 통찰하게 되고, 의식적으로 통제하는 것을 배우

82) 가령 아내의 비행에 대해 남편이 폭행하면 폭행죄가 되고, 자기 또는 배우자의 직계존속에 대하여 형법 제260조 제1항의 폭행죄를 범한 때에는 5년 이하의 징역 또는 700만 원 이하의 벌금에 처해지는 존속폭행죄가 된다. 물론 이러한 폭행죄와 존속폭행죄는 피해자의 명시한 의사에 반해서 처벌하지 못하는 반의사불벌죄이다. 그러나 아내나 자기의 부모에 대한 폭행이 상습적으로 이루어진다면 장기 또는 다액의 1/2까지 가중처벌하는 상습폭행 혹은 상습 존속폭행죄가 성립하고, 특정범죄 가중처벌법 위반으로 처벌될 수도 있다. 한편 아내에 대한 구타로 아내가 신체적 상해를 입으면 형법 제257조의 상해죄가 성립하고, 자기 또는 배우자의 직계존속을 상해하면 존속상해죄로 가중처벌 되어 10년 이하의 징역 또는 1,500만 원 이하의 벌금에 처한다. 이 경우 미수범도 처벌한다.

83) 김영화 외, 전게서, 278~279면.

게 하며, 가족으로부터 개인의 독립과 성장을 촉진하여 분리개념을 이루도록 도와준다.

② 구조적 가족치료는 가족 내의 문제를 해결하기 위해서는 그 문제를 지속시켜 온 기존의 가족구조를 변화시키는 것을 강조한다. 가족구조의 하위체계와 경계선을 변화시키고, 가족구성원의 행동을 변화시킴으로써 가족 내의 효과적인 위계질서의 창출을 통해 기능적인 가족을 만드는 것을 목표로 한다. 치료기법으로는 합류, 실연형성, 의사소통규칙의 변화, 재구성, 재명명, 과제주기 등이 있다.

③ 전략적 가족치료는 가족문제의 원인이 되는 '특정한 행동을 변화'시키는 것에 초점을 둔다. 즉 '문제를 지속시키는 행동'이 가족 내의 의사소통과정에서 한 가족구성원에서부터 다른 성원, 더 나아가 가족 전체에게 영향을 미치는 순환을 차단하기 위해서 치료자에 의해 의도적으로 잘 고안된 계획적인 전략들이 치료과정에 활용된다. 치료자는 문제행동을 변화시키기 위해 새롭고 기발한 전략을 고안해야 하는데, 초기면접을 충분히 활용하여 가족성원 자신들에 의해 문제를 규정하고 목표를 설정하게 하는 방법과 다양한 지시기법을 사용하여 문제행동을 직접적으로 변화시키는 방법들이 활용된다.

④ 경험주의적 가족치료에서는 치료과정 자체가 경험기회를 제공하거나 경험할 수 있도록 조건을 만들어 줌으로써 개인과 가족이 경험을 통해 가족 내의 상황 속에서 성장할 수 있도록 돕는 것이다. 가족의 안정이 아니라 개인과 가족의 성장이 주된 개입목표이므로 치료기법도 성장의 기회를 제공하기 위한 경험들로 구성되는데, 연극, 은유, 재정의, 유머, 접촉, 나, 진술, 밧줄의 활용, 관계 해부하기, 가족 재구축 등이 활용된다.

⑤ 행동주의 가족치료는 기본전제로써 인간의 행동이 선천적으로 주어지기보다는 반복되는 행위에 의하여 습득되고 유지되는 것이며, 부적응적 행동은 학습에 의한 것이므로 그 역시 다양한 보상체계를 활용하여 긍정적인 행동을 증가시키는 학습에 의해 새로운 적응적 행동으로 수정가능하다고 본다. 그러므로 부적응적 행동과 그런 행동을 강요하는 상황을 수정하여 효과적인 의사소통과정을 역할분화 및 행동변화 등을 통해 가족관계와 가족기능을 회복시키는 것에 초점을 둔다.

⑥ 세대간 가족치료는 개인과 가족의 문제가 단세대만의 문제이거나 단세대에서 촉발된 것이라고만 보지 않고, 몇 세대에 걸쳐 해결되지 못한 정서적 문제들이 영향을 미친 결과라고 본다. 즉 원가족으로부터 생겨난 정신내적 갈등이 부모와의 상호작용을 통해서 무의식적으로 받아들여져서 현재의 중요한 타자와의 상호 교류에서 반복되고 있으므로 현재의 문제를 치료하기 위해서는 개인들의 분화를 이루도록 돕는 것에 초점을 둔다. 가족에게 영향을 끼친 것을 보게 하기 위한 부부와의 가족치료, 개인의 분화를 돕고, 한 사람의 변화를 통해 가족 전체를 변화시키는 개인과의 가족치료, 이전세대 등 확대가족을 이해하기 위한 가계도의 활용 등이 치료에 사용된다.[84)]

그리고 교정정복지적 대책은 다음과 같다.[85)]

가정폭력이 지배하는 가정은 기능적 결손가정으로 직접피해자가 부인이라면 그 자녀는 간접피해자가 됨과 동시에 모방과 관찰 메카니즘을 통해 왜곡된 사회화가 되어 미래의 준비된 가정폭력의 가해자가 될 수 있다는데 문제의 심각성이 있다. 따라서 가정폭력과 관련하여 교정복지의 대상은 가정폭력 가해자인 범죄인과 가정폭력의 직접피해자 외에도 간접피해자도 대상이 될 수 있다.

가정폭력 가해자인 범죄인에게는 보호관찰 등 각종 지원 서비스를 제공할 때 교정복지사는 개입할 수 있으며, 판사는 가정폭력 가해자에게 내리는 보호처분 또는 보호처분을 내리기 전에 행할 수 있는 임시조치의 내용을 결정할 때 가해자의 생활과 환경조사를 제공하여 판사의 결정을 참고자료로 이용되게 할 수 있다. 그리고 판사는 직권 또는 신청으로 보호처분을 종료할 때에도 교정복지사는 관련 자료를 제공하여 개입할 수 있다.

가정폭력 피해자에 대해 가정폭력 관련 상담소가 가정폭력 피해자의 재활을 위해 서비스를 제공할 때 교정복지사는 연계하여 개입할 수 있으며, 특히 가정폭력을 당하기 쉬운 왜곡된 성격구조를 가진 자에게 그런 성격의 교정을 위해 지원할 수 있다. 아직도 경찰 등 형사사법기관에서 행해지는 여성과 가정폭력에 대한 잘

84) 김영화 외, 전게서, 279면.
85) 천정환, 교정복지학, 대왕사, 2005, 262면 이하.

못된 인식으로 인해 가정폭력 피해자가 경찰 등에서 조사받을 때 생기기 쉬운 2차 피해의 방지를 위해 개입할 수 있다. 또한 심각하지 않은 부부폭력인 경우에는 가해자와 피해자의 화해 또는 갈등해결을 위한 조력자로서 교정복지사는 개입할 수 있다.

한편 교정복지는 미래의 범죄예방에도 관계되므로 부부촉력을 수시로 경험한 자녀가 아버지의 왜곡된 공격성을 내면화할 가능성이 크고, 그것은 미래의 가정폭력 가해자 또는 소년비행으로 연결될 수 있으므로, 교정복지사는 자녀가 모방한 왜곡된 공격성이나 성격을 교정하기 위해 개입할 수 있다.

교정복지사는 미국처럼 가해자에 대한 프로그램이 종료한 뒤에도 가해자를 면접하여 반드시 익히고 나가야 할 내용을 수용했는지 확인해야 하는데, 그 내용에는 비폭력적 행동기술 등이 포함될 수 있다. 그리고 최근 우리나라에 국제결혼이 급증하여 한국으로 시집온 동남아 여성의 30%가 가정폭력에 시달리고 있는데, 교정복지사는 교정복지의 사각에 놓인 이방인에 대한 가정폭력예방을 위해 개입하여야 하며, 근본적 해결을 위해 관련기관과 협력하여야 한다. 한편 2003년 2월 21일 조선일보에 소개된 외국에서의 가정폭력에 대한 개입은 다음과 같다.

가정폭력에 대한 법과 제도의 정비가 발달된 미국에서는 현대 200개가 넘는 가정폭력치료 프로그램이 운영되고 있다. 전체 51개 주 가운데 37개 주에는 '가정폭력 가해자 치료 프로그램 표준안'을 제정하여 시행되고 있다. 11개 주에는 관련 프로그램 제정을 현재 추진 중이다. 워싱턴 주에 시행되고 있는 표준안을 보면, 가해자에 대한 교육기간이 1년이다. 1년 중 처음 6개월은 1주 1회씩(각 2.5시간) 총 24회, 그 후 3개월 동안은 격주 1회(각 1.5시간)로 총 6회, 그리고 마지막 3개월 동안은 월 1회(각 1.5시간) 총 3회에 이르는 교육을 가해자들은 받아야 한다. 교육의 필수내용은 폭력에 대한 책임, 폭력의 대가, 비폭력적 행동기술 등이다. 운영자의 자격요건도 엄격해 250시간 이상 가정폭력 서비스 유경험자와 피해자·가해자 프로그램에서 각 30시간 이상 참관한 경험이 있는 사람으로 제한하고 있다. 이는 50시간 혹은 100시간 보호관찰명령을 받아 하루 8시간씩 1주 혹은 2주 교육으로 간단하게 끝내는 경우가 흔한 우리나라와 비교되는 부분이다. 더 중요한 차이는 미국에서는 프로그램 종료 후에도 전문가들이 가해자를 면접하도록 되어 있다는 점이다. 반드시 익히고 나가야 할 내용을 받아들였는지 면접을 통해 확인한 후 불합격하면 다시 프로그램을 수강하도록 강제하고 있다. 이런 추후 프로그램은 대부분 24~26주 정도에 걸쳐 진행된다. 참가자들의 추후 폭력에 대한 근절율은 60~80% 정도다.

6. 매맞는 아내와 매맞는 남편의 비교

먼저 이 문제를 논하기 전에 2006년 4월 18일 SBS TV '긴급출동 SOS'에 소개된 '매맞는 남편'의 사례를 소개하고자 한다.

43세 남편이 32세의 아내로부터 10년 가까이 구타와 폭행을 당하여 보다 못한 동네 주민들이 SBS 방송국에 제보하게 되었다고 한다.

아내는 농촌총각출신인 현재의 남편과 결혼을 했을 때 아무 일이 없었으나 아이를 낳고 난 후 구타와 폭행이 시작되었는데, 해가 갈수록 폭행의 정도는 심각해져 휘두를 수 있는 모든 것이 폭력의 도구가 되어 칼, 가판대 등 닥치는 대로 남편을 구타한다고 한다. 남편은 자신의 힘으로는 아내의 폭력을 막을 수 없다고 했고, 아내의 폭력이 더 심해져 수차례 병원에 입원했지만 아들(8살, 10살)을 공부시킨다는 책임하에 참는다고 했다. 더구나 그는 식사준비, 청소, 이부자리 등의 가사일도 남편이 다하고, 남편이 월급을 타오면 아내가 모두 압수하였다.

아내는 아들도 학대하고, 집안의 곳곳에 파괴의 흔적이 있었으며, 아이들도 어머니를 무서워하고, 남편을 때리는 어머니의 행동을 보아 온 아이들은 아버지를 무시해 아버지의 이름이 들어간 노래로 아버지를 조롱했다. 아내가 남편을

때리는 이유는 돈을 적게 벌어 온다는 것과 회사를 전직하려고 한다는 등의 이유였다. 남편은 창피해서 구타당한 사실을 주위에 이야기 하지도 못했고, 동네 주민들도 그 여인을 무서워했다. 그런데 아내는 과거 자신의 아버지에게서 아동학대를 당했고, 아버지가 어머니를 폭행한 것을 보고 자랐다고 하였다.

위와 같은 사례에서의 매맞는 남편은 드문 경우이지만 최근 증가하고 있다.[86]

86) 최근 여성부 조사에 의하면 부부 8쌍 중 1쌍은 매맞는 아내이고, 전체 부부 중 학대받는 남편은 27쌍 중 1쌍이며, 경찰청 여성청소년과에 의하면 1996년 167건, 2004년 290건으로 5년 사이에 매맞는

위의 사례에서 구타하는 아내의 심리를 정확히 알 수 없으나 추정할 수 있는 것은 임신하고 나서 구타가 시작된 것으로 보아 산후우울증이 심화된 결과일 수 있다. 즉 우울증의 증상인 짜증이 계속되다가 남편이 계속 받아 주니까 폭력으로 발전된 것 같고, 또한 자신의 아버지에게 학대당한 고통이 그대로 전이되어 나타난 것일 수도 있다.

남편의 반격이 시원치 않거나 신체적 반격을 하지 않으리라는 것을 오랫동안 학습한 결과 이제는 자신이 폭력을 행사해도 두렵지 않다는 강자의식이 내면화 되어 약자로 전락한 남편을 공격본능에 의해 공격하는 것으로 볼 수 있다. 또한 경제적 곤란이나 말 못할 사정, 가령 남편의 성적 능력이 부족해 그 불만을 폭력방식으로 나타냈을 가능성도 있다. 그리고 구타당한 남편이 창피해서 남들이나 경찰에 말하지 않을 것이라는 심리를 이용했을 수도 있다. 이와 관련하여 필자는 사견으로 매맞는 아내와 매맞는 남편의 특징을 〈표 2-5-2〉에서 비교하여 보았다.

〈표 2-5-2 매맞는 아내과 매맞는 남편의 비교〉

구분기준	매맞는 아내	매맞는 남편
암수	여권신장과 시민단체의 활동으로 암수가 상대적으로 적다.	창피해서 신고하지 않아 암수가 많다.
구타의 성격	정신적 구타보다 물리적 구타가 많다.	물리적·신체적 구타는 적고, 정신적·정서적 폭행은 많다.
발생구조	가부장적 문화에서 남녀의 연령차가 적을수록 남녀의 사회적 배경이 다를수록 발생가능성이 크다.	남녀평등문화가 강하거나 남녀의 연령차가 클수록 발생가능성이 크다.
폭력의 메카니즘	• 폭력→화해시도→폭력이라는 메카니즘을 거친다. • 또한 큰 폭력부터 시작할 수 있다.	• 화해시도라는 중간과정이 없다. • 처음에는 작은 폭력에서 시작해 점차 큰 폭력으로 발전한다.

남편이 74% 증가하고 있다(SBS TV, 긴급출동, 2006. 04. 18).

구타동기	구타동기는 다양하지만, 구타동기는 외부에서 알 수 있는 것이 많다.	구타동기는 다양하지 않고, 숨겨진 동기가 많다(시부모와의 갈등, 성불만).
아이들의 태도	대개 아이들은 어머니와 같이 있는 시간이 많고, 약자에 대한 동정으로 어머니를 지지하는 경향이 있다.	아이들은 어머니의 학대를 우려하고 모방해 아버지를 지지하지 않는다.
사회적 태도	매맞는 아내에 대해 사회적 동정이 많다.	사회적 편견으로 인해 사회적 지지와 이해가 적다.
방어기제	아이들을 위해 참는다는 강한 합리화기제를 사용한다.	아이들과 가정을 위해 참는다는 합리화기제를 한다.
구타가 계속되는 이유	구타에 대한 강한 학습된 무력감과 내일은 나아지겠지 기대하는 약한 학습된 희망감	구타에 대한 약한 학습된 무력감과 내일은 나아지겠지라는 강한 학습된 희망감

제7장 학교폭력범죄심리[87)]

1. 기존의 개념과 필자의 반론

학교폭력에 대한 개념정의는 다양한 시각에서 다양하게 접근될 수 있을 정도로 통일된 개념으로써 학교폭력을 정의하기 힘들다. 스미스(Smith)는 학교폭력을 보다 지배적인 학생이 상대적으로 피지배적인 학생에게 고통을 초래하거나 초래할 의향으로 공격적인 행위를 표출하는 사회적 상호작용이라고 주장한다.[88)] 또한 학교폭력의 정의로 가장 보편적으로 인용되는 롤랜드(Roland)는 학교폭력을 자신을 방어할 수 없는 개인에 대한 개인이나 집단에 의한 장기간에 걸친 물리적·정신적인 폭력이라고 정의한다.[89)] 이윤호는 학교폭력은 신체적이나 정신적으로 힘의 우위에 있는 개인이나 집단이 힘의 열세에 있는 다른 개임이나 집단에 대하여 일방적으로 물리적 · 언어적 또는 물리적이거나 언어적 방법을 이용하지도 않고서도 괴롭힘을 주려는 의도에서 장기간에 걸쳐 반복적으로 일어나는 부정적 행위라고 한다.[90)]

김형방(1996)은 학교폭력을 일반적으로 자기보다 약한 처지에 있는 상대에게 불특정 다수의 학생이 남이 보지 않는 곳에서 신체적·심리적 폭력을 반복하여 행하거나 심각한 공격을 가하는 문제행동이라고 정의했으며, 한국형사정책연구원(1997)의 정의에 따르면, 학교 내부에서만 일어나는 것에 국한시키지 않고, 학생이 학교 안이나 밖에서 일상적인 생활과정에서 누군가로부터 당하는 유형·무형의 공격의 개념으로 이해하는 것이 학교폭력이라는 것이고, 머라인(Mulrine, 1996)은 학교폭력이란 학생들이 학교에서 경험하는 폭력뿐만 아니라 가정이나 학교 밖에

87) 신범죄심리학(천정환, 대왕사, 2006)의 236-257면을 전재

88) D. Smith, "Bullying in the Junior School", in Tattum & Lane, 45~47; 이윤호, 현대사회와 범죄, 삼경, 2004, 107면에서 재인용.

89) Erling Roland, "Bullying: The Scandivinavian Research Tradition", in Dewlyn Tattum & David Lane, Bullying in Sshools, Stoke-on-trent, Farrington, 378면; 이윤호 상게서, 108면에서 재인용.

90) 이윤호, 현대사회와 범죄, 109면.

서 일어나는 폭력이라도 그것이 학생들에게 영향을 미치는 것이면 모두 학교폭력이라는 비교적 광의의 개념을 주장하였다.[91] 그리고 이소희는 학교폭력을 학생들에 의해 학교 안팎에서 일어나는 폭력으로 괴롭힘, 또래폭력, 따돌림 모두 포함한다.[92]

학교폭력에 관한 기존학자들의 주장에서 학교폭력의 주체는 학생이고, 피해자도 학생이라는 것을 모두 전제하고 학교폭력을 힘의 불균형에서 오는 현상으로 보고 있다. 이에 필자는 학교폭력의 정의(넓은 의미에서)를 학교구성원들이 학교 안팎에서 다른 학교구성원들에게 지속적으로 가하는 의도적인 모든 형태의 폭력이라고 개념을 내리고자 한다. 따라서 기존의 국내학자들과는 전혀 다른 개념으로 학교폭력에서 접근하고 있는데, 필자는 기존의 국내학자들의 학교폭력에 대한 정의는 힘이나 권력의 속성을 학생에게서만 찾아 동태적이고 현실적이며, 복잡한 권력구조를 파악하지 못한 견해라고 지적하고자 한다.

가령 학교폭력에서 가장 많은 형태는 힘의 불균형에서 오는 학생들간의 폭력이지만, 학교에서는 또 다른 권력구조, 즉 교사와 학생, 교사와 교사, 학생들과 제3의 학교구성원(방호원, 청소원, 실험조교, 행정직원) 등 여러 형태의 권력구조가 현실적으로 존재한다.

외국뿐만 아니라 우리나라에서도 불량학생들에 의해서 교사가 폭행을 당하는 일은 많이 존재해 왔으며, 학생집단에 의해 교사가 심리적 폭력(가령 사실은 그렇지도 않은데도 A교사는 실력이 없다거나 촌지만 밝힌다고 오해하여 민원제기 등 여러 방법으로 괴롭히는 것)을 당하는 일은 현실적으로 많이 발생하고 있다. 또한 교사가 특정 학생이나 소집단에 대해서 신체적 폭력이나 심리적 폭력을 행사하는 일도 많은 것이 사실이다.

물론 권력관계의 성격이 학생들간의 그것과 교사와 학생들간의 그것과는 다른 성격이지만, 어쨌든 학교구성원들인 교사와 학생 및 제3의 학교구성원 사이에는 주어진 권력이나 힘의 평행상태를 깨려는 개인적·구조적·사회적 요인이 필연적으로 작용하며, 그 결과 학교폭력이 나타날 수밖에 없는데, 그것은 권력이나 힘의

91) 이소희, 청소년복지, 나남, 2005, 382면.
92) 이소희, 상게서, 382면.

허용된 배분의 균열이 생기면 여러 형태의 폭력이 기생할 수 있기 때문이다. 여기서 필자의 개념정의가 중요한 것은 가령 기존학자들의 학교폭력 정의에 의하면 힘의 균형에서 우위를 가진 학생이 그렇지 않은 학생에게 피해를 주면 그 학교폭력의 피해자는 학생 개인에 그치지만 필자가 주장하듯 교사와 학생간에 생기는 학교폭력은 그 피해가 엄청나기 때문이며, 전염될 수 있기 때문이다.

먼저 여기서 학생들간에 행해지는 학교폭력은 신체적·언어적·심리적 폭력에 한정되지만, 교사가 학생에게 가하는 폭력은 신체적 폭력(단, 징계권의 행사로써 가하는 정당한 폭력은 제외), 언어적 폭력(징계권 행사와 관련되는 언어적 공격을 초월하거나 징계권의 행사와 무관한 언어적 폭력), 심리적 폭력 외에 상징적 폭력이 있다. 여기서 상징적 폭력이란 교사의 상징조직에 의한 폭력으로 그 특징은 다른 폭력과 달리 상징폭력의 피해자는 자신이 그런 상징폭력의 피해자라는 사실을 모르는데 있다. 가령 사회교사가 자신의 가치관을 학생들에게 강요하기 위해 또는 상부의 지시에 의해서 한국의 정치상황은 '한국적 민주주의'가 되어야 한다고 세뇌를 시키는 것을 말한다. 이렇게 될 경우 '한국적 민주주의'를 정당한 민주주의로 착각하게 되는 학생들의 의식적 피해는 엄청 크기 때문이며, 모든 학생들이 지식과 의식면에서 피해를 즉각적으로 받게 되는데, 이러한 상징적 폭력은 후진국 사회나 정치가 불안정한 사회에서 자주 발생하며, 이러한 상징폭력은 지속적으로 행해진다. 물론 선진국에서도 이러한 상징폭력은 발생할 수 있다.

교사가 특정학생에게 가하는 심리적 폭력, 가령 교사가 학생의 부모나 학생에게 지속적으로 은밀한 촌지를 요구하거나 받는 행위는 바른 생활을 하는 학생에게는 충격으로 작용하여 심리적 고통을 수반할 수 있고, 더 나아가 촌지 사실이 밝혀지게 되면 모든 학생들이 심리적 피해를 입게 된다. 그리고 학생들이 교외나 교내에서 난동을 피워 교사를 폭행하거나 욕을 하게 되면 그것을 지켜 본 다른 학생들도 역시 심리적 피해를 볼 수 있다.

현실적으로 학교폭력에서 학생들간의 폭력이 대다수이고, 교사와 학생간의 폭력, 교사 사이의 폭력은 적지만, 문제는 교사가 개입된 폭력은 엄청난 파급효과를 가져오는데, 이것은 모방성과 충동성이 강한 학생들에게 모델링을 가져오고, 동일시나 합리화의 구실이 되기 때문이다. 교사와 학생들에게 엄청나게 부정적 효과를 주는 것은 2006년 3월에 발생한 중학교 남자교사가 동료 여자교사를 폭행한 기사를 살펴보면 알 수 있다.[93)]

> 서울의 한 중학교에서 남자교사가 같은 학교에서 기간제 교사로 근무했던 여성을 송별회 겸 회식자리에서 성폭행한 사건이 발생했다. 서울 구로경찰서는 지난 15일 서울 A중학교 교사 B(28세)를 강간치상혐의로 구속했다고 20일 밝혔다. 경찰에 따르면 B씨는 지난 해 12월 말 학교를 그만두자 지난 1월 9일 '송별회 겸 회식이 있다'며 같은 부서 교사 2명과 함께 집으로 불러들인 뒤 술에 취한 C씨를 성폭행한 혐의를 받고 있다. 경찰조사에서 C씨는 "소주와 양주 2병을 회식에 참석한 교사 3명과 나눠 마셨으며, 화장실에 다녀오다가 갑자기 정신을 잃었다"며 "잠시 정신을 되찾았을 때 이미 속옷이 벗겨져 있었고, 재차 정신을 잃은 후 깨어났을 때 B씨가 나를 성폭행하고 있었다"고 진술한 것으로 전해졌다.
>
> 경찰의 한 관계자는 "범행사실을 시인한 것은 B씨뿐"이라며 "피해자는 다른 교사들에게도 윤간을 당했다고 주장하지만, 관련자들은 이를 부인했고, 특별한 혐의점도 찾을 수 없다"고 말했다. 이 같이 학교교사가 동료였던 교사를 성폭행했다는 충격적인 사실은 피해자 C씨가 한 여성상담센터 인터넷사이트에 피해내용을 올린 글이 최근 인터넷 포털 사이트에 게재되어 급속히 확산되면서 알려졌다. 또 A중학교 학생들은 인터넷을 통해 자신들을 가르치던 교사가 다른 교사를 성폭행했다는 사실이 믿어지지 않는다는 반응을 내보이고 있다.
>
> A중학교 D교장은 "2월 초 관련사실을 전해 들었으며, 현재 학부모들에게 발송할 가정통신문 내용을 놓고 학부모 대표와 논의 중이라며 학생들의 의견을 취합하여 이번 사건을 향 후 교내 성폭력·성희롱 근절의 계기로 삼겠다고 말했다.

위의 기사가 나간 뒤 인터넷에는 학생들이 게시판에 글을 올리는 등 많은 혼란을 초래하고, 학생들도 자신의 교사가 성폭행한 사실에 놀라워하고 있다. 이러한 교사의 성폭행이 극소수라고 해도 그 영향력을 메가톤급이다. 잠재적 비행의 가능성에 있는 학생들은 교사도 성폭행하는 사실에서 자신들의 비행을 정당화 할 수

---

93) 세계일보, 2006. 3. 21.

있는 가능성을 제공해 주고 왜곡된 사회화를 초래할 수 있기 때문이다. 다시 말해서 학교폭력에서 학생간의 폭력은 그 피해가 개인 1인에 그치지만, 교사의 폭행은 피해당한 학생이나 피해교사 이외에도 그 학교 전체 학생들에게 큰 피해를 순식간에 초래하며, 나아가 학부모와 선량한 교사들에까지 영향을 미치므로 교사의 폭행은 그 수는 적어도 이처럼 무서운 영향력을 가져 오므로 교사의 폭행도 당연히 학교폭력에 포함해야 하며,[94] 학생들끼리의 폭행보다 더 무겁게 처벌해야 한다.[95] 또한 학생들간에 행해지는 금품요구와 마찬가지로 일부 교사가 학부모에게 촌지를 노골적으로 요구하는 행위도 학교폭력에 포함시켜야 하는데, 이것은 학생들 사이에 금품갈취보다 부정적 영향이 더 크기 때문이며, 그 부정적 영향과 피해가 오래가기 때문이다.[96]

2. 유 형

학교폭력의 유형에는 크게 괴롭힘과 또래폭력 및 따돌림으로 나눌 수 있다. 괴롭힘은 신체적·정신적·경제적·사회적으로 가해지는 온갖 언어, 태도, 상황을 말하며, 이것은 꼬집거나 심부름을 시키는 등의 신체적 괴롭힘과 상대방을 비하해서 놀리는 등의 심리적 괴롭힘으로 나눌 수 있다.[97]

---

94) 이와 관련하여 2006년 3월 15일에 발생한 동료여교사 성폭행사건에 학생들이 충격을 받았는데, 그 기사의 내용을 다음과 같다.
기간제 여교사의 성폭행 파문이 확산되고 있는 가운데 정신적 충격을 받은 해당하교 학생들에 대한 대책마련이 시급하다는 주장이 제기되고 있다. 많은 학생들이 교사에 대한 노골적인 불신을 표출하고 있지만, 학교측에서는 사태가 가라앉기만을 기다리고 있어 사실상 학생들의 상처를 방치되고 있다는 지적이다.

95) 일부 교사의 성폭행은 특수교사나 운동부 학생 등에게도 행해져 충격을 던져주고 있는데, 연합뉴스(2006. 3. 28)에 의하면 순천의 한 체육고등학교 교사가 운동부 소속 여제자 3명을 2004년부터 기숙사 등에서 성폭행한 혐의로 '청소년 성 보호에 관한 법률'위반으로 구속되었으며, 2005년 11월 1일에 방영된 MBC TV의 PD수첩 "은폐된 진실-특수학교 성폭력"에 의하면 모학교의 교직원 8명이 청각장애 여학생 12명을 수년간 성폭행했다고 한다.

96) 연합뉴스(2006. 3. 28)에 의하면 부산지방법원은 학부모에게 금품을 직접 요구한 교사에게 징역 6월에 집행유예 2년을 선고했는데, 이 교사는 학부모에게 "입학만 시켜놓고 죄가 없느냐?, 소등 뒤에 인사가 없느냐?" 등의 말로 179만원어치 금품을 받았으나 참다못한 학부모의 신고로 덜미가 잡혔다고 한다.

또래폭력(Bullying)은 학생들 사이에서 존재하는 힘의 불균형에서 생기며, 피해자에게 해를 가할 목적으로 집단적으로 행해지는 공격적 행동이라고 할 수 있는데, 여기서 집단 괴롭힘의 유형은 폭행 등의 공격적 행동을 가하는 직접적 괴롭힘, 집단으로부터 사회적 소외 및 배제를 가하는 간접적 괴롭힘으로 나뉜다.[98)]

필자는 또래폭력을 직접적 괴롭힘과 간접적 괴롭힘 외에 관계적 괴롭힘을 추가한다. 여기서 직접적·간접적 괴롭힘은 앞의 주장과 같으며, 관계적 괴롭힘이란 특정집단이 다른 집단이나 다른 학교구성원(교사, 학생, 제3의 학교구성원)을 통해서 신체적·언어적·심리적으로 괴롭힘을 주는 것을 말한다. 가령 특정집단이 똘똘뭉쳐 공격표적이 되는 학생의 사적인 비행사실을 교사에게 알려 교사로부터 질책을 당하게 하거나 특정집단이 다른 학생을 소외시키게 만드는 것 등이다.

한편 따돌림에 대해 김용태(1997)는 2명 이상이 집단을 이루어 특정인을 그가 소속해 있는 집단 속에서 소외시켜 구성원으로서 역할수행에 제약을 가하거나 인격적으로 무시하는 일체의 언어적·신체적 행위를 말한다고 표현하며, 따돌림에는 폭력, 괴롭힘, 경멸, 모함, 소외 등이 있다.[99)]

학교폭력을 권력구조의 복합성 여부에 따라 단층적 학교폭력과 계층적 학교폭력으로 나눌 수 있다.[100)] 단층적 학교폭력이란 집단구성원 사이에서 학교폭력가해자와 피해자 사이에 중간계층이 없어 존재하는 형태이고, 계층적 학교폭력이란 학교폭력의 가해자 그룹이 계층을 이루고 있다는 것이다. 가령 한 학년에 500명이 존재하는 학교에서 힘이라는 자원을 가장 많이 가진 최상층부 집단이 자기보다 세력이 약한 집단이나 개인을 괴롭히면 괴롭힘을 당한 집단 또는 개인은 자신보다 약한 집단 또는 개인을 괴롭힌다.

괴롭힘을 당한 개인 또는 집단은 다시 손쉬운 먹이대상인 학생을 괴롭히는 형태이다. 물론 가장 힘센 집단은 중간집단이나 단계를 거치지 않고, 바로 가장 손쉬운 먹이인 학생을 괴롭힐 수 있지만, 법적인 문제 등 여러 이유로 인하여 중간층

97) 이소희 외, 전게서, 383면.
98) 이소희 외, 상게서, 384면.
99) 이소희 외, 전게서, 384면.
100) 필자의 사견이다.

의 개인 또는 중간집단을 괴롭혀 갈취하는 것이 유리할 때도 있기 때문이다. 가장 힘센 집단으로부터 괴롭힘을 당한 개인 또는 차상위집단은 자기들보다 약한 집단이나 특정 학생에게 괴롭힘을 줄 때는 자신들에게 괴롭힘을 준 집단의 공격방식을 모방해 그대로 활용하거나 때로는 더 심하게 괴롭힘을 줄 수 있다.

계층적 학교폭력의 의미는 필요 이상으로 학교폭력의 피해자를 만들어 내는데 있다. 큰 집단으로 괴롭힘을 단한 중간집단은 강탈당한 자원을 회복하기 위하여 새로운 희생자를 찾으러 다니기 때문이다.

3. 학교폭력의 발생원인

1) 개인적 · 심리적 요인

청소년이게는 많은 갈등과 혼미를 겪는다. 이 때 부정적 자아개념이 형성되면 반사회적 폭력행동을 보이게 되는데, 이렇게 폭력적 행위를 하는 학생에게 가장 많이 나타나는 개인적·심리적 특성은 공격적 성격장애[101]의 특징을 보인다.[102] 공격적 성격장애의 공통된 특성은 정서불안인데, 욕구가 충족되지 못하면 좌절과 불만이 거듭되고, 충동에 대한 자제력 부족과 순간적 충동을 억제하지 못한 경우 분노의 표출로써 폭력행동을 가중시키게 된다고 한다.[103]

---

101) 성격장애는 타인에게 해가 되는 개인적 특성이나 행동을 나타내는 정신장애로, 여기에는 반사회성, 정신분열적, 경계성, 자애성 및 연극성 성격장애가 있다. 반사회적 성격장애는 반사회적 행동을 죄의식 없이 습관적으로 행한다. 이들은 지적 능력의 장애나 사고장애는 없으나 자기중심적이며, 자애적인 특성이 있고, 남의 약점을 잡아 협박하며 책임감이 결여되어 있다. DSM-IV에 의하면 반사회적 성격장애자는 일반 범죄자들과 달리 책임감, 수치심, 죄의식의 결여가 특징이다. 이러한 반사회적 기질특성 모델에서는 대뇌의 각성수준이 낮고, 충동적이며, 위험한 일을 즐기고, 처벌자극보다는 보상자극에 더 예민하다고 한다. 따라서 이들은 낮은 각성수준 때문에 처벌을 피하기 위해 바람직한 행동을 하는 회피학습을 할 수 없다는 것이다. 또한 맥코드와 맥코드(McCord & McCord)는 반사회적 행동을 초기 아동기에서 경험한 정서적 결핍의 결과로 본다. 한편 사회학습이론가들은 부모의 일관성 없는 행동이 반사회적 성격장애를 만든다고 주장한다. 한편 편집성 성격장애는 대인관계, 정서에서 불안하고, 약물남용, 성관계, 도박, 낭비, 자살위협 같이 잠정적으로 자기손상을 일으키는 분야에서 충동적으로 행동한다. 자애성 성격장애자는 자신에 대한 과대망상이 주축을 이루어 자기중심적으로 행동한다(이인혜, 전게서, 165~168면).

102) 이소희 외, 전게서, 387면.

2) 가정환경요인

많은 연구에서 범인들의 성장과정에서 부모로부터 학대를 받은 사실이 많다는 것이 밝혀지면서 어릴 때 가정의 영향이 범죄성의 발현에 중요한 요인이 되고 있다. 가령 갈등가정, 일관성 없는 양육방식, 알코올중독부모, 구타가 일상화된 가정, 가족구성원간에 커뮤니케이션이 부족한 가정, 자녀방임가정 등은 청소년비행의 원인이 되고 있음은 주지의 사실이다.

3) 학교요인

오늘날 한국사회에서 학교는 교육의 인간화가 아니라 철저한 경쟁이 이루어지는 장소로 그 근본원인은 대학입시에 유리한 내신성적을 받기 위해 치열한 내신점수 경쟁을 벌이기 때문이다. 학부모와 학생 모두 자기가 더 좋은 대학에 가기 위해 살벌한 경쟁과 비인간적인 경쟁이 학교 내에서 치열해질수록 거기에 뒤처지거나 마음에 부담을 느끼는 학생들은 스트레스[104]를 받게 되고, 이것이 적절히 해소되지 못하면 폭력으로 나타난다. 이외에도 교내의 불량 서클의 유혹이나 교사에 대한 거부감도 청소년폭력의 원인이 될 수 있으며, 지나치게 처벌중심적인 학교문화도 학생들에게 모델링이 되어 학습될 수 있다.

학교폭력의 방관자인 학생 및 교사들도 또 다른 폭력의 원인이 될 수 있다. 필자는 학교폭력의 방관자의 유형으로 무관심형, 쾌락형(학교폭력이 더 일어나길 바라는 자로, 현재 가해자의 가족 또는 과거에 가해자나 피해자로 큰 아픔을 겪은 자에게 발생할 수 있다), 동조형(가해자에게 자신의 감정을 이입하는 형태), 동정형(가해자나 피해자를 동정), 참여형(교내폭력을 줄이기 위해 운동에 참여), 교활

103) 이소희 외, 상게서, 387면.

104) 스트레스는 신체건강에도 해를 주고, 정신장애의 원인이 될 수 있다. 정신장애의 주요유형에는 외상 후 스트레스 장애, 불안장애, 정신분열증, 우울증 등이 있다. 외상 후 스트레스장애는 개인이 자신이나 타인의 신체적 안녕에 심각한 위협을 가져다주는 사건을 경험하고 나서 극심한 공포, 무력감, 죄의식 등이 동반되는 임상적 상태로 외상 후 바로 시작될 수도 있고, 오랜 시간이 지난 후에 시작될 수 있다. 불안장애는 높은 수준의 불안이 지속적으로 나타나는 것으로, 자신이 왜 이렇게 두려운지를 알지 못하고, 효과적으로 다룰 수 없다(이인혜, 전게서, 148~149면).

형(겉으로는 폭력예방을 부르짖지만 속으로는 자신의 이익을 위해 더 많은 폭력이 발생하길 바라는 형태), 합리화형(자신의 방관이유를 다른 곳에 돌려 죄책감을 줄이려는 형태)으로 나눈다.

4) 지역사회요인

오늘날 학교주위에도 여관, 당구장, 만화방, 오락실, 게임방, 술집, 비디오방 등의 청소년 유행환경에 많이 노출되어 있다. 이러한 유해자극들은 청소년을 쉽게 유혹하고, 학교생활이나 가정생활 등에서 부적응 청소년에게는 도피처가 될 수 있다. 그로 인해 유해환경의 이용에 필요한 자금을 만들기 위해 강도나 절도, 폭행 등의 학교폭력이 발생할 수 있다.

5) 매스컴의 영향

충동성과 모방성이 너무 강한 청소년기의 학생들은 폭력이 미화된 영화나 TV 등의 방영물을 보고 그러한 폭력적 장면을 실생활에서 재현하려고 한다. 인간의 말초적 자극을 극대화시키는 선정성 매스컴에 대한 피할 수 없는 근본속성이고, 이러한 매스컴의 선정성은 청소년 폭력증가의 근본배경이 되어가고 있다.

4. 학교폭력의 문제점

1) 심리적 후유증

학교폭력이 행해지면 가장 먼저 피해자의 심리적 후유증이 문제가 된다. 폭력을 당한 후 오는 심리적 부작용에 관한 연구에서 공포, 우울,[105] 낮은 자존감, 분노

105) 우울이란 셀리그만(Seligman)에 따르면 아무리해도 안 된다는 체험을 할 때, 느끼는 무기력상태라고 정의했는데, 우울한 사람은 만사 의욕과 흥미를 잃고, 자포자기하기 쉬우며, 심할 경우 모든 것을 부정하여 긍정적 경험을 못하게 된다. 우울증에 관해 정신분석학에서는 우울증환자들이 어렸을

반응들이 보고되고 있고, 불신감, 인지손상, 인격변화, 학습, 학교생활, 기억[106)]에

때 애정결핍에 대해 분노를 느꼈으나 적개심을 표현하면 부모로부터 멀어질까 두려워 한 경험이 있으며, 성장한 후에 갑자기 상실감을 맛보면 사랑받고 싶다는 과거의 욕구와 분노가 되살아나고, 따라서 우울해진다고 보아 우울은 혼합된 감정의 표현으로 본다. 또 정신분석학에서는 우울증환자의 자기처벌성향을 강조해 자기가 자기를 처벌하면 아무도 자기를 해치지 않을 것이라고 느낀다. 행동주의 모델에서는 우울증환자는 경험에 의해서 성공과 통제를 자신이 통제할 수 없다고 믿게 되었고, 계속된 실패에 대해 우울증으로 반응한다고 한다. 인지심리적 접근에서는 우울증환자는 부정적 자기지각을 하여 자기를 무가치하게 생각하고, 자신의 능력을 과소평가하며, 자신에게 일어나는 모든 일을 나쁜 방향으로 해석하는 부정적 해석경향을 갖고, 또한 임의적 유추, 초일반화, 극대화 등의 인지적 왜곡을 보인다고 한다(이인혜, 전게서, 158~160면).

106) 정보처리접근을 사용하는 심리학자는 기역에 관해 두 가지 구분을 하는데, 기억을 기호화, 저장, 인출이라는 3단계로 나누거나, 기억을 감각기억, 단어기억, 장기기억으로 나눈다. 기억이란 입력된 정보가 저장되고 인출되는 과정이다. 노만(Noman)은 기억을 장기기억과 단기기억으로 나누었다. 기호화(약호화, 획득)란 기억체계에서 정보분류방법을 결정하는 과정을 말한다. 만일에 천정환(千定煥) 교수를 소개받으면 천정환이란 이름에 대응하는 음파와 같은 물리적 현상이 기억이 받아들일 수 있는 신경정보로 전환되는 것을 말한다. 이 때 전환된 신경정보가 신경계 어딘가에 흔적을 남겨 놓는 것을 저장이라고 한다. 다음에 천정환 교수를 만날 때 천정환이란 이름이 기억되지 않는다면 약호화, 저장, 인출 중 어느 한 단계에서 실패했다는 것을 나타낸다. 기억은 감각유입으로 시작되어 유입자극은 짧은 시간(1/4~1/2초)에 감각기억에 저장되는데, 잠시 저장된 정보는 단기기억으로 넘어가 20~30초 동안 저장된다. 단기기억에 저장되어 있을 동안 그 정보가 반복·암송되면 장기기억으로 넘어가며, 암송받지 못한 내용은 망각된다. 단기기억에서는 약호화, 저장, 인출이 각기 순서적으로 이루어진다. 그러나 장기기억에서는 저장과 인출을 함께 고려해야 하는데, 그것은 성공적인 인출을 위해서는 정보를 저장할 때 체계적으로 조직화하고(체제화), 정보를 인출할 때 맥락과 약호화할 때의 맥락과 유사해야 한다(맥락효과). 체제화와 맥락효과를 분설하면 다음가 같다.

① 체제화 : 문법적 단위로 체제화(언어기억의 경우)하는 경우와 의미주의에 따른 체제화가 있는데, 후자의 경우에는 기억에 저장해야 할 내용들을 체계적으로 조직화할수록 차후에 그 내용을 인출하기가 쉽다. 가령 교도소, 유치장, 죄수, 의경, 교도관, 경비교도대, 형사, 조사과라는 단어들을 장기기억에 저장할 때는 범주별로 나누어(교정과 관련된 범주로 교도소, 죄수, 교도관, 경비교도대, 경찰과 관련된 범주로 형사, 의경, 유치장, 조사과) 저장하고, 체제화하면 회상이 용이하다. 이렇게 자극을 범주별로 묶어 기억하면 회상량을 증가시키는 이유는 인출할 때 범주 그 자체(가령 교정, 경찰)가 단서(cue)의 노릇을 하여 범주 내에 속한 단어(교도소, 죄수)를 인출하는데 도움이 되기 때문이다. 또한 인간들은 장기기억 속에 들어오는 수많은 정보들을 자기 나름대로 체계화(이를 주관적 체제화라고 한다)해서 저장한다. 보우어(Bower)의 연구로 기억해야 할 내용들이 조직화되어 있을 때 인출이 가장 잘된다.

② 맥락효과 : 자극을 약호화 할 때 인출단서를 함께 약호화해서 저장하면 나중에 인출단서가 맥락이 되어 회상하지 못한 기억정보를 인출한다. 천정환 교수와 길에서 마주친 어느 여인이 인사를 하는데도 그 여인이 누구인지 기억이 나지 않을 때, 그녀가 대학에서 교수채용면접 때 만난 적이 있다고 하자 그때서야 그녀가 기억이 난다면 그 대학이라는 맥락이 인출단서가 되어 회상하지 못한 기억정보를 인출한다고 한다. 이러한 인출단서가 장기기억으로 검색을 유도한다. 또한 13이 A와 C 사이에 있으면 B로, 12와 14 사이에 있으면 13으로 보이는 것도 맥락효과이다. 2006년 4월 29일 SBS TV '그것이 알고 싶다'에 의하면 A(중 2)는 교내 폭행을 당한 후 외상 후 스트레스에 의한 해리성 기억상실과 퇴행이 나타나 친부모를 계부모로 인식하는 등 기억을 상실했는데, 학교폭력이 없는 필리핀으로 유학을 갔다고 한다.

심각한 악영향이 있다고 한다.[107)]

학교폭력피해에 대해 최병란은 첫째, 피해학생은 폭력사태가 일어나면 빠른 속도로 고립되며, 피해학생 주변의 학급학생들의 방관적이고 개인적인 태도가 폭력을 장기간 지속시키는데 가능한 경우가 많다. 둘째, 학교폭력이 학교주변에서 대면관계가 있는 사람으로부터 발생하는 경우 대인관계를 회피하거나 학교가기를 싫어하는 등 학교를 위협적 장소로 느낀다고 주장한다.[108)] 그러나 필자는 최병란의 견해는 지나치게 단선적이며, 피해학생의 내적 특성을 무시한 견해라고 생각한다. 그것은 학교폭력이 발생해도 피해의 성격과 내용 그리고 피해를 당한 학생의 인지적 대처능력, 피해에 대한 학습경험 등에 따라 고립될 수도 있고, 뜨는 긍정적인 자아감을 가진 경우에는 그렇지 않을 수도 있다고 본다.

한편 학교폭력은 계층적 피해와 확산적 피해를 가져 올 수도 있다고 생각하는데, 여기서 계층적 피해란 피해를 당한 학생이 자신의 수치감과 분노를 자기보다 힘이 약한 학생에게 또 다른 학교폭력을 행사하는 소위 치환된 공격을 말한다. 확산적 피해란 피해학생의 주위로 피해가 확산되는 것을 말한다. 즉 학교폭력을 당한 학생은 자신의 분노의 대상을 부모나 동생들에게 찾아 그들에게 또 다른 여러 형태의 폭력을 행사할 수 있고, 그렇지 않다고 해도 피해학생의 수치감, 분노, 우울 등의 부정적 감정이 부모나 가족들에게 전염되어 부모와 가족들도 피해자가 되기 마련이다(2차적 피해자).

학교폭력이 많아지고 일상화되면 그것은 교사와 지역사회 및 국가에도 부담을 주게 되고, 새로운 행정수요를 창출시키게 된다. 즉 피해학생과 가해학생들에 대한 심리적 치료와 복지적 개입을 위해 학교임상치료사나 학교사회사업가라는 전문가의 개입을 필요로 하게 되고, 이것은 학교재정에 또 다른 부담을 지우게 한다. 피해학생이 증가하거나 피해가 지속되면 담임교사에게도 상당한 부담을 주게 된다. 그리고 교사나 학교사회사업가에 의한 피해학생의 위기에 대한 개입이나 치료상담이 피해학생에게 정서적 지지를 주지 못하게 되면 극단적으로 자살[109)]반응

107) 이소희 외, 전게서, 392면.
108) 이소희 외, 전게서, 393면.

을 가져올 수도 있다.

학교폭력을 행한 가해학생에게 적절한 제재가 가해지지 않으면 가해로 인해 긍정적 강화를 받은 가해자는 또 다른 먹이를 찾기 위해 피해학생을 물색하거나 기존의 피해학생에게 지속적으로 가해를 가할 가능성이 많으므로 가해학생에 대한 사법적·복지적·심리적 차원에서 적절한 개입이 있어야 하며, 한편 가해학생들의 가족도 또 다른 의미에서 피해자라고 할 수 있다. KBS 2TV의 보도(2006. 3. 24)에 의하면 2005년 학교폭력피해자는 55만 명이고, 가해자는 18만 명으로 3월이 학교폭력이 가장 심하다고 한다.[110)]

2) 필자의 중층적 2차 피해자이론

보통은 사회에서 범죄피해자는 수사과정에서 모욕 등의 2차 피해를 당하지만, 이 때 2차 피해의 주체가 형사사법기관이다. 그러나 학교 내에서 발생하는 학교폭력의 피해자는 승진 등 자신의 이익을 중시하는 학교당국과 경찰에 의해 연속적으로 2차 피해를 당한다. 학교당국은 학교폭력을 인정하지 않고 단순한 싸움으로 여기거나 사건 자체를 축소·은폐하며, 폭력피해를 피해자 개인의 성격탓으로 돌리는 관료주의적 태도에 피해자는 또 다시 고통을 느끼는 2차 피해가 발생하고, 경찰조사에서도 여러 이유로 쌍방폭행으로 처리하거나, 축소하여 또 다시 2차 피해

---

109) 사회학자들은 자살에 대해서 사회적으로 고립된 개인들이나 자살을 긍정적으로 해석하는 문화에서 자살이 많다고 한다. 행동주의 심리 모델에서는 자살을 학습된 행동으로 보아 과거의 자살기도가 강화되어 유사한 상황에서 자살행동을 일으킨다고 하는데, 특히 청소년들은 자신들이 우상시하는 연예인들의 자살에 많은 영향을 받는다고 한다. 정신분석 모델에서는 자신에게 맞춰진 적개심 또는 공격적 충동의 극단적 표현이 자살이라고 본다. 인지심리학적 모델에서는 개인이 상황을 희망이 없는 것으로 인지적 평가를 한 결과 자살을 가져 온다고 한다. 감수성이 예민하고 모방을 통해 사회적 발달을 이루는 청소년에게는 자살을 통해 문제를 해결한 사람들을 모방하여 자살을 시도한다고 한다(이인혜, 전게서, 242~245면).

110) 최근의 학교폭력은 가해자가 떼를 지어 행하는 집단가해가 특징인데, 이들은 힘을 과시하고 우월욕구로 폭행을 가하는 집단이므로 죄의식을 느끼지 못하며, 폭행기술도 최근의 이종격투기를 보고 더욱 개발되었고, 살이 많은 엉덩이를 때린다. 가해학생 등은 기분이 안 좋으면 이유 없이 때리고, 함부로 담배 등 오물을 버려 동네 주민들에게도 피해가 있다고 한다. 학교폭력의 발생 시 학교는 사건 축소에만 급급하고, 가해자에게는 사과문을 받고 끝나 관료주의가 학교폭력을 부채질한다(KBS 2TV, VJ특공대, 2006. 3. 24).

를 당한다. 교내폭력이 문제되면 징계 등을 우려한 학교와 교사는 사건축소에 급급하고, 승진에 유리한 언론의 주목을 받는 대형범죄는 서로 경쟁하나 아동학대와 교내폭력과 같은 사건은 잘 맡지 않으려는 것이 경찰의 이기적 속성이다. 고객인 학생과 시민의 만족도와 전혀 관계없이 철저한 신분과 연봉이 보장되는 관료교육이 관료경찰이 숨은 2차 가해자 될 수 있다.

5. 학교폭력 사례분석

학교폭력의 사례로 수많은 네티즌들의 엄청난 분노를 일으킨 사건을 소개하고자 한다.[111)]

전남에서 2001년 3월 초에 발생한 것으로, 선천성 심장병환자인 A(고교 3학년)는 중학교 때 심장병 수술을 한 적이 있어 항상 숨이 차고 학교수업을 받는데 장애가 있었다. 그래서 교사들이 1학년 때부터 A가 수업 중에 엎드리고 있어도 문책을 하지 않자 똑같이 문책을 당한 가해자인 B, C, D들은 이때부터 A에게 앙심을 품고 그를 왕따시키고, 또한 심부름을 시키는 등 1학년 때부터 온갖 폭행을 해 왔다. 그러나 A는 가해자들의 협박으로 인하여 폭행사실을 부모에게 숨겨왔다. 그런 폭행이 2년 동안 계속되다가 2001년 3월 초에 A는 심장이 안 좋아 학교급식을 먹지 못해 친구와 함께 자기 집에서 식사를 하고 오다가 슬리퍼를 신었다는 이유로 선도부인 B에게 걸려 학생과로 넘겨져 처벌을 받았다. 이 때 A는 같은 3학년끼리 봐주지 않았다는 불평을 하게 되고, 이것이 가해자인 B 등의 귀에 들어갔고, 그 때부터 A를 자기들의 자취방이나 교실에서 집단구타를 했는데, 특히 심장수술한 부분을 집단적으로 구타하여 참혹하게구타하여 응급실로 끌려가기도 했다.[112)]그러나 A는 친구들의 협박에 의해 폭행당한 사실을 부모에게 알리지 않아가 뒤늦게 피묻은 옷을 통해 사건의 전모를 알게 된 부모가 담임선생에게 연락하고 가해부모를 만났으나 적당히 수습에만 신경쓰는 담임과 학교측의 태도 및 무성의한 가해자 학부모의 태도·협박에 분노한 A의 부모가 학교폭력 전담검사에게 찾아가 이 사건은 법정으로 넘어가게 되었다.

---

111) 이 내용은 2006년 3월 29일 MBC TV의 '형사'에서 나오는 실제사건을 발췌·정리한 것임.
112) A가 경찰에서 진술한 자술서에는 가해자들이 허리띠로 집단구타를 했으며, 심장수술한 부분을 맞을

6개월 후 법원의 판결문에서 피해자 A가 문제 학생이었으며, 가해자들이 선도중에 일어난 과도한 폭력사건이고, 따라서 피해자 A에게도 70%의 잘못이 있다는 취지의 판결내용이 있었고, 피의자는 보호관찰이라는 가벼운 보호처분으로 결정되었다. 즉 피해자 A는 태도가 불량한 학생이었고, 가해자들은 모범적인 선도부였는데, 선도과정에서 약간 과도한 폭력을 행사한 사건으로 진실이 완전히 뒤바뀐 사건이었다. 나중에 밝혀졌지만 피해자 A는 전혀 불량한 학생이나 문제 학생이 아니었기 때문이다.

이렇게 법원의 결정이 나온데는 가해자측 학부모들이 아들의 학교친구들을 동원해 A를 불량학생으로 몰아갔고, 담임선생은 피해자의 부모가 3월 31에 낸 자퇴서를 4월 30일자로 임의대로 처리해 피해자 A는 한 달간 장기결석으로 처리되었고, 이런 장기결석이 A가 불량학생이 된 증거로 되었기 때문이었다. 또한 피해자 A가 사건 후 외상 후 스트레스장애라는 진단을 받았으나, 검사는 이것을 무시하고 검사의 건의서에는 단순상해 2주로만 처리하고, 정신적 피해는 전혀 기재하지 않는 것도 한 원인이 되었다. 그런데 문제는 피해자 A의 단순한 육체적 피해에 그치지 않고 이상행동 등 정신적 피해가 사건 이후 지금까지 계속되어 오고 있다는 것이다. A는 사건 직후부터 방문을 잠그고 나오지 않고 하루 종일 벽만 보고 누워 있으며, 자살유서도 쓰고, 주방의 칼을 자기책상의 서랍에 넣는 행동도 하였다. 갑자기 아버지만 보면 발작을 하고 "잘못했다. 다시는 안 그럴게"라며 이상행동도 하였으며, 병원에 입원해서도 아무에게나 '잘못했다'며 이상행동을 보였는데, 병원에서는 자해위험성을 경고하였다. 또한 노인들의 치매처럼 깜짝 놀라는 모습을 보이는 등 지독한 대인기피증을 보이고, 어머니가 간섭하면 고함과 폭언 및 반항을 하는 등 흥분장애를 5년째 해 오고 있다. 그는 MBC의 기자와 인터뷰에서 "사람들을 보는 것이 싫고, 사람들을 보면 자신이 짐승처럼 느껴지며, 사람들이 자기에게 욕을 하는 것 같고, 때로는 그들을 죽이고 싶을 때도 있으며, 자기도 싫고, 삶도 싫다"는 말을 하였다.

이상이 사건의 모든 내용인데, 이 사건을 분석하면 학교라는 특수공간에서 음밀한 폭력을 당한 피해자는 극도의 심리적 위축을 보였고, 이것이 스트레스와 긴장을 주어 외상 후 스트레스장애를 일으켰으며, 이것이 주위와의 커뮤니케이션을 부정하게 되었고, 억눌린 커뮤니케이션이 어머니 등 가까운 사람에게 폭발적으로 반

때는 죽는 줄 알았고, 그 뒤 기절하였으며, 팬티에 똥과 오줌을 쌌다는 진술이 있는 바, 이것은 사실상 고문과 똑같은 폭행이다.

응하게 되었고, 억눌린 커뮤니케이션이 어머니 등 가까운 사람에게 폭발적으로 반응하게 된 것이다. 이것은 최근 문제가 되고 있는 은둔형 외톨이(히기 코모리)로 될 가능성이 많아 보여 적극적인 심리치료가 필요한 것으로 생각된다.

이 사건의 가해자는 B, C, D이지만,[113] 필자의 생각에는 가해자학생 외에 가해자의 부모와 학교의 명예를 존중해 합의를 종용한 학교측 및 형식적인 사건처리에 안주한 검찰 등 모두가 책임이 있다. 가해학생을 올바르게 사회화시키지 못한 가해자부모에게도 책임이 있지만, 가장 무거운 책임은 담임교사와 학교이다. 교사의 신분이 철저히 보장되는 관료제적 학교조직과 교사에게는 고객인 학생과 학부모의 목소리에 신경을 쓰지 않아도 해가 갈수록 연봉이 올라가는 확실한 신분이 보장되기 때문이다.

교사집단 등 모든 사회집단과 구성원들의 1차적 목표는 자기조직과 자신들의 이익을 극대화하는데 있다는 자기 기익의 극대화라는 가설을 수용할 때, 학교측과 교사는 교내 폭력사건이 사회문제화 되면 자신들의 징계 등 자신들의 이익에 해가되므로 사건을 축소하거나 조용히 해결하려는 속성을 띠게 되고, 그 과정에서 피해자의 정신적 피해 등은 1차적 관심에서 제외되기 때문이다. 따라서 근본적 해결방법은 고객인 학생들과 학부모에 의한 교사평가제도의 실질화가 이루어져 부적절한 교사는 퇴출시키고, 보다 인간적인 교사들은 교직을 계속 유지하도록 하는 제도적 방안이 선행되어야 한다. 검찰도 마찬가지의 논리로 고객평가에 의해 신분변경이 될 수 있는 비관료제화가 되어야 고객에 대한 질적인 서비스가 향상될 수가 있다.

113) 이 사건의 결과 가해자 2명은 퇴학하였으며, 변호사를 선임한 B는 졸업 뒤 대학에 진학했다. 방송 이후 게시판의 글을 보니 벌써 가해자들의 실명과 신상이 네티즌들에 의해 공개되었고, 수많은 네티즌들이 가해자를 일제히 비난하였는데, 네티즌들의 공통된 특징은 이번 학교폭력사건을 가해자의 인성 등 개인적 측면에서만 보고 있다는 것이다.

6. 대책

1) 가정에서의 대책

학교폭력을 행한 가해자의 1차적 책임은 그들의 가정에 있으므로 가해자들의 부모는 학교폭력의 재범을 막기 위하여 담임교사, 지역사회가관, 보호관찰소, 학교사회사업가 등과 연계하여 가정에서 할 수 있는 일을 모두 해야 한다. 즉 교육에 있어서 일관성의 유지와 지나친 체벌의 방지 및 지나친 관심과 방임을 지양하고 그들의 입장에서 이해하고 공감하는 태도를 보여 주어 비행청소년들이 바람직한 행동을 하면 칭찬 같은 긍정적이고 적극적인 강화를 해 주어야 한다.

또한 피해자의 부모도 자녀들이 피해를 입는 원인이 자녀들에게도 있다면 그러한 피해를 초래하게 된 구조적 상황을 재정의하고 피해유발요인을 최소화 하도록 해야 하며, 또한 피해를 당한 자녀가 또 다른 가해자가 되지 않도록 분노조절과 충동조절능력을 함양시켜 주고, 정서적 지지관계를 강화해야 한다.

2) 학교에서의 대책

학교에서는 교사와 상담교사가 가해학생과 피해학생들에 대한 상담을 강화하고 그들의 고충처리를 해결해 줄 수 있는 방안을 제도화해야 한다. 또한 교사의 영향력이 크므로 교사는 특정학생들을 편애하지 말고, 특히 비행가능성이 있는 학생에게 최우선적으로 관심을 보여 학교폭력을 미연에 방지해야 한다. 그리고 교내폭력이 일상화되고 많은 곳에서는 교정복지적 차원 또는 학교복지적 차원에서 전문가인 학교사회사업가의 개입이 필요하다. 학교사회사업가는 학교폭력의 피해자와 가해자, 학교환경, 사회한경에 대해 개입할 수 있는데, 그 구체적 내용은 다음과 같다.[114]

먼저 학교사회사업가는 피해학생에게 적절한 지지와 보호를 제공하고, 가해학생과 가해학생으로 발전한 가능성이 있는 위험집단을 대상으로 예방활동을 적극 전

114) 김은수, 학교사회사업론, 홍익제, 2004, 373~380면에서 발췌·정리

개해야 한다. 또한 동료학생들에게 갈등을 해결할 수 있는 기술에 대해 형성하도록 지원해야 하고, 가해학생들도 조기에 발견하여 이들의 학교적응을 도울 수 있도록 개입해야 하며, 이 과정에서 교사와 학부모의 협조를 얻도록 한다. 또한 학교사회 사업가는 절절한 학교환경을 조성하기 위해 교사 등 학교관련자들이 적극 관심을 가지고 관여하도록 지원해야 하는데, 이를 학교환경의 재구조화라고 한다. 또한 학교사회사업가는 사회한경에도 개입하여 사회의 각종 유해한경과 유해매체 및 폭력에 대한 잘못된 가치관이 시정되도록 지원해야 한다.[115)]

가해학생에 대한 개입이 가장 중요하므로 사회사업가는 자기통제가 부족하고 대처기술이 부적절하며 역할 모델이 없는 가해학생들을 대상으로 문제해결기술훈련·사회훈련·분노조절훈련을 시행하고 그들에게 역할 모델이 되는 학생을 짝짓는 단짝 프로그램을 기획한다.[116)] 이렇게 비행학생들을 대상으로 하는 학교사회사업은 중요한 의의가 있는데, 이러한 학교사회사업의 4가지 모델로 알더슨(Alderson)이 제시한 것은 〈표 2-6-2〉와 같다.

〈표 2-6-2 학교 사회사업 모델〉

구 분	전통적 임상 모델	학교변화 모델	지역사회 학교 모델	사회적 상호작용 모델
대 상	사회적 또는 정서적으로 문제를 가진 학생	학교 환경(학교규범과 조건 등)	빈곤과 불이익으로 학교를 불신하는 지역사회	• 학생 학교간의 호혜적인 상호관계 • 상호관계 내의 문제를 확인
목 표	학교와 관련된 사회적·정서적 어려움을 가진 것으로 확인된 학생들이 보다 효과적인 기능을 하도록 도움	역기능적인 학교규범과 규칙을 변경	지역사회에 대한 이해와 자원 개발, 학교 프로그램이 빈곤의 희생자인 학생들을 원조하도록 개발하여 박탈된 상태를 경감	상호원조체제의 발전을 촉진하고, 호혜적인 상호적용의 장애물 제거

115) 김은수, 상게서, 378면.
116) 김은수, 상게서, 378면.

표적체계	학생과 부모	학교 전체	지역사회와 학교	상호관계적 분야
학교 부적응 원인에 대한 관전	가족 내 부모 자녀 문제로부터 기인한 아동의 정서적·정신적 어려움.	역기능적인 학교 규범과 규칙	• 빈곤과 기타 사회적 환경 • 학교의 교사나 직원은 문화적 차이와 빈곤에 대한 이해가 부족	학생의 부적응은 사회환경과의 의사소통과 사회적 상호작용 내에서 발생
학교사회 사업가의 과업과 행동	• 학생과 부모와 하는 상담 • 학생, 부모, 교사를 포함하는 교육인력간의 기능을 연계	• 역기능적인 학교규범과 규칙을 확인하고 학생들과의 직접적인 집단상담 • 교사, 교장과 개별적이고 집단적인 협의	• 지역사회의 변화를 위해 직접 개입 • 지역사회가 문제를 제기하도록 하며, 지역사회-학교의 차이를 상호 이해하도록 도움. • 지역사회가 프로그램에 참여할 수 있도록 조정	• 상호 관계에서의 공통성 확인과 상호간의 목표설립 및 의사소통 향상을 도움 • 상호간 원조체계의 설립과 개인-집단-지역사회와 직접적인 활동

자료: 김종운 외 사회복지, 유풍, 2004, 475면.

3) 국가 또는 지역사회에서의 대책

지역적 차원에서는 학생선도협의회, 범죄예방위원회, 지역사회복지기관, 지역의 청소년상담소, 동사무소의 사회복지사, 지방경찰기관, 지방교정기관, 소년원들이 유기적으로 연관을 맺고 폭력전과가 있는 학생들에 대한 재범방지를 위해 노력해야 한다. 또한 최근에 논의되는 학교 폴리스를 모든 학교에 설치하도록 하고, 이와 동시에 범죄예방교실의 운영과 위험지역에의 특별관리를 하도록 하며, 117이라는 학교폭력 신고전화제도의 운영의 내실화를 기할 필요가 있다. 또한 학교주위에 있는 각종 유해환경업소들의 자정적인 노력이 있도록 시민단체들을 중심으로 압박을 가해야 한다.

또한 국가적 차원에서는 학교폭력과 예방에 관한 체계적인 입법화가 필요하고, 교정정책 또는 보호정책에 있어서도 적절한 분류를 통해 강력한 처벌을 받아야 할 자와 전환제도 등을 받아야 할 자를 과학적으로 분류할 필요가 있으며, 이를 위해 국어·영어·국사 등 교양과목 위주로 되어 있는 소년보호직 공무원과 교정직 공무원의 시험과목과 응시연령제도 등에 관한 일대개혁이 필요하다. 그것은 비행청소년에 대한 교정 또는 보호 프로그램이 좋아도 이것을 운영할 자에게 전문지식이 필요하므로 교양과목을 폐지하고 전문과목으로 대체해야 한다.

한편 국가는 학교폭력을 예방하기 위해 2005년에 일부 학교에 도입한 스쿨폴리스(배움터 지킴이)[117] 제도를 2006년 4월 3일부터 전국 100개교에 학교당 2명씩 배당했는데, 스쿨폴리스는 퇴직경찰·퇴직교원·상담사 등 청소년전문가로 구성되었고, 하루 3만원의 수당을 지급한다.

7. 학교폭력의 심리

학교폭력 가해자의 심리는 후술하는 따돌림의 심리와 청소년범죄심리를 참고하기 바라며, 다만 학교폭력에는 다양한 이기적인 인간들의 이기적 심리가 동태적으로 작용하는 특징이 있다. 학교폭력이 발생하면 피해자에 대한 관심보다는 승진에 불리할까를 먼저 우려해 사건축소에 급급한 교사와 학교당국의 관료적 이기심 및 대형 사건은 서로 수사하려고 하지만 사회적 약자나 교내폭력 등 매력없는 사건은 맡지 않으려고 하거나 형식적 수사에 그치는 경찰의 이기심이 문제다. 2005년에 교내 폭력에 오랫동안 시달린 여고생이 자살한 사건에 대해 경찰이 쌍방싸움

117) 미국에는 50년 전부터 학교경찰을 운영하고 있는데, 현직 경찰이 교내 폭력사건을 처리한다. 미국 내 가장 규모가 큰 '로스엔젤레스 학교 경찰국(LASPD)은 2002년 초·중·고교 내에 현직 경찰관을 배치했다. 교사·학생들과 긍정적인 유대관계를 맺어 폭력사태 등을 사전에 막기 위한 것이다. 뉴욕주는 2004년부터 150명의 현직 경찰관으로 구성된 학교특별대책팀을 구성해 폭력사건이 자주 발생하는 중·고교에 파견하고 있다. 그러나 미국 내에서도 경찰이 교내에 상주하는 것에 대한 교육권 침해의 논란이 제기되고 있다. LASPD는 이런 논란을 줄이기 위해 폭력대응뿐만 아니라 학생에게 멘토링을 하거나 다양한 과외활동을 제공하기도 한다. 인디에나폴리스에서는 학교에서 근무할 경찰관으로 학부모이면서 그 지역에 사는 사람을 우선 선발한다(조선일보, 2006. 4. 3).

으로 왜곡수사한데 대해 1,707명의 충주지역 고교생이 경찰의 형식수사에 항의하고 재조사를 요구하는 사태가 벌어져 결국 진실이 밝혀졌듯이 학교폭력의 1차 가해자는 폭력을 행한 학생 등이지만, 2차 가해자는 관료적 학교당국과 관료경찰일 수가 있고, 일부 학부모와 학생 및 매스컴이 학교폭력의 숨은 수요자이다. 즉 학교폭력을 처리하는 과정에서 관료적 이기심에 따라 행동하려는 교사와 경찰, 경찰과 학교의 로비 등 수단과 방법을 가리지 않고 자신들의 자식만을 보호하려는 왜곡된 이기심을 가진 가해자의 부모, 그리고 교내폭력사건이 해결되지 않고 계속 언론의 주목을 받아 교사와 가해자 및 피해자, 그들의 부모들의 고통이 계속되길 바라는 일부 방관자인 학생과 피해학생의 구제보다는 그 사건으로 학교장·교사가 징계되어 교사들이 겁을 먹어야 앞으로 교내폭력이 줄어들어 자신의 자녀들이 조금이라도 도움이 된다고 생각하는 일부 방관자적인 학부모들의 이기심, 자신의 자녀들과 학업에서 경쟁상대인 학생이 폭력을 당하면 속으로 쾌재를 부르면서 사태가 장기화되길 바라는 일부 학부모의 심리, 겉으로는 학교폭력예방을 주장하면서 속으로는 뉴스 상품이 크고 선정성이 강한 대형 교내폭력과 자살이 일어나길 바라는 매스컴의 심리 등 다양한 이기적 심리들이 교내폭력에 동태적으로 작용한다.

제8장 조직폭력범죄심리[118)]

1. 개념과 구성요건

조직폭력범죄의 개념은 법적·형사정책학적·실무적 측면 등 다양한 관점에서 논의될 만큼 다양하며, 개념정의를 내리기 어렵다.[119)] 양태규는 조직적 폭력범죄를 다수인이 불법적 이익추구를 목적으로 일정한 계층적 지휘와 통솔체계를 갖추어 그 조직이나 그 조직원에 의해서 계속적이고 조직적으로 폭력이라는 불법적 수단을 통하여 행하는 범죄라고 정의한다.[120)]

조직폭력범죄와 관련하여 형법에 규정된 범죄단체조직죄(제114조)의 구성요건을 보면 범죄를 범할 목적으로 하는 단체를 조직하거나 이에 가입한 자는 그 목적에 정한 형으로 처단하며, 단 형을 감경할 수 있다(제114조 제1항), 병역 또는 납세의 의무를 거부할 목적으로 단체를 조직하거나 이에 가입한 자는 10년 이하의 징역이나 금고 또는 1,500만 원 이하의 벌금에 처하도록 규정하고 있다(동조 제2항). 또한 전 2항의 죄를 범하여 유기징역이나 금고 또는 벌금에 처한 자에 대하여는 10년 이하의 자격정지를 병과한다(동조 제3항). 본죄는 범죄 등의 목적을 위

118) 신범죄심리학(천정환, 대왕사, 2006)의 258-276면을 전재

119) 형법 제114조가 범죄단체조직죄를 규정하고 있는데, 그 내용은 범죄를 목적으로 하는 단체를 조직 또는 이에 가입하거나 병역 또는 납세의무를 거부할 목적으로 단체를 조직 또는 가입함으로써 성립하는 범죄라 한다. 또한 '폭력행위 등 처벌에 관한 법률' 등 특별법에서도 폭력단체에 대해 규정하고 있다. 그러나 이러한 법적 개념만으로는 워낙 다양한 형태의 조직폭력배를 규율할 수가 없다. 『경찰실무전서에서는 조직폭력배를 경제이익 목적하에 폭력을 수단으로 하여 특정 다수인으로 구성되고, 계층적인 인적구조와 내부통솔체계를 갖춘 계속적인 결합체라고 정의하고 있다. 한인섭은 2인 이상으로 구성된 범죄단체가 폭력행사 또는 폭력의 위협을 통해 자신의 의도하는 바를 달성하려는 조직적 범죄라고 한다. 정진수는 조직범죄의 특성으로 범죄수행의 목적, 계층구조의 존재, 지속성 등을 그 본질적 특성으로 한다고 주장한다. 장창호 검사는 통솔조직, 경제적 이익의 추구, 계획성, 형사사법위반행위를 본질로 보고 있다. 김고학 검사는 조직폭력과 직접 관련이 없는 자도 조직에 자금을 제공하거나 혹은 그 조직을 이용하는 자들도 조직폭력에 포함시켜야 한다(양태규, 조직범죄수사론, 대왕사, 2003, 50~53면).

120) 양태규, 상게서, 54면.

한 단체에 가입하기만 하면 처벌 대상이 되므로 현실적인 범죄결과 여부는 불문한다. 본죄에서 '범죄'란 형법과 특별형법에 규정된 범죄를 말하고, '단체'란 공동목적을 가진 특정다수인의 계속적인 결합체를 의미하며, 단체를 조직하거나 가입하는 방법에는 제한이 없다. 이 때 '조직'이란 다수인의 의사연락 하에 집합체를 형성하는 것을 말하며, '가입'이란 이미 조직된 단체에 구성원으로 참가한 것을 말한다. 본죄의 기수시기는 범죄 등을 목적으로 단체를 조직하였거나 이에 가입함으로써 본죄가 성립하며, 본죄의 주관적 구성요건으로는 고의 외에 범죄를 범하거나 병역이나 납세의무를 거부할 목적이 있어야 한다. 처벌은 그 목적한 죄에 정한 형으로 처단한다. 가령 조직원들이 살인목적으로 살인단체를 조직하기만 하면 살인죄의 예비 · 음모죄로 처벌할 수 있다.[121] 마찬가지로 강도의 목적으로 범죄단체를 조직하면 강도죄의 예비 · 음모죄로 처벌된다.

2. 조직폭력범죄의 유형[122]

먼저 조직의 규모에 따라 거대조직, 중간조직, 소조직으로 분류가 가능하다. 거대조직은 조직원의 수와 관할구역의 정도, 조직의 자금력, 조직의 역사 등을 조합해서 고려해야 한다. 즉 조직원의 수도 고려해야 하나 조직원의 수가 결정적인 것은 아니고, 조직의 영향력에 따라 거대조직인지를 구별해야 한다. 중간조직은 거대조직으로 성장하기 위하여 영향력을 넓히는 단계의 폭력조직으로 이러한 중간조직은 사회적 위험성이 더 큰데, 그들 조직의 영향력의 확대를 위하여 다른 폭력조직에 공포감을 줄 만한 사건을 일으켜야 하고, 그 과정에서 잔인성을 발휘하기 때문이다. 소조직이란 지방도시 등에서 갈취를 일삼아 기생적 형태의 조직폭력으로 대개 20대로서 자기들 세계의 의리로 뭉치고, 그 지역의 불량청소년 집단으로 이루어지며, 뚜렷한 리더가 없는 것이 특징이다. 소조직이 중간조직으로 성장하는 과정에서 일으키는 경우가 많은데, 대표적인 것이 서진룸싸롱 사건이다.[123]

121) 범죄단체조직죄에 대해 예비·음모 대한 처벌규정이 있기 때문이다.
122) 양태규, 전게서, 59~79면.

활동영역에 따라 유흥업계 조폭, 주류도매업계 조폭, 연예계 조폭, 유기장업계 조폭, 건설업계 조폭, 부동산업계 조폭, 사채업계 조폭, 기업상 내 조폭, 밀수관여 조폭, 마약관여 조폭, 인신매매관여 조폭, 도박관여 조폭, 유흥갈취 조폭, 노점상갈취 조폭, 기타 조폭으로 나눈다.

조직의 운영형태에 따라 자영조직과 기생조직으로 나눌 수 있다. 자영조직은 조직 자체의 자금조달을 조직의 간부가 직접 운영하는 형태로, 보통 간부나 수괴는 합법적인 활동공간을 확보하고 사업가로 변신하여 자신의 정체를 숨기고 정계 및 경찰과 끈끈한 유대를 가지고 그들로부터 보호를 받는다. 기생조직은 조직폭력 원래의 모습으로 스스로 업소를 운영하지 않고, 타 업소로부터 갈취하면서 자금원을 공급받는 조직으로 이들은 사업가의 탈을 쓰지 않아 뚜렷이 폭력배임을 알 수 있고, 처음에는 자본없이 해결사로 출발하다가 위험부담이 덜한 자영조직으로 전환하려고 한다.

리차드(Richard)는 발전단계에 따라 약탈형 조직범죄와 기생형 조직범죄 및 공생형 조직범죄로 나눌 수 있다. 약탈형 조직범죄단계에서는 범죄조직은 주된 수입원으로써 사회로 향해지는 폭력범죄에 의존하는데, 조직의 존재가 노출되어 있어 수사기관의 단속이 되기 쉽다. 기생형 조직범죄는 범죄조직이 비합법적으로 되어 있으면서 이에 대한 수요가 존재하는 상품이나 서비스를 제공하는 지속적인 기업형태를 취하게 된다. 여기에서는 도박, 고리대업, 매춘 등 피해자 없는 범죄가 중요한 사업이 된다. 기생형 조직범죄의 특징은 범죄조직이 약탈행위로부터 벗어나게 되며, 폭력에 의존하는 정도가 감소될수록 부패에 의존하는 정도가 증가한다. 조직운영에서 분업화와 전문화가 이루어지는데, 이 때 범죄조직이 시장을 지배하게 되면 사회에 중대한 위협이 된다. 공생형 조직범죄에서는 약탈과 비합법적인 상품이나 서비스의 제공으로부터 벗어나며, 합법적인 상품과 서비스를 제공하기 위하여 조직범죄와는 무관한 기업과 경쟁하게 된다. 이 단계에서는 조직범죄자들

123) 1986년 8월 14일 강남의 서진룸에서 폭력조직 맘모파 일행이 출소한 조직원의 파티를 열고 있었다. 이 때 같은 자리에 있던 서울 목포파 조직원들로 사소한 시비로 인해 서울 목포파 조직원들이 맘모파 조직원들을 살해한 사건으로, 주범 2명은 사건발생 3년 만에 사형이 집행되었다.

이 합법적인 형태로 위장하게 되지만, 이득은 교묘한 수법으로 합법기업 침식과 부패를 행하고, 폭력이나 협박에 의존할 필요가 없이 과거의 악명 높은 평판을 들먹이면서 목표에 쉽게 도달한다.

태프트(Taft)는 피해자의 피해감정을 기준으로 약탈형과 갈취형으로 나눈다. 약탈형 조직범죄는 피해자에게 아무 대가 없이 일방적으로 약탈하는 것으로, 그 형태가 원시적이고, 직선적이며, 노골적이어서 합법을 가장하는 외관을 취하지 않는다. 갈취형은 다시 범죄 신디케이트 형태와 보호비를 요구하는 형태가 있다. 전자는 안정된 형태의 비합법적인 사업체로써 그들은 매춘, 도박, 밀수 등에 종사하고 비합적인 상품이나 서비스를 고객에게 제공하면서 고도의 수익을 취하는 대규모의 지하기업체이다. 후자는 비합법적 또는 합법적으로 경제활동을 하는 개인이나 기업체를 대상으로 하여, 보호의 명목으로 수익금의 일부를 제공하도록 강요하는 형태로 피해자는 그 손해가 막대하지만, 때로는 그들에게 조력을 요청하는 경우도 있다.

3. 조직폭력집단의 특징(사견)

1) 일반적인 특징

조직폭력집단은 사회가 있는 곳에 필연적으로 존재하며, 일류역사와 같이 해 왔다는 점에서 내성적이며 역사적인 개념이다. 조직폭력범죄가 특정 국가의 산물이니 외부에서 유입되었다는 주장이 있지만, 그것은 사회체계의 본질을 간과하고 있다. 사회체계의 본질은 필연적으로 조직범죄를 내생변수로 안고 있으며, 다만, 사회체계의 복잡성의 정도에 따라 조직범죄의 발달이나 분화정도가 다를 뿐이다.[124)]

124) 조직범죄가 미국사회의 산물이라는 것은 벨(Bell)의 '아동성이라는 이상한 사다리'가 대표적인데, 그는 미국사회에서 가난하지만 야심적인 사람들에게는 조직범죄가 사회경제적 이동성을 위한 쉽고도 빠른 길을 제공했다고 주장한다. 즉 조직범죄를 도심 노후지역의 이민자와 같이 가난하지만 야망이 있는 사람들의 미국식 생활방식으로 간주한다(Bell, The End of Idology, Fress Press, 1962, pp 127~150; 이윤호, 범죄학개론, 박영사, 2002, 103면에서 재인용).

조직폭력집단이 생산하는 상품과 서비스는 지역경제와 국가경제 및 세계경제에 중요한 역할을 하며, 거대폭력집단은 수출과 수입을 하여 탈국가경제화를 하기도 한다. 단지 그들이 생산하는 상품과 서비스는 불법적인 상품과 서비스이지만, 가치적 개념을 따지지 않는 GNP나 GDP에는 포함이 된다.

조직폭력집단의 활동은 그 지역의 경찰작용에 반하면서도 경찰작용을 보충하는 이중적 성격을 띤다. 즉 조직폭력집단의 불법적인 활동들은 경찰의 통제대상이 되지만, 때로는 경찰의 암묵하에서 자기들 영역 내에서 난립될 수 있는 소규모 패거리 깡패집단들을 통제함으로써 사실상 경찰의 역할을 보충한다. 왜냐하면 소규모 패거리 조직집단들은 경찰보다는 보다 큰 규모의 조직폭력집단을 두려워하기 때문에 어느 측면에서 질서유지작용을 조직폭력집단이 행한다. 또한 경찰로 보아서는 수많은 난립된 조직폭력보다 규모가 큰 조직폭력집단을 상대하기가 더 쉬울 수도 있다. 조직폭력집단은 스스로 정한 강력한 상거래준칙을 관내 경제업체들에게 강요함으로써 경제질서를 유지하며, 관내 업소들은 다른 폭력조직으로부터 보호한다는 명목하에 보호세를 받음으로써 스스로 준세무당국의 지위에 있는데, 이런 세금을 지하세금이라고 할 수 있다. 이러한 지하세금은 국가와 세무서가 거두는 정상적이고 합법적인 세금과 비슷한 점이 있는데, 이것은 둘 다 반대급부로서의 성격을 띠며, 누진세적 성격을 띠어 유흥업소의 규모가 클수록 보호세, 즉 지하세금은 올라간다. 지하세금과 합법적인 세금은 둘 다 소비자에게 판매하는 서비스나 상품에 반영되어 조세의 전가(轉嫁)[125]현상이 나타난다.

첫째, 조직폭력집단은 목적의 달성을 위한 가장 중요한 수단인 '피'를 동반하는 폭력이다. 여기서의 폭력이란 유형적 폭력(폭행·살인)과 무형적 폭력(협박·공갈·상징폭력)을 모두 포함하는 개념으로써 조직폭력집단의 전통적 개념은 Red Collar[126]라고 할 수 있다. 즉 모든 형태의 조직폭력집단은 Red Collar적 개념을 지닌

125) 조세의 전가란 조직폭력배가 지하세금을 부과했을 때 술집주인이 경제활동과정을 통해서 조세부담을 다른 경제주체에게 전가하는 것을 말한다. 보통 조세전가의 형태는 전전, 후전, 경전, 소전의 형태가 있다. 전전이란 조직폭력배가 종량세나 종가세를 부과하면 술집주인은 술값 또는 안주 값의 인상을 통해 조세부담의 일부 또는 전부를 소비자에게 전가시키는 경우이다. 후전이란 조세부담을 종업원 임금의 인하 등 생산요소 가격의 인하를 통해 전가시키는 것이고, 소전은 술집주인의 경영합리화를 통해 조세부담을 자체적으로 흡수해 손님이나 생산요소에게 조세부담을 시키지 않는 경우이다.

다. 그러나 보다 발전된 조직폭력집단은 White Collar 집단적 속성을 지닐 때도 있다. 예컨대 기업적 형태를 띠는 조직폭력집단의 경우에는 돈세탁, 업무서류 위조, 신용카드 범죄, 불법 로비 등을 많이 행하기 때문으로, White Collar 범죄의 개념을 행위자의 속성을 지닌다고 해도 사태가 불리하면 언제든지 '피'를 동반하는 폭력을 수반하는 점에서 Red Collar적 속성은 항상 잠재되어 있다고 할 수 있다. 둘째, 조직폭력집단은 조직규모와 조직파워에 따라 전문성과 분업정도가 상이하게 분포되어 있는데, 예컨대 소규모 조직이나 동네에서 기생하는 조직폭력집단은 전문성과 분업이 거의 존재하지 않는다. 그러나 조직규모와 조직파워 및 세력권이 클수록 전문성과 분업화가 심화되고 세분화되며, 국가 또는 대기업형태의 조직폭력집단은 대기업 못지않은 전문화된 조직을 갖고 불법 또는 합법적 상품을 수출 또는 수입한다. 셋째, 전통적인 Red Collar형 조직폭력집단은 대개 불법상품이나 서비스를 생산하는 고유한 지역적 영토를 고수하려고 한다. 그러나 겉으로는 합법적 사업가집단의 형세를 하는 대규모 조직의 White Collar형 조직폭력집단은 영토의 개념이 유동적이고 이질적이다. 이것은 영토의 개념이 소규모 지역, 국가 또는 세계와 같은 물리적 개념 외에 사이버공간도 영토의 개념에 포함시키기 때문이다. 넷째, 전통적인 Red Collar형 조직폭력집단 중 일부 집단은 자신들의 인지도와 잔인함을 보여 주기 위해 때로는 미디어를 이용한다. 가령 신생조직폭력집단이 자신들의 힘을 과시하기 위해 선정성을 큰 상품의 가치로 보는 미디어의 표적에 들어 뉴스에 보도되게 한다. 외형상 합법적 사업가 집단을 하는 대규모 White Collar형 조직폭력집단은 미디어의 속성과 특징을 이용해 미디어의 입맛에 맞는 자원을 제공(가령 특정신문에 광고를 게재한다든지, 거액의 성금을 낸다든지 하는 행위)하여 인지도를 높여 활동영역을 넓히려고 한다.

프로급의 조직폭력집단은 직접적인 폭력의 행사보다는 가능하면 자신들이 과거에 행했던 무자비한 잔인함을 표적사람들에게 회상시켜 주는 간접적 폭력방식을 선호한다. 조직폭력집단의 규모와 역사 및 세력의 정도에 따라 조직 내의 계층화의 정도와 계층의 질이 결정된다. 즉 변두리 지역의 소규모 조직폭력집단은 계층

126) 이것은 필자가 만든 조직적 용어이다.

화가 거의 없거나, 있다고 해도 두목과 바로 밑의 행동대원으로 구성되는 단층형 형태이고, 두목과 부하간의 커뮤니케이션의 형식도 정형화·제도화되어 있지 않고 임기응변적이다. 그러나 조직규모가 커지고 조직파워가 커질수록 조직 내의 계층수는 증대되고, 계층간에 이루어지는 커뮤니케이션의 방법도 제도화단계를 거치며, 국가와 같은 대규모 형태의 조직폭력집단에서는 계층수는 더 많아지고 전문화된다. 반대로 조직의 규모가 커질수록 국가 관료제하에서 보이는 Red-tape현상과 형식주의, 소외감 및 보수적 성격 등의 관료제화는 기업 관료제보다는 훨씬 낮다.

2) 일반조직집단과의 차이점

조직폭력집단에서는 조직의 원리는 일반조직에서의 원리가 적용되지만, 약간 차이가 난다. 여기에서의 조직폭력집단은 어느 정도 규모화되고 전문화된 조직폭력집단을 전제로 한다. 대개 조직폭력집단에서의 통솔의 범위는 일반조직이나 공무원조직의 그것보다 확대된다. 왜냐하면 대개 조직폭력배들은 신의와 의리 그리고 충성심이 대단하며, 업무의 내용이 단순하고 두목의 능력이 크기 때문이다. 이것은 조직업무의 성질, 감독자의 능력, 충성심 등이 통솔범위[127]를 결정하는 변수이기 때문이다.

조직폭력집단은 일반조직집단에 비해 계선기관이 발달해 있고, 막료기관의 발달은 상대적으로 늦다. 다만 국가형태의 대규모 폭력조직에는 막료기관의 발달도 있다. 계선기관이란 상하명령, 복종관계를 가진 수직적 구조의 계열을 형성하는 기관으로, 공무원조직에서는 장관→국장→과장→계장→주사→서기로 된다. 조직폭력집단에서의 계선기관은 총두목→중간두목→소두목→행동대장→행동대원으로 계선화되어 있다. 막료기관은 계선기관의 조직목표달성을 위하여 원활하게 기능을 할 수 있도록 지원하는 기관으로서 자문, 권고, 협의, 정보수집, 인사, 기획, 통제, 연구 등의 기능을 수행하는데, 일반기업조직에서는 이런 막료가 발달되어 있지 않

127) 통솔범위의 원리란 조직론에서 나온 원리로써 한 명의 통솔자가 효과적으로 직접 감독할 수 있는 부하직원의 수는 몇 명인가에 관한 것이고, 통솔범위의 결정요인에는 시간적요인, 공간적 요인, 조직업무의 성질, 감독자의 능력, 부하능력, 부하집단의 특징, 참모제도 등이 있다.

다. 다만 폭력조직에서는 은퇴한 사람들이 조직폭력집단의 고문으로 되어 은밀한 조직활동에 대한 자문을 하는 막료역할을 담당한다. 물론 마피아나 야쿠자와 같이 대규모의 폭력집단을 막료기관도 특화되어 발달되어 있다.

일반조직 및 공공조직집단은 조직이념이 합법성·민주성·능률성·형평성 등을 추구한다. 이에 반해 조직폭력집단의 조직이념은 철저한 능률성·생산성의 제고에 있고, 합법성은 0으로의 수축이 된다. 능률성은 '투입과 산출의 비'라는 수단적 개념이라면, 효과성은 목표의 달성의 정도를 말하는 목표지향적 개념이다. 조직폭력집단은 최소의 투입으로 최대의 산출을 얻으려는 능률성과 조직목표를 기대이상으로 달성하려는 효과성을 동시에 추구하되, 그 수단은 불법이므로 합법성은 조직폭력집단의 이념이 아니다.

일반 사회조직에서는 조직의 원리 중에서 조정의 원리를 최고의 원리로 여겨지나, 조직폭력집단에서는 명령일원화의 원리가 최고의 원리로 기능을 한다. 명령의 일원화는 이중명령을 방지하여 조직의 안정성을 유지하기 위한 것인데, 급변하는 환경에 있는 오늘날은 조직의 동태화가 요구되므로 이런 명령의 통일화 또는 명령의 일원화 원리는 비판을 받는다. 그러나 조직폭력집단은 위계질서가 바로 생명이므로 이러한 위계질서의 유지를 위해 명령의 일원화를 조직의 최고원리로 본다.[128)]

조직폭력집단은 다른 일반조직과 달리 조직 내의 비공식집단의 발달이 없고, 있다고 해도 일반 조직집단과 달리 은밀히 행동한다. 비공식적 집단은 공식조직 내에서 혈연, 지연, 학연, 취미 등으로 인하여 비합리적·감정적·대면적 측면에 중점을 둔 자생조직이다. 가령 회사가 공식이라면 회사 내에서 특정지역출신들의 모임이 비공식적 집단인데, 보통 일반 조직집단에서는 이러한 비공식집단의 구성원들에게 심리적 만족감을 주므로 계층제의 경직성을 완화시키고 비공식적 의사소통 경로의 순기능 때문에 제재를 받지 않지만, 개인행동을 엄금하고 엄격한 위계질서를 강조하는 조직폭력집단에서는 이러한 비공식집단은 용납되지 않는다. 그러나

---

128) 보통의 조직의 원리란 조직화에서 나온 이론으로 여기에는 계층제의 원리, 통솔범위의 원리, 전문화의 원리, 조정의 원리, 명령의 일원화의 원리가 있다. 모니(Monney)에 의하면 조정의 원리가 조직의 원리 중 최고의 원리라고 한다.

조직폭력집단이 대규모화가 되면 이러한 비공식집단의 출현은 필연적인데, 다만 회사와 같은 일반조직 내의 비공식집단과 다른 점은 회사 같은 일반조직 내의 비공식집단의 활동은 명시적이지만, 조직폭력집단 내의 활동은 은밀하다는 점이다.

일반조직에서는 조직의 리더가 갖는 리더십의 권원은 대개 법규에 의해 주어지고, 리더십은 리더의 자질과 조직상황 및 추종자와의 상호작용에 의해 형성된다. 그러나 조직폭력집단의 두목이 갖는 리더십은 권원은 주먹의 세기이다. 이 때 두목이란 물리적 개념과 잔인함, 용감 등의 상징적 개념도 내포한다. 또한 발달된 조직폭력집단의 리더가 갖는 리더십의 권원은 그러한 주먹 외에도 풍부한 자금력·로비력·자원동원력이 될 수 있으며, 조직폭력집단에서의 리더십은 리더의 자질에 의해 형성되는 것이 특징이다. 리더십의 유형도 공직에서는 민주적 리더십이 중요하고, 조직원들의 창의력을 중시하는 정보화집단에서는 자유방임형 리더십이 중요하지만 조직폭력집단의 리더십은 철저히 권위주의적 리더십에 근거한다. 리더의 권위가 조직의 생명이기 때문에 조직폭력집단에서는 하향적 · 집권적 · 권위적 · 가부장적 리더십이 필수조건이다. 조직폭력집단의 리더십은 이원적 세계관과 강력한 지도력 및 신속한 결정 그리고 강제의 용이성을 내용으로 하는 위기적 리더십을 특징으로 한다. 이원적 세계관은 자기집단의 주장은 선이고 다른 폭력집단들의 주장은 모두 악이라는 이분법적 가치관을 말한다.

일반조직에서는 조직 내의 커뮤니케이션이 상향적 커뮤니케이션과 하향적 커뮤니케이션이 병존하며, 민주화된 조직일수록 부하들의 의견이 중요시되는 상향적 커뮤니케이션이 중시된다. 그러나 조직 내의 위계질서와 두목의 명령이 절대 중요시되는 조직폭력집단에서는 상향적 커뮤니케이션은 의미가 없고, 하향적 커뮤니케이션이 주류를 차지하는데, 조직의 응집력이 강할수록 하향적 커뮤니케이션은 더욱 강화되지만 조직이 위기에 처하거나, 느슨해질수록 하향적 커뮤니케이션의 강도가 약해진다. 조직 내의 의사소통망에는 보통 구성원 사이에서 원을 형성해서 의사소통이 되는 원형 네트워크, 전달자에서 경유지를 거쳐 피전달자에게 가는 연쇄형 네트워크, 두 군데서 정보가 나와 하나로 모아지는 Y형 네트워크, 정보의 중심에서부터 의사가 피상적으로 나가는 차륜형 네트워크가 있다. 일반 회사조직에서는 상황에 따라 적절한 네트워크가 선택되지만 조직폭력집단 내의 의사소통망을 수직적 연쇄형, 즉 두목에서 중간두목을 거쳐 행동대장과 행동대원으로 가는 네트워크가 가장 선호된다.

대규모 폭력조직집단에서는 일반사회나 공공조직에서 보이는 관료제 조직화 현상이 보인다. 그러나 마피아나 야쿠자와 같은 거대 폭력집단에서의 관료제적 속성과 공무원조직이나 대기업에서 보이는 관료제적 속성은 리더십, 통제, 전문화와 분업, 상품생산(범죄집단은 범죄라는 불법상품을 생산하고, 회사는 상품을, 공공조직은 서비스라는 상품을 생산), 계층제, 명령체제, 협동과 경쟁 등의 조직적 특성은 공유하지만 조직화의 강도는 회사 등의 사조직보다 강한데, 이것은 응집력이 강하기 때문이다. 관료제화는 공공조직이 가장 강하지만, 조직폭력배 집단의 관료제화는 가장 낮다.

가령 머튼이 주장한 동조과잉(Overcon Formity)현상, 즉 규칙엄수의 강조로 인하여 규칙을 절대적으로 믿게 되고, 그 결과 목표와 수단의 전환을 초래하는 현상은 공공조직에는 많이 나타나지만, 조직폭력집단에서는 적게 나타난다. 이것은 공공조직에서의 규칙은 규제적이고 추상적이며 복잡한 구조로 되어 있지만, 조직폭력집단에서의 규칙은 목표지향적이고 구체적이며 단순한 구조로 되어 있기 때문이다.

공공조직에서는 관료화의 심화로 인간성의 상실과 무사안일주의 및 전문화로 인한 무능(타분야에 대한 이해부족으로 조정이 되지 않는 할거주의 현상), 형식주의, 의사결정의 지연, 부정부패 등이 많이 나타나지만, 조직폭력집단은 상대적으로 이런 현상이 적게 나타난다. 이것은 조직폭력집단이 거대화되어 범죄관료화가 심화되어 그들만의 끈끈한 의리로 뭉쳐져 있어 인간성의 상실도 적으며, 불법상품의 최대 생산이 조직의 존속과 연결되므로 무사안일과 형식주의 및 할거주의 현상 등은 상대적으로 적게 나타나기 때문이다. 조직폭력집단에서 보이는 범죄적 관료제의 특징은 철저히 실적을 중시하는 실적관료제의 성격을 띠며, 또한 다른 폭력집단과 시민들에게는 군림하면서 정치적 집단에는 약한 모습을 보이는 역관료제의 성격도 보이고, 자기지역이나 자기학교 후배들을 챙기는 연고우선주의가 강하게 지배하는 관료제의 성격도 보이는 점은 일반 관료제와 유사한 점이다.

일반 관료제에서 보이는 불완전계층이나 이중적 계층제의 현상은 공공조직이나 기업보다 덜 하지만, 조직폭력집단에서도 나타날 수 있다. 불완전계층제란 조직 내의 어떤 하부단위가 직근상관의 영향력에서 벗어나 수평적으로 독립하는 현상으로 주로 조직 내에서 비공식적 권력관계가 형성되었을 때 발생하는데, 조직폭력집단도 지나치게 거대화되면 조직의 상층부에서 파벌싸움이 나타나는데, 이 때 생길 수 있다. 그러나 응집력과 내부규율이 강한 집단에서는 이러한 불완전계층제는 존재하기 어렵다. 이중계층제란 막료가 계선처럼 막강한 영향력을 행사하여 부하들에게는 사실상 2개의 계층이 존재하는 현상으로, 조직폭력집단에서도 자문을 행사는 고문이다. 막료집단이 자금력 등 여러 자원면에서 사실상 큰 힘을 행사할 때 사실상 이중계층의 현상을 보이게 된다.

조직폭력집단이 선호하는 조정에 대해서는 절차적·수직적·통합적 조정을 중요시 한다. 이에 대해 공공조직이나 대기업은 실체적 조정, 절차적 조정, 수평적 조정과 수직적 조정, 통합적 조정과 비통합적 조정을 상황에 따라 선택한다. 조정이란 공동목표의 수행에 있어서 조직간·조직단위간·개인간의 충돌이 일어나지 않도록 질서를 부여하는 기술로 조직의 전체적 통일성의 유지와 조직의 시너지를 극대화하기 위해 중요한 조직의 원리이다. 내부규율이 엄격한 조직폭력집단은 조직단위간에 분쟁이 생기면 중간두목이나 두목의 계층제적 권위에 의한 절차적 조정과 통합적 조정이 중요시 된다. 이에 비해 공공조직은 그러한 조정 외에도 실체적 조정(관념의 통일에 의한 조정), 비통합적 조정(협의에 의한 조정), 수평적 조정, 자율적 조정의 방법도 많이 사용한다. 조직폭력집단의 두목은 조직상층부에 집중된 철저한 중앙집권적 형태를 더 선호하고, 의사결정권이 조직하부에 분산된 분권적 구조는 적다. 특히 조직폭력집단의 생명인 자금의 동원과 관리에 관한 의사결정은 조직 상층부의 몇 명만이 독점하고 있다. 이에 반해 공공조직은 의사결정권이 조직의 하부에도 있는 분권적 구조도 병용한다.

특히 조직폭력집단은 소규모 조직이거나 처음 생긴 조직일 때, 또는 신속하게 위기를 극복할 필요가 있을 때는 더욱 중앙집권화가 촉진된다. 그러나 마피아나

야쿠자와 같은 거대한 조직폭력집단의 경우에는 조직의 대규모에 대응하고 중간 두목들의 사기를 앙양시키거나 각각의 하부층의 특색에 맞는 관리가 필요한 경우는 분권적 요소가 개입되기도 한다.

조직과 개인과의 관계에서 인간관은 기업체에 들어가려는 동기는 경제적 동기가 중요시되는 합리적 경제인관이 선호되지만, 조직폭력집단에 들어가는 구성원들의 심리적 동기는 복잡하므로 복잡인관이 현대 조직폭력집단과 관계된다. 대개 조직폭력집단에 들어가려는 사람들은 주먹으로 성공해 돈을 벌고 싶다는 경제적 동기와 못 배운 한을 주먹으로 보상받으려는 보상심리, 개인적 복수동기, 자존심과 명예심 및 허세욕에 근거한 자기발전욕구, 조직에 들어가서 사회심리적 욕구를 충족하려는 사회적 동기 등이 혼합되어 들어가는 복잡인이라고 할 수 있다.

조직폭력집단은 공공조직이나 기업에 비해 집단의 운동법칙이 가장 잘 적용되어 사실상 조직폭력집단의 정신적 근원은 집단의 운동법칙인데, 대개 집단의 응집성, 집단압력, 집단목표, 리더십이 있다. 집단의 응집성이란 집단 성원이 집단에 머물도록 작용하는 모든 힘으로, 조직폭력집단은 엄격한 내부규율의 존재, 의리와 신의 및 충성심으로 무장된 정신적 통일체, 돈과 권력의 확보라는 명확한 목표의 존재, 조직폭력배들에 대한 조직의 안정감, 조직 내의 안정감, 구속되어도 가족 등은 철저히 보호해 주는 반대급부의 존재 등으로 인하여 응집성이 가장 강한 집단이다. 이렇게 응집성이 강하게 되면 조직폭력배들은 더욱 조직에 적극적인 참여와 충성심을 강화하고, 폭력조직은 조직구성원들에게 집단 규범의 유지와 목표달성에 동참하도록 압력을 가할 수가 있다. 즉 조직폭력배들은 구성원들에게 동조성을 요구하는 집단압력이 저절로 생기게 된다. 따라서 응집성이 높은 조직폭력집단은 집단압력 및 집단목표의 수용 정도를 높이게 되고, 두목에 의한 효율적인 리더십의 기반을 조성하고, 그러한 통제적인 리더십은 불법상품과 서비스의 생산성을 제고시키며, 그 결과 다시 집단응집성에 환류되고, 더욱 조직폭력집단의 응집성이 강화되어 조직이 계속적으로 존속하게 된다.

조직폭력집단의 문화는 공공조직이나 기업과 같은 문화적 내용도 있고, 다른 문화적 내용도 있다. 민주화된 국가조직이나 기업에서는 탈권위주의·형식주의·물질주의·비인간주의가 지배하지만, 계율을 철저히 중시하는 조직폭력집단은 권위주의적 조직문화가 지배하고 있다. 즉 주먹의 크기와 자금력 또는 자원동원력 등 여러 요소에 의해 힘이 센 자와 약한 자가 조직 내에서 철저한 상하관계로 맺어져 부하는 상관에 대한 철저한 충성을 다짐하고, 상관은 부하에게 당근과 채찍으로 대응하는 강압적 자세가 지배한다. 따라서 두목이 갖는 권위와 정당성은 법적 권위나 제도화된 권위가 아니라 주먹의 영향력과 자금력에 있다. 이러한 권위주의적 문화에서는 두목에 대한 비판은 금지된다. 또한 조직폭력집단의 문화는 의식주의 문화가 강하게 지배한다. 가령 야쿠자의 두목승계식이 TV를 통해 생중계되듯이 조직폭력집단은 자신들 조직의 위엄을 드러내기 위해 여러 의식을 통한 상징형성과 상징조직을 하게 되고, 그 결과 조직폭력배들은 강요된 상징조작에 동일시되어 더욱 충성을 맹세하게 된다. 또한 처음 가입 시의 신고식도 마찬가지이다. 물론 이런 의식의 문화를 가부장적 전통이 강한 공무원조직에서도 강하게 나타나는데, 가령 전통적인 공공조직은 형식이나 선례·절차·관습을 중시하는 보수적 사고와 형태에 젖어 있기 때문에 주체성 있는 발전이 곤란하다. 이 때 조직폭력집단의 의식주의 문화와 공무원조직에서의 문화는 다른 성격이다. 조직폭력집단의 의식주의 문화는 조직의 생산성과 효과성에 관계되어 불법상품이라는 최종생산물의 생산에 긍정적 영향을 주지만, 전통적인 공공조직은 행정목표의 실질적인 달성을 저해하고 행정의 경직성을 초래하여 질 좋은 행정 서비스의 생산을 저해하는 부정적 가치개념이 전제되어 있다. 즉 조직폭력집단에서는 의식주의는 형식과 의식규범을 중시해도 그것이 조직의 응집력을 강화해 불법상품의 최종생산량을 증가시키려는 긍정적 가치개념이 들어 있기 때문이다. 왜냐하면 조직의 응집성은 조직폭력집단이 불법상품을 생산하는 가장 중요한 정신적 생산요소이기 때문이다. 기업체의 의식주의 문화는 공공의 조직보다 약하다고 할 수 있고, 기업체에서 중시되는 의식도 상당히 생산지향적 성격을 갖는다. 조직폭력집단의 문화는 가족주의가 팽배한데 이는 특히 소규모 조직폭력이나 신설조직에서 잘 드러나며, 조직이 대규모화가 될수록 가족주의 문화도 농도는 약해진다.

한국의 조직폭력배들은 주로 자기지역이나 학교후배 등 지연과 학연을 통해 많이 영입되고, 이렇게 형성된 조직폭력집단에서는 조직에의 충성을 강조하기 위해 가족보다 더 끈끈한 신의를 강조하게 된다. 이러한 가족주의가 팽배하게 되면 두목은 가장으로서 행세를 하며, 부하들은 전인격적 충성을 강요하게 되고, 부하들의 사생활을 간섭하게 되며, 부하들을 다룰 때 업무적 관계 외에 인격 대 인격의 관계까지 포함하여 관리한다.

조직폭력집단에서는 민주화된 공공조직이나 기업에서는 잘 보이지 않는 숙명주의적 문화가 지배한다. 이것은 항상 불법상품과 서비스를 생산해야 하므로 언제 체포될지 모른다는 두려움에 젖어 있는데, 특히 소규모 조직일수록 더욱 그렇다. 따라서 경찰에 체포되는 것도 운으로 돌리는 운명적 사고가 외면화되어 있으며, 합법적으로 문제를 해결하기보다는 한탕주의에 의해 해결하는 방식을 선호한다. 이렇게 숙명주의가 지배되는 소규모 집단폭력조직에서는 조직원들이 늘 무력감에 빠지게 된다. 그 결과 보다 나은 조직폭력집단, 즉 구속되어도 자신과 가족을 끝까지 돌봐 줄 더 나은 조직폭력집단으로 사회적 이동을 시도하려고 노력하게 된다.

조직폭력집단의 목적은 돈과 영향력이므로 철저한 물질주의 문화를 그 속성으로 하는 점에서 회사와 같은 기업체와 유사하고, 의식적·도덕적 문화가 반영되는 전통적인 공공조직문화의 특성인 비물질주의 문화와는 다르다. 따라서 조직폭력집단은 물질주의적 경향이 강하므로 조직업무의 내용이 모두 물질이나 돈과 직·간접으로 관련된 것이며, 모든 인간관계나 조직관계 및 대외관계에서 돈이나 물질로써 해결하려고 한다.

조직폭력집단이 회사와 같이 이익의 극대화를 추구하고, 영리적 활동을 하지만 크게 다른 점은 지역 내에서는 거대 조직폭력집단은 특정 상품이나 서비스에 대해 독점기업으로써 역할을 하는 점에서 그렇지 못한 기업의 차이점이 있다. 예컨대 어느 소도시에서 불법매춘 서비스는 그 지역을 장악한 조직폭력집단이 독점생산하게 되어 가격경쟁이 없으므로 독점기업의 생산방식에 따라 매춘과 마약 등 특정상품에 대해서는 독점가격을 설정할 수가 있다. 그런데 특정지역 내에서 상품과 서비스를 독점생산하는 조직폭력집단은 독점기업의 원리에 따라 생산량과 독점가격을 결정할 수 있는데, 이 때 한계생산비가 '0'인 경우와 한계생산비가 드는 경우로 나누어 독점가격이 결정될 수 있다. 가령 불법매춘을 지역 내에서 독점생산하는 조직폭력집단에서는 매춘의 한계생산비용이 '0'에 가까움으로 한계수입과 한계비용이 일치되는 점에서 생산량이 결정된다는 이론에 의해 매춘의 한계수입이 '0'가 될 때까지 매춘공급량을 늘리려고 한다. 그러나 마약은 유통비용과 위험비용이 마약생상비용에 포함되므로 한계생산비는 '0'보다 크게 되므로 한계생산비용과 한계비용이 일치하는 점에서 가격과 공급량을 결정하려고 한다. 즉 이익의 극대화를 위해서 조직폭력집단은 자기들의 영역을 지키고, 그 영역안에서는 불법상품과 불법 서비스를 독점적으로 생산하려고 한다.

조직폭력집단에서 생산하는 상품과 서비스는 불법이므로 합법적인 상품을 생산하는 공공조직과 달리 무임승차자가 존재하지 않는 점에서 기업조직과 유사하며, 소비자가 범죄자(범죄자적 소비자)도 될 수 있다는 점에서 그렇지 않은 공공조직이나 기업조직과 다르다. 또한 조직폭력집단은 비공식적 공공재를 생산하는 점에서 공식적 공공재를 생산하는 공공조직과 다르다. 공공재를 교육·국방·도로처럼 반드시 필요한 재화이지만 시장가격에 의해서는 도저히 생산이 불가능한 것이라고 한다면, 여기서는 공공재의 개념을 확대해서 개인의 생활에 반드시 필요한 재화이지만, 시장가격에 의해서 생산이 불가능하거나 성격상 생산할 수 없는 재화라고 한다면 Sex라는 재화가 사적 성격이 강한 필수적 공공재에 해당한다. Sex재화는 필수재이며, 모든 국민의 기본생활을 헌법상 보장할 의무가 있는 국가가 그 성격상 Sex재화를 생산할 수 없어 농촌총각이나 장애인 등은 구매욕구가 강하지만 여러 요인으로 소비할 수 없는 소외계층은 필수재화인 Sex재화를 소비할 수 없고, 더군다나 성매매특별법의 시행으로 매춘이 금지되어 있다. 이 때 조직폭력집단이 소외계층에게 독점적으로 공급하는 매춘 서비스를 생산함으로써 결과적으로 비공식적인 공공재의 생산에 참여한 결과가 되어 이런 비공식적 공공재의 생산은 잔여적 개념의 성격을 띠게 된다.

제9장 스토킹범죄심리[129)]

1. 개 념

스토킹의 개념은 다양한데, 다만 타인의 의사에 반해서 계속적으로 괴롭힘을 주는 것으로, 핵심은 피해자의 불안 또는 공포이다. 이시형은 상대에게 좋은 감정과 상대도 나를 좋아 할 것이라는 환상을 갖고 이성에 접근해서 상대가 싫어하는 행위를 계획적으로 함으로써 피해를 입히는 행위라고 한다.[130)] 후꾸시마쇼(福島章)는 스토커가 집착해 따라다닌 끝에 살인까지 이르는 망상범죄의 일종이라고 한다.[131)] 이창한은 일정기간동안 의도적·반복적으로 행하여 일반인이라면 누구나 공포를 느낄만한 행동으로 특정인이나 그 가족들에게 정신적·육체적 피해를 입히는 일방적이고 병적인 행동이라고 한다.[132)]

2. 유형과 처벌법규

스토킹의 유형에 대해 미야자와 고이치는 다음과 같이 분류하고 있다.[133)]

1) 무 해 형

일방적으로 사랑하는 대상을 상상하면서 마음을 태우지만 피해자와의 구체적인 교류는 적은 형태로, 미움을 받더라도 일편단심으로 상대방을 계속 생각하는 것이다. 관념적인 사랑을 즐기는 유형으로 순진형이라고 한다.

---

129) 신범죄심리학(천정환, 대왕사, 2006)의 291-301면을 전재

130) 이시형 외, 현대사회와 스토킹, 사회건강연구소, 1999, 1면; 장규원, "새로운 사회분제로서의 스토커와 그에 대한 입법의 기본방향", 한국피해자학회, 2001, 293면에서 재인용

131) 장규원, 상게논문, 293면.

132) 이창한, "스토킹범죄의 실태와 그 대책", 동국대학교 석사학위논문, 1998, 9면; 장규원, 상게논문, 294면에서 재인용.

133) 미야자와 고이치/장규원 역, 피해자학, 길안사, 1999, 192면~193면.

2) 좌절애형

스토커와 그 상대 사이에 일정기간동안 실제로 어떤 교류가 있었지만 상대로부터 그 관계를 청산하자는 말을 들은 이후 스토킹이 시작되는 단계로, 상대와의 교류감정은 점차 상해 · 강간 · 살인으로 발전하는 경우가 있다.

3) 파 혼 형

스토커와 상대와의 교류기간이 길어 사실상·법률상 혼인관계가 있는 경우로, 어느 한 쪽에 미련이 남아 있을 때에는 파경 후의 갈등은 심각하다.

4) 스타 스토커형

유명 스타에게 자신을 알리기 위해 접근했다가 자신의 원하는 바가 이루어지지 않으면 사랑이 원한으로 변해 공격적이 되는 것으로, 유명인을 표적으로 삼음으로써 자신이 매스컴에 보도되어 유명해질 수 있다고 생각한다.

5) 이그젝티브 스토커형

지위기 낮은 사람들이 상대적으로 지위가 높은 사람들에게 행하는 스토킹으로, 지위가 높은 사람들이 자신을 무시하는 행동 등을 했다든가 또는 반대로 지나친 기대를 품음으로써 스토킹이 시작되고 사건화 된다.

한편 미국의 범죄학계의 연구에서는 여성 스토킹을 다음과 같이 분류한다.[134) 첫째, 친밀한 관계에 있는 여성의 의한 스토킹이다. 남성을 상대로 한 여성 스토킹 가운에 약 2/3 가량이 친밀한 관계에 있는 여성에 의해 진행되는데, 공격적인 방향으로 진행되는 남성 스토킹에 비해 여성에 의한 스토킹은 은밀하면서도 철저한 계획 속에서 진행된다. 둘째, 정신병적 여성 스토킹이다. 정신병적 여성 스토커는 남성이 사랑하는 것들을 없애거나, 파괴함으로써 남성에게 고통을 안겨 주

134) 최영인 외, 가정폭력범죄와 여성에 의한 스토킹범죄, 백산출판사, 2005, 124~128면.

며, 남성이 적극적으로 대응할수록 더욱더 강력한 응징을 행한다. 정신병적 스토킹을 일으키는 여성들은 심각한 정신적 충격을 받았거나 아니면 본인이 감당하기 어려운 스트레스로 인해 정신건강에 큰 문제를 경험하는 사람들인 것으로 알려져 있다. 스토킹을 벌인다는 점을 전혀 알지 못하며, 주변에서 심각성을 인지하고 이에 대한 치료작업을 진행함으로써 비로소 그 문제가 발견된다. 셋째, 여성의 복수심에 의한 스토킹이다. 이것은 주로 치정관계와 관련이 있으며, 여성 스토커는 아주 집요하면서도 치밀한 모습을 보여 준다. 해당 피해자의 주변에서 스토킹을 벌여 남성이 사회적으로나 인격적으로 파괴되기를 원한다. 이것은 보통 애인의 변심을 알게 되면서 스토킹이 시작된다. 그리고 미국의 전국피해자센터에서 이용되는 유형이 가장 보편적인 분류라고 하는데, 다음과 같다.[135]

첫째, 가장 흔한 유형으로 단순집약형(Simple intensive type)이 있다. 이 유형은 일반적으로 피해자와 가해자가 이전에 서로 알고 있는 관계에서 발생된다고 한다. 상당수의 사례가 전남편이나 전처 또는 옛 애인과의 관계에서 일어나는 것처럼, 이러한 유형의 스토킹은 '가정 내 폭력'(Domestic violence)의 연장선상에서 이루어진다. 따라서 대부분 피해자가 관계를 끊으려 할 때 발생하며, 스토커의 과도한 집착으로 기물을 파손하거나 신체적 위해를 가하기도 한다. 이러한 유형의 행위동기는 관계를 회복하기 위한 것 내지는 복수를 위해 단순히 괴롭히자고 하는데 있다. 둘째, 애정집착형(love intensive type)이 있다. 이 유형의 특징은 피해자들이 대중 매체에 노출된 공인으로, 피해자와 가해자간에 이전에 교류가 없었고, 대다수의 스토커들이 정신분열증 등의 장애가 있다고 한다. 셋째, 애정망상형으로 스토커 자신이 피해자에 의해 사랑을 받고 있다는 환상을 가지며, 매우 폭력적 성향을 띠지만 실제로 신체적 위해를 가하는 경우는 적다고 한다. 넷째, 왜곡된 피해망상형으로 스토커가 없음에도 피해자가 스스로 피해당하고 있다는 거짓 상황을 설정하여 발전된다고 한다.[136] 한편 스토킹방지법이 있는 미국과 달리 우리나라는 이에 관한 법이 없어 단지 관련된 법률에서 처벌하고 있다. 즉 스토킹행

135) M. A. Zona, R. E. Palarea & J. C. Lane, 1998; 정진수 외, 신종성폭력연구, 형연원, 2000, 191~196면; 장규원, 전게논문, 296~297면에서 재인용.
136) 장규원, 전게논문, 296~297면.

위가 상습적이고 악질적인 협박을 동원하면 형법 제283조의 협박죄를 적용하여, 피해자에게 폭행 또는 협박으로 사람의 권리행사를 방해하거나 의무없는 일을 하게 하면 형법 제324조의 강요죄의 적용을 받는다. 그러나 단순한 스토킹행위는 형법상 구성요건이 없어 범죄의 성립이 안 되지만, 정당한 이유없이 뒤따르거나 거칠게 겁을 주는 말과 행동으로 타인을 불안하게 하는 행위는 경범죄처벌법 제1조 24호의 적용을 받게 하여 10만 원 이하의 벌금·과료 또는 구류를 받게 하며, 사이버상에서 스토킹행위가 성폭력특별법 제14조에 해당되면 통신매체이용음란죄의 적용이 가능하다. 물론 스토킹행위가 지나쳐서 중강요죄나 살인죄·인질강요죄·감금죄 등의 구성요건을 실현하면 각각 해당범죄로 처벌할 수 있음은 별개의 문제이다. 한편 필자의 사견으로 스토킹을 온라인 스토킹과 오프라인 스토킹, 남성 또는 여성이 이성(異性)에게 가하는 이성에 의한 스토킹과 동성(同性)에 의한 스토킹, 성인에 대한 스토킹인 성인 스토킹과 미성년자에 대한 스토킹인 어린이 스토킹, 긍정적 스토킹과 부정적 스토킹, 진정한 스토킹과 위장된 스토킹, 개인적 스토킹과 집단적 스토킹, 일반적 스토킹과 반전된 스토킹, 적극적 스토킹과 소극적 스토킹, 편면적 스토킹과 쌍면적 스토킹, 내용에 따라 애정적 스토킹과 비애정적 스토킹(물질적 스토킹, 관계적 스토킹, 또한 개인적 관계에 의한 스토킹과 사회적 관계(직장동료, 동우회 등)에 의한 스토킹으로 나눈다.

온라인(사이버) 스토킹은 오프라인 스토킹과 다른 점은 익명성의 보장과 정보통신기술의 발달로 범죄가격이 다운되어 쉽게 할 수 있다는 점, 오프라인 스토킹이 서로를 대면하는 것이라면 온라인 스토킹은 서로 대면할 필요가 없는 점, 온라인 스토킹은 오프라인 스토킹과 달리 지역적·물리적 한계가 없어 피해대상이 넓다는 점, 오프라인 스토킹은 피해자가 누구인지 또는 가해자가 누구인지 알지만 온라인 스토킹에서는 가해자를 모르는 경우도 많다는 점, 온라인 스토킹에서는 대중 스타나 아나운서 등 인기인들이 피해자가 되기 쉬운 점, 또한 오프라인 스토킹과 달리 서로 모르는 공범형성이 가능하다는 점, 오프라인 스토킹이 주로 물리적·심리적 고통을 준다면 온라인 스토킹은 주로 심리적·정서적 고통을 준다는 점, 오프라인 스토킹과 달리 정보통신력만 있으면 되므로 가해자가 직업이나 남녀노소를 가리지 않고 발생하며, 따라서 사회적 저명인사도 온라인 스토커가 된다는 점이 오프라인 스토킹과 다르다.

이성(異性)에 의한 스토킹은 남자 또는 여자가 여자 또는 남자에게 하는 것이며, 동성(同性)에 의한 스토킹은 동성이 동성에게 가하는 스토킹으로 주로 동성애자나 성능력의 결핍자에게 많이 발생한다.

긍정적 스토킹은 피해자가 느끼는 한계공포감이 갈수록 체감함과 동시에, 한계안정감이 점증하는 경우로, 주로 짝사랑하거나 순진무구한 스토커에서 발생한다. 부정적 스토킹은 피해자가 느끼는 한계공포감이 갈수록 증가하는 경우로, 대부분의 스토킹이 여기에 해당한다.

진정한 스토킹은 본래의미의 스토킹이며, 위장된 스토킹은 스토커가 노리는 표적과 가까운 사람에게 스토킹을 하는 것으로, 그 동기는 원래 표적에게 가까이 할 수 없는 사유로 인하여 그와 가까운 자에게 스토킹을 하여 원래 표적의 관심을 끌려는 경우도 있고, 또는 피해자가 공포를 느끼는 것은 아니나 자신도 스토킹을 당한다는 사실을 주위에 알림으로써 고양감과 자존심을 고양하기 위하여 허위로 공포감을 느낀다고 과대 포장하는 형태이다. 즉 위장된 스토킹은 가해자와 피해자 양쪽에서 발생할 수가 있다.

집단적 스토킹에는 두 가지 형태가 있는데, 공범들이 서로 모의하여 표적을 괴롭히는 경우와 그런 모의도 없고 가해자들도 서로 모르지만 결과적으로 한 표적을 여러 명이 괴롭히는 경우인데, 집단 스토킹이 오프라인에서 발생하면 가해자들끼리의 갈등이 심하지만, 온라인에서 발생하는 경우는 갈등은 심하지 않고 때로는 협조하기도 하며, 때로는 사이버공간상에서 집단공동체인 섬(주로 게시판)을 만들어 공동으로 공격하기도 한다.

일방적 스토킹은 보통 말하는 스토킹이며, 반전된 스토킹은 피해자가 가해자로 되는 경우로, 가령 처음에는 A가 B를 스토킹 했으나 어떤 이유로 A는 B에 대한 스토킹의 한계효용이 급감하면 스토킹을 중단하는데, 이 때 대부분의 경우는 그냥 끝나지만, 그동안의 스토킹으로 불안과 스릴 및 호감이 공존된 피해자의 경우는 스토킹이 중단되면서 갑자기 사라지는 스릴과 호감이 상실되는데서 오는 반작용으로 원래의 스토커에서 배신감에 의해 복수심으로 행하는 스토킹이다. 적극적 스토킹이란 보통의 스토킹으로 스토커가 피해자를 직접 따라 다니는 등 적극적 행동을 통한 것이라면, 소극적 스토킹은 적극적 행동을 하지 않는 스토킹으로 직장 내에서 발생할 수 있다. 가령 직장 내의 여성이 동료남성에게 직무상 말을 걸어도 동료남성이 무시하거나 계속적으로 아무런 응답을 하지 않고 알 수 없는 싸늘한 표정으로만 대하거나 지켜 볼 때 여성이 알 수 없는 불안을 느끼는 경우로, 주로 그 여성을 너무 사랑하지만 성격상 직접 구애할 수 없는 경우에 반동형성의 방어기제로 자신의 사랑을 표현하는 경우이다.

쌍면적 스토킹은 가해자와 피해자가 서로 아는 경우이고, 편면적 스토킹은 피해자가 가해자를 모르는 경우로 주로 사이버공간상에서 유명인들이 피해자로 된다.

3. 스토커의 특징

스토커의 스토킹 특징에 대해 여러 학자득의 주장이 있는데, 이에 더해 강규원은 여러 학자들이 주장한 내용을 다음과 같이 도표화 하였다.[137)]

〈표 2-9-1 스토커의 일반적 특징〉

주장자	내용
와다 (和田욕司	• 고학력 자존심형 : 좋아한다는 자신의 심정을 고백할 수 있다면 문제가 없지만 좋아 하는 정도가 점점 가슴 속에서만 깊어가고, 혹시 고백해서 싫다는 말을 듣게 되었을 대의 정신적 충격을 생각하느라 고백을 할 수 없는 유형이다. 이로 인한 감정은 자신을 스토킹행동으로 몰아가게 된다. • 오따구형 : 상대를 스토킹하는 사이에 상대방의 정보를 수집하는 자신의 행위에 기쁨을 느끼게 된다. 또 상대를 계속 따라 다니는 것으로 어느 새 상대방을 마음대로 통제하고 있다는 착각에 빠지게 되고, 그 착각과 동시에 그 사람은 그 통제라고 하는 것에 이상하리만큼 쾌감을 느끼게 된다. 이런 유형의 스토커는 상대방의 정보를 모으는 자기 자신을 사랑하게 됨으로써 자신의 내면에 충실감을 느끼게 된다.

137) 이창헌, 전게서, 13~15면; 장규원, 전게논문, 301면에서 재인용.

이시형	• 외관상으로는 멀쩡하나 보통 사람과는 좀 다른 몇 가지 특징이 있는데, 구체적으로 옷차림도 깔끔하고, 제법 멋도 부리며, 지존심이 세고, 자기중심적이어서 상대의 이야기를 듣지 않으며, 일방적으로 자기자랑만 늘어놓은 점과 편지, 팩스, E-mail, 전화를 잘 하는 것이 특징이다.
미와자와 (宮澤浩一)	• 자존심이 강하고 허세가 심하며, 독선적이고, 제멋대로인데다 더욱이 자기중심적이며, 성격적으로 망상성과 점착성을 보이고, 범죄에 이르는 상황에서 단락적인 행동을 보인다.
야마다 (由田辛一)	• 집요함 : 한 번 알게 되면 쉽게 떠나지 않고, 한 번 잡으면 쉽게 놓지 않는 끈질김은 일반인들의 상상을 초월한다. • 제멋대로 : 상대방의 상황은 전혀 고려하지 않고 행동한다. • 자기주장·자기정당화 : 자기가 하고 있는 일은 정당하다고 믿으며, 다른 사람의 말 따위는 들으려고 하지 않는다. • 사물화(私物化) : 다른 사람의 개입 따위는 허용하지 않고, 자신만의 것으로 하려는 욕구가 강한다. • 자신과잉 : 상대를 자기 마음대로 하려는 것에 자기과잉이 생긴다. • 과대방상 : 자지 자신의 세계에 갇혀 생각한다. • 집착·미련 : 좀처럼 성인이 되지 못하는 유아성에서 오는 것이다. • 욕구불만 : 대부분의 스토커는 욕구불만을 가지고 있으며, 이것을 상대방을 통해 해소하려 한다. • 자기애가 강하다. • 공격성(협박)·잔학성을 보인다. • 이란적 통제상실 • 그 외 권위적·파괴적·유아적·위압적·계획적인 특징을 보인다.

4. 스토킹범죄 심리

스토킹범죄 심리에 대해 이규환은 다음과 같이 논하고 있다.[138] ① 스토커들은 자신의 입장을 생각하고 느낄 뿐이지, 타인의 입장을 고려할 수 있는 능력이 결여

138) 이규환, 스토킹 심리학, 미토, 2005, 20~82면에서 발췌 및 요약.

되어 있다. 스토커들은 유아적 흑백논리를 갖고 있고, 상대를 배려할 줄 모르며, 자기중심적이고, 자신의 행동을 제대로 통제하지 못한다. 이들은 감정의 기복이 심하고, 자신이 원하는 것을 얻지 못할 때 충동적인 행동을 폭발시킨다. 이런 충동적인 행동은 가해행위로 연결되곤 하기 때문에 위험하다. ② 스토커는 편집적으로 집착하거나 자기애에 빠져 있다. 그래서 상대가 자신을 싫어하는 것을 알면서도 이를 인정하지 않는다. 이런 경우에 거절을 당하면 내면으로부터 분노가 일고 복수가 시작된다. 분노를 자신의 제물에게 투사하면서 본격적으로 제물사냥에 나서는 것이다. ③ 스토커는 상대에게 거절당하는 것에 대한 두려움과 무시당하는 것에 대한 모욕감을 겉으로 드러내지 않는다. 그러나 그들의 내면에는 거절당하는 것에 대한 두려움과 무시당하는 것에 대한 모욕감이 매우 강하다. 그래서 그들은 거절당함과 무시당함을 피하려고 더욱 끈질기게 접근하는 것이다. 스토커에게 모욕을 주어 쫓아버리려는 시도는 더 큰 화를 불러일으킬 수도 있다. 이제는 해결되었다고 안심하는 순간 희생당하는 일이 닥칠 수 있다. ④ 스토커는 자신이 소유하고자 하는 사람과 가까운 사람들이나 대상도 편집적으로 집착할 수 있다. 예컨대 피해자가 학벌을 중요시한다면 대학원에 진학하려고 한다든지, 자기가 학술적으로 얼마나 능력이 있는지 과시하려고 한다. 피해자가 차에 관심이 많으면 어떻게 하든 좋은 차를 구하려고 한다. 상대의 관심을 끌기 위해 철저한 노력을 한다. 그래도 상대가 자기를 요구하는 병적 집착의 사랑을 받아 주지 않으면 그는 보다 충격적인 방법으로 관심을 끌려고 한다. 이런 행동의 내면 깊숙한 곳에는 어린 시절에 마음의 상처를 받았던 일이 연결될 수 있을 수 있다. 어렸을 때 부모에게 버림받고 학대받았던 상처가 있을 수 있다. ⑤ 스토킹은 사랑하는 대상에게 병적으로 집착하면서 상대를 자신이 소유해야 한다는 망상적 사고를 가지고 있는 것이기 때문에 일반적으로 알려진 범죄행동과는 다른 점이 있다. 정신병리적으로 파악해야 하는 편집적 경향, 왜곡된 성욕과 사랑, 강박적 집착, 자기애적 경향, 미성숙한 정서, 공격성 등에 대한 연구가 병행해서 이루어져야 가능하다. ⑥ 일반적으로 스토커들은 지적 수준이 보통 이상이다. 이렇게 높은 지적 능력을 가지고 법망을 피해서 상대에게 교묘하게 접근하는 방법을 연구한다. 그리고 스토킹은 상대방의 거부에 어떻게 대처할까 생각할 수 있는 높은 지적 능력이 있어야 가능하다. ⑦ 스토커들은 사랑이 이루어지지 않을 때, 다시 말해 사랑하는 대상을 완전하게 소유했다는 느낌을 가질 수 없을 때, 오는 공허감과 외로움을 견디기 힘들어야 한다. 그래서 상대에게 강박적으로 집착하고, 이들은 정체성이 확립되어 있지 못하고, 정서적으로 미성숙하다. 그래서 자신을 사랑한다고 생각하는 대상을 완전히 소유하고 지배하지 못하면 자신의 존재를 확인할 수도 없다.

한편 여성 스토커의 심리적 특징은 다음과 같이 논하고 있다. ① 여성 스토커들은 자의식이 강하기 때문에 자신이 좋아하는 상대에게 성의를 보였음에도 무시를 당하면 분노하며, 그 상대방을 괴롭힘으로써 보상받으려고 한다. 여성 스토커와 남성 스토커의 차이는 보상에 대한 행위의 방식에서 차이가 나는데, 여성 스토커는 상대가 원래 해야 하는 행위를 하지 못하도록 만드는 과정에서 희열을 느끼지만, 남성 스토커들은 상대방에게 물리적으로 손상을 입히려는 경향이 강하다. ② 자신이 소유하는 것에 대해서는 자신이 마음대로 하고 싶다는 충동에 사로잡힌다. 따라서 모성애를 발휘하여 상대방을 보호하고 따라 다녀야 하는 것이 마치 자신에게 주어진 숙명인 양 생각하는 경우가 많다고 한다. ③ 상대방과 자신의 삶을 동일하게 생각해 더욱 집착하게 마련이고, 이를 자신과 상대의 숙명으로 착각하는 운명론적 스토커가 된다. 자신이 그 남성과 같이 있어야만 하며, 이를 통해서 어떠한 목적에 도달할 수 있다고 생각하기 때문이다. ④ 피해자에 관한 것이라면 보통 사람이 알 수 없는 것까지 꼭 알아야 한다는 생각을 하므로, 가령 인기 스타의 경우 스캔들이 생기면 스타가 자신의 사람이므로 자신의 허락 없이 일어나는 일에 대해 용서할 수 없다는 생각을 하며, 이에 대한 응징이나 보복을 하는 것이 일반적이다. ⑤ 무시당하는 생각이 들면 이상한 방법으로 복수를 생각하는데, 복수의 방법을 찾아냄에 있어서 그 수준을 잘 생각하고 치명상을 입힐 수 있는 부분이 무엇인지를 명학하게 판별할 수 있는 능력을 가지고 있다고 한다.[139] ⑥ 여성

139) 여성 스토커의 특징은 자신감과 프라이드가 높고, 허세가 심하며, 독선적이고 제멋대로이며, 자기중심적이고 망상성과 집착성이 강하다. 자신이 좋아 하는 사람을 그냥 이유 없이 따라 다님으로써 그만큼 자신의 행동에 대해 책임을 지지 않고, 원하는 바대로 행동하는 무계획성과 무정형성을 보이지만, 스토킹의 과정적 측면에서 본다면 극도로 치밀하고, 계획적이며, 정형적인 모습을 드러낸다. 여

스토커들은 스토킹 동기[140]가 다양하고 다양한 행동양상과 심리적 특성을 갖고 있다고 한다.[141]

성 스토커는 한 가지 원인에 의해 스토커가 되는 것이 아니라 다양한 원인에 의해 스토커가 되며, 정신적 질병을 지녔다거나 극단적이 자기애 또는 인간관계 유지능력의 부족 등 인격적 장애를 가지는 경우도 있다(최인영 외, 전게서, 152~156면).

140) 스토킹 동기는 첫째, 정신병의 하나로 비롯되는데, 가령 정신분열증 등의 정신병이 발생하여 그 증상 중 하나인 연대망상·관계망상·환각 등이 스토킹의 동기가 된다. 둘째, 관계망상의 정신상태는 망상을 갖고 있지만, 망상 이 외의 부분에서는 정상인과 다를 바 없고, 인간관계도 잘해 나가지만, 어떤 주네에 대해서만은 믿고 있는 것이 망상에 가까우며, 그런 망상을 가지고 특정대상을 따라 다니는 것이 문제가 된다. 셋째, 감정이 불안하고 행동예측이 곤란한 유형인 '경계인격장애'가 동기가 되는데, 이는 정신병과 신경증 중간의 정신상태로 미움을 받는 것에 민감하고, 화가 나면 곧 공격을 한다. 넷째, 자기애성 인격장애자로써 자기중심적이고 자신에 대한 자부심이 강하며, 자신의 유능성과 만능감에만 빠져 특정인에게 거절당하면 격하게 반응하는데, 가장 받아들이기 힘든 것이 '사람에게 거부당한다'는 것으로 격한 공격성으로 반응한다. 다섯째, 반사회적 인격장애로 여성관계 이외에도 범죄비행의 전과가 있고, 조직폭력배 등에 많다고 한다(장규원, 전게논문, 298~300면).

141) 최인영 외, 상게서, 156면.

제10장 납치범죄심리[142)]

1. 개념과 관련법규

납치범죄란 법률적 개념은 아니며, 개념의 통일된 의미는 없다. 형법에서는 약취·유인, 체포·감금, 인질강요죄, 부녀매매죄 등이 이와 비슷한 용어로 쓰인다. 또한 정치적 테러리스트도 납치범죄에 포함될 수 있다. 따라서 여기에서는 납치범죄란 피해자의 의사에 반해서 유형·무형의 방법에 의해 피해자를 자기 또는 제3자의 보호하에 둠으로써 개인의 자유를 침해하는 것을 내용으로 하는 범죄라고 정의하며, 여기서는 형법상의 약취·유인죄와 정치적 테러리스트에 의한 인질범의 경우에 한정해서 살펴보기로 한다.

형법상 약취·유인죄[143)]에는 미성년자 약취·유인죄(제287조), 추행·간음·영리목적의 유인죄(제288조), 국외이송목적 약취·유인·매매죄(제289조), 결혼목적 약취·유인죄(제291조)가 있다.

2. 납치범죄의 심리

약취·유인과 정치적 테러리스트들은 포함하는 납치범들의 납치동기 및 납치범들의 심리적 특징을 살펴보기로 한다. 먼저 일반인이나 미성년자들을 대상으로 하는 납치범들의 심리적 특징은 소위 경제학에서 말하는 합리적 선택이론에 따라 철저히 계획적으로 행해진다. 특히 우발적 동기가 아닌 경우에는 더욱 그렇다.

한편 미론과 골드스테인(Miron & Goldstein)이 분류한 도구적 납치(돈이나 성

142) 신범죄심리학(천정환, 대왕사, 2006)의 302-308면을 전재

143) 약취란 폭행·협박을 수단으로 하며, 유인은 기망·유혹을 수단으로 한다. 따라서 의사능력이 있는 자만 유인의 객체가 되므로 유아는 유인의 객체가 될 수 없고, 약취의 객체가 될 뿐이다. 추행·간음 또는 결혼목적으로 사람을 인취한 경우에는 친고죄에 해당된다. 또한 약취와 유인의 죄에서 폭행·기망·유혹은 반드시 피인취자에게 가해질 필요가 없고, 보호자에게 가해져도 약취·유인될 수 있다.

적 욕구를 위해 납치)와 표출적 납치(가해자 피해자의 운명을 통제하기 위한 것으로 이혼한 아버지가 미성년자인 자녀를 데려가는 것)이론에 의하면 표출적인 납치범들은 중요한 사람이 되고 싶어 하고, 납치에 따른 언론보도가 자신들의 목표를 성취시켜 줄 것이라고 믿는 경향이 있으며, 도구적 납치는 자기방어능력이 부족한 여성들을 납치하는 경우가 많다고 한다.[144)]

앞에서 납치범죄의 동기에 보았듯이 대부분의 납치범죄는 경제적인 목적의 이욕심에 의해서 발생하고, 그 외에 보복심, 허영심, 유혹, 호기심 등이 있는데, 여기서 소위 몸값을 요구하는 경제적 동기에 의한 납치범죄는 피해자와 피해자 가족간의 혈연의 정을 최대한 이용하는 범죄로, 납치범들의 목적은 오직 돈이므로 피해자 가족들에게 극도의 공포를 전파하는 심리전으로 무장한다. 여기서 프로급의 납치범과 아마추어급의 납치범이 차이가 나는데, 아마추어 납치범들은 무조건 공포분위기를 조성하여 피해자 가족으로부터 무조건 많은 돈만을 요구하여 피해자 가족이 도저히 해 줄 수 없는 돈이거나 피해자 가족이 느끼는 공포가 체증하다가 체감하는 변곡점을 지나는 순간까지 흥정하다가 실패하는 경우가 많다. 그러나 프로급의 납치범들은 피해자 가족의 공포내성능력과 경제적 능력을 먼저 파악한 후 공포와 안정감을 적절히 배합하여 공포와 안정감의 최적 배합점, 즉 피해자 가족이 충분히 부담할 돈이고 또한 피해자 가족들이 경찰에게 연락하지 못하게 하는 배합점을 결정하여 공포효과와 안정효과를 적절히 이용한다. 만약에 아마추어처럼 100% 공포효과만 조성하면 피해자 가족은 자녀의 안전을 위해서 경찰에 바로 연락할 수 있기 때문이다. 그러나 프로인 자신들은 오직 적정한 돈이 목적이므로 돈만 주면 자녀는 보내주겠다고 공포와 안정을 적절히 섞어 협박한다. 필자의 사견으로 인질범들의 협박이 하나의 재화로 보면 협박으로 인한 한계공포감은 체증하다가 체감하게 되며, 피해자 가족들이 협박될 때 느끼는 한계안정감은 차츰 체증하는데, 프로들은 한계공포곡선과 한계안정감곡선이 만나기 직전에서 흥정을 끝내려 한다. 왜냐하면 한계안정감곡선이 한계공포곡선보다 상위에 있어 한계안정감에서 한계공포감을 차감한 것이 '0'보다 크게 될수록 이기적인 계산을 하게 되는 인

144) 이동진 외, 납치범죄연구, 형연원, 2003, 18~19면.

간들, 즉 피해자 가족들은 자신들에게 가장 이익이 되는 행동을 합리적으로 선택하기 때문에 이 때 경찰에 연락할 가능성이 크기 때문이다. 또한 어떤 형태의 납치이든 시간이 갈수록 납치범들은 초초해지게 되며, 피해자 가족과 흥정이 달 되지 않을 경우, 납치범들은 체포에 대한 위험애호적 납치범과 위험기피적 납치범으로 나뉘는데, 전자는 공포효과를 한 번 더 조성한 후 흥정이 되지 않으면 죽이겠다고 협박한 뒤 약속이행이 안 되면 자신이 한 경고에 대한 자존심 때문에 급격한 인지적 몰락을 초래해 잔인한 활동을 한다. 그러나 후자는 시간이 갈수록 흥정이 안 되면 만약의 경우 체포되어 수감될 때까지 생각하는 이기적 계산을 하므로 납치된 인질에게 잘 대해 주고 최악의 경우는 어느 장소에서 풀어주겠다고 말한 후 약속장소와 완전 반대방향에서 풀어주고 도주한다.

인질과 인질범의 연령이나 사회적 배경이 유사할수록 소위 말하는 스톡홀름증후군이 생길 수 있다. 또한 프로급의 납치범들은 피해자 가족과의 심리싸움에서 피해자 가족들의 거짓된 심리를 잘 파악한다. 가령 처음에는 그래도 차분한 목소리로 대하던 피해자의 가족이 어느 순간부터 갑자기 전화통화를 길게 하고, 자꾸 울면서 이야기하며, 불안하다는 커뮤니케이션을 보내면 이것은 피해자 가족이 경찰에 이미 연락해 경찰이 감청하고 있다는 것을 알게 되어 또 다른 합리적 행동, 즉 피해자 가족이 꼼짝할 수 없는 방안을 선택하려고 한다.

테러리스트에 의한 인질범의 경우에는 소위 인질들이 인질범에게 정서적으로 동화된다는 스톡홀름(Stockhlom)증후군[145]이 있다. 인질심리학(1961)을 저술한 리프톤(Lifton)은 지시대로 행동하지 않으면 해치거나 죽일 것이라고 끊임없이 공포를 받음으로써 인질들은 자신들의 통제를 벗어난 사건에 적응하며, 다른 인간들과

145) 스톡홀름증후군이라는 용어는 강도들이 6일 동안 네 사람을 인질로 잡고 있었던 1973년 스웨덴의 스톡홀름 은행강도사건으로부터 유래하였다. 고된 체험이 끝날 무렵 인질들은 경찰보다는 은행강도들에게 더 충실하게 되었다. 그들은 결국 그들의 이전 인질범들에 대한 반대증언을 거절하였다. 한 여성인질은 한 명의 강도에게 정서적으로 애착을 느끼게 되어 그 사건 후에 다른 남자와의 약혼을 파기하였다. 심리학자들은 이 증후군을 세 단계로 나누어 정의하고 있다. 첫째, 인질들은 그들의 인질범에게 온정을 느끼기 시작한다. 둘째, 인질들은 그들을 구출하려고 시도하는 당국자들에게 부적(負的)인 감정을 발전시킨다. 셋째, 인질범들은 그들의 인질들에게 정적(正的)인 감정을 발전시킨다. 그들 모두는 함께 고립되고 두려움을 같이하기 때문에 결국 '우리는 함께 있다'라고 믿게 된다(장동환 외, 심리학입문, 박영사, 1997, 671면).

마찬가지로 인질들은 한계와 불충분한 잠재력에 매우 민감해 그들은 인질범들이 유발하려고 시도하는 죄책감에 취약하다고 한다.[146] 고다드와 스탠리(Goddard& Stanley)는 이런 현상은 학대하는 부모와 아동의 밀접한 관계와 흡사하다고 지적했는데, 즉 학대받는 아동들처럼 자신이 외부세계로부터 고립된 것을 인식하면 무기력상태가 되어 결국 인질들이 인질범에게라도 심리적으로 의존한다고 한다.[147] 스트렌츠(Strenz, 1982)는 이것을 심리적 퇴행으로 보아 납치에 대해 인질은 무의식적으로 방어를 하고자 하는데, 극도의 불안을 피하기 위해 테러범에게 오히려 심리적으로 의존하는 퇴행을 한다고 한다.[148] 그러나 스톡홀름증후군은 항상 일어나는 것은 아니며, 리프톤은 인질들이 비교적 강한 신념체계를 갖고 있거나, 혹은 다양한 지식과 유동적 정체감을 갖는다면 충격적인 도전을 견뎌낼 수 있다고 한다.[149]

인질범들이 인질에게 정적태도를 보이는 이유로 그들의 희생자들의 고통에 대한 배려는 인질범들의 스트레스를 풀어주고, 그들이 살아남기 위해 인질들을 해치는 행동을 삼가하게 된다고 한다.[150] 이와 반대로 리마신드롬이 있는데, 이것은 인질범에게 동화하는 것이 아니라 오히려 그 반대로 인질범들이 인질들의 태도에 동화되어 협조적 태도를 취하여 인질들을 풀어주거나 헤치지 않거나 자수하는 현상을 말한다.[151] 리마신드롬은 인질범이 인질에 정서적으로 동화되는 현상으로 1997년 페루의 리마에서 반정부 조직원들과 이들이 잡은 인질들 사이에서 발생한 정서적 동화현상을 말한다. 이러한 스톡홀름증후군과 리마증후군은 아주 특수한 경우에 발생하는 특이한 현상으로 모든 인질사태에서 발생하는 것은 아니다. 스톡홀름증후군과 리마신드롬은 인지적 측면과 정서적 측면에서 발생할 수 있는데, 인질범의 지적·정서적 상태와 인질들의 의식수준과 성격, 인질범죄의 성격, 집단사고와 같은 집단역할이하는 여러 요소의 동태적 작용에 의해서만 제한적으로 일어날 수 있다.

---

146) 장동환 외, 상게서, 672면.
147) 이수정 외, 전게서, 345면.
148) 이수정 외, 상게서, 345면.
149) 장동환 외, 상게서, 673면; 한편 미국의 FBI에 의하면 1,200건의 인질사건에서 8%의 인질들에게만 나타나는 현상이라고 한다(이수정 외 상게서, 344면).
150) 장동환 외, 상게서, 673면.
151) 약취와 유인을 한 자가 약취한 자를 안전한 장소로 풀어주면 그 형을 감경할 수 있다.

제11장 사이버범죄심리[152)]

1. 사이버명예훼손죄

1) 개념과 구성요건

사이버명예훼손이란 타인을 비방할 목적으로 공연히 홈페이지나 게시판 등의 정보통신망에 사실을 적시하는 타인의 명예를 훼손한 행위를 말한다. 이에 관한 법률에는 '정보통신망 이용촉진 및 정보보호에 관한 법률' 제61조와 전기통신사업법 제53조 제1항 2호가 있는데, 전자에는 "사람을 비방할 목적으로 정보통신망을 통하여 공연히 사실을 적시하여 타인의 명예를 훼손한 자는 3년 이하의 징역이나 금고 또는 2천만 원 이하의 벌금에 처한다"라는 규정과 "사람을 비방할 목적으로 정보통신망을 통하여 공연히 허위의 사실을 적시하여 타인의 명예를 훼손한 자는 7년 이사의 징역이나 10년 이하의 자격정지 또는 5천만 원 이사의 벌금에 처한다" 라고 규정하고 있어 사이버 명예훼손죄는 처벌형량이 일반 명예훼손죄에 비해 상대적으로 높다.[153)] 후자는 비방할 목적으로 공연히 사실 또는 허위의 사실을 적시하여 타인의 명예를 훼손하는 내용의 전기통신행위를 전기통신이용자에게 금지하고 있다. 이러한 사이버 명예훼손은 주로 인터넷상의 게시판에서 많이 발생하는데, 가령 2005년 하반기에 발생한 논문조작사건을 보도한 MBC의 PD수첩의 게시판에서 행해진 수개월 동안 게시판의 댓글과 KBS의 시사투나잇 진행자들에 대한 극우파들의 사이버 명예훼손 등이다.

본죄의 주체는 사람이며, 구성요건에서 '공연히 불특정인 또는 다수인이 인식할

---

152) 신범죄심리학(천정환, 대왕사, 2006)의 309-336면을 전재

153) 형법 제307조 제1항은 "공연히 진실한 사실을 적시하여 타인의 명예를 훼손한 자는 2년 이사의 징역이나 500만 원 이하의 벌금에 처한다"라고 규정하고 있고, 동조 제2항은 "공연히 허위의 사실을 적시하여 사람의 명예를 훼손한 자는 5년 이하의 징역, 10년 이하의 자격정지 또는 1천만 원 이하의 벌금에 처한다"라고 규정하고 있다.

수 있는 상태를 말하고, 블로그 등에서 특정한 한 사람에게만 사실을 적시하였다고 하더라도 그 글을 본 사람이 불특정 다수인에게 전파할 가능성이 있으면 공연성이 인정되는데, 이를 전파성이라 한다. 또한 '사실의 적시'란 사람의 가치 내지 평가를 저하시키는데 충분한 사실을 지적하는 것으로 구체적 사실의 적시가 있어야 한다.[154] 본죄의 기수시기는 본죄가 추상적 위험범으로 명예가 현실로 침해되었을 것을 요하지 아니하고 명예를 해할 우려가 있는 경우가 있기만 하면 바로 기수가 되므로 실제 명예가 훼손되는 결과가 발생할 필요는 없다. 본죄의 주관적 구성요건으로는 타인의 명예를 훼손하는데 적합한 사실을 적시한다는 고의가 있어야 하며(이 때는 어쩌면 타인의 명예를 훼손할지도 모르겠다는 미필적 고의도 무관), 이에 대한 착오로 인해 발생했다면 구성요건적 착오로 해결해야 한다.

게시판의 글을 통하여 타인을 비방하겠다는 비방목적이 있어야 본죄가 성립하며, 만일 비방의 목적이 없다면 사이버 명예훼손죄는 성립하지 않고, 일반 명예훼손죄가 성립된다. 이 때 비방할 목적이란 타인의 명예를 훼손하기 위하여 타인의 인격적 평가를 저하시키려는 목적을 말한다. 여기서 '명예'에 대해서는 행위자의 주관적인 명예감정이 침해된 경우라는 명예감정설과 일반인이 객관적으로 보았을 때 명예가 침해되었다고 보면 명예훼손으로 보는 외부적 명예설이 있다. 본죄의 명예는 외부적 명예를 말하므로 인격에 대해 외부적으로 주어지는 사회적인 평가를 말하는데, 이 때 허명도 외부적 평가에 포함된다. 따라서 실제로는 조직폭력배이나 겉으로는 사업가인 자에게 온라인상에서 그에 대해 사업가가 아니라 깡패라고 적시해도 본죄가 성립한다.

사이버 명예훼손죄는 일반 명예훼손죄와 같이 반의사불벌죄로 피해자가 가해자를 처벌하려는 명시적 의사가 없거나 피해자의 의사에 반해서 처벌할 수 없으므로 처음에는 피해자가 가해자를 처벌하려고 고소했다가 가해자가 뉘우치거나 반성하는 등으로 둘 사이에 합의가 이루어졌다면, 공소제기 전에는 수사기관에 공소제기 후에는 법원에 불처벌 의사표시를 하면 가해자는 처벌되지 않고, 법원은 공

---

154) 만약 구체적 사실의 적시가 없다면 사이버 모욕죄만 성립한다. 가령 보도내용에 불만을 품은 시청자가 진행자가 속한 프로그램의 게시판에 진행자는 무능한 아나운서라고 할 경우이다.

소기각 판결을 해야 한다.

본죄의 위법성조각사유에는 형법총칙의 일반적 위법성조각사유와 형법 제310조의 특별한 위법성조각사유가 있다.[155] 따라서 피해자의 승낙이 있거나, 정당행위 등은 위법성이 조각된다. 예컨대 증인의 증언이나 피고인과 변호인의 방어권 행사가 명예훼손적 사실을 적시하여도 정당행위로 위법성이 조각되어 처벌되지 않는다. 다만 정당행위라고 하더라도 변호사가 허위의 사실을 적시하여 제3자의 명예를 훼손하면 본죄가 성립한다. 위법성조각사유가 있게 되면 실체법적 효과로 위법성은 조각되며, 절차법적으로는 위법성 조각사유의 부존재에 대한 거증책임은 검사가 부담한다.

사이버 명예훼손죄는 일신전속적인 법익을 보호하는 범죄이므로 그 죄수는 피해자의 수를 기준으로 한다. 따라서 보도내용에 불만을 품은 시청자가 KBS의 시사투나잇의 게시판에 한 개의 글을 올려서 진행자인 오유경씨와 이상호씨의 명예를 훼손했다면 두 개의 명예훼손죄의 상상적 경합이 되며, 만약 그 시청자가 오유경씨에 대한 명예훼손을 여러 게시판에 같은 글을 올렸다면 1개의 사이버 명예훼손죄(포괄1죄)가 된다. 시청자 게시판에 적은 글이 진행자에 대한 명예훼손만 아니라 진행자의 사적인 비밀을 침해했다면 명예훼손죄와 비밀침해죄의 상상적 경합이 된다. 게시판에 올린 명예훼손적 글을 타인이 그 게시판이나 다른 게시판으로 옮기는 2차적 행위도 사이버 명예훼손죄가 되는데, 이것은 2005년 말에 발생한 PD수첩 사태 때 담당 PD 등에 대한 엄청난 명예훼손이 수개월 동안 지속되었다. 이처럼 현대사회에서 급증하는 사이버 명예훼손은 너무나 전파력이 빠르기 때문에 피해가 확산될 가능성이 높기 때문에 일반 명예훼손죄에 비해 무겁게 처벌한다.

사이버 명예훼손죄는 주로 게시판에서 이루어진다는 사실에서 특정인에 대한 명예훼손의 글이 게시판에 올라 왔을 때, 게시판 관리자의 책임문제로 정보통신망법

155) 제307조제1항의 행위가 진실한 사실로써 오로지 공공의 이익에 관한 때에는 처벌하지 아니한다. 여기서 '오로지'란 사이버 명예훼손의 동기가 공공의 이익을 위한 것이라는 인식만 있으면 되므로 행위자가 이를 입증해야 된다. 또한 '진실한 사실'이란 사이버에 올린 가해자의 글이 전체적 맥락을 고려할 때 중요한 부분이 객관적 사실과 일치하는 정도를 말하므로 다소 과장된 표현은 무방하다는 뜻이다. 또한 '공공의 이익'이란 가해자가 사이버상에 올린 게시판의 글이 성격과 표현방법 및 시점 등 여러 사정을 감안하여 결정된다.

제44조에 의해 사이버 명예훼손을 당한 자가 삭제를 요청했는데, 삭제를 하지 않는 경우 민·형사상 책임을 지게 되며, 게시판 관리를 소홀히 하여 사이버 명예훼손이 계속 되었다면 사이버 명예훼손죄의 방조범이 되며, 그로 인해 피해자가 손해를 입었다면 민사상 손해배상책임을 물을 수 있다.

인터넷 게시판의 관리자의 책임과 관련해 대법원은 타인의 명예를 훼손한 글이 게시판에 게시된 것을 알았거나, 알 수 없다는 사정만으로 운영자가 그 글을 삭제할 의무를 지는 것을 아니라고 판시한 바 있다.[156] 또한 타인의 명예를 훼손한 글이 인터넷 게시판에 올려진 것을 서비스 제공자가 알면서도 이를 방치해 둘 경우 법적 책임여부가 문제된다. 이에 대해 뉴욕 대법원은 Stratton Oakmont V Progidy Service Co. 사건에서 서비스 제공자가 편집권을 갖는 경우에는 명예훼손책임을 진다고 판결한 바 있다.[157]

2) 사이버 명예훼손의 사례

사이버 명예훼손을 많이 당한 곳은 MBC의 PD 수첩 게시판과 KBS의 시사투나잇의 게시판인데, MBC의 PD수첩 게시판에는 2005년 11월부터 2006년까지 아예 논문조작의 진실을 발표한 MBC의 PD수첩에 항의하는 왜곡된 극소수의 시청자들이 게시판을 점령하여 오랜 기간 PD와 진실을 말하는 시청자들의 명예를 훼손해 왔으며, 역시 황우석 박사를 '황우석씨'라고 말한 KBS 시사투나잇의 오유경 아나운서의 명예를 훼손하는 사태가 오랜 기간 계속 되어 왔다. 그 외 연예인 하리수씨, 성균관대 인문학부 추천자전형으로 합격한 문근영씨에 대해서도 오랫동안 사이버 명예훼손이 있었다. 이처럼 사이버 명예훼손은 연예인이자 많이 알려진 사람들을 대상으로 행해지는 것이 특징이며, 그 외에도 기업체 등의 이해관계에 있는 법인이나 직원들도 많이 당하고 있다.

156) 대판 2003. 6. 27, 200다72194.
157) 정보통신부, 사이버폭력 피해사례 및 예방안내서, 2005, 82면.

2. 사이버 모욕죄

사이버 모욕이란 게시판에 대화방 및 댓글 등의 사이버공간에서 공연히 타인을 모욕하는 범죄를 말하는데, 급증하는 인터넷인구의 증가와 익명성의 보장으로 인해 사이버공간에서 언어폭력을 통한 모욕이 급증하고 있다.

사이버 모욕죄의 보호법익은 일반형법의 모욕죄와 마찬가지로 사람의 외부명예이며, 이 점에서 사이버 명예훼손과 유사하지만 구체적 사실의 적시가 필요 없다는 점에서 사이버 명예훼손죄와 차이가 난다. 가령 보도에 불만을 품은 시청자가 게시판에 여자 진행자에게 '개같은 년'하면 사이버 모욕죄가 되며, '편파보도 하니까 죽일 년'과 같이 구체적 사실의 적시가 있으면 사이버 모욕죄가 되는데, 앞에서 언급했듯이 진행태도에 불만을 품은 특정 이해관계단체나 극우세력들이 진행자나 PD에게 '이 빨갱이야, 이 죽일놈아'하는 일들이 논문조작사건과 관련하여 많았다.

모욕의 방법은 묻지 않으며, 글, 문자, 그림 등 방법에는 제한이 없다. 다만 모욕죄가 되려면 설명가치를 가져야 하므로 단순한 농담이나 무례한 글은 사이버 모욕죄가 되지 않는다. 사이버 모욕죄의 주체는 사람 중에서 자연인에 한정되고, 객체는 사이버 명예훼손죄와 같이 자연인과 법인 모두 해당되며, 다만 사자는 사이버 명예훼손죄처럼 사이버 모욕죄의 객체가 될 수 없다. 또한 '공연히'란 공연성을 말하며, 공연성과 무관한 자신의 컴퓨터에 있는 사이버상의 일기장에 평소 보도태도가 마음에 들지 않는 여성 진행자를 '이 개같은 년'이라고 기입하여 소지하고 있는 행위는 공연성이 없으므로 사이버 모욕죄가 되지 않는다. 그리고 '모욕'이란 구체적 사실의 적시가 없는 타인에게 경멸적인 의사표시를 하는 것을 말한다. 실제 사례에 의하면 어느 방송 프로그램의 여자 진행자에게 게시판에서 '무당같이 생긴 년아'라고 올라 온 적이 있는데, 이런 경우가 모욕에 해당된다.

사이버 모욕죄는 일반형법상의 모욕죄와 마찬가지로 추상적 위험범이므로 공연히 언어적 폭력으로 모욕하기만 하면 바로 기수가 되며, 사이버 모욕죄의 피해자의 외부적 명예가 현실적으로 훼손되거나 불특정 다수인이 현실로 인식했음을 요하지 않는다. 사이버 모욕죄는 형법상의 모욕죄와 같이 고소가 있어야 공소를 제기할 수 있는 친고죄이다.

사이버 모욕죄도 사이버 명예훼손죄처럼 일반적인 위법성조각사유가 적용될 수 있으므로 사이버상에서 다소 모욕적인 글이 포함되어 있어도 그것이 공공의 이익을 가진다고 판단되면 위법성이 조각된다. 피해자의 승낙이 있는 경우드 마찬가지이다.

사이버 모욕죄와 사이버 명예훼손죄가 법조경합이 되면 흡수관계에 의해 사이버 명예훼손만 성립되며, 외국원수나 외교사절에 대한 사이버 모욕은 공연성이 없어도 형법 제107조 제2항(외국원수 모욕죄), 제108조 제2항(외교사절에 대한 모욕죄)과 같이 사이버 외국원수 모욕죄 또는 사이버 외교사절 모욕죄가 성립한다.

죄수의 기준은 피해자의 수를 기준으로 하며, 동일인이 한 게시판에서 동시에 여러 명을 언어폭력으로 모욕한 경우에는 수죄가 성립한다. 사이버 모욕죄의 처벌은 형법의 모욕죄를 규정한 형법 제311조에서와 같이 1년 이하의 징역이나 금고 또는 200만 원 이하의 벌금에 처한다.

사이버 모욕이나 사이버 명예훼손처럼 사이버 범죄는 급증하지만, 이러한 사이버 모욕죄의 적용은 형법의 모욕이나 명예훼손죄에 비해 법의 적용이 현실적으로 많지 않다. 그 원인은 정치적 요인 등 여러 외적 요인이 작용하기 때문이다. 예컨대 “독도는 일본땅이니 일본에 돌려주어라” 등의 친일발언을 해 온 친일작가 김완섭에 대해 많은 네티즌들이 사이버상에 모욕적인 글을 올렸으며, 이에 대해 김완섭은 그들을 고소했으나 검찰은 여러 이유를 들어 수사하지 않겠다고 한 것이다.

3. 사이버 스토킹 범죄

사이버 스토킹(Cyber-staking)이란 게시판, 대화방, 이메일 등의 정보통신망을 이용하여 상대의 의사에 반해서 의도적·반복적으로 문자, 부호, 화상, 영상 등을 통해 상대방이 공포감·불안감·괴로움을 느끼는 행위라고 할 수 있는데, 사이버

스토킹은 온라인에서 스토킹과 마찬가지로 핵심은 피해자의 공포감 · 불안감 · 괴로움이다.[158)]

오프라인에서 스토킹은 가해자와 피해자가 신체적인 대면을 하거나 어느 정도 물리적 근접성이 없어도 된다는 점에서 오프라인 스토킹보다 그 피해가 엄청나게 크고, 많은 피해를 가져올 수 있다는데서 그 심각성이 있다. 그 이유는 오프라인에서의 스토킹, 즉 치정적 동기에 의한 스토킹이라면 일단 그러한 스토킹이 도달할 때까지 많은 비용이 들지만(시간적 · 경제적 비용), 음란 메일의 사이버 스토킹의 범죄생산은 최초의 생산비용(클릭 몇 번으로 할 수 있다)과 한계생산비용이 엄청 싸기 때문에 많이 행해질 수 있어 문제의 심각성이 있다. 또한 통신기술의 발달로 사이버 스토커는 제3자를 이용하여 사이버 스토킹을 할 수 있는 점이 오프라인 스토킹과 다른 점이다.

사이버 스토킹의 동기는 주로 남녀간의 애정에 의한 치정적 동기에 의한 것이 많고, 남자 스토커는 여자 스토커보다 훨씬 많은데, 이것은 공격성이 여성보다 남성이 강하기 때문이다. 또한 종교적 동기에 의한 것도 많은데, 특히 배타성이 많은 종교나 광신도적 종교에서 이런 경향이 강한데, 자신들이 속한 종교집단에 가입시키기 위해 상대의 의사와 관계없이 가입을 권유하는 것이다. 즉 끊임없이 이메일을 보내어 종교조직에 가입을 권유하거나, 탈퇴를 원하는 조직원들에게 공포감을 조성해 탈퇴하지 못하도록 하는 것이다. 그리고 정치적·경제적·사회적 동기에 의한 사이버 스토킹도 많은데, 특정 정치조직에 가입을 권유하거나, 탈퇴를 원하는 직원에게 불안을 주는 사이버상의 행위가 있고, 경제적 도움을 요청하거나, 자신들의 경제집단에 의도적이고 반복적으로 가입을 요구하는 것도 있으며, 자신들의 사적 조직에 가입을 강요하는 행위도 있는데, 주로 고등학생들 사이의 패거리 문화에서 잘 나타난다.

---

158) 프로이드는 공포와 불안을 구분하는 바, 전자는 대상공포로 위험의 대상이 있을 때 느끼는 공포이고, 후자는 실제로 위험이 존재하지 않은 경우의 불안으로 인간은 누구나 갖고 있지만 그것이 현실적으로 실현할 수 없는 욕망일 경우에 나타나는 것이라고 한다. 따라서 사이버 스토킹에서 느끼는 불안은 위험이 있는 경우의 불안이므로 프로이드의 불안개념과 다르다고 할 수 있고, 공포보다 낮은 단계로 이해할 수가 있다.

사이버 스토킹은 오프라인 스토킹에 비해 사이버 스토커를 모르는 경우도 많으므로 사이버 스토킹은 오프라인 스토킹 피해자보다 더 공포에 시달릴 수 있다. 왜냐하면 오프라인 스토킹의 경우는 피해자가 가해자의 외모를 알기 때문에 피해예방이 가능하지만, 가해자가 누구인지 모르는 사이버 스토킹은 언제든지 오프라인 스토커로 바뀌어 공격할 수 있고, 이 경우 피해예방이 사실상 불가능하기 때문이다.

사이버 스토킹과 오프라인 스토킹은 상호 호환성이 있어 처음에는 오프라인 스토킹을 시작했다가 경제적·법적 이유 등 여러 사유로 인하여 사이버 스토킹으로 될 수 있고, 반대로 처음에는 사이버 스토킹으로 출발했다가 구체적 정보가 획득되면 오프라인 스토킹으로 이행할 수 있다. 이를 통한 사이버 스토킹 피해자들은 괴로움→불안→공포→우울 등의 심적 과정을 거치면서 수면장애나 이상행동 및 자살의 원인이 될 수 있고, 가족들의 고통 또는 이사나 개명 등으로 여러 사회적 비용이 발생할 수 있다.

사이버 스토킹에 관한 처벌법은 '정보통신망 이용촉진 및 정보보호에 관한 법률' 제65조 제1항 3호와 '전기통신사업법 제53조 제1항 3호가 있다. 전자는 정보통신망을 이용하여 공포심이나 불안감을 유발하는 말, 음향, 글, 화상, 영상을 반복적으로 상대방에게 도달하게 한 자에 대하여 1년 이하의 징역이나 1천만 원 이하의 벌금에 처하도록 규정하고 있고, 후자는 공포심이나 불안감을 유발하는 내용의 전기통신행위를 전기통신 이용자에게 금지시키고 있으며, 정보통신부장관은 사이버 스토킹에 해당하는 내용의 전기통신에 대하여 정보윤리위원회의 심의를 거친 전기통신사업자로 하여금 그 취급을 거부, 정지 또는 제한하도록 명령권을 행사할 수 있다. 다만 정보통신부장관의 시정명령권은 피해자의 명시한 의사에 반해 행사할 수 없도록 하고, 이러한 정보통신부장관의 명령을 위반하는 자는 2년 이하의 징역 또는 1억 원 이하의 벌금에 처하도록 동법 제71조에서 규정하고 있다. 위 두 법의 공통점은 반복성과 '공포심과 불안감이라는 결과가 필요한 점에서 이런 요건을 요구하지 않는 성폭력범죄의 처벌 및 피해자보호에 관한 법률 제41조와 차이가 있다. 즉 동법 제14조는 "자기 또는 사람의 성적 욕망을 유발하거나 만족시킬 목적으로 전화, 우편, 컴퓨터 기타 통신매체를 통하여 성적 수치심이나 혐오감을 일으키는 말이나 음향, 글이나 도화, 영상 또는 물건을 상대방에게 도달하게 한 자는 1년 이하의 징역 또는 300만 원 이하의 벌금에 처한다"라고 규정하고 있는데, 이 법률의 의미는 사이버 스토킹이 사이버 성폭력으로 이어질 때 적용할 수 있다는 뜻을 의미한다.

사이버 스토킹의 구성요건을 살펴보면 본죄의 객체는 의사결정능력을 가진 자연인을 말하므로 법인은 본죄의 객체가 될 수 없다. 또한 사이버 스토킹범죄는 피해자의 의사결정의 자유를 침해하는 침해범이므로 의사결정능력이 없어 공포감을 느끼지 못하는 정신병자나 어린 아이 및 명정자(술에 취한 자) 등은 본죄의 객체가 될 수 없다. 그리고 반복성을 요구하므로 사이버 스토킹 행위가 최소한 2번 이상 시간적으로 계속되어야 한다. 또한 공포나 불안이라는 결과를 가져와야 비로소 본죄의 기수가 되므로 만약 사이버 스토커가 사이버상에서 사이버 스토킹을 했으나 피해자가 전혀 공포심이나 불안감을 느끼지 않았다면 본죄는 미수에 그치게 된다. 그리고 상대방이 공포심이나 불안감을 유발하는 말을 해야 하는데, 이는 곧 협박과 같은 것으로 해악을 고지하여 상대방이 실제 공포를 느껴야 한다. 따라서 해악의 고지가 아닌 단순한 폭력적 언어인 "아나운서를 그만두게 만들겠다, 잘되나 두고 보자, 고소하여 처벌받게 하겠다" 등의 글은 본죄가 되지 않는다. 해악의 고지는 해악의 발생이 직·간접적으로 행위자에 의하여 좌우될 수 있다는 것이어야 하므로 경고에 해당하는 말인 자연발생적인 길흉화복이나 천재지변의 도래를 올린 것은 해악의 고지가 아니므로 본죄가 되지 않는다. 그러나 해악이 현실적으로 발생할 가능성이 있거나, 행위자가 이를 실현할 의사가 있을 것을 필요로 하지 않는다. 또한 공포심이나 불안감을 유발하는 내용에는 제한이 없어 상대방의 부모를 죽이겠다고 하거나, 상대방의 비밀을 폭로하겠다고 하거나, 상대방을 신용불량자로 만들겠다고 하거나, 상대방의 자유, 재산, 생명, 신체 등 모든 것을 포함한다. 주관적 구성요건으로써 고의가 있어야 하는데, 고의란 피해자에게 해악을 고지하여 공포심이나 불안감을 느끼게 한다는 사실에 대한 인식을 말하며, 이 때 사이버 스토커가 현실로 해악을 실현할 의사를 가질 것을 요하지 않는다.

본죄는 침해범이므로 본죄의 기수시기는 해악의 내용이 피해자에게 도달되어 상대방이 공포심이나 불안감이 일어났을 때 기수가 되며, 해악을 고지했으나 상대방에게 도달되지 않거나, 도달되었다고 하더라도 전혀 불안감이나 공포심을 느끼지 아니하면 미수가 된다. 사이버 스토커가 게시판에 수인에게 동시에 해악을 반복적으로 고지하여 수인이 공포심이나 불안감을 느꼈다면 수 개의 사이버 스토킹범죄의 상상적 경합이 된다.

4. 사이버 성폭력범죄

사이버 성폭력이란 사이버상에서 음란쪽지를 보내거나, 성희롱적인 말을 하거나, 음란화상채팅을 하거나, 음란 동영상을 촬영하여 유포하는 등으로 상대방의 의사에 반해서 원하지 않는 접근을 하여 성적 모욕감이나 불안, 공포감, 등의 정신적 피해를 가져 오는 일체의 행위라고 할 수 있다.

인터넷의 발달과 각종 상업성이 강한 음란 사이트의 증가, 화상채팅방·전화방·대화방의 증가, 몰래카메라의 등장, Sex산업의 발달로 이러한 사이버 성폭력은 급증하고 있다. 특히 당사자의 동의 없이 이루어지는 Sex의 몰래카메라는 그 유통이 음란 사이트와 파일공유 서비스 등을 통해 급속히 확산되고 있는 현실에서 피해자가 느끼는 정서적 피해는 상상을 초월하고, 이런 사이버 성폭력과 결부하여 협박죄나 강요죄 등의 부수적 범죄도 증가하고 있다. 또한 건전한 공개채팅방에서도 상대에게 쪽지를 보내어 사이버 섹스나 음란행위를 요구하는 일이 많은 만큼 사이버 성폭력은 사이트나 대화방의 성격을 불문하고 도처에서 행해지고 있는 형식이다. 이러한 사이버 성폭력을 처벌하는 관련 규정은 '성폭력범죄의 처벌 및 피해자보호에 관한 법률(이하 성폭력특별법이라 한다)'과 정보통신망법 청소년보호법, 형법상 협박죄나 강요죄의 규정이 있다.

성폭력특별법 제14조에는 "자기 또는 다른 사람의 성적 욕망을 유발하거나 만족시킬 목적으로 전화, 우편, 컴퓨터 기타 통신매체를 통하여 성적 수치심이나 혐오감을 일으키는 말이나 음향, 글이나 도화, 영상 또는 물건을 상대방에게 도달하게 하는 행위는 1년 이하의 징역 또는 300만 원 이하의 벌금에 처한다"라고 규정하고 있고, 동법 제14조의 2는 "카메라 기타 유사한 기능을 갖춘 기계장치를 이용하여 성적 욕망 또는 수치심을 유발할 수 있는 타인의 신체를 그 의사에 반하여 촬영한 자는 5년 이하의 징역 또는 1천만 원 이하의 벌금에 처한다"라고 규정하고 있다. 정보통신망 이용촉진 및 정보보호에 관한 법률(이하 정보통신망법이라 한다) 제65조 1항 1호에는 "정보통신망을 통하여 음란한 부호, 문언, 음향, 화상 또는 영상을 배포, 판매, 임대하거나 공연히 전시한 자는 1년 이하의 징역 도는 1천만 원 이하의 벌금에 처한다"라고 규정하고 있다.

정보통신망법 제42조 제2호에는 "누구든지 청소년보호법 제7조 제4호의 규정에 의한 매체물로써 동법 제2조 제3호의 규정에 의한 청소년 유해 매체물을 광고하는 내용의 정보를 정보통신망을 이용하여 부호, 문자, 음성, 음향, 화상 또는 영상 등의 형태로 동법 제2조 제1호의 규정에 의해 청소년에게 전송하거나 청소년 접근을 제한하는 조치 없이 공개적으로 전시하여서는 아니된다"라고 규정하고 있다.

사이버 성폭력이 협박이나 강요와 결부될 때는 형법상 협박죄나 강요죄가 될 수 있는데, 협박죄는 사람을 협박한 자는 3년 이하의 징역 또는 500만 원 이하의 벌금, 구류 또는 과료에 처한다(형법 제283조 제1항). 그리고 피해자의 명시한 의사에 반하여 공소를 제기할 수 없다(동법 제283조 제2항). 본죄의 미수범은 처벌한다(동법 제283조 제3항). 그리고 강요죄는 폭행 또는 협박으로 사람의 권리행사를 방해하거나, 의무없는 일을 하게 한 자는 5년 이하의 징역에 처한다(형법 제324조 제1항). 본죄의 미수범도 처벌한다(동법 제324조 제2항). 따라서 사이버 성폭력은 실무상으로 통신매체 이용 음란죄, 협박죄, 강요죄 등으로 처벌이 가능하다. 사이버 성폭력의 주체 및 객체는 남성 또는 여성으로 제한이 없다. 그리고 사이버 성폭력의 주체와 객체간에는 보통 이성임이 보통이나 동성이어도 성적 욕망을 유발하거나, 만족시킬 목적만 있으면 성립한다. 사이버 성폭력의 수단인 말, 음향, 도화, 영상에서 음향이란 소리를 말하고, 영상은 동영상을 말한다. 정보통신망법 제65조 제1항 1호에서 부호는 코드를 말하는 것으로 화상, 동영상, 문언, 음향을 내포하는 개념이다. 동법에서 말하는 음란성의 개념에 대해 판례에 의하면 사이버상 내용이 피해자의 성욕을 자극 또는 흥분시켜서 보통인의 정상적인 성적 수치심을 침해하는 것으로 음란성의 개념은 행위자의 주관적인 의도와 상관없이 사회통념에 따라 객관적으로 판단한다.[159)]

가해자가 사이버 성폭력에 그치지 않고 피해자의 전과사진을 인터넷에 유포하겠다고 사이버상에 협박하여 피해자가 심적 고통을 느끼면 형법상 협박죄[160)]가 될 수 있으며, 사이버상에서 상대에게 특정일을 강요하면 강요죄[161)]가 성립될 수 있다.

5. 사이버 테러

1) 개념과 유형

사이버 테러란 컴퓨터나 네트워크를 이용하여 개인이나 기업 및 국가기관의 컴

---

159) 음란은 외설과 구별되는데, 외설은 단지 미적·도덕적 감정을 해하는 것이지만, 음란은 주로 성적 흥분을 자극시킬 것을 목적으로 하고, 일반적인 사회적 가치관념과 일치하는 성적 품위의 한계를 현저히 일탈하는 경우이다. 음란은 추행과 구별되는데, 추행은 성욕을 자극시킨다는 행위자의 주관적 의도를 필연적인 개념요소로 하나, 음란은 이러한 주관적 의도가 아니라 성욕을 자극·흥분시키기에 적합한 객관적인 표현을 중시하기 때문이다. 그리고 음란성의 판단기준에 대해서는 브통인 기준설과 객관적 판단설 및 전체적 판단설이 있는데, 보통인 기준설은 음란의 유무는 일반 보통의 정서를 기준으로 판단하는 것을 말한다(대판 1995. 2. 10, 94도2266). 객관적 판단설은 음란성의 유무는 행위자의 주관적 의도와는 관계없이 사회통념에 따른 객관적인 판단이어야 한다는 것이다(대판 1970. 10. 30, 70도1879). 전체적 판단설은 음란성의 유무는 전체적 흐름을 토대로 판단하는 것을 말한다(대판 1975. 12. 9, 74도976). 필자는 최근판례인 보통인 기준설이 사회일반인을 기준으로 판단하기 때문에 그 판단에 객관성과 실효성이 있다고 본다.

160) 협박죄의 보호법익은 자유로운 의사결정이며, 이 때 협박이란 피해자의 반항을 억압할 정도는 아니더라도 피해자가 현실로 공포심을 느낄 정도의 해악의 고지가 있어야 하며, 단순한 폭언은 협박이 아니다. 또한 공포심을 생기게 하기 위한 것이 아니라 해악발생에 대한 상대의 경계를 촉구하는 충고와는 구별되며, 해악이 상대방에 대한 것이든 그와 밀접한 관계가 있는 제3자에 대한 것이든 불문한다. 협박죄의 기수시기는 협박죄가 침해범이므로 해악의 고지로 인하여 현실적으로 상대방에게 공포심이 일어났을 때 기수가 된다. 또한 피해자의 명시한 의사에 반하여 공소를 제기할 수 없는 반의사불벌죄이다.

161) 형법상 강요죄란 폭행 또는 협박으로 타인의 권리행사를 방해하거나, 의무없는 일을 하게 함으로써 성립하는 범죄로, 여기서의 폭행이란 사람에 대한 직·간접의 유형력의 행사를 말하며, 협박이란 현실로 공포심을 느낄 수 있을 정도의 해악을 고지하는 것이다. 권리행사방해란 행사할 수 있는 권리를 행사하지 못하게 하는 것을 말하며, 의무없는 일이란 도덕상의 의무가 아니라 법률상의 의무를 말한다. 본죄의 기수시기는 폭행·협박에 의하여 권리행사가 현실적으로 방해가 되거나 의무없는 일을 현실적으로 하게 했을 때 기수가 되며, 강요죄가 성립하면 폭행·협박죄는 이에 흡수되어 별도의 죄가 성립하지 않는다.

퓨터에 부정하게 침입하여 자료를 삭제 또는 변형·파괴시키는 행위를 말한다. 우리나라는 인터넷을 통해 많은 일을 하고 있고, 의존성이 증대되고 있으며, 나아가 국가도 전자정보시대로의 이행이 급속히 진전되어 국가안보, 농업, 에너지, 운송, 산업 등 국가 사회의 주요기관시설도 정보통신 인프라를 기반으로 하고 있다. 또한 세계 각국도 정보 인프라를 급속히 추진하여 이제는 세계 인터넷으로 연결되는 세계 각국의 정치, 국방, 경제, 산업 등 모든 분야에 복잡한 정보통신네트워크가 연결되어 있는 만큼 개인, 기업, 국가, 세계는 인터넷이나 정보통신 인프라의 의존도가 필수적이 되어 버렸다. 그러나 인터넷 등 정보통신 인프라가 발달할수록 인터넷 침해사고 등 정보보안 문제가 심각히 대두되며, 이는 인터넷 구조 자체의 취약성과 인터넷의 구조적 특징에서 기인한다.

해커에 의한 해킹 등의 사이버 테러는 개인과 기업에게 공포의 대상이 되었다.[162] 특히 국가안전보장이나 국가산업경제도 사이버 테러라는 엄청난 공포의 무기에 노출되게 되었다. 따라서 국가정보원에서 사이버 테러를 "정치적·사회적 목적을 가진 개인이나 집단이 그 목적을 달성하거나 상징적 효과를 얻기 위하여 계획적으로 행하는 불법적 폭력행위"라고 규정하였다.[163] 구체적으로 보면 사이버 테러리스트인 해커가 타인의 전자상거래정보 등에 침입하여 개인의 여러 경제적 정보를 변형시키는 개인에 대한 사이버 테러리즘도 있고, 최근에 급증하는 정보산업 스파이처럼 다른 기업의 노하우를 알기 위해 다른 기업의 정보처리 시스템에 침입하여 정보를 유출하거나 변형시키는 기업에 대한 사이버 테러리즘이 있다.[164]

세계는 국제적 정보통신망에 의존도가 필수적인 만큼 정보통신과 컴퓨터에 접속이 필수적이 되어 버렸다. 따라서 과거와 같이 군사적 침입보다 이제는 잘 훈련된 해커들에 의해 정치적·사회적·심리적으로 큰 효과를 노리는 국가에 대한 사이버 테러리즘의 피해가 엄청나다는 점에서 국가정보보안의 중요성은 시급하며, 정보보

162) 2001년 4월 26일 CIH 바이러스사건으로 국내에서 1천억 원의 손실이 났다(김두현, 현대 테러리즘, 백산, 2005, 144면).

163) www.nis.go.kr 참조.

164) 미국의 FBI는 동시다발 테러가 있은 후 사이버 테러에 대한 경고를 기업들에게 보내어 기업들이 네트워크에 부정침입을 방지하는 방화벽을 갱신했지만 W32/Nimda라는 신종 컴퓨터 바이러스가 온 세계에 전파되어 컴퓨터 자체를 오염시켰다(大泉光一/강영숙 역, 테러이해, 백산, 2005, 110면.

안에서는 비용을 생산비의 개념에 포함시키는 인식의 전환이 있어야 한다. 특히 최근에는 종교적·민족적 목적을 달성하기 위해 조직된 단체에 의해 행해지는 국가 시설 등에 대한 사이버 테러가 가장 우려된다고 할 수 있다.[165] 그런데 초기의 사이버 테러는 10대 청소년들의 호기심과 영웅심 그리고 아마추어 해커들의 수준에서 행해졌으나, 최근에는 조직의 이익이나 정치적 목적을 위해 정보유출과 파괴, 시스템의 마비 등의 방법으로 국가정보통신기반에 심각한 위해를 가하는 방향으로 변하는데, 이런 경향은 사이버 테러리즘이 접속의 용이함이나 익명성 등 사이버 세계의 특징으로 인하여 적은 비용으로 큰 효과를 얻을 수 있기 때문이다.[166] 이러한 사이버 테러를 행하는 사이버 테러리스트의 유형에는 가장 많은 분류로써 자신의 실력을 과시하기 위해 행하는 초보 아마추어 해커와 새로운 공격기법을 개발하여 불법지하조직에게 판매하는 범죄집단 및 정치적·종교적·민족적 목적을 달성하기 위하여 조직된 단체 등이 있다.[167] 특히 사이버 테러가 테러집단에게 매력적인 이유는 테러리스트의 훈련이나 무기의 사용이 필요 없고, 물리적 제한이 없으므로 공격의 성공률을 높여 주며, 테러리스트들이 발각되거나 체포될 위험이 없으며, 고도의 지식을 보유하고 있는 1인의 기술자와 1대의 컴퓨터만으로도 가능하기 때문이다.[168]

2) 사이버 테러의 주요수법

여기에는 크게 해킹과 컴퓨터 바이러스로 나눌 수 있다. 컴퓨터 네트워크를 불법적으로 방해하는 해킹에는 원격지에서 각종 사용자의 ID나 비밀번호를 알아내는 스피닝, LAN상의 네트워크 장비를 혼합 모드로 설정하여 자료를 도용하는 스니핑, 한꺼번에 대용량의 자료를 보내어 시스템을 마비시키는 전자우편폭탄, 원치 않는 전자우편을 무차별적으로 보내어 시스템을 방해하는 스팸메일, 전자기장을

165) 이진수, "사이버 테러리즘의 실태와 대책", 형사정책연구 제42호, 형연원, 2000, 229면.
166) 이윤호, 현대사회와 범죄, 삼경, 2005, 218면.
167) 이윤호, 상게서, 218면.
168) 이재영, 전쟁, 대왕사, 2005, 247면.

발생시켜 자기기록을 훼손하는 고출력전자총, 일정한 조건을 만족시키면 특수한 프로그램이 저절로 작동하도록 하여 통신을 방해하는 논리폭탄, 프로그램의 내부에 숨어서 시스템에 피해를 주는 트로이목마, 네트워크에 침입하여 필요한 정보를 입수한 뒤 자신을 복제시키고 다른 대상 컴퓨터로 이동하는 인터넷 웜이 있다.[169] 이 밖에도 특정조건이 만족되면 동작하는 기능이나 회로를 칩의 일부분에 하드웨어적으로 삽입하는 Chipping과 개미보다 작은 크기의 로봇으로 적의 정보센터 등에 살포하여 컴퓨터의 하드웨어를 파괴하는 나노머신, 전자기파를 발생시키는 전자기 펄스(EMP : 2003년 미국이 이라크 공격 시 위력을 입증)폭탄, 미세한 탄소섬유를 변압기 등 고압전류가 흐르는 시설에 살포해 발전시설을 무력화시키는 흑연폭탄(1991년 걸프전과 2003년 이라크전에서 사용) 등도 있다.[170]

컴퓨터에 이상을 일으키거나 파일을 손상시키며 자신을 복제시키는 컴퓨터 바이러스는 최근의 멜라사, 파파처럼 한 번 인터넷상에 바이러스가 올려지면 순식간에 기하급수적으로 감염되고, 과거와 달리 현재에는 불과 몇 분 사이에 전 세계로 확산되어 그 피해는 엄청나다.[171] 최근에는 다양한 바이러스가 생성되어 컴퓨터를 마비시키는 사례가 종종 발생하고 있다. 이처럼 사이버 테러리즘은 그 피해가 엄청나므로 우리나라를 비롯한 세계 각국은 이에 대한 대응에 주력하고 있다.[172]

6. 사이버 음란

최근 갈수록 인터넷의 발달로 인터넷 인구가 급속히 증가하고, 스마트 폰의 보급으로 이용자들이 상업적 행위를 많이 하고 있는데, 그 중 하나가 바로 섹스산업

---

169) 이윤호, 현대사회와 범죄, 221~222면.
170) 김두현, 전게서, 221~222면.
171) 김두현, 전게서, 148~149면.
172) 미국은 1995년부터 사이버 테러리즘 전담팀을 설치하였고, 미국 국방부는 사이버 특수부대를 창설하였으며, 2002년 7월에는 사이버 전쟁지침을 마련하였다. 일본도 방위청이 2001년부터 자위대에서 사이버 부대를 창설하였고, 1999년에는 컴퓨터 해킹범죄 전담반과 사이버 테러리즘 대책반을 만들었다. 우리나라도 국방부, 국가정보원, 정보통신부 등 관련 부처와 민간 전문가로 구성된 사이버 대책을 위한 특수부대를 창설하였다(김두현, 상게서, 154~156면).

이다. 우리가 컴퓨터를 열면 수많은 음란 사이트가 열려 사춘기의 청소년이나 성욕을 해소할 정당한 방법이 없는 성인남녀들을 유혹한다. 이러한 노골적인 Sex장면이나 여체의 사진이나 포르노 화상은 건전한 게시판이나 개인의 이메일을 통해서 끊임없이 올라온다. 이런 경향은 청소년에게 왜곡된 성관념을 심어주고, 일부 성인들에게는 정조관념과 도덕관념을 와해시키며, 정상적인 사람에게도 짜증과 불쾌감, 성적 수치심, 정신적 충격을 줄 수 있어 개인적 차원을 넘어 사회적인 문제로 확산되고 있다. 이러한 사이버상에서의 음란광고나 음란 사이트들을 법적으로 규제할 필요가 있으므로 정보통신망법, 전기통신사업법, 성폭력특별법 등에서 규제하고 있다.

사이버 음란이란 사이버상의 게시판이나 홈페이지 및 이메일 등을 통하여 음란물을 상대방의 의사와 관계없이 유포하거나 광고하는 일체의 불법행위라고 할 수 있다. 이러한 사이버 음란을 처벌하는 규정은 정보통신망법 제42조와 제64조 그리고 65조가 있고, 전기통신사업법 제53조와 제72조가 있으며, 성폭력특별법 제14조가 있다. 먼저 정보통신망법 제42조 제1호에는 “통신사업자의 전기통신업무를 이용하여 일반인에게 공개를 목적으로 정보를 제공하는 자(이하 정보제공자라 한다) 중 청소년보호법 제7조 제4호의 규정에 의한 매체물로써 동법 제2조 제3호의 규정에 의한 청소년유해매체물을 제공하고자 하는 자는 대통령령이 정하는 표시방법에 따라 당해 정보가 청소년유해매체물임을 표시하여야 한다”라고 규정하고 있고, 동조 제2호는 “누구든지 청소년보호법 제7조 제4호의 규정에 의해 매체물로써 동법 제2조 제3호의 규정에 의한 청소년유해매체물을 공고하는 내용의 정보를 정보통신망을 이용하여 부호, 문자, 음성, 음향, 화상 또는 영상 등의 형태로 동법 제2조 제1호의 규정에 의한 청소년에게 전송하거나 청소년 접근을 제한하는 조치 없이 공개적으로 전시하여서는 아니된다”라고 규정하고 있다. 또한 동법률 제65조 제1항 2호는 “정보통신망을 통하여 음란한 부호, 문언, 음향, 화상 또는 영상을 배포, 판매, 임대하거나 공연히 전시한 자는 1년 이하의 징역 또는 1천만 원 이하의 벌금에 처한다”라고 규정하고 있고, 동법 제64조 벌칙조항에는 “다음 각 호의 1에 해당하는 자는 2년 이하의 징역 또는 1천만 원 이하의 벌금에 처한다"라고 규정하고 있다.

1. 제42조의 규정을 위반하여 청소년유해매체물임을 표시하지 않고 영리를 목적으로 제공한 자
2. 제42조의 2의 규정을 위반하여 청소년유해매체물을 광고하는 내용의 정보를 청소년에게 정송하거나 청소년 접근을 제한하는 조치 없이 공개적으로 전시한 자.

전기통신사업법 제53조 제1항에는 "전기통신을 이용하는 자는 다음 각 호의 행위를 하여서는 아니된다"라고 규정하고 있다.

1. 음란한 부호, 문언, 음향, 화상 또는 영상을 배포, 판매, 임대하거나 공연히 전시하는 내용의 전기통신

동조 제2항에서는 "정보통신부장관은 제1항의 규정에 의한 전기통신에 대하여는 제53조의 2의 규정에 의한 정보통신위원회의 심의를 거쳐 전기통신사업자로 하여금 그 취급을 거부, 정지 또는 제한을 명할 수 있다"라고 규정하고 있으며, 성폭력특별법 제14조는 "자기 또는 다른 사람의 성적 욕망을 유발하거나 만족시킬 목적으로 전화, 우편, 컴퓨터 기타 통신매체를 통하여 성적 수치심이나 혐오감을 일으키는 말이나 음향, 글이나 도화, 영상 또는 물건을 상대방에게 도달하게 하는 행위는 1년 이하의 징역 또는 300만 원 이하의 벌금에 처한다"라고 규정하고 있다.

위의 법률들의 구성요건에서 배포란 불특정 다수인에게 무상으로 교부하는 행위를 말하며, 현실로 교부해야 본죄의 기수가 된다. 판매란 불특정 다수인에게 유상으로 양도하는 것이고, 임대란 유상으로 양도한 것이다. 공연전시란 불특정 다수인이 실제로 음란한 부호, 문언 또는 음향, 영상을 인식할 수 있는 상태에 두는 것을 의미하여, 불특정 다수인이 음란한 부호로 된 링크를 이용하여 음란한 부호 등에 바로 접할 수 있는 상태가 조성되었다면 공연전시요건을 충족한다.[173] 본죄에서 청소년유해매체물이란 청소년유해환경으로부터 청소년을 보호하기 위한 국

173) 대판, 2003. 7. 8, 2001도1335.

무총리산하 청소년위원회와 각 심의기관의 심의결정에 따라 결정된 매체물을 말하는데, 여기에는 청소년위원회가 유해한 것으로 결정한 청소년유해매체물과 정보통신윤리위원회가 결정한 유해매체물로 구분된다.[174)]

7. 사이버범죄의 심리

사이버범죄의 특징은 오프라인과 다른 사이버공간에서 이루어진다. 이러한 사이버범죄[175)]를 행하는 심리적 특징은 다음과 같이 추론할 수 있다. 사이버 음란 또는 사이버 섹스 및 사이버 성폭력을 행하는 범죄인들의 심리는 여러 형으로 추론할 수 있다. 가장 먼저 노총각 또는 호기심이 많은 청소년이나 성적 변태의 중년층 및 노년층들이 적정한 방법으로 성욕을 배출하지 못하는데서 오는 스트레스나 불만을 사이버상의 성폭력 등을 통해 본능적인 성욕을 추구하는 형태가 있다. 현실세계에서는 여성을 만족시킬 수 있는 성적 능력이 부족한 성적 열등자가 있는 반면, 성욕이 강한 성적 열등자들이 현실세계에서의 섹스에서 오는 두려움 때문에 간접적으로나마 사이버 섹스 또는 사이버 음란을 통하여 그들의 성욕을 채우는 불쌍한 인간들도 있다. 이러한 성적 열등자들의 특징은 사이버상의 파트너에게 자

---

174) 청소년 유해 매체물로 결정되면 청소년 유해표시의무, 포장의무, 표시의 훼손금지의무, 판매금지의 의무, 방송기간 제한의무, 광고 선전 제한의무가 청소년보호법에 규정하고 있다.

175) 사이버범죄의 특징은 다음과 같은 것들이 지적되어 왔다. 사이버공간의 특징인 시·공의무제약성으로 하루 24시간 전체가 범행이 기능하고, 전혀 안면이 없는 사람들과 뜻을 같이 하여 모의범행을 할 수 있으며, 국경을 초월하여 범행이 가능하다. 또한 비대면성으로 인해 범죄자들은 성적 표현 등 보다 과감한 행동을 할 수 있으며, 피해자는 행위자의 실체를 알 수 없어 범인파악이 어렵고 공포감이 훨씬 커지게 된다. 범죄인은 ID만으로 표시되어 범행의 주체를 밝히기가 곤란하며, 제3자의 신고도 기대하기 어려운데, 특히 타인의 비밀번호를 도용한 경우는 더욱 그렇다. 간단한 조작이나 속임수에 의해 판매사기극이나 사이버 테러 등이 가능해 많은 피해자가 유발될 수 있다. 그리고 금융기관의 전산망에 침입해 타인의 예금을 가로채는 범행수법이 있으나 범행현장은 없는 경우가 많고, 특히 범죄현장을 알더라도 외국인이 범죄인인 경우에는 통치권이 미치지 못한다. 범행이 종료되면 흔적을 남기지 않아 사후적으로 범행을 입증하기 곤란하다. 사이버공간에서는 불법행위를 규제할 수 있는 법률상의 구성요건이 없는 경우가 많고, 수많은 메시지들을 일일이 감시할 수 없는 수사상 장애물이 많은 것이 현실세계와의 차이점이다. 사이버범죄는 범죄성에 대한 인식이 희박하고, 일반인도 이를 범죄로 보는 적개심이 적으며, 심지어 이를 영웅으로 여기는 경우도 있다. 또한 비대면적이므로 범죄동기에 대한 고의성은 쉽게 감출 수 있다고 한다(우제태, "사이버공간과 사이버범죄", 사회과학논총, 제16권 전주대학교 사회과학연구소, 2000; 김수정, 전게논문, 181~184면에서 재인용).

신의 성적 능력이 대단하다는 것을 은근히 과시하여 성적 우월감을 추구하지만, 오프라인의 성적 만남은 신중히 결정한다. 왜냐하면 자신의 부족한 성적 능력이 탈로 날까 두려움 때문에 오프라인으로 성적 연결에서는 성적 경험이 많은 아줌마보다는 아직 성적 기술이 상대적으로 적은 나이 어린 학생들이나 처녀들을 사전에 충분한 채팅을 통해 확인한 후 오프라인 섹스로 연결시킨다. 다른 유형은 사회적 지위가 하층계급에 있는 남성들이 현실세계에서 사회적으로 실패와 좌절감을 사회적으로 성공한 남성들의 아내나 성공한 상위층의 여성들을 사이버 강간을 함으로써 보상을 받고자 하는 유형이 있다. 이들은 사회적 지위가 높은 여성, 특히 연예인이나 잘 알려진 유명인들이 조금만 허점이 있어도 무차별 공격하는 형태를 보여 주는데, 이것은 그들의 논리적인 것 등 인지적 면에서는 상위층에 대해 이길 수 없기 때문이다. 즉 자신들의 상대적 좌절감으로 공격대상을 성공한 유명인들을 성적으로 공격하여 정복감을 맛보려는 형태이다. 이들은 오프라인으로 성적 만남까지 시도한다.

사이버 모욕이나 명예훼손은 개인적 측면과 집단적 측면에 의한 공격으로 나누어지는데, 현대에서의 심각성은 후자에 의한 것으로 특수이익집단이나 확신계층에 의한 것이 많다. 가령 KBS TV의 심야프로인 '시사투나잇'의 진행이 다른 뉴스 프로와 차이점은 진행자가 시사평을 간단히 하는데, 여자 진행자인 오유경 아나운서는 자신의 소신에 찬 발언을 했음에도 불구하고 특수이익 집단들이나 보수기득권 계층들이 그녀의 발언이 마음에 들지 않는다고 오랫동안 온갖 욕설과 명예훼손에 해당하는 글을 게시판에 올려왔다. 특히 그녀가 황우석 박사의 논문조작사건 후 그를 '황우석씨'라고 말한 적이 있는데, 호칭을 문제삼아 황우석 추종자들이 벌떼같이 달려들어 오랫동안 그녀와 그녀의 남편에게 온갖 욕설을 한 일이 있었다. 존경의 호칭인 '씨'는 전혀 문제가 되지 않음에도 황우석 추종자들이 집단적으로 그녀를 공격한 것은 오유경 아나운서에 대한 공격이 아니라, 논문조작으로 추락하게 된 황우석씨를 공격하는 모든 집단이나 개인들에 대한 상징적 공격이며, 경고성 심리공격인 것이다. 즉 누구나 황우석씨를 비하하면 그냥 두지 않겠다는 심리적 공격이며, 단지 희생양의 하나로 오유경 아나운서가 지목되었고, 그녀에 대한 집단 화풀이를 통해 그들의 단합성을 공공연히 한 것이다.

보수세력이나 보수시청자들은 시사투나잇이 동국대 강정구 교수사건에 대해 중립적인 보도를 했음에도 진보적인 편향된 보도를 했다고 진행자와 시사투나잇에 대해 온갖 욕설과 험담으로 명예훼손을 해 왔다. 이처럼 집단에 의한 사이버 명예훼손이나 모욕의 특징은 그것이 개인에 의한 사이버 모욕보다 피해가 엄청 크다는 점이다. 특수집단들이 게시판을 점령하고 하나의 사이버 공동체를 만들어 사이버 명예훼손적인 글을 남기고 도배하면 특수집단과 무관하다. 그러나 관점이 확립되지 않은 어리석은 시청자들은 특수이익집단들의 사이버 모욕의 주장이 하나의 진실이고 타당한 글이라고 세뇌되어 그들을 동조하게 된다는데 문제의 심각성이 있으며, 또한 성숙된 시청자들도 사이버상에서 집단 공격을 당할까 두려워 감히 반론을 올리지 못한다. 이러한 사이버 모욕을 행하는 특수집단들의 심리는 진행자나 특정 프로그램이 그들의 심리적 공격의 목적은 아니며, 사이버 모욕의 도배를 통해 마치 그들의 비판적 모욕의 글들이 전체 시청자의 생각인 것처럼 여론주도층이나 정책결정권자에게 인지적 착각을 일으키게 하여 보다 자기들의 이익이 반영되는 정책의제설정을 하게 하려는 고도의 심리가 내포되어 있다. 이러한 집단들에 의한 사이버 모욕이나 명예훼손이 가능한 것은 군중심리와 집단심리가 작용하기 때문이다. 특히 이러한 군중심리는 오프라인보다 사이버 공간상에서 더 잘 나타나는데, 이것은 익명성이 더 보장되기 때문이다. 즉 사람들이 집단을 이루면 욕설 등의 비도덕적·비합리적 행동이 반드시 발생하는데, 익명성이 보장되는 사이버 공간에서는 개인이 책임감을 상실하는 몰아현상이 더 많이 발생하므로 사이버 모욕하는 행동이 급속히 집단 속에서 전염되게 된다.

오프라인과 달리 집단사고의 증상인 자체검열이 오프라인에서는 익명성 때문에 거의 없다는 것이다. 즉 현실세계에는 익명성이 보장되지 않으므로 집단 구성원들이 타인에 대해 모욕을 할 때는 만일의 경우를 생각해 자체검열을 하므로 지나친 모욕이 자제되지만, 익명성이 보장되는 온라인에서의 집단에서는 그러한 자체검열이 드물어 보다 더 공격적인 모욕을 하게 된다. 그러나 개인에 의한 사이버 모욕이나 명예훼손이 있게 되면 소위 커뮤니케이션학에서 말하는 침묵의 효과이론이 적용될 여지가 적으므로 다른 개인에 의한 반론과 재반론 등을 통해 사이버 모욕 행위가 제재를 받을 수 있지만, 침묵의 효과이론이 크게 작용하는 집단에 의한 사이버 모욕은 그렇지 않다는데 심각성이 있다. 물론 유명인에게 행하는 사이버 모욕이나 명예훼손의 심리에는 왜곡된 사회구조에 대한 분노의 심리가 있을 수 있다. 가령 엄청난 돈을 버는 연예인이 조그마한 도덕적 결함이 발견될 때는 그를 집중적으로 공격하여 모욕하는 내용은 정상적인 방법으로는 도저히 부자가 될 수 없고, 외모 등 우연한 기회에 의해 벼락부자가 될 수 있는 사회구조에 대한 반발 심리의 표현으로 볼 수 있고, 이러한 사이버 모욕에 대한 불처벌이나 약한 처벌은 그들을 더욱 고양시켜 많은 모욕을 하게 되며, 자신들이 마치 도덕적 재판관이 된 듯 착각과 도덕적 우월감에 도취하게 된다.

집단에 의한 사이버 모욕심리에는 비뚤어진 애국심과 국수주의가 내재된 경우도 있을 수 있다. 가령 '독도는 일본땅'이라는 등 친일발언으로 유명한 김완섭의 글에 대해 약 2개월 동안 7천여 개의 비난글이 올라왔는데, 심한 욕설이 많았다. 이에 대해 김완섭은 사이버 모욕을 한 많은 네티즌들을 명예훼손 등으로 검찰에 고소했다. 그럼에도 많은 네티즌들이 더욱 사이버 모욕을 하는 심리는 친일파에 대해 모욕하는 것은 도덕적으로 정당하다는 심리와 친일파를 공격하는 것이 국민의 도리라 생각하는 애국심과 국수주의의 발로라고 생각한다. 이러한 애국적 행위에 대해 사법당국은 절대로 처벌하지 않을 것이라는 기대심리가 어우러진 결과이다. 거의 모든 네티즌들이 그를 공격하는 사이버 공간에서 집단동조하지 않는다는 것이 너무나 외로운 길이고 집단왕따를 당하지 않으려는 심리 때문에 소수의 냉철한 이성을 가진 자라도 대다수의 네티즌 글에 반하는 글을 올릴 수 없게 되고, 그 결과 집단애국주의는 전혀 반대의 의견을 단 1%도 허용하지 않는 집단 파시즘으로 이행하게 되고, 그런 집단 파시즘에는 광기가 독버섯처럼 편승한다. 이번에 친일 발언을 한 김완섭의 글에 대한 만장일치에 가까운 네티즌들의 비난과 집단행태에 침묵하는 언론들의 모습은 민주사회에서는 있을 수 없다. 그 이유는 민주주의의 최대의 적은 만장일치이기 때문이다. 김완섭의 글에 대해 논리적으로 반박하는 성숙된 글로써 그를 논리적으로 굴복시켜야 함에도 애국심이라는 집단감정에 의한 정서적인 방법이 팽배해진다는 것은 집단사고에 의한 집단압력이 얼마나 강한 것인가를 보여준다.

최근에는 인터넷을 통해서만 사회와 소통하는 은둔형 외톨이(히키 코모리)[176]가 급증하고 이들에 의한 사이버범죄, 특히 인터넷을 이용한 동반자살권유도 증가하고 있다.

176) 히키 코모리란 보통의 일정기간 계속하여 집 안에만 틀어 박혀 지내는 사람으로 사회적 인간관계를 거부하는 자들이다. 이러한 은둔형 외톨이는 사이버 공간이 도피처 또는 은신처로 이용되고 있는 것이 특징으로 지적되고 있다. 은둔형 외톨이의 공통된 특징은 학교와 직장이 없으며, 일체의 사회활동을 거부하여 친구가 없고, 가족 사이의 대화가 단절되어 대부분의 시간을 TV를 보거나 인터넷에 몰두한다. 밤과 낮의 역전현상을 보이며, 부모에게 응석을 부리고, 대인기피증이 있다. 혼자 식사하기를 좋아하고, 만약 말을 걸면 화부터 내거나 욕을 하며 물건을 던지는 등 과격한 행동을 하며, 심지어 자살시도까지 한다.

제12장 살인범죄심리

1. 개념과 구성요건

살인죄란 사람을 살해함으로써 그 생명을 침해하는 것을 내용으로 하는 범죄로, 보호법익은 사람의 생명이다. 형법 제250조는 사람을 살해한 자는 사형·무기 또는 5년 이상의 징역에 처한다고 되어 있는데, 이것은 보통살인죄를 의미한다. 보통살인죄의 주체는 피해자 이외의 모든 자연인이며, 본죄의 객체는 행위자 이외의 모든 생명있는 자연인을 말한다. 따라서 자살은 본죄에 해당하지 않는다. 또한 출생 후 사망 전의 살아 있는 사람이 대상이므로 태아와 죽은 사람은 본죄의 객체가 아니고, 단지 낙태죄 또는 사체손괴죄의 객체가 될 뿐이다.[177]

보통살인죄 행위는 살해인데, 이때 살해의 수단과 방법에는 제한이 없어 타살과 같은 유형적 방법의 살인이든 또는 정신적 충격과 같은 무형적 방법의 살인이든 불문하며, 직접 죽이든 또는 간접적으로(독극물을 우송해 살인) 죽이든 불문하며, 작위(죽이는 행위)이든 또는 부작위(부모가 고의로 아이에게 밥을 주지 않아 사망케 한 경우)이든 불문한다.[178]

보통살인죄의 기수시기는 침해범으로 사망이란 결과가 발생해야 기수가 되고, 이 때 살해행위와 사망 사이에 인과관계가 있어야 되며(총을 쏘니 맞아 죽었다), 만약 인과관계가 없으면 미수범에 그친다(죽이려고 쏘았으나 명중되지 않은 경우). 본죄의 주관적 구성요건에는 '살해'라는 고의가 있어야 한다.[179]

정당행위(교도관이 사형수를 죽이는 것)나 정당방위 같은 일반적 위법성 조각사

---

177) 살인죄의 객체인 사람의 범위에 대해 사람의 시기(始期)는 진통설이 통설로 분만을 개시하는 진통이 있을 때이고, 사람의 종기(終期)는 맥박정지설이 다수설로 심장의 맥박이 정지한 때이다.

178) A와 B는 너무 이기적이고 얄미워 교통사고로 죽으라고 기도하고 저주하는 등 미신적 방법을 쓴 결과 B가 우연히 죽는다 하더라도 이는 미신행위의 우연적 일치에 불과하여 범죄가 성립되지 않는다.

179) 이때의 고의는 A가 B를 살인대상으로 정해서 죽이는 확정적 고의 이외에도 A가 칼을 밖으로 던질 때 우연히 지나가는 사람이 맞아 죽어도 좋다고 생각하고 흉기를 던지는 미필적 고의만으로 충분하다.

유가 있게 되면 위법성이 조각되어 본죄가 되지 않으며, 사회적 문제가 되는 안락사의 경우에는 다수설은 극히 제한된 조건하에서 인정하나, 판례는 부정한다.

형법 제250조 2항에는 존속살해죄가 규정된 바, 여기에는 자기 또는 배우자의 직계존속을 살해한 자는 사형·무기 또는 7년 이상의 징역에 처한다고 구정되어 있다.[180] 존속살해죄는 행위자의 신분으로 형이 가중되는 부진정신분범이며, 이 때 존속은 민법에 의한 법률상의 개념으로 사실상 개념이 아니다.[181] 또한 존속살해죄가 성립되기 위해서는 자기 또는 배우자의 직계존속을 살해한다는 고의가 있어야 한다.[182]

형법 제251조에는 영아살해죄를 규정한 바, 여기에는 직계존속이 치욕을 은폐하기 위하거나, 양육할 수 없음을 예상하거나, 특히 참작할 만한 동기토 인하여 분만중 또는 분만 직후의 영아를 살해한 때에는 10년 이하의 징역에 처한다라고 되어 있다. 영아살해죄의 주체는 직계존속인데, 판례는 법률상 직계존속에 국한하지만 다수설인 통설은 사실상의 직계존속도 포함해야 한다고 주장하고 있다. 주관적 구성요건으로 고의와 동기가 있어야 한다. 동기에는 가령 영아가 병약하다든지 또는 불구이거나 경제력이 없는 경우 등이다.

형법 제252조는 촉탁 · 승낙살인죄를 규정하고 있는 바, 사람의 촉탁 또는 승낙을 받아 그를 살해한 자는 1년 이상 10년 이하의 징역에 처한다라고 되어 있다. 본죄의 객체는 자신에 대한 살해를 촉탁 또는 승낙한 자로 죽음의 의미와 의사결정능력이 있어야 한다. 따라서 유아나 심신상실자 등은 본죄의 객체가 될 수 없다. 가령 A는 정신병자 B의 동의를 얻어 B를 죽여도 A는 보통살인죄가 될 뿐이다. 본죄에서 촉탁이란 이미 죽음을 결의한 피해자가 타인에게 자신을 살해해 줄

---

180) 여기서 배우자는 살아 있는 배우자를 말하며, 만약 A가 10년 전 사망한 부인의 어머니를 살해하면 보통살인죄가 된다. 또한 배우자는 법률상 배우자로 사실혼 관계에 있는 자는 제외된다.

181) 예컨대 A가 혼인 외 출생자인 경우 생모와는 친자관계가 인정되어 A가 인지 전이라고 실모를 살해하면 존속살해죄가 된다. 이 경우 생부와는 인지절차를 거쳐야 직계존속이 인정되므로 인지 전의 자가 실부를 죽이면 보통살인죄가 된다.

182) 일반인을 죽일 의사로 살해했으나 알고 보니 존속이 살해되었다면 존속살해죄가 아닌 일반살인죄가 된다. 예컨대 A는 B를 원수인줄 알고 총을 발사했으나 사실은 어머니였다면 착오에 상당성이 인정된다면 존속살인죄가 아닌 일반 살인죄가 성립한다.

것을 요구하는 명시적 의사표시이고, 승낙이란 이미 살해의 결의를 한 자에게 피해자로부터 살해에 대한 동의를 받는 것이며, 촉탁승낙은 피해자 자신의 자유의사에 따른 진의여야 한다.[183] 촉탁·승낙살인죄의 주관적 구성요건은 촉탁이나 승낙에 의하여 사람을 살해한다는 고의가 있어야 한다. 만약 촉탁·승낙이 없음에도 있는 것으로 착각하고 살해하면 제15조 1항에 의해 촉탁·승낙살인죄가 되며, 촉탁·승낙이 되었음에도 없는 것으로 오인하고 살해하면 보통살인죄가 된다.

제252조 2항은 자살교사·방조죄(자살관여죄)를 규정하고 있는 바, 사람을 교사 또는 방조하여 자살하게 한 자는 1년 이상 10년 이하의 징역에 처하도록 규정하고 있다. 여기서 자살교사란 자살의사 없는 타인에 대하여 자살을 결심하게 하는 행위이고, 자살방조란 이미 자살을 결심한 자에 대해 자살을 용이하게 해 주는 행위이다. 본죄의 객체는 자살의 뜻을 알고 의사결정능력이 있어야 하므로 의사결정능력이 없는 정신병자나 어린 아이를 교사·방조하면 살인죄의 간접정범이 된다. 가령 아버지가 딸에게 같이 죽자고 하여 약을 먹였으나 자신만 살면 그는 살인죄가 된다. 본죄의 착수시기는 자살의 교사·방조시이며, 기수시기는 죽었을 때이나 자살관여죄와 관련해 문제가 되는 것이 합의에 의한 공동자살(정사)인데, 이것은 구체적으로 고찰해야 한다.[184]

형법 제253조는 위계·위력에 의한 살인죄를 규정한 바, 위계 또는 위력으로 촉탁 또는 승낙을 받아 살해하거나 자살을 결의하게 하면 위력에 의한 촉탁살인죄 및 위계에 의한 승낙살인죄가 성립된다. 가령A는 B에게 독약을 먹이고 미리 죽으면 자기도 따라 죽는다고 속여 B를 오신케 해 B가 자살한 경우 A는 위계에 의한 살인죄가 된다. 여기서 위계란 무지나 착오를 이용하여 자신의 범행목적을 달성하는 것이고, 위력이란 상대의 의사를 제압할 수 있는 유형·무형의 힘을 말하며, 본죄의 처벌은 제250조의 예에 의하므로 본죄의 객체가 자기 또는 배우자의 직계존

183) 예컨대 A가 환각상태에서 B에게 죽여 달라고 했을 때, 환각상태에서의 촉탁은 진실한 촉탁은 아니지만 B는 A가 진심으로 부탁하는 줄 알고 죽였다면 형법 제15조 제1항의 사실의 착오에 의해 촉탁살인죄가 성립될 수 있다.

184) 남녀가 같이 죽을 의사로 약을 먹었으나 이 중 1명이 살아남은 경우에는 상호 무형의 방조가 있었으므로 자살교사·방조죄가 되며, 애인에게 정사하자고 속여 독약을 주고 자신은 밀가루를 먹어 애인이 죽은 경우는 위계에 의한 살인죄가 된다.

속이며, 존속살해죄이고, 본죄의 객체가 사람이며, 살인죄가 된다.

제255조에는 살인예비 · 음모죄가 규정된 바, 살인죄와 존속살해죄 및 위계·위력에 의한 살인죄를 범할 목적으로 예비 또는 음모하면 10년 이하의 징역에 처한다라고 규정된 목적범인데, 주관적 구성요건은 예비 · 음모에 대한 고의와 살인목적이 있어야 하고, 예비 · 음모가 발전하여 미수 또는 기수가 되면 본죄는 이에 흡수된다.

2. 발생원인론

살인의 발생원인에 대해 생물학적·심리학적·사회학적 이론이 있다. 생물학적 설명에서는 인간은 다른 동물보다 살인본능이 강하고 살인과 같은 공격성이 인간의 본능이라고 한다. 그러나 이 이론은 모든 사람에게 동일한 살인본능과 동일하게 살인본능을 금지하는 기제가 부족함에도 모든 사람이 다 살인을 하지 않는다는 비판을 받는다.[185)]

생물학적 이론의 두 번째 이론인 유전학에 따르면 23개씩의 X와 Y염색체를 가진 정상인과 달리 Y염색체를 하나 더 가진 남성은 살인가능성이 더 높다는 이론이지만, 대부분의 살인범은 XYY염색체를 가지고 있지 않으며, XYY염색체가 폭력성이 잠재요인이 될 수 있으나 결정인자는 아니다라는 비판을 받는다.[186)]

심리학적 이론에서는 심리분석학적 이론과 좌절-공격성이론이 있다. 그런데 프로이드가 주장하는 원초아(id)와 자아(ego) 및 초자아(superego) 가운데 중재기능을 하는 Ego가 이런 역할을 제대로 하지 못했을 때에는 죄의식을 갖게 되고, 결국 살인과 같은 폭력으로 이끌리게 된다는 것이다.[187)] 또한 좌절-공격성이론은 좌절에 대한 반응으로 공격성이 나타나 살인을 한다는 것이다. 경우에 따라서는 좌절을 일으킨 대상에게 직접적인 공격을 하는 것이 억제되고 그와 유사한 대상

---

185) Thio, *Deviant Behavior*, 2nd ed., Boston, MA: Mifflin Co., 1983, pp. 116~117; 김성진, 범죄심리학, 동인, 2004, 144면에서 재인용.

186) Sarbin & Mille, "The XYY Chromosomal Anomaly", *Issues in Criminology,* 1970, p. 199; 김성진, 전게서, 144~145면 재인용.

187) Aichorn, *Wayword Youth*, New York: Viking, 1963; 김성진, 상게서, 146면 재인용.

에게로 공격이 전위되어 대리살인을 하게 된다.[188)]

사회학적 이론에서는 외적 제재론과 폭력의 하위문화론이 있다. 헨리와 쇼트(Henry & Short)의 외적 제재론에 의하면 인간은 약한 외적 제재를 경험하면 자살을 택하고, 강력한 외적 제재로 고통받으면 살인을 선택한다는 것이다. 따라서 사회적 통제를 많이 받는 사람은 그들의 좌절감에 대해 남을 합법적으로 탓할 수 있기 때문에 자살보다는 살인을 지향한다고 한다.[189)] 폭력의 하위문화이론은 폭력의 하위문화를 가진 지역에서는 대인적 폭행을 나쁘다거나 반사회적인 것으로 규정하지 않고 신체적 공격에 대한 즉각적인 호소가 사회적으로 용인되고, 또한 그것이 어떤 자극에 대해 기대되는 부수물이라는 것이다.[190)] 그러나 이 이론에 대해서는 범죄다발지역의 사람과 살인범이 일반인과 비살인범에 대해 훨씬 폭력성에 유착되어 있다는 것을 지나치게 강조한다는 비판이 있다.[191)]

3. 특수형태의 살인

살인의 특수형태로 중요한 것이 연쇄살인과 동기없는 살인 및 명예살인 등이 있다.

1) 연쇄살인

(1) 개 념

연쇄살인에 대해서는 개념적 통일이 없고, 다양한 견해가 있다. 연쇄살인과 비

188) Berkowitz, *Is Criminal Violence Normative Behavior?*, pp. 148~161; 김성진, 상게서, 147면에서 재인용.

189) Henry & Short, *Suicide and Homicide*, New York: Free Press, 1954, p. 17; 이윤호, 형사정책, 박문각, 1999, 309면에서 재인용.

190) Wolfgang, *Patterns in Criminal Homicide*, p. 329; 김성진, 상게서, 149면.

191) Sandra J. Ball-Rokeach, "Values and Violence: A Test of the Subculture of Violence Thesis", American Sociological Review, 38, 1973, pp. 739~743; 김성진, 전게서, 149면에서 재인용.

슷한 개념으로 대량살인과 연속살인이 있다, 대량살인(mass homicide)은 한 장소에서 많은 이를 죽이는 경우를 말하는데, 대개 그 동기는 격정적 요인이 많고, 대량살인의 피해자는 가해자와 아무런 관계가 없는 사람이 우연한 기회에 피해자가 되는 일이 많으며, 대량살인범들은 어린 시절에 부모로부터 학대를 받았거나 버림을 받은 사람이 대부분이라고 한다.[192]

동일한 장소를 전제로 하는 것이 대량살인인 반면, 연속살인은 두 곳 이상의 장소에서 한 건의 사건이 발생하는 것으로, 이 때 범죄자는 심리적 냉각기를 거치지 않지만, 연쇄살인은 3곳 이상의 개별적인 장소들에서 3건 이상의 개별적 사건들이 발생하는 경우로써 이 때 범죄자는 살인사건을 행하는 동안 심리적 냉각기를 갖는다고 한다.[193] 즉 연쇄살인범은 마지막으로 저지른 살인으로부터 심리적 냉각상태가 되었을 때 범행을 다시 저지르는데, 이러한 냉각기간을 학자에 따라서 최소한 수일부터 몇 달 등이 있다고 한다.[194]

즉 심리적 냉각기의 존재 여부로 연속살인과 연쇄살인을 구분하는데, 사견으로는 그러한 주장은 문제가 있다고 생각한다. 연속살인은 심리적 냉각기가 없고 연쇄살인은 심리적 냉각기가 있다고 주장하지만, 심리적 냉각이란 상당히 주관적·상대적 개념으로, 1일 간격으로 죽이는 연쇄살인범도 심리적 흥분상태가 계속될 수 있으며, 다만 짧은 시간 내에 연속적으로 죽이는 연속살인범보다는 심리적 흥분의 정도는 약하겠지만 심리적 흥분이 잔존하여 심리적 냉각기가 없을 수 있기 때문이다.

가령 살인을 가능케 하는 심리적 흥분의 정도가 50점으로 계량화할 수 있다면, 살인에 이르는 심리적 흥분이 Zero점 이하로 되는 것이 심리적 냉각기이다. 따라서 심리적 흥분이 '0'보다 크면 심리적 냉각기가 아닌 심리적 흥분기라고 할 수 있고, 살인의 필수적 심리적 흥분의 정도인 50점보다 낮은 상태에서는 연속살인은 일어나지 않지만 심리적 흥분상태는 계속 온존하기 때문이다. 따라서 연쇄살인

---

192) 김성진, 상게서, 166면.
193) 이수정, 범죄심리학, 북카페, 2005, 301면.
194) 이수정, 상게서, 301면.

범에는 심리적 냉각상태가 되었을 때 다시 범행을 계획하는 살인범도 있고, 심리적 흥분상태가 미약하지만 잔존하는 상태에서 행하는 살인범도 있다는 것이 더 정확한 표현이라고 생각한다. 따라서 심리적 냉각기의 존재 여부보다는 연속적으로 발생하는 사건들의 개별성 여부로 연속살인과 연쇄살인을 구분하는 것이 낫다고 생각한다. 그것은 연쇄살인범의 심리적 태양이 워낙 다양하기 때문이다. 또한 이수정은 연쇄살인은 3곳 이상의 개별적 장소들에서 3건 이상의 개별적 사건들이 발생한 것으로 하나, 이론적으로는 연쇄살인은 2곳의 개별적 장소에서 2건의 개별적 살인사건도 포함될 수 있다는 점에서 적절한 정의가 아니라고 생각한다.

한편 표창원은 한국의 연쇄살인의 정의로 "일반적으로 납득할 수 있는 살인의 동기나 계산없이 살인에 이르는 흥분상태가 소멸될 정도의 시간적 공백을 두고, 2회 이상의 살인을 저지르는 행위"라고 주장한다.[195] 그러나 일반적으로 납득할 수 있는 살인의 동기나 계산에 의한 연쇄살인이 한국사회에서 있어 왔고, 또 앞으로도 개연성이 있다는 점에서 문제가 있는 정의이다.

(2) 연쇄살인에 영향을 미치는 요인[196]

먼저 선천적 요인으로 연쇄살인범은 뇌구조와 기능, Serotonin이라는 뇌신경전달물질, 혹은 성호르몬 분비량이 일반인과 다르다는 것이다. 또한 어린 시절의 학대 등 충격적인 경험이 한 요인이 된다는 것으로, 학대받은 아이들은 전두엽부위가 지나치게 작거나 활동이 저하되고 그 결과 감정이나 충동조절 등에 문제를 일으킨다는 것이다. 또한 어린 시절의 학대 등 충격적 경험으로 인해 다중인격장애가 발생해 이것이 연쇄살인으로 이어진다는 주장도 있다. 또한 경제적 어려움, 이혼이나 구애의 실패, 수감생활과 같은 외부적 스트레스요인이 발생하면 다양한 형태의 일탈행위로 나아갈 가능성이 높고, 그 중 극히 일부가 연쇄살인범이 된다고 한다. 또한 심각한 심리적·성격적 문제를 가진 사람이 거듭되는 좌절과 실패·거절 등 스트레스환경에 노출된다고 해서 다 연쇄살인을 하는 것은 아니며, 촉발요인이

195) 표창원, 한국의 연쇄살인, 랜덤하우스, 2005, 61면.
196) 이부분은 표창원, 상게서, 73~84면을 발췌하여 정리하였다.

있어야 하는데, 유영철의 경우는 아내의 이혼통고가 촉발요인이라고 한다. 또한 선천적인 뇌기능장애와 어린 시절의 충격적 경험 및 지속되는 스트레스가 연쇄살인의 원인은 아니며, 어려운 문제들을 해결하려는 의지 대신 칼 등의 쉬운 방법을 선택한 자유의지가 연쇄살인의 결정적 요인이라고 한다. 또한 연쇄살인에는 나비효과, 즉 나비의 날개짓 같은 조그만 일이 태풍 같은 큰일을 만들어 낸다는 효과가 있다고 한다. 그러나 여기에서 중요한 것은 연쇄살인을 가능하게 하는 여러 요인, 즉 선천적 요소, 학대경험, 스트레스, 촉발요인, 범죄자유의지가 있다고 해서 바로 연쇄살인범죄의 공급이 이루어지는 것은 아니라는 점이다. 즉 그러한 요인들은 연쇄살인범죄를 가능케 하는 사전적(事前的) 개념이지, 사후적 개념이 아니다. 연쇄범죄발생이라는 사후적 개념을 결정짓는 것은 운(運)이나 기회 등의 비합리적 요소이다. 즉 상대를 죽이려고 해도 기회가 없거나, 공격을 가했으나 운이 좋아 칼이 빗나가거나 죽지 않은 경우는 살인범죄가 아니기 때문이다.

(3) 유 형[197]

이동성 연쇄살인과 고정성 연쇄살인이 있다. 전자는 일정지역에 상주하면서 이 지역 안에서만 살인하는 것이고, 후자는 지역을 옮겨 다니면서 살인하는 경우이나, 전자는 고도의 은폐성을 무기로 하여 장기간에 걸쳐 서서히 그리고 조금씩 범행을 실행함으로써 검거의 위험으로부터 자신을 보호하려 한다. 후자는 기동적인 측면이 강한 대신 자신의 흔적이나 증거를 남기기 쉽다.

한편, 환영에 의한 연쇄살인과 정신이상에 의한 연쇄살인은 구분되어야 한다. 자신이 본 환영이나 환청을 통해 범행하는 연쇄살인범은 정신상태는 이상이 없으며, 다만 사이비종교를 믿거나 아니면 자신만의 정신세계를 만들어 이 세계 안에서 문제를 해결하는 과정에서 살인이 발생하지만, 환영에 의한 연쇄살인범은 공포감에 근거해 피해망상적 상황에서 자기를 보호하기 위한 수단으로서 상대방을 살해하는 것을 말한다.

---

197) 이 부분은 최인영, 범죄 프로파일이론과 연쇄살인의 프로파일링, 백산, 2005, 130~146면에서 발췌·정리하였다.

사명적(mission) 연쇄살인은 범죄인의 주관적 판단에 의해 살인하는 경우로 사창가 포주나 성매매여성 등 사회악으로 판단되는 사람들을 죽임으로써 스스로 사회적 임무를 다했다고 판단하며, 살인과정에서 자아도취나 만족감을 얻는 것이 일반적이다. 순결의식이 강하거나 자아주체성이나 우월성이 강한 사람으로, 체포되어 처벌되어도 두려움이 없는 점에서 처벌에 대한 강한 두려움을 가지는 환영에 의한 연쇄살인범과 다르다.

쾌락적 연쇄살인은 성적인 쾌락을 목적으로 살인을 즐기는 것이다. 이것의 특징은 대상자를 죽이는 결과가 중요한 것이 아니고 대상자를 죽이는 과정 자체가 더욱 중요해 피해자가 죽음에 이르는 동안 얻는 고통과 괴로움을 맛보면서 쾌감을 느끼는데, 연쇄강간범이 발전하면 이런 형태가 된다고 한다.

이윤추구적 연쇄살인이란 돈을 대가로 자신과는 전혀 무관한 사람을 살해하고 이에 대한 보수를 받음으로써 성취감을 느끼는데, 자신의 안락함과 정서적 안정을 위해 행하므로 심리적 안정을 위한 살인범이라고 한다. 흔히 말하는 암살자이다.

힘의 과시를 위한 연쇄살인은 강제력이나 위하를 가하는 가정에서 일정한 자아만족이나 성적인 쾌락을 얻는 경우로, 주로 힘이 없는 약자들에게서 자신의 우월성을 과시하는 과정에서 쾌감을 맛본다고 한다. 이들은 기존의 가치를 수용하지 않고 기존체제를 무너뜨리기 위한 방법으로 살인이라는 극단적 수단을 택하며, 무시를 당하는 범인들이 피해자를 죽음에 이르게 하는 순간까지 짧은 시간동안 지배함으로써 그간 해 보지 못했던 정복욕을 충족시키고 그에 따르는 만족감을 얻게 된다고 한다.

(4) 연쇄살인범의 심리[198]

팔론과 헤네시(Pallone & Hennessy)에 의하면 연쇄살인범의 범죄심리과정을 다음과 같이 도출하고 있다.

연쇄살인범들의 심리적 전개과정은 왜곡된 사고, 왜곡된 사고의 심화, 원상회복

198) 최인영, 전게서, 157~160면에서 발췌·정리하였다.

의 3단계를 거친다. 가령 성매매여성을 사회악으로 생각하듯이 정상인의 사고와 다른 방향으로 생각하는 것이 왜곡된 사고이고, 이 같은 시각이 고착화되면 왜곡된 사고의 심화단계라고 한다. 왜곡된 사고가 심화되어 행동으로 표현이 될 때 가장 극단적인 표현이 살인의 형태이다. 살인 후에도 이런 왜곡된 사고가 계속되는 것은 아니며, 정상으로 돌아 오는데, 그 뒤 다시 왜곡된 사고를 하기 시작하면 살인으로 이어진다. 이들은 자신이 한 행동을 후회하면서도 다시 저지르는 경우가 많다. 또한 이들은 외부자극이나 충동을 이기지 못하고 즉각적 반응을 보여야만 만족감을 얻으므로, 만약 이 같은 욕구를 즉시 해결하지 못할 경우에는 다른 부작용이 발생하므로 즉시 살인을 통해 탈출한다고 한다. 또한 이들은 외부적 자극이나 영향을 부정적 시각에서 보고 이를 행동으로 옮기는 과정에서 살인이 발생한다. 즉 아름다운 여성을 죽이고 싶다는 부정적 시각을 갖는다. 이들은 자신들의 행동이 얼마나 잘못된 것인가를 잘 아는 유형과 전혀 알지 못하는 유형으로 이분화되어 있어 아주 모범적 시민 중에서도 연쇄살인범이 있다는 점에서 심리학적 설명이 어렵다고 한다.

2) 동기없는 살인

이것은 가해자와 피해자가 발견되지 않았거나 혹은 범죄상황이 복잡한 요소들로 둘러싸여서 그 원인을 결정할 수 없는 완전히 돌발적으로 발생하는 형태로, 이 같은 살인자들 중에서도 범행에 대하여 냉담하고 무감각적인 태도를 보이는 자가 있는데, 정신병환자들은 이것이 불안을 없애는 특징적인 한 가지 방법으로 보고 있다.[199] 이 살인자들은 마치 아무 일도 생기지 않았다는 듯이 그들의 활동을 계속하며, 체포되어 심문받을 때도 태연하고 냉담하다고 한다.[200] 이 같은 범죄는 사회구조적 모순과 불의 또는 비인간화되는 상황을 배경으로 사회 불신이나 소외감·태만감과 결부하여 발생하는 현대적인 양심을 띤 사회병리현상이라고 한다. 이

199) 이상현, 범죄심리학, 박영사, 2004, 304면.
200) Abrahamsen/장병림 역, 범죄심리학, 박영사, 1997, 242면.

런 동기없는 살인은 삭막해 가는 현대사회구조와 깊은 연관이 있을 것으로 추정된다.

2004년 10월 9일 미국의 LA빈민가에서 폭력배들이 자신들의 힘을 과시하기 위해 아무런 원한관계도 없는 길가는 여고생을 무참히 죽이는 '묻지마 살인'이 발생했다. 또한 2006년 3월 20일 일본의 가와사키의 한 아파트에서 40대 남자가 일면식도 없는 초등학교 3학년생을 아무런 이유없이 던져 죽인 사건이 발생했는데, 9일 후 그는 다시 그 아파트를 찾아가 60대 청소원을 죽이려다가 미수에 그쳤다. 이마이라는 범인은 경찰에서 숨진 초등학생과는 전혀 모르는 사이로 그냥 죽이려 했다고 진술했다. 또 죽이려 한 청소원도 거기 있었기 때문에 아무런 이유없이 죽이려고 했다고 진술해 일본사회에 충격을 주었는데, 그는 3명의 자녀가 있고, 일기장에는 어린 아이를 무척 좋아한다고 써놓았으며, 주위에서는 평소 정상적인 생활을 해왔다고 해 더욱더 충격을 주었다고 한다. 이것이 최근에 발생한 전형적인 무동기살인이다. 이러한 무동기살인은 생계형 범죄가 아닌 사회에 대한 불만을 표시하는 범죄가 많고, 특히 사회적 약자가 피해자가 되기 쉬우며, 자신의 부적응을 외부환경에 귀인하는 사람에게 잘 일어난다, 특히 무동기살인 외에 상식을 초월하는 무동기 또는 이상범죄는 현대사회로 갈수록 증가되며, 이러한 무동기범죄를 해결하기 위한 수사기법인 프로파일링(범죄심리분석)이 우리나라에도 2000년에 도입되었다.[201]

201) 우리나라는 2000년 2월 서울지방경찰청에 프로파일링팀(범죄분석팀)이 생기면서 권일용(남, 42세)경사가 국내 첫 프로파일러가 되었다. 프로파일러는 본인이 미지의 범인이 되어야 한다. 범인의 입장에서 보고, 듣고, 느끼고, 생각하고 움직여야 한다. 프로파일러는 숲 전체를 보는 존재이다. 감식반이 증거 하나하나에 집착한다면, 프로파일러는 범행현장을 두루 살피고, 범인의 행동 전체를 유추한다. 범죄해결에 대한 강박감과 범죄현상의 참혹함도 이들을 옥죈다. 윤경장은 "분석하다보면 피해자가 죽지 않아도 될 사건이거나 미제로 넘어가 다른 피해자가 생길 때가 가슴 아프다"고 했다. 김경옥 경장은 "피해자의 고통이 전가되어 수사관이 외상 후 스트레스장애(PTSD)에 시달리기도 한다"고 전했다. 전국의 경찰청마다 1명 정도의 프로파일러가 활동하며, 올해 범죄분석요원 14명을 특채할 계획이라고 한다(한국일보, 2006, 4. 12, 고찬유 기자).

3) 명예살인

중동 등 특수한 지방에서는 가문의 영광을 위한 명예살인이 인정되는데, 김정명 교수에 의하면 다음과 같다고 한다.[202]

인권감시 민간단체인 '휴먼 라잇츠 왓치(Human Rights Watch)'는 "명예살인이란 남성 가족구성원이 여성 가족구성원을 상대로 행하는 폭력을 말하며, 종종 살인으로 이어지기도 한다. 주로 여성이 가족의 명예를 더럽혔다고 간주될 때, 명예살인의 대상이 된다. 예컨대 여성의 부모가 결정한 중매결혼을 거부하거나, 성폭력의 희생자가 되거나, 이혼을 요구하거나, 간통을 할 때 표적이 된다. 즉 여성이 가족에게 불명예를 안기는 행위를 했다는 것만으로 그런 일이 자행되는 것이다"라고 정의하고 있다.

명예살인이 가장 빈번하게 발생하는 지역은 파키스탄과 그 인근지역이다. 지난 2002년 파키스탄에서는 461명의 여성이 명예살인으로 희생당했다. 지난 1995년 요르단 정부가 발표한 통계자료에 의하면, 국가 전체에서 발생한 살인사건 가운데 약 4분의 1에 해당하는 25건이 명예살인이다. 이집트는 1995년 전체 살인사건 819건 가운데 52건, 예멘에서는 1997년 한 해 동안 400여건의 명예살인이 발생했다. 이런 악습이 아직도 존재하는 이유는 가족이나 부족과 같은 집단의 명예를 개인의 생명보다 우선시하는 가부장적 문화가 강하게 남아 있기 때문이다. 특히 집안의 여자가 부정한 행위를 할 경우 가장 심각하게 명예가 실추되었다고 여긴다.

명예살인은 주로 요르단, 파키스탄, 팔레스타인, 터키 등 중동, 아탑, 이슬람 문화권에서 집중적으로 발견되는데, 특히 파키스탄은 '카로칸(Karokan)'란 이름의 명예살인으로 그 악명이 높다. 그러나 사회적 분위기 때문에 외부인 혹은 법원이 사건에 개입하여 살해자를 처벌하는 경우는 거의 없다. 이런 사건들은 가족 내부에서 은밀하게 벌어지고 있는데, 정부는 무관심으로 일관하여 정확한 통계조차 내기 어렵다. 최근 유엔인구활동기금(UNPEA)이 매년 전 세계에서 무려 5,000명에 달하는 여성이 명예살인에 의해 희생된다고 보고서를 내면서 사태의 심각성이 알려졌다.

---

202) 이 부분은 뉴스한국, 2006년 1월호 112~113면에 나오는 김정명 교수의 명예살인의 내용을 발췌하였다.

명예살인의 피해자는 대부분 여성이지만 간혹 남성이 희생되는 경우도 있다. 2004년 11월 영국에서는 한 젊은 남성이 무려 46차례나 칼에 찔린 채 변사체로 발견되는 사건이 발생했다. 피해자는 '아라쉬'라는 이름의 이란 출신으로 옥스퍼드 대학교 대학생인 것으로 밝혀졌다. 그는 방글라데시의 여성을 임신시켰는데, 이 사실을 안 딸의 아버지가 집안의 명예에 먹칠을 당한데 분노해 미성년자인 두 아들을 시켜 딸의 애인을 살해했다.

명예살인이 중동, 서남아시아, 아랍사회에서 끊임없이 자행되는 가장 큰 이유는 현행법 관행 때문이다. 그들은 명예살인이 일반 살인사건과 다르다고 본다. 일반 살인사건의 경우 무기징역 혹은 사형으로 처벌함에 비해 명예살인은 경미한 처벌에 그친다.[203]

4. 사례연구

1) 사례 1

우리나라에서 부모를 토막살인한 최초의 사건이 2000년 5월 24일에 발생했는데, 범인이 명문대학교 휴학생이라 더욱 충격을 더하고 있다. 다음은 한국일보에서 2005년 5월 24일 소개된 범행과 동기이다.

경기 과천경찰서는 24일 과천시 별양동 중앙공원에서 비닐봉투에 담긴 채로 발견된 노부부 토막살인사건의 용의자로 별양동 주공 4단지 아파트에 함께 사는 이들 부부의 둘째아들 이모(24세, K대 산업공학과 3학년 휴학)씨를 검거해 범행일체를 자백받았다고 밝혔다. 경찰은 이씨의아파트와 경비실 재활용품수거장에서 범행에 사용된 망치와 길이 30㎝짜리 쇠톱줄을 찾아냈다. 이씨는 경찰에서 "평소 부모로부터 인간취급을 받지 못해 살해했다"고 범행동기를 밝혔다.

203) 김정명, 명예살인, 뉴스한국, 2006년 1월호, 112~113면.

■ 범 행

경찰에 따르면 이씨는 지난 22일 새벽 3시께 집안에 있던 양주 한 병을 들이켜 만취한 상태에서 안방과 건넌방에서 각각 자고 있던 아버지(60)와 어머니 황모(50)씨를 망치로 잇따라 살해했다. 이씨는 시신을 화장실로 옮겨 줄톱을 이용해 모두 20토막 이상으로 자른 뒤 쓰레기규격봉투와 유통업체 비닐봉투 등에 나눠 담아 22일 밤과 23일 두 차례에 걸쳐 집근처 중앙공원 쓰레기통과 인근 갈현동 쓰레기소각장에 버렸다. 이씨는 범행 후 방안과 화장실 등을 물로 깨끗이 씻어내고 피묻은 옷가지 등을 세탁하는 치밀함을 보였다.

이에 앞서 이날 오전 7시 30분께 별양동 중앙공원의 쓰레기통에 이모(60세, J아파트)씨 시신과 부인 황모(50)씨의 시신 일부가 토막내어진 채 나눠져 있는 것을 과천시청 환경미화원 이모(57)씨 등이 발견해 경찰에 신고했다. 이어 오후 5시께는 인근 갈현동 쓰레기소각장 내의 쓰레기더미에서 역시 쓰레기봉투에 들어 있는 황씨의 시신 일부가 추가로 발견되었다. 경찰은 시신의 신분확인을 통해 신원을 확인한 뒤 비닐봉투 등에서 아들 지문을 확인하고, 이 날 오후 8시께 집에 있던 이씨를 검거했다. 이씨는 처음에는 완강히 부인했으나 경찰이 비닐쓰레기봉투를 버리는 것을 목격한 경비원의 진술과 집안에서 찾아낸 흉기 등을 들이대자 범행을 자백했다.

■ 수 사

경찰은 이씨의 진술에 따라 나머지 시신의 행방을 찾는 한편, 26일 중 아들에 대해 존속살해 및 사체유기혐의로 구속영장을 신청키로 했다. 경찰은 특히 친부모를 대상으로 한 이씨의 범행수법이 정상인이 저지르기에는 지나치게 잔혹하고 끔찍해 일단 이씨에 대한 정신감정을 의뢰할 예정이나, 이씨가 정신과 치료를 받은 경력은 없는 것으로 드러났다.

■ 범행동기와 이씨의 주변

이씨는 경찰에서 "평소 아버지는 나에게 관심을 갖고 있지 않으면서도 줄곧 무시했고, 어머니는 어릴 때부터 머리가 나쁘다고 구박해 살해하기로 마음먹었다"고 했다. 이씨는 2남 중 막내로 1995년 K대에 입학해 2학년까지 마친 뒤 공군에 입대했으며, 지난해 12월 제대해 복학을 준비 중이었다.

친구들에 따르면 이씨는 조용한 성격이었으나 학교 컴퓨터 동아리에서 활동했고, PC통신 영화모임에서 시삽을 맡기도 하는 등 비교적 사교성도 있었다. 아파트에 독립해 살고 있는 이씨의 형(26, 회사원)은 "동생이 매우 엄한 부모님 밑에서 오랫동안 심리적으로 억압된 생활을 해 왔다"고 진술했다.

> 숨진 아버지 이씨는 해군사관학교를 나온 예비역 해군중령으로 1996년 예편한 뒤 최근까지 부산에서 직장생활을 해 왔다. 경찰은 "이씨가 아버지의 군대식 교육방식에 적응하지 못했으며, 서울대학교에 진학하지 못했다는 이유로 늘 부모에게 불만이 누적 되어 왔던 것 같다"고 말했다.

(1) 범행동기에 대한 기존의 주장들

그의 범행에 대해 이훈구 교수는 다음과 같이 진단했다.

> 이 사건은 아동학대의 소산이다. 완벽주의 히스테릭한 어머니와 집안일에는 관심을 두지 않는 군인아버지 아래서 자라 온 주인공은 조금만 잘못해도 날아드는 어머니의 매가 두려워 착한 아이행세를 한다.
>
> 집에서는 키가 작고 행동이 느리다는 인신공격성 발언이 난무했고, 학교에서는 친구들의 괴롭힘을 당해 결국 영화와 컴퓨터 등에 매달린 채 자기만의 세계에 틀어박힌 인간이 된다.
>
> 부모들은 아이들이 어릴 때부터 각방을 쓰고 일기에는 상대를 '사탄'이라고 칭할 만큼 사이가 좋지 않았고, 자녀에게 '하느님을 사랑할 것'을 강요하면서 정작 아이들을 사랑하는 자세는 보이지 않는다.
>
> 하지만 내게 가장 깊은 이상을 남긴 것은 그의 사고방식이다. 타인에 대한 그 수많은 망상들, 물론 관계에 대한 두려움이나 기대에 오는 것일 수도 있겠지만, 옆에 앉은 누나에 대해, 교회친구에 대해 하는 그의 망상들은 소름끼칠 지경이었다. 그 글 아래는 '안돼' 또는 '이건 글렀어'라는 생각이 깊이 깔려 있었다.
>
> 키가 작다는데 대한 콤플렉스도 지나칠 정도였다. 다가오는 인간들을 자기세계에서 마음대로 상상하고 결론을 내린 뒤 거부하고, 결국 그는 창녀촌 등을 전전하며 피폐한 자신을 달래 보려 하지만 아무 것도 뜻대로 되지 않는다. 그리고 형이 독립할 무렵, 그는 부모에게 자신이 당한 억울함을 항의해 보려고 일기에 정리를 해 두고 결국 어머니께 항의하지만 부모는 도리어 화를 내며 그에게 그깟 일이 맺혀 있냐는 반응을 보이자, 4일간 혼자 방에 틀어박힌 끝에 사건을 저지른 것이다.

이 사건에 대해 이상현은 부모와의 대화단절로 피해망상증인 강박관념에 빠져

살인한 것으로 진단하고, 범인이 자신이 갖는 공포를 1차적으로는 그 공포를 주는 대상인 부모를 제거하거나 따로 지냄으로써 공포를 극복하려고 했고, 부모를 제거하려고 생각했던 느낌이 주는 죄책감으로 부모를 토막내었다고 주장했다.

신민섭 교수는 이씨는 뛰어난 지능의 소유자이지만 이씨가 자신이 "K대에도 간신히 들어갔다"고 말해 온 것은 어려서부터 부모에게 한 번도 인정받지 못한 것이라고 진단하면서 그림 테스트에서 부에 대한 두려움과 어머니에 대한 증오를 보였다고 주장했고, 이나미는 자신이 받은 학대를 부모에게 수직이동해 되돌린 것이라고 주장했다.

(2) 필자의 사견

이훈구는 이번 사건에 대해 아동학대의 소산이라고 주장하고, 이상현은 범인이 학교의 무관심과 부모의 지나친 학대 등으로 인한 피해망상에 빠지고 공포를 주는 대상인 부모를 제거하려 살인했다고 주장했다. 이나미도 자신이 받은 학대를 부모에게 수직이동해 되돌린 것이라고 주장한 바, 기존 주장들에는 아동학대가 공통적으로 범행의 원인이라는 것이었다.

그러나 필자는 아동학대가 범행의 한 요소는 되지만 그것은 결정적 요소가 아니라는 점에서 기존의 주장들은 한계가 있다고 생각한다. 즉 기존의 주장들에는 범인과 범인을 여러 면에서 학대한 부모와의 관계에서만 초점을 두고 접근하지만, 그런 단편적인 접근은 올바른 진단을 어렵게 하며, 다양하고 동태적 관점에서 진단하는 것이 필수적이다. 그런 관점에서 필자는 이 사건을 겉으로 보기에는 부모의 아동학대가 범행의 한 요인은 되지만, 결정적 요소는 상대적 차별 내지 박탈감이라고 진단한다. 범인은 형과는 사이가 나쁘지 않았지만, 부모가 큰 아들만 좋아하고 자기는 미워하는데서 오는 상대적 차별이 더욱 깊어가면서 형에 대한 불만도 있었을 것이지만, 자신을 학대하지 않는 형에게 직접 표출할 수는 없었다. 모든 인간, 특히 내성적 인간은 상대적 차별을 받으면 분노와 회복할 수 없는 소외감을 느낀다. 결국은 학교의 무관심과 친구와의 단절 및 보잘 것 없는 외모로 인한 열등감 상태에서 부모의 학대가 있었고, 거기에다가 결정적으로 형과 다른 차별적 태도가 기폭제가 되어 형에 대한 불만도 함께 전이되어 부모를 죽인 것이라고 생각한다. 만약 그가 키가 작은 외모나 학교의 무관심 등 외적으로 부정적 요소가 있었고, 부모가 자신을 학대했다고 해도 자신의 형이 자신보다 더 보잘 것 없이 부모가 자신과 똑같이 학대했거나 또는 형을 더 학대했다면 그는 결국 살인까지 하지 않았을 것이라고 생각한다. 즉 아무리 그가 학교나 밖에서 놀림을 받고 왕따를 당하고 부모에게 학대받았다고 해도 자신의 형이나 동생이 자신보다 더 학대를 받는 것을 경험했다면 상대적 좌절감은 결코 생기지 않는다. 절대적 좌절감보다도 상대적 좌절감이 살인과 같은 공격의 직접원인이 된다는 점에서 더욱 그렇다.

외향적 성격을 가진 자는 상대적 좌절감을 다른 외적 방법을 통해서 해소하려고 하지만, 범인 같은 내성적 성격에서는 상대적 좌절감을 가족 내에서 해소할 수밖에 없었고, 거기에다가 학대와 학교에서의 소외 및 영화나 매스컴의 살인장면이 겹쳐지면서 마침내 인지적 몰락 같은 인지적 공황상태가 초래되어 큰 범행을 저지른 것으로 추론할 수 있다.

2) 사례 2

(1) 사건개요

2004년부터 시작된 서울서남부지역 연쇄살인범인 정모씨가 2006년 4월 22일 검거되었는데, 이에 대한 국민일보(2006. 4. 26) 기사내용은 다음과 같다.

> 연쇄살인 피의자 정모(37)씨는 고작 8만 4000원을 빼앗기 위해 여성 5명을 살해하고 무고한 시민 10명에게 중상을 입히는 '묻지마 범행'을 저질렀다. 정씨는 지난 해 10월 서울 봉천10동 남매 강도살인사건에서 5만원을 빼앗고, 검거 직전 신길6동 강도 살인미수사건에서 1만 원권 문화상품권을 포함해 10건의 범행에서 강탈한 돈이 8만 4000원밖에 안 된다는 것이 전문 강 · 절도살해범치고는 석연치 않은 대목이다.
>
> 반면에 수법은 최고를 자랑한다. 특수강도와 절도·성폭력 등 전과 5범으로 3번이나 교도소를 들락거리면서 5년 4개월간 수형생활을 한 정씨는 교도소에서 범죄수법을 배웠다고 한다.

출소한 뒤에도 그는 범죄심리학과 관련된 책을 읽고, 성폭력 등 강력범죄소식을 담은 신문 7~8부를 따로 모아 두기도 했다. 그런가 하면 범행 후에는 불까지 지르며 증거를 없애려고 시도했고, 범죄에서 사용한 둔기를 자신만 아는 장소에 숨겨 놓는 치밀함을 보이기도 했다. 특히 정씨는 폐쇄회로 TV가 그물망처럼 설치되어 있는 강남 등 부유층 지역을 피했고, 평소 육중한 둔기를 지니고 다녀 범행도중 검거되어도 강력범이 아닌 좀도둑으로 보이도록 위장했다.

경찰은 "정씨가 아무런 이유없이 살인을 일삼다가도 어느 순간 강도로 돌변해 물건을 훔치는 등 동일범의 소행이 아닌 것처럼 위장했다"며 "확인되지 않은 정씨의 범행이 추가로 나올 가능성이 매우 높다"고 밝혔다.

(2) 범행동기

국민일보(2006. 4. 25)에 나타난 동기는 같다.

정씨는 "취직도 못하고 장가도 못가다 보니 돈 많은 사람과 여자들을 보면 죽이고 싶었다"고 진술했다. 그는 인천 삼산동에서 노모와 남동생 그리고 누나와 함께 살았지만 모두 직업이 없는 상태이다. 경찰은 어렸을 때부터 내성적이었던 정씨가 대인기피증 등 성격에 따른 사회부적응 문제와 경제적 궁핍이 겹쳐 잔혹한 범죄의 길로 빠진 것으로 보고 있다.

(3) 범인의 환경

경향신문(2006. 4. 25) 기사는 다음과 같다.

1969년 3월 전북의 한 농가에서 3남4녀 중 장남으로 태어난 정씨는 가족과 함께 인천으로 와 고교를 마칠 때까지는 이렇다 할 범죄경력이 없었다. 그러다 1989년 고교 졸업 후 처음으로 강도죄를 지으면서 범죄의 길로 접어들었다. 집행유예기간 중 군에 입대해 1992년 만기 전역할 때까지는 한동안 별 탈이 없었다. 하지만 전역 후 곧바로 절도, 성범죄 등을 일삼다 1995년 결국 교도소에 갇혔다. 가족들은 이때부터 정씨가 대인기피증을 보이기 시작했다고 전했다. 정씨는 "수감자들 모두 나를 싫어 해 수도 없이 맞았다"고 진술하기도 했다. 교도소에서 나와 한 때 식료품공장에 취직하기도 했지만 직장생활에 적응하지 못하고 2개월여만에 퇴사했다. 이후 대인기피증이 더욱 심해져 가족들과의 대화도 기피했던 것으로 알려졌다.

(4) 정씨사건에 대한 심리추론들

이번 사건에 대해 여러 전문가의 주장은 다음과 같다.

조중근 정신과 전문의는 "정씨가 '살인을 저지르고 잡히지 않는 것에 성취감을 느꼈던 것 같다"며 "어쩌면 그것이 그의 유일한 삶의 가치로 여긴 흔적도 보인다"고 진단했다(한겨레, 2006. 4. 26) 또한 한양대병원 김재환 교수는 "사회에 대한 부정적 감정이 오랫동안 쌓여 있다 불특정 다수에 대한 범죄로 표출된 것"이라고 말했다. 그는 "최근 대기업들이 자신들의 잘못을 돈(재산 사회환원)으로 대신 갚으려는 모습에서 사회적 약자들이 더욱 분노하게 된다"고 덧붙였다.

동국대 이상현 교수는 "부자만 보면 죽이고 싶다는 것은 변명일 뿐이고, 범행에 대한 자기합리화의 발언"이라며 "유영철 사건처럼 정치·경제적으로 불안정한 사회 속에서 욕구불만이 높아져 윤리를 상실한 범죄"라고 말했다(경향신문, 2006. 4. 25)

한림대학교 심리학과 조은경 교수는 "사회에 불만을 품었다고 주장하며 자신에 대한 인식은 없이 남한테 피해를 주는 것은 외부적인 요인으로 자신을 합리화하려는 전형적인 '사이코패스'의 특징이다"며 "유영철은 언변이 뛰어난 사이코패스였다면 정씨는 비사회적인 사이코패스일 가능성이 있다"고 분석했다. 그는 또 "사회적으로 사이코패스의 특징을 보이는 범죄가 늘어나고 있는 사실에 주목해야 하고 대비해야 한다"고 덧붙였다(내일신문, 2006. 4. 25).

이웅혁 교수는 "범행에 대한 명분을 찾음으로써 죄책감을 덜어내는 방식"이라고 주장했고, 이수정 교수는 "남의 탓이라고 떠넘기는 무책임한 사고가 범죄를 더 심각하게 진행시킨다"고 하여 자기합리화로 진단했다(문화일보, 2006. 4. 28).

(5) 필자의 사견

이번사건에 대한 언론들과 전문가들의 진단은 하나의 추론일 뿐이며 정확한 진단은 아니다. 가령 언론들은 "그가 부자만 보면 죽이고 싶다"고 했으나 정작 피해자들은 서민층이란 사실을 들어 범인의 말을 비판하지만, 일부 언론은 '부자'의 개념을 오해하고 있다. 범인이 증오한다는 부자란 반드시 물질적인 것만은 아니고 관계적 부자, 즉 부유하지 않아도 따뜻한 정으로 친근하게 사는 사람들도 포함한다. 왜냐하면 그는 가정이나 사회에서 철저히 소외되어 관계적 부자에 대한 무의식적 증오가 내재된 것 같고, 다만 물질적 부자에 대해서는 의식적 증오를 한 것 같아 그렇게 표현을 한 것 같다. 또한 그가 "여자에 대해서도 죽이고 싶다"고 한 표현은 열등감과 좌절감의 표현으로 추론된다. 너무 왜소한 체격의 그는 외모나 경제력 등 어느 하나라도 여성들이 말하는 배우자의 기준을 충족하지 못하고, 따라서 그런 좌절감이 계속 축적되어 드디어 인지적 와해와 분노의 고착화와 심화를 통해서 인지적 공황을 초래해 범행을 한 것 같다.

이상현 교수는 그의 범행에 대해 부자만 보면 죽이고 싶다는 것은 변명이고 자기합리화라고 주장하나, 필자는 그의 의견은 정확한 진단은 아니라고 생각한다. 그의 범행동기는 그의 말대로 부자만 보면 죽이고 싶다는 사회적 불만이 기초가 되었고, 이것이 범행의 가장 근본원인인 것 같다. 그러한 근본원인만 가지고는 범행이 되지 않고 범행을 가능케 하는 2차적 요인들이 동태적으로 작용한 것 같다. 2차적 요인에는 그의 가난과 내성적 성격, 사회적 소외와 실패, 유영철 씨의 잔인한 범죄보도, 계속된 좌절감과 학습된 무기력 및 범죄경력 등이 있는데, 이런 요인들이 특정시점에서 상호동태적으로 작용하면서 비가역적(非可逆的, non-reverse)이인지, 즉 사람을 죽이고 싶다는 생각이 들었고, 일단 한번 살인을 하면 연쇄살인에 대한 매물내용적 사고로 인하여 계속 살인을 한 것으로 추론된다. 그의 범행의 간접원인은 범행수법만 배웠다는 교도소의 관료화된 교정행정이다. 아무리 사회에 대한 불만이 많아도 따뜻한 인간애로 무장된 교도관들로 가득찬 교도소라면 그의 왜곡된 소외의식은 어느 정도 치유될 수 있기 때문이다. 즉 관료화된 교정이 그의 소외의식을 더욱 심화시켰다.

한편 일부 학자들이 범인이 죄책감을 덜기 위해 자신의 범행을 합리화시켰다고 주장하나 그런 진단은 정확한 진단이 아니다. 왜냐하면 범행이유를 사회탓으로 돌리는 '묻지마 범죄'에 대해 극형이 내려지므로 굳이 그가 그런 식으로 할 필요가 없고, 또한 그가 현장검증 때 피해가족을 노려보고 전혀 죄책감을 보이지 않고 너무나 뻔뻔하고 태연하게 범행을 재현한 점에서 일부의 주장대로 죄책감을 덜기 위해 범행을 합리화한 것이 아니고 자신의 범행동기를 솔직히 드러낸 것이라고 생각한다.

여기서 범죄심리진단에서 유의해야 할 점은 전문가의 심리진단은 하나의 추론이라는 사실과 합리화라는 방어기제에 대한 신화(神話)를 경계해야 한다는 것이다. 물론 많은 범죄인의 자신의 범행에 대해 합리화를 시도하지만, 모든 범죄의 범행동기를 합리화라는 방어기제로 일반화시키고 남용하는 것은 위험한 진단으로 올바른 프로파일링을 저해한다는 사실이다.

제13장 절도범죄심리[204)]

1. 개념과 구성요건

절도란 타인의 재물을 절취하는 것을 내용으로 하는 범죄로서 순수한 재물죄·영득죄·탈취죄로 형법상 절도죄의 보호법익은 소유권이고, 본죄의 주체는 제한이 없으며, 객체는 타인이 점유하는 재물이다.

본죄에서 행위란 절취로서 절취란 폭행·협박 또는 기망에 의하지 아니하고 타인이 점유하는 타인의 재물을 그 의사에 반하여 자기 또는 제3자의 점유로 옮기는 것을 말한다. 따라서 절취란 타인의 점유배제와 점유취득을 그 내용으로 한다. 이 때 점유의 배제란 점유자 또는 처분권자의 의사에 반해 재물에 대한 그의 사실상의 지배를 배제하는 것으로, 점유배제의 수단과 방법을 불문하므로 제3자나 동물을 이용해도 무관하다. 그러나 점유의 배제만으로는 본죄의 미수에 불과하며, 점유의 취득(새로운 점유취득)이 있어야 비로소 기수에 이르는데, 점유의 취득은 행위자가 재물에 대하여 방해받지 않는 사실상의 지배를 갖는 것을 말한다. 따라서 본죄의 실행착수시기는 타인이 배제하는 행위를 개시할 때(예: 소매치기가 손으로 가방 겉을 더듬을 때)이고, 본죄의 기수시기는 재물을 취득할 때이다.

절도죄의 주관적 구성요건은 고의와 불법영득의사가 있어야 하는데, 고의란 타인이 점유하는 재물을 절취하는데 대한 인식과 의사이다. 또한 본죄는 불법영득의사가 있어야 본죄가 되므로(예: 먹기 위하여 빵을 가져가는 것) 불법영득의사가 없으면 절도죄가 아니다. 가령 남의 물건을 부수기 위해서 가져가면 절도죄가 아니고 손괴죄가 되며, 일시사용의사로 남의 자전거를 타고 가도 본죄가 아니다. 형법 제329조에는 “타인의 재물을 절취한 자는 6년 이하의 징역 또는 1천만 원 이하의 벌금에 처한다”라고 되어 있으며(단순절도죄), 제342조에서 미수범에 대한

---

204) 신범죄심리학(천정환, 대왕사, 2006)의 359-374면을 전재

처벌규정을 두고 있고, 제344조에서 친족간의 특례규정을 두고 있다. 그리고 제330조에는 "야간에 사람이 주거·간수하는 저택·건조물이나 선박 또는 점유하는 방실에 침입하여 타인의 재물을 절취한 자는 10년 이하의 징역에 처한다"라고 규정하고 있는데, 이것이 야간주거침입절도죄이다. 이 때 야간이란 일몰 후 일출 전을 의미한다.

야간주거침입절도죄에서 실행의 착수시기는 주거침입시이다. 또한 야간주거침입절도죄의 기수시기는 재물취득시이며, 이 때 절취행위가 기수에 이르면 주거침입의 미수·기수를 불문하고 기수가 된다. 따라서 밤에 길가의 집의 창문으로 손만 넣어 옷을 가져가도 본죄가 된다.

특수절도죄란 야간에 문호 또는 장벽 기타 건조물의 일부를 손괴하고 주거 등에 침입하여 타인의 재물을 절취하거나 또는 흉기를 휴대하거나 2인 이상이 합동해 타인의 재물을 절취하면 특수절도죄(제331조)가 되는데, 가령 야간에 A집의 창문을 깨고 침입해서 재물을 훔치는 것이다. 따라서 낮에 자물쇠를 손괴하여 들어가 재물을 훔친 경우는 본죄가 아니다. 또한 본죄는 손괴죄를 흡수하므로 자물쇠를 부수고 야간에 침입해 훔쳐가면 특수절도죄가 성립하고, 별도로 손괴죄는 되지 않는다.

본죄에서 흉기란 신체적 위험을 초래하는데, 객관적으로 적합한 물건으로 장난감총은 흉기가 아니다. 또한 본죄에서 '합동'이란 일정한 죄를 범한 경우를 말하는데, 이것은 단독범보다 위험이 크다는 점에서 가중처벌하고 있다. 이 때 합동의 개념은 현장설이 통설과 판례의 입장으로, 다수인의 시간적·장소적 협동을 의미하므로 공동실행의 의사, 실행행위의 분담, 가담자 전원의 현장집합이 필요하다. 가령 A와 B는 버스 내에서 A는 바람을 잡고 B가 C의 돈을 소매치기하다가 체포될 경우 둘 모두 특수절도죄가 된다.

권리자의 동의 없이 타인의 자동차 · 선박 · 항공기 또는 원동기장치 자전거를 일시 사용하는 것은 형법 제311조의 2의 자동차 등 불법사용죄가 되며, 불법사용을 구성요건으로 하므로 정당하게 사용을 개시한 경우는 본죄가 되지 않는다. 예컨대 구청의 운전사가 관용차를 사적으로 무단사용한 경우는 권한의 범위를 넘어선 경우이지만 불법사용이 아니므로 본죄가 되지 않는다. 자동차 등 불법사용죄의 주관적 구성요건은 고의가 필요하며, 불법영득의사는 필요 없는데, 그것은 본죄의 구성요건이 '사용'에 있으며 '절취'가 아니기 때문이다.

한편 상습으로 절도죄·야간주거침입절도죄·특수절도죄 및 자동차 등 불법사용죄를 행하면 형법 제322조의 상습절도죄가 되는데, 본죄는 상습성이라는 신분요소에 의하여 책임이 가중되는 구성요건으로, 이 때 상습성이라는 신분요소에 의하여 책임이 가중되는 가중적 구성요건으로, 이 때 상습성이란 동종의 범행을 반복적으로 행하는 습벽을 말한다. 따라서 본죄는 상습습벽이 필요하므로 절도습벽의 발현이 반드시 있어야 하므로 절도습성 또는 절도습벽의 발현이 없는 다수의 절도는 상습절도가 아니다. 가령 A가 여러 번 절도를 하였어도 그 동기가 우연한 일이 계기가 된 경우라면 상습성이 인정되지 않는다. 상습적으로 수개의 절취행위를 한 경우에는 상습절도의 포괄일죄가 된다.

2. 절도범의 특징

절도범은 철저히 이기적이고 지능적이며 합리적이다. 여기서 이기적이라 함은 절도범죄 시 얻을 이익과 발각되어 체포될 경우의 비용을 계산해 범죄를 하는 것을 말하는데, 이 때 한계절도범[205]은 그러한 계산능력과 합리적 사고가 줄어든다. 따라서 원칙적으로 절도범은 범죄경제학에서 말하는 범죄가격에 따라 범죄를 행한다. 절도에 대한 절도범죄의 공급곡선에 영향을 주는 것이 대체재의 가격, 보완재이 가격, 소득, 예산, 광고, 전쟁, 기호 등이다.

이는 다음과 같은 함수로 표현이 된다.

---

205) 한계절도란 필자가 만든 개념으로써 비한계절도범에 대항되는 개념이다. 보통의 비한계절도범은 범행 시 얻을 수입과 체포될 시 비용을 계산해서 수입이 비용을 초과할 경우 범행을 하지만, 한계절도범은 예산수입이 예상비용보다 적을 경우라도 범행을 한다. 한계절도범이란 한계상황에 처한 범죄인을 말한다. 예컨대 몹시 배가 고파 기아로 죽기 직전인 경우나 자녀의 등록금 마감이 급박한 경우는 어떻게든 처리하려는 하나의 생각으로 절도를 한다.

> 절도공급함수 D=f
> (범죄가격/대체재가격, 보완재가격, 소득, 예산, 광고, 전쟁, 기호)

절도범은 범죄가격(절도로 인해 예상되는 범죄이익-예산되는 손실)이 높을수록 더 많은 절도를 하게 된다. 이 때, 대체재, 즉 정도라는 상품의 대체재는 강도나 사기 등이다. 따라서 강도나 사기의 범죄가격이 비싸지면 그 전에는 절도와 강도를 배합해서 공급하던 범죄인은 상대적으로 비싸진 강도나 사기 대신 절도를 더 공급하려고 한다. 절도재화의 보완재는 장물처리하는 장물범죄로 장물처리비용, 즉 장물재화가 너무 높으면 절도에 대한 공급을 줄이려고 한다. 또한 범죄인의 소득이 증가할수록 절도라는 상품의 공급을 감소시켜 광고가 많아지고, 전쟁이 발생하면 절도공급이 증가하며, 기호, 즉 범죄인이 절도습벽이 있으면 절도공급을 증가시킨다. 절도범죄의 또 하나의 특징은 절도수법이 갈수록 진화해 가는데, 이에 대응해 방범기술도 더욱 발전하면 사각지대를 노리는 새로운 수법 등이 끊임없이 개발되어 상호 지능전쟁으로 되어가고 있다.

1990년대에는 절도범들이 아파트의 가스배관을 타고 올라가 방범창을 열고 침입하는 것이 유행했고, 고급키가 발달할수록 고급키를 해제할 수 있는 새로운 절도기법이 발달하고 있다. 2006년 4월 3일 MBC TV의 9시뉴스에서 포항의 한 아파트에서 절도사건이 발생한 바, 폐쇄회로 TV를 통해 본 절도소요시간은 약 7분이었다.[206] 이날 체포된 A씨는 더욱 새로운 수법을 선보였는데, 그는 KT의 전화번호부를 주소대로 따로 편철해 절도인명부를 만들었는데, 절도명부에 대상인물이 3만 명이었다. 그는 명단의 전화번호를 통해 휴대전화로 전화를 건 다음 빈 집으로 확인되면 바로 털었는데, 1년에 200번의 절도로 밝혀진 액수만 3억 원이 넘었고, 수시로 휴대전화를 바꾸는 치밀함을 보이다가 훔친 귀금속을 바꾸는 과정에서 이날 체포되었다.

206) 그 범죄의 수법에 대해 살펴보면 절도범은 아무집이나 초인종을 눌러 사람이 없는 것을 확인하면 밖에서 대기 중인 일당에게 휴대폰으로 알려 주어 일당이 발코니를 통해 침입해서 800만 원가량을 털어 현관을 통해 유유히 사라지는데 걸리는 시간은 7분이었다.

에들러(Adeler)는 여성과 남성의 절도는 동기에서 큰 차이가 난다고 주장하는데, 남성절도범은 생계형 절도 등 경제적으로 욕구목적에서 행해진다면, 여성은 생계형 절도가 극히 드문 실정이고 절도대상물품을 막연히 소유하고 싶다는 우발적이고 충동적인 생각에서 절도로 이어진다고 주장한다.[207] 그러나 여성절도는 생계형 절도가 거의 없다는 그의 주장은 설득력이 없다. 오히려 가족 등의 생계를 위한 진정한 의미의 생계형 절도는 여성에게도 많이 나타나므로 경제적 동기면에서 남성이나 여성은 큰 차이는 없고, 단지 월경 등의 생리적 특성과 미적 감각 및 사치심·허영심이 강한 여성의 속성상 충동적 동기에 의한 절도가 또 다른 특징에 해당한다. 다만 생계형 절도의 경우에는 체포시의 두려움이나 비난 등의 심리적 비용을 상대적으로 중요시하는 여성은 남성에 비해 절도행위결정에 이르기까지 더 많은 시간을 지체하는데, 이 때 나이가 젊은 여성일수록 더 많은 시간이 소요된다. 우리나라에서는 여성범죄가 최근 사기죄에서 가장 많이 나타나는데, 절도와 같은 단순한 범죄는 과거부터 여성들도 행하였다. 다만 여성의 주된 생활영역이 가정이고, 범죄사회화과정도 남성과 다르며, 순응하는 여성의 문화로 인하여 남성 절도가 훨씬 많음은 물론이다.

3. 절도의 유형과 특징

절도죄의 유형에는 이루어지는 장소에 따라 컴퓨터상에서 이루어지는 사이버절도[208]와 오프라인에서 이루어지는 일반 절도가 있다. 일반 절도는 전통적인 절도

207) Adler, Sisters, McGraw-Hill, 1975; 최인영 외, 현대여성과 여성범죄이론, 백산출판사, 2005, 47면에서 재인용.

208) 최근 인터넷이 급속히 발달하면서 사이버상에서 화폐인 사이버 머니를 도용하는 일이 많이 발생하고 있다. 즉 타인의 ID와 비밀번호를 알아내 이를 도용하여 타인의 사이버 머니와 아이템을 훔치는 일이 발생하는데, 이런 경우에도 형법상의 절도죄를 적용할 것인가가 문제된다. 이 때 사이버 절도범죄를 타인의 파일을 몰래 자신의 CD에 복사하는 것부터 온라인 게임의 아이템 절도와 사이버 머니의 절도 등 어디까지 볼 것인가의 문제가 될 수 있으며, 사이버 절도가 형법상의 절도죄의 구성요건인 타인의 의미와 재물의 절취 및 불법영득의사의 개념에 어떻게 해당되는지에 대해 파악이 있어야 한다. 현재 사이버 절도와 관련하여 볼 수 있는 법에는 형법, 특정범죄가중처벌법, 정보통신망법, 전기통신사업법 등이 있다. 한편 2001년 10월 서울형사지법에서는 타인의 주민등록번호를 이용해

로써 여기에는 남의 집에 침입해서 훔쳐는 침입절도, 상점 등의 고객을 가장하여 민첩하게 타인의 재물을 절취하는 들치기[209], 옥외·노상 등의 물건을 절취하는 방치물 절도, 노상 등에서 피해자가 소지하는 물건을 순간적으로 낚아채는 방법으로 절취하는 날치기[210], 대상자의 지갑을 기술적 방법으로 훔쳐 가는 소매치기[211]가 있다. 또한 규모에 따라 도둑을 좀도둑과 중간규모의 도둑 및 대도(大盜)로 나눌 수 있는데, 대다수의 절도는 중간규모의 일반 절도범이다.

좀도둑은 죄책감이 거의 없고 위험부담이 적으므로 사전계획에 의해서도 행해지지만, 우연한 기회에 행해지는 기회절도도 많으며, 한 번 성공하면 대개 상습화된다. 백화점이나 대형 마트에서 값싼 가벼운 물건을 훔치거나, 같은 방에 사는 친구의 소규모의 돈이나 식권을 훔치는 경우가 많으며, 침입절도와 같이 신속한 동작의 민첩성을 요한 것은 아니므로 연령층에 관계없이 다양하게 발생할 수 있다. 회사원이나 공무원이 공용물건인 복사용지와 필기도구 또는 기념품 등을 슬쩍하는 경우로, 대개 이런 경우는 죄책감이 없는 경우가 많고, 스스로의 행위를 정당화시키는 방어기제를 사용한다. 또는 좀도둑은 대도나 중간규모의 일반 절도범과 달리 공범이 없이 대개 혼자서 행해지거나 부모의 관심을 받기 위해 주의집중개제의 일환으로 행해지기도 한다. 또한 일반 절도나 대도가 자신들보다 경제적·사회적으로 뛰어난 집을 선택하는데 비해, 좀도둑은 피해규모의 경미성으로 인하여 자신보다 경제적으로 열등한 사람도 대상으로 택하는 수가 있다. 또한 피해자와

게임사이트 회원으로 가입한 뒤, 사이버 머니를 빼내 판매한 혐의(정보통신망법)로 기소된 프로그래머 4명에게 징역 1~2년을 선고한 적이 있다.

209) 시장 등 다중이 모인 장소에서 물건을 고르는 척하다가 주위의 시선이 없을 때, 물건을 가져가거나, 타인이 물건을 구입하는 순간 가방을 절취하거나, 터미널 등에서 일행끼리 특이한 대화 등을 하면서 시선을 집중시킨 후 다른 일행이 가방을 절취하는 등 다양하다(손봉선, 범죄수사론 Ⅱ, 대왕사, 2004, 292면.

210) 은행 주변에서 일당들이 대상자를 물색하여 다액의 돈을 인출하는 부녀자 등을 따라가다가 적당한 기회에 돈을 빼앗아 차량으로 도주하는데, 차치기라고도 한다. 이들은 대상을 물색하고, 미행한 후 번화가 등에서 말싸움으로 소리를 질러 시선을 다른 곳으로 유도하면서 범행을 한다(손봉선, 상게서, 291면).

211) 빽따기는 핸드백의 단추나 지퍼를 열고 절취하는 것이고, 빽째기는 핸드백 등을 면도칼로 찢고 절취하는 것이며, 올려치기는 버스 내에서 자기들끼리 싸우는 척하거나 상대에게 자주 말을 걸어 주위를 혼란케 한 후 하는 것이다. 한창따기는 버스 내에서 대상자의 주머니를 칼로 찢고 절취하는 것으로 3명 이상이 조를 이루어 역할분담을 통해 행한다(손봉선, 상게서, 291면).

안면접촉기회가 없거나, 적은 대도나 일반 절도와 달리 피해자와 안면이 있는 경우에도 행해질 수 있다. 좀도둑은 대개 아마추어 절도범이 많지만, 때로는 프로급의 절도범도 있고, 생계형의 좀도둑은 문명의 정도와 관계없이 모든 국가에서 행해지는 것이기 때문이다. 물론 후진국일수록 이런 좀도둑은 더욱 많을 것으로 추정된다.[212)]

좀도둑과 대도 사이의 일반 도둑은 피해규모가 좀도둑보다 크므로 대개 철저한 사전계획을 통해 행해지며, 다만 프로소매치기 등은 계획이 없어도 우연한 기회에 범죄를 행하기도 한다. 또한 일반 도둑은 단독으로 행해질 수도 있고, 여러 명이서 공범형태로 행해질 수가 있는데, 피해규모가 크거나 위험부담이 클수록 위험부담을 분담하려는 심리로 인하여 공범형태를 취한다. 대개 신체적 민첩성을 요하는 현장절도는 상대적으로 젊거나 경험이 많은 자가 행하고, 차량에서 대기하는 자는 초보자이거나 나이가 많은 자이다. 좀도둑은 여자도 꽤 많지만 중간규모의 일반 도둑은 여자의 비율이 대적으로 좀도둑보다 적으며, 주로 주간을 택하는 좀도둑과 달리 야간에도 행해진다. 일반 절도범에서 범죄수법과 기술이 뛰어난 자는 매력적인 도시의 부유촌이 범죄의 표적이며, 이들은 방범장치가 발달할수록 그러한 방범장치를 해제하는 과정에서 심리적 효용감이 극대화되고, 성공감과 자신감을 느낀다. 상대적으로 아마추어이거나 범죄수법이 서툰 자들은 방범장치와 경호가 철저한 도시의 부유촌보다 시골이나 평범한 도시민이 거주하는 곳을 택하는데, 이곳들은 상대적으로 고도의 범죄수법을 요하지 않기 때문이다.

절도범과 일반 절도범은 대도에 비해 상습범이 많은데, 이것은 조세형씨처럼 특수한 경우를 제외하고는 대도에는 상습범이 적지만, 좀도둑과 일반 절도범은 상대적으로 상습범이 많다. 그 이유는 좀도둑과 일반 절도범은 절도를 할 때마다 예상

---

212) 미국에서는 재산범죄 중에서 가장 많은 범죄가 가게 좀도둑으로 미국에서는 매 4초마다 발생하며, 연방수사국 범죄통계상 기준범죄들 가운데 여성들과 가장 친한 범죄라고 한다. 미국에서는 전체 재산범죄의 2/3가 가게 좀도둑으로 자동차부품이나 악세사리 가게에서 가장 많이 발생하고, 가게 좀도둑은 신고율이 아주 적으며, 신고 된 가게 좀도둑의 경우 범인검거율은 21%라고 한다. 미국에서 가게 좀도둑으로 체포되는 사람의 1/3이 여성이며, 여성이 궁핍화라는 말처럼 어려운 처지에 놓이게 된 여성들이 재산범죄를 자행하여 생계를 도모하였으며, 이 과정에서 여성의 비율이 높아졌다고 한다(조준현, 범죄학, 법원사, 2004, 151~152면).

되는 한계비용이 적으므로, 즉 좀도둑의 경우는 잡혀도 거의 처벌이 안 되고 죄책감이 없어 한계비용이 0에 가까우므로 추가절도 시 얻는 한계수익이 줄어들지 않아 계속 절도의 유혹을 받지만, 대도는 추가 절도 시 성공감 등의 심리적 쾌감은 크지만 체포되면 형량이 무거우므로 한계비용이 상당히 크게 되므로 한계비용체증의 법칙이 적용되어 추가절도의 유혹을 적게 받는다. 대도는 좀도둑과 달리 한 번의 절도행위로 충분한 물품을 확보하기 때문에 당장 추가적 절도의 필요성을 느끼지 못한다.

4. 사례분석 : 신창원증후군

신창원증후군이란 그가 명백한 범죄자임에도 그의 신출귀몰한 도주행각과 부잣집만 절도하는 특이한 범죄행동에 대해 일부 사람들이 보이는 그에 대한 감정적 동조현상을 말한다. 여기에는 그의 탈주사건과 신창원증후군에 대한 기존의 견해와 필자의 사견을 제시한다.

1997년 1월 부산교도소를 탈옥하여 2년 6개월여만에 검거된 신창원씨는 1982년 2월 절도죄로 첫 범죄를 한 후 여러 차례 절도 등을 행하다가 1994년 11월 부산교도소로 이감된 뒤 수감생활을 하던 중 1997년 1월에 부산교도소를 탈옥하면서 일약 언론의 주목을 받기 시작했다. 그는 탈옥 뒤에도 10일에 한 번꼴로 절도를 해 왔다는데, 조선일보의 1997년 7월 18일 보도에 의하면 탈주 뒤의 절도행각은 다음과 같다.

> 경찰의 특별조사팀에 따르면, 신창원은 열흘에 한 번꼴로 범행을 했고, 한 번에 600~700만 원씩의 금품을 도둑질했다. 특히 신창원은 1997년 하반기와 1998년 초, 올해 전반기에 충남 천안에 숨어 지내면서 자동차로 1시간 거리의 서울 강남지역을 드나들며 도둑질을 해온 것이 드러남에 따라, 경찰은 이 시기의 행적을 집중 수사하고 있다.

당시 신창원은 승용차를 타고 고속도로를 통해 순식간에 서울 강남을 진입해 1~2시간 동안 도둑질을 하고 새벽에 천안이나 평택 등지로 돌아가곤 했던 것으로 드러났다. 경찰은 신창원은 부산교도소를 탈옥한 이후 충남 천안(1997년 1~3월), 충남 천안(1998년 1월), 전북 김제(1998년 3월), 경북 성주(1998년 5월), 서울 강남(1998년 7월), 충남 천안(1996년 6월) 등에서 지낸 것을 확인했고, 이 밖에 대전 충남 아산, 경기도 성남, 전북 전주·정읍 등에서도 살았던 것으로 추정하고 있다.

신창원이 2년 6개월 동안 경찰과 6차례 맞부닥치면서도 검거망을 벗어나는데는 변장술과 치밀한 도피술이 결정적인 기여를 했다. 신창원은 탈옥 후 1년 동안 훔친 김모씨의 주민등록증과 운전면허증을 갖고 안경을 끼는 등 김씨로 위장했다. 이후 절도행각을 벌일 때는 자기와 비슷한 연령층의 주민등록증을 함께 훔쳐 경찰의 불심검문에 대비했다. 그가 탈옥한 뒤 절도한 액수가 5억 원에 이르는데, 그가 일부 국민들에게 신창원신드룸을 일으킨 것은 가능한 사람을 해치지 않고, 부잣집만 털었으며, 훔친 돈의 일부는 자선행위를 하고, 너무 뛰어난 신출귀몰한 도주행각 등의 행위였다. 영국 로이터통신은 그를 '의적'이라고 보도하였으며, 일부 네티즌 사이에서 영웅시되었다.

그러나 조선일보 1997년 7월 19일의 사회면에서는 그의 일기를 보면 그는 증오심과 적개심으로 가득찬 절도범이었을 뿐이라고 표현된다.[213] 또한 그는 일기에서

---

213) 그가 도주 중 쓴 일기의 일부 내용은 다음과 같다.
① 경찰이 애인 건드려 : 일부 언론에서 천안에 있을 때 첫 번째 나를 습격한 두 형사가 불쌍하다고 생각하는 것 같다, 그러나 두 형사는 경찰이 될 자격이 없다(지금은 다시 복직된 것으로 알고 있다). 그들이 ○○이 혼자 있는 집에서 안방을 차지하고 ○○이에게 무슨 짓을 했는지 아는가. 그들은 나를 더 이상 수사하지 않고 종결하겠다고 거짓말 하고 ○○이를 건드렸다. 이것은 ○○이가 울며 내 빰을 때리면서 한 말이다. ○○에게 7~8대 빰을 맞으면서도 그냥 있었다. 이 말은 내입으로 하고 싶지 않았다. 경찰이 정말 민중의 지팡이 역할을 했었고, 하고 있는가. 나는 분명히 말했다. 내 가족과 내 여인을 힘들게 하지 말라고, 나는 이제 그들이 말한 그대로 인간이기를 포기하겠다. 내가 악마가 되면 결과가 어떻게 되는지 똑똑히 보여 주겠다. 나는 그들에게 전쟁을 선포한다. 나는 이 전쟁에서 이길 수 있다. 인간이 망가지면 얼마만큼 망가질 수 있는가를 똑똑히 모여 주겠다. ② 교도행정의 적개심 : 1985년 소년교도소에 있을 대 담당교도관이 재소자들을 불러 모아 놓고 모두에게 입을 벌리라고 한 후 가래침을 재소자 입 안에다 뱉고, 재래식 화장실 뚜껑을 열고 20~30분씩 얼굴을 쳐박게 했다. 그 이유는 담당교도관이 농구시합에서 졌기 때문이다. 교도소가 폐쇄되어 안에서 무슨 일이 일어나고 있는지 아무도 알 수 없는데, 비리나 가혹행위를 근절시킬 수 있겠는가. ③ 어린 시절 육성회비도 못내 : 4남 1년 중 넷째로 태어났다. 초등학교 2학년 때 어머니가 돌아가시고 생활이 어려웠다. 학교에서는 육성회비나 급식비를 내라하고 집에서는 돈 없다고 하고, 학교가기가 싫어졌다. 3~4학년 때 아버지가 젊은 여자를 데리고 왔다. 그 여자는 어느 날 너 동생이 감기몸살로 심하게 앓는데 신경도 쓰지 않았다. 자기가 데려 온 세 살쯤 된 사내아이에게는 과자나 과일을

법의 불평등에 대해 심한 불만을 드러냈다.[214] 이러한 신창원씨의 범죄심리에 대해 정신과의 김정일은 다음과 같이 진단하고 있다.[215]

> 신창원의 일기를 보면 솔직하고 생각이 잘 정리된 글이라는 인상을 받는다. 그가 이런 정도의 글을 쓸 수 있는 것은 어릴 적부터 자기감을 키워 왔기 때문일 것으로 추측된다. 남의 눈치를 보면서 자기생명력과 느낌을 억압하지 않고 지키고 가꿔 왔다는 느낌을 풍긴다. 신창원이 어려운 도주생활 속에서도 글을 정연하게 계속해서 쓸 수 있었던 것은 글을 씀으로 해서 자신이 보다 정리되고 강인해지려고 했기 때문일 것이다. 그가 건강한 부모를 일찍 상실했다는 점도 주목할 대목이다. 초등학교 2학년 때 어머니가 죽고, 그 후 아버지가 술과 도박에 빠져 구타를 일삼는 어려운 환경에서 그는 반항적으로 자기를 지키려고 했다. 그러면서 형성된 것이 따뜻한 어머니와 자상한 아버지에 대한 평생의 그리움이었던 것 같다.
>
> 신창원의 주변에는 신창원을 어머니같이 감싸 주고 지켜 주던 여인들이 많았다. 아마도 신창원이 자기도 모르게 모성애가 강한 여성들에게 접근하고 그 모성애를 이끌어냈기 때문일 가능성이 크다. 신창원이 사람들에게서 일부나마 동정을 이끌어내는 것도 그가 무의식적으로 사람들의 모성애와 부성애를 자극하기 때문이 아닌가 싶다. 그가 법(아버지의 상징)의 공정성과 따뜻함을 반복해서 주장하는 것은 어린 시절의 이 같은 박탈에서 비롯된 것 같다. 마지막으로 신창원은 철저히 사회고발적이었다고 보인다. 신창원은 나름대로 부조리·비합리와 싸우고 고발한 것이라고 주장하는 듯하다. 그러나 이는 비뚤어진 형태의 고발이다. 그는 겸허하게 자기를 돌아보기보다는 세상에 강하게 요구하고 조급해 하며 투정하는 미숙한 속성이 지배적이었던 것 같다.

사다 먹이는 그 여자가 죽이고 싶도록 증오를 느꼈다. 다음날 아침 학교에 가면서 칼을 들고 학교에 갔다 왔을 때도 있으면 죽이겠다고 했다. 학교에서 와 보니 그 여자는 친엄마 패물을 가지고 집을 나갔다.

214) 그가 적은 일기의 일부 내용을 살펴보면 "모든 이들에게 법이 평등하게 적용·집행되고 있다고 생각하는 사람은 그리 많지 않을 것이다. 과거 군사정권 이전부터 법의 형평성은 사라졌고, 법이 권력유지를 위한 수단으로 이용되어 왔다. 아직도 치외법권은 상상 외로 많고, 권력을 쥔 자가 범죄행위를 했을 때 그에 합당한 처벌을 하기란 쉽지 않고, 처벌을 하는 것은 형식에 지나지 않는다. .....사형수들이 살아가는 것을 가까이서 보면 연민을 느끼지 않을 사람이 아마도 없을 것이다. ......그들이 한결같이 하던 말과 갈구하던 것이 무엇인 줄 아는가?"이다.

215) 조선, 1997. 7. 20

또한 현대불교신문에 보도된 다른 전문가들의 진단은 다음과 같다.

> 박찬웅 교수(동국대 사회학)는 "중산층이나 저소득층 등 상대적으로 사회적 소외감을 느껴 온 사람들이 이번 기회에 지배층에 대해 갖고 있는 반감을 표출한 것"이라며 "신창원 신드롬은 우리 사회의 계층문제가 얼마나 심각한 문제인가를 보여 주고 있는 단적인 예"라고 말했다. 박 교수는 또 "대부분의 사람들은 신창원의 범죄가 정당한 행위라고 생각하지는 않지만, 그럼에도 불구하고 쾌감을 느끼는 것은 우리 사회의 지배층이 그만큼 부당한 방법으로 부를 축적하고 모범을 보이지 않았기 때문에 생긴 병리현상"이라고 덧붙였다.
>
> 범죄사회학자 심영희 교수(한양대 사회학)는 "그가 말하고 싶었던 것은 자신이 생각하는 것과 다르게 돌아가고 있는 지배규정에 대한 도전으로 볼 수 있고, 그것이 그가 세상과 대화하는 방법이라고 할 수 있다. 그리고 고아원을 돕는 등 착한 일을 하는 자신의 또 다른 모습과 불우했던 과거로의 관심을 돌림으로써 자신의 정체성을 제시하고 이해와 동정심을 유도했다. 결국 그는 '범죄스타'의식을 갖고 사회문제를 내세워 자기합리화를 꾀하려 한 것"이라고 분석했다. 그러면서도 심 교수는 "신창원 신드롬을 극복하는 길은 사회병리현상을 제거하는 진정한 개혁에 있다고"고 말했다.
>
> 박남진 원장(익산신경정신과)은 정신과 전문의답게 신창원의 행각을 과대망상에 사로잡힌 '영웅심리'의 표현으로 분석했다. 박 원장은 "신창원의 일기장에서 나타난 전쟁선포와 같은 말은 자신이 사회적 지탄을 받고 있는 사람들을 응징함으로써 자신을 영웅으로 포장하려고 한 것이다. 여기에는 도피행각을 벌이면서 국민들에게 동정을 받으려는 계산도 깔려 있다고 보인다. 따라서 도피행각을 벌이면서 국민들에게 동정을 받으려는 계산도 깔려 있다고 보인다. 따라서 과대망상은 영웅심리로 발전하고, 그 영웅심리는 스스로의 자구책을 마련하는 방편으로 삼으려고 했다고 볼 수 있다"는 견해를 제시했다. 그러나 이들 전문가 모두는 '신창원 신드롬'이 우리 사회가 부패했음을 반증하는 것이며, 사회병폐를 개선하지 않는 한 제2·제3의 신창원은 언제든지 나타날 수 있다고 경고하고 있다.

한편 신창원씨의 특이한 행동 등에 대해 오랫동안 그에 대한 팬 카페까지 생기는 등 일부 국민들에게 신창원 신드롬이 급속히 확산되었는데, 이의 원인에 대해 한겨레 21 제218호에서는 다음과 같이 적고 있다.

최근 신창원의 인기도 이런 사회심리학적 배경에서 바라보아야 한다고 전문가들은 말한다. 단지 조세형 시절의 '빈부격차'라는 요소보다 '약자에 강하고 강자에 약한 공권력'에 대한 조롱이 지금은 더욱 중요한 요소를 차지한다는 것이다. 특히 신창원은 스스로의 행동을 조세형에 견주고 있는 듯하다. 신창원이 도주 중 작성한 수기에서 자신의 탈옥을 "잘못된 교정행정을 바로잡기 위해서였다"는 식으로 은근히 포장하거나, "부잣집만 털겠다. 사람을 해치진 않았다"고 강조한 점은 이를 의식한 행동이라는 것이다. 좀 더 근본적으로 사람들이 신창원의 행동에 분노하지 않는 이유는 기존질서에 대한 뿌리 깊은 반감 때문이라는 것이 전문가들의 진단이다. 신창원에 대한 왜곡된 인식이 번지고 있는 곳에 사회적 약자라 할 수 있는 청소년층이나 서민층이라는 것이 이를 반증한다. 이런 사람들의 심리상태는 마치 오락게임을 하거나 활극영화를 보면서 대리만족을 느끼는 것과 마찬가지라는 것이 전문가들의 설명이다.

서울대 차재호 교수(심리학)는 "일부에서 우려하듯이 사람들이 범죄 자체에 무감각하거나 범죄 자체를 옹호해서 그런 것은 아니다"라고 말한다. 그는 "민간인을 해치지 않아 개인적인 위험부담은 없을 것 같으니 게임구경하듯 즐기는 것일 뿐이라며, 언젠가는 잡힐 것이 확실하다고 보고 얼마나 오래 도망다니는지 지켜보자는 심리일 뿐 범죄의 본질은 잊어버린 것은 아니다"라고 덧붙였다. 또한 정신과의사 최영은 신창원 신드롬에 대해 다음과 같이 진단하고 있다.[216)]

먼저 대리만족의 심리다. 법이라는 굴레를 벗어나 자유롭게 도덕과 규칙을 무시하고 살아가고 싶은 충동을 보통 사람들의 마음 한 편에 자리 잡고 있다. 우리 안에 자리 잡고 있는 어기 싶거나 벗어나고 싶거나 파괴하고 싶은 충동을 신창원이 어느 정도 만족시켜 주었으니..... 신창원은 우리의 이드(id : 원초적이고 본능적인 욕구들이 자리 잡고 있는 인간 마음의 구조)를 어느 정도 만족시켜 주었다. 그래서 잡혀서 서운해 하는 사람도 있단다. 우리는 지금까지 관객의 입장에서 안전하게 한 편의 활극영화를 보았다. 홍길동전은 새로운 나를 건설해서 떠나는 해피엔딩이었는데,..... 이 영화의 결말은 그게 아니라서 미진해 하는 것인가? 분노와 상대적 박탈감이 또 하나의 원인이다. 가진 자, 핍박하는 자, 부패한 자 그리고 기득권을 가진 자들을 농락하고 혼내 주는 홍길동·일

216) www.drchoi.pe.kr, 1999. 7. 20.

> 지매·로빈후드 이야기나 영화를 즐기는 마음으로 평소에 읽고 보아 왔다. 이 후 통쾌한 마음을 느낀다. 어쩐지 가려운 곳을 긁어 주는 시원한 마음 말이다. 신창원은 부패나 핍박에 대한 화 그리고 졸부 따위의 가진 자를 보면서 느껴오던 "나는 가진 것이 없다"는 박탈감을 배설하는 통로를 제공해 주었다.

신창원씨의 범죄원인에 대한 필자의 생각은 다음과 같다.

우선 심영희 교수가 그를 범죄 스타의식을 갖고 자기합리화를 꾀한다든지, 박남진 원장이 그를 과대망상을 가진 영웅심리의 소유자라고 진단한 것은 적절한 진단이 아니라고 생각한다. 그는 자신을 의적이니 스타로 생각한 적은 없었고, 단지 도둑놈에 불과하다는 말을 수차례 했다는 사실[217)]에 비추어 그 자신 스스로가 범죄 스타나 영웅화 된 것 같지는 않고, 다만 탈주과정에서의 묘한 행동을 이익극대화를 추구하는 언론의 선정적 보드를 거치면서 언론에 의해 범죄영웅으로 둔갑되었을 뿐이다.[218)]

영국의 로이터 통신은 과장된 소스가 근거해 그를 의적이라고 표현했지만, 그 스스로도 밝혔듯이 그는 의적행세를 한 것이 아니다. 또한 대부분의 전문가가 우리사회의 경제적인 상대적 박탈감 등 사회구조적 측면이 그의 범행의 한 원인이 되었다고 진단하지만, 필자는 그의 범행은 모든 부분의 관료화가 범행의 근본원인이었으며, 그리고 가난과 상대적 박탈감 및 사회에 대한 불만은 범행의 촉발요인이었다고 생각한다.

그가 어릴 때 어머니가 가출하는 등 불우한 가정은 주어진 내생변수이며, 그의 잘못된 심성과 박탈감은 사회화시킬 의무가 있는 학교에서 그런 박탈감이나 소외감 등을 따뜻한 교사의 상담에 의해 치유되어야 함에도 초등학교에서는 급식비 내라 하여 상황이 극도로 어려운 그는 학교가기가 싫어졌고, 한 달간 장기결석을 하였으며, 중학교 때는 퇴학처분을 받았다. 편부 밑에 성장하여 애정에 목말라 하

---

217) 엄상익, 고백, J-pub, 1999, 23~24면.
218) 신창원은 엄상익 변호사와의 대화에서 자신은 의적행세를 한 적이 없으며, 그저 도둑에 불과한데 교활한 것은 자기를 가지고 장난하는 언론이라고 대답했다(엄상익, 상게서, 24면).

고, 극도로 가난한 학생에게 가정방문을 통한 관심 있는 교사의 상담이 없었으며, 사형선고와 같은 퇴학처분을 쉽게 내린 것은 한국교육의 관료화가 빚어낸 산실이다. 관료화란 고객의 요구에 부응하지 않아도 평생신분이 보장되며, 생산성과는 전혀 관계없이 해마다 연봉이 올라가는 임금제를 특징으로 한다. 잘못된 심성을 가진 학생을 사랑과 애정 그리고 체계적인 상담으로 올바르게 성장시키겠다는 사명감을 가진 교사가 더 많이 교직에 들어가야 함에도 현재의 교사채용방식은 전혀 그런 것들을 확인할 수 없다는 구조적 문제점도 있지만, 고객인 학생들의 개별욕구에 개별적으로 대응하지 못하고 관료화된 교육행정 자체도 문제가 있다. 가정에서 박탈감을 느낀 신창원은 관료화된 학교에 의해서 또 한 번 박탈감을 느꼈을 것이고, 그런 중복된 박탈감은 그가 학교에 가기 싫어 한 원인이었다.[219)]

신창원의 일기를 통해서 그가 얼마나 교사의 관심과 사랑을 갈망했다는 것을 알 수 있다. 이것은 범죄원인과 관련하여 의미 있는 대목이다. 그런 맥락에서 생산성과는 전혀 관계없이 평생 신분이 보장되는 제도는 철폐되어야 하고, 고객의 개별적 요구에 부흥하지 못하는 교사는 철저한 교원평가를 통해 퇴출되어야 하며, 보다 따뜻한 관료화된 학교에서 소외된 그가 범행을 하여 교도소를 가게 되었는데, 교도소 역시 교정을 시키는 재사회화가 기본임무임에도 관료화된 고문 때문에 탈주를 결심하게 되었다고 한다. 그는 타성과 권위의식에 젖은 일부 교도관의 행동에 분노했는데 이 대목도 교화보다는 생산성이 금방 드러나는 보안만 중시하는 한국교정의 문제점을 그대로 지적한 것이다. 같은 논리로 부적절한 교도관이 퇴출될 수 있도록 수형자들의 평가에 의해 부적절한 교도관이 퇴출되는 교도관평가제

219) 신창원은 일기에서 다음과 같이 기술했다. "사람은 태어날 때 너는 악마, 너는 영웅, 이렇게 정해져 있는 것은 절대 아니다. 영웅도 악마도 태어나는 것이 아니라 만들어지는 것이다. 아무리 영웅이 될 소질을 갖고 있는 사람도 어렸을 때 환경이 잘못되었다면 절대 영웅이 될 수 없다. 반대로 어렸을 때부터 제대로 교육받은 환경에서 자랄 수 있다면 악마도 천사가 될 수 있다. 부모의 따뜻한 관심과 사랑을 듬뿍 받고 자란 아이는 절대 그릇된 길을 가지 않는다. 방황하는 학생에게 더 큰 관심을 가져주길 바란다. 학교측에서 만약 학생에게 큰 잘못이 있어 퇴학을 결정하려고 한다면, 그 아이의 장래를 생각해 주었으면 한다. 문제가 있다면 그 원인을 찾아 함께 모색하고 정에 굶주린 학생이 있다면 형이나 누나같이 따뜻하게 대해 주고, 그 아이를 위해서 함께 울어 줄 수 있는 교사가 있다면 문제아라는 단어가 없어질 수도 있을 것이다"라고 글을 통해 자신의 생각을 토로하고 있다(엄상익, 전게서, 228~230면).

도가 있어야 하며, 연령에 관계없이 교화의지를 가진 자라면 교정직에의 문호를 개방해야 한다. 결국 사회화의 의무가 있는 학교와 소년원 그리고 교도소가 관료화 된 것이 신창원 범행의 근본원인이라고 생각한다. 또한 일부에서 지적하듯 그는 비뚤어진 시각만 가진 것이 아니고, 상당히 균형된 시각을 가진 점에서 보다 정확한 원인진단이 있어야 한다.[220)]

220) 그는 교정행정에 심한 불만을 드러내었고, 일부 교도관의 고문에 분노했지만, 좋은 교도관도 많다는 균형적 시각을 그의 일기에서 적고 있다. "재소자들을 위하여 안타깝게 생각하는 교도관들도 많다. 이런 분들이 없었다면 교도소가 벌서 공중분해되었을 것이다. 재소자들을 진심으로 생각해 주고 얼마 안 되는 봉급을 쪼개서 가난한 재소자, 공부하고 싶어도 돈이 없어 할 수 없는 이들을 위해 내놓고 좋은 말씀을 많이 해 주시던 교도관들에게 진심으로 감사드린다. 만약 이런 분들 같이 모든 교도관들이 재소자들을 생각한다면 많은 재소자들이 새 삶을 얻을 것이다(엄상익, 전게서, 224면).

제14장 강도범죄심리[221]

1. 개념과 구성요건

형법 제333조의 강도죄란 폭행 또는 협박으로 타인의 재물을 강취하거나 기타 재산상의 이익을 취득하거나, 제3자로 하여금 이를 취득하게 함으로써 성립하는 범죄이다. 객체는 타인의 재물 또는 재산상의 이익이다. 재산상의 이익이란 재물 이외의 일체의 재산적 가치가 있는 이익으로 소극적이든 일시적이든 불문한다. 소극적 이익의 예는 승객이 운전사를 위협해 요금을 지불하지 않고 도주해도 강도죄가 되는 것이다. 또한 본죄는 폭행 · 협박을 사용하는 점에서 그렇지 않은 사기죄와 공갈죄와 구분되며, 폭행 · 협박의 방법에는 제한이 없어 마약 · 알코올을 사용해도 성립한다. 즉 마취제로 정신을 잃게 하여 물건을 가져가도 강도죄가 된다.

제334조에는 특수강도죄가 있는데, 이는 야간에 사람이 주거·관리하는 건조물, 선박, 항공기 또는 점유하는 방실에 침입하여 강도하거나 또는 흉기를 휴대하거나, 2인 이상이 합동하여 강도할 때 성립한다. 제335조에는 준강도죄가 있는데, 이는 절도가 재물의 탈환을 면탈하거나 죄적을 인멸할 목적으로 폭행 또는 협박함으로써 성립하는데, 가령 절도범이 물건을 훔치다가 발각되자 가게주인에게 떠들면 죽인다고 협박하면 준강도가 된다. 그런데 이 때 절도범이 절도가 발각되자 재물을 강취하기 위하여 폭행 · 협박한 때에는 목적이 없어졌으므로 준강도죄가 아니라 강도죄가 된다. 즉 재물탈환 항거 · 체포면탈 또는 증거인멸의 목적이 있어야 준강도죄가 된다.

체포 · 감금 · 약취 또는 유인하여 인질로 삼아 재물 또는 재산상 이익을 취득하거나 제3자로 하여금 이를 취득케 하면 제336조의 인질강도죄가 되고, 강도가 사람을 상해 또는 상해에 이르게 하면 제337조의 강도살해 · 치상죄가 되며, 강도가

---

221) 신범죄심리학(천정환, 대왕사, 2006)의 375-395면을 전재

살해 또는 사망에 이르게 하면 제338조의 강도살인·치사죄가 된다. 또한 강도가 부녀를 강간하면 제339조의 강도강간죄가 되며, 해상에서 선박을 강취하거나 선박 내에 침입하여 재물을 강취하면 제340조의 해상강도죄가 되고, 상습으로 강도죄 · 특수강도죄 · 인질강도죄 · 해상강도죄를 범하면 제341조의 상습강도죄가 된다.

2. 강도범죄의 특징과 심리

1) 강도가 절도와 다른 점은 대부분은 가해자와 피해자가 직접 대면하는 점이다. 그러나 강도라고 해서 반드시 피해자를 대면하는 경우는 아니다. 가령 수면 중에 있는 사람을 방문을 잠그고 물건을 가져가도 강도죄가 되는데, 이 때 피해자는 강도의 얼굴을 보지 못한 경우이다.

2) 강도는 절도범보다 더 젊은 사람들의 몫이라는 주장이 있으나 그것은 틀린 주장이다. 절도범은 도주 등을 위해서 체력적 민첩성을 요하지만, 강도범은 체력이 약해도 총과 같은 흉기가 피해자에게 더 큰 위협이 될 수 있기 때문에 연령과는 큰 상관성은 없다.

3) 대부분의 강도는 합리적 선택이론에 따라 철저히 사전에 범행을 계획하지만, 약물 중독 강도범들은 대게 범행을 계획하지 않는다.

4) 강도는 수법과 지능의 수준에 따라 영리한 강도와 평범한 강도로 나뉘는데, 프로급인 영리한 강도는 일반인과 경찰의 상식적인 심리를 역이용한다. 가령 출입할 때도 이중장갑을 끼고 또는 눈이 올 때는 자기신발보다 더 큰 신발을 신고 그 사이에 완충제를 넣어 지문이나 족적을 교모하게 위장시킨다. 또한 실내로 출입할 때는 먼저 CCTV 등을 확인하며, 내부감시 카메라의 작동을 끄고 강도를 행한다. 또한 강도행위 중 순간적인 욕정이 생겨도 아마추어강도처럼 바로 강간하지 않고 여러 복잡한 계산을 육감에 의해 순식간에 냉철하게 한 뒤에 강간 여부를 결정한다. 즉 순식간에 강간으로 예상되는 이익과 체포우려 등의 비용을 육감에 의해 계산한 뒤에 행한다. 또 만일의 사태에 대비해 침입한 집안에서 공범과 말할 때도

경상도출신이면 충청도 말씨로 거짓사투리를 써서 자기가 주도하고자 하는 반대 방향에서 만나자고 작은 목소리로, 그러나 피해자가 알아들을 수 있는 크기로 말하여 경찰에 혼선을 주는 치밀함을 보인다. 또 타인이 피운 꽁초를 미리 갖고 와서 강도현장에 버림으로써 수사에 혼선을 준다. 즉 영리한 강도범은 만일의 사태에 대비한 전략을 다 세우고 침입하지만, 아마추어강도는 그렇지 못하다. 또한 영리한 강도는 교활하여 피해자가 신고하지 못하게 하는 최적의 방법을 재빨리 알아채 경우에 따라서는 집주인의 딸을 아버지가 보는 앞에서 강간하고 사진을 찍어 신고하지 못하게 하는 등 철저히 가족들간의 심리를 이용한다. 즉 피해자를 직접 대면하지 않는 절도와 달리 피해자들을 직접 대하는 강도는 그들이 가진 심리적 상태를 잘 이용한다. 따라서 강도범의 범죄공급곡선은 절도범의 그것보다 더 많은 변수를 갖는다.

절도범의 절도공급함수의 변수에는 범죄가격, 대체재의 가격, 보완재의 가격, 소득, 기호 등이 작용한다면, 강도범의 강도공급함수의 변수에는 그것 외에도 피해자의 심리적·물리적 자원의 성격과 크기가 추가된다. 즉 특수강도의 경우에는 대체재인 단순강도나 절도 및 인질강도의 범죄가격 크기에 따라 특수강도의 공급량이 결정되며, 특수강도의 보완재인 권총의 가격이 지나치게 비싸면 특수강도를 할 수 없게 된다. 마찬가지로 범죄인의 현재 소득이 너무 적어 절도로는 해결이 되지 않을 경우는 강도를 선택한다. 또한 각 변수에 의한 공급의 탄력도를 잘 이용한다. 또 피해자의 심리적 자원의 크기, 가령 피해자가 너무 겁에 질려 심리적으로 공황상태에 있으면 더 많은 물건을 강취하며, 피해자의 물리적 자원의 크기, 즉 피해자들이 체격이 너무 좋아 역습의 가능성이 크면 재빨리 강도행위를 끝내려고 한다. 이와 같이 강도에서는 순식간에 피해자와 가해자간에 심리적 파워게임이 시작되는데, 영리한 강도는 단번에 심리적으로 제압하려고 한다. 왜냐하면 심리적 위협이 총 등에 의한 물리적 위협보다 더 크다는 것을 잘 알기 때문에 장난감 권총으로도 강도가 성공하는 것이다.

5) 강도, 특히 야간에 이루어지는 강도가 있게 되면 범인들과 피해자 사이에 성격이 다른 공포와 긴장이 발생하는데, 피해자는 상해나 강간에 대한 공포, 범인은

체포될 것에 대한 공포가 형성된다. 피해자가 느끼는 공포체감곡선은 최초의 공포가 가장 크고, 갈수록 한계공포가 내려가거나 일정하므로 한계공포는 체감하지만, 범인은 시간이 지체될수록 더욱더 불안을 느끼므로 한계공포는 체증한다. 따라서 영리한 강도는 피해자의 한계공포가 급격히 체감하지 않도록 피해자의 공포와 긴장관리를 하려고 노력한다.

6) 한편 강도발생원인에 대한 기존이론에는 상대적 박탈감이론과 경제적 풍요이론이 있다(Conkin과 Gould가 주장). 상대적 박탈감이론이란 지위 상승에 대한 기대는 증대되었으나 이를 실현할 기회가 차단되어 범행을 통하여 자신의 기대감을 성취한다는 것으로, 사회가 발전할수록 하류계층이 더 많은 상대적 박탈을 느끼고 그것은 좌절감을 주어 더 많은 강도를 한다고 주장한다. 고울드(Gould)는 경제적 풍요는 재물을 소유하지 못한 사람들에게 오히려 상대적 박탈감을 증대시키는 동시에 이들이 남의 재물을 쉽게 취할 수 있는 기회도 증가하므로 강도가 더 증가한다고 주장한다. 그러나 사견으로는 그러한 상대적 박탈에 의한 강도발생론은 비단 강도에만 해당되는 범죄가 아니며, 또한 오늘날에도 여전히 절대적 박탈감에 의한 강도행위가 많다는 현실에 비추어 볼 때, 일반화시킬 수 있는 이론은 아니라고 생각한다. 더군다나 준강도나 강도강간은 상대적 박탈과 큰 관계가 없으며, 오늘날 상대적 박탈감을 느끼지 않는 계층에서도 강도현상이 일어나는 이유를 설명하지 못하기 때문이다. 따라서 강도발생은 개인적 측면인 미시적 요인과 사회적 요인인 거시적 측면간의 독립적 또는 상호동태적 작용에 의해 발생한다고 할 수 있다.

제15장 사기범죄심리[222]

1. 개념과 구성요건

사기죄에는 크게 일반사기죄, 컴퓨터 등 사용사기죄, 준사기죄, 편의시설부정이용죄 등이 있다.

1) 일반사기죄

형법 제347조에는 사람을 기망하여 재물의 교부를 받거나, 재산상의 이익을 취득하거나, 제3자로 하여금 취득하게 하면 사기죄가 된다고 규정하고 있다. 따라서 본죄의 객체는 재물과 재산상 이익인데, 재물이란 타인소유인 점유의 재물로 동·부동산을 불문하며, 재산상 이익에는 노무의 제공과 같은 적극적 이익과 채무면제와 같은 소극적 이익(가령 역전시킨 전기계량기를 검침원에게 보여 요금지불을 면제받은 경우), 일시적 이익, 영구적 이익을 불문하지만, 재물이나 재산상 이익이 아닌 것은 본죄의 객체가 되지 않는다. 따라서 여성을 기망하여 정조를 유린했어도 정조는 재산상의 이익이 아니므로 사기죄는 되지 않는다.

본죄에서 기망행위란 피해자에게 착오를 일으키게 하는 일체의 행위를 말하고, 기망행위의 대상은 사실에 한하지 아니하며, 가치판단도 포함된다. 또한 기망의 수단과 방법에는 제한이 없으며, 언어에 의한 명시적 기망행위뿐만 아니라 행동에 의한 명시적·묵시적 기망행위도 포함된다. 가령 가등기가 설정된 사실을 알릴 의무가 있는데도 고지하지 않고 가등기가 설정된 아파트를 처분할 경우이다. 또한 피해자가 착오에 빠져 있을 때 고지의무있는 자가 고지하지 않고 묵비하는 부작위에 의한 기망도 포함된다. 가령 질병이 있음에도 그것을 감추고 보험계약을 체

222) 신범죄심리학(천정환, 대왕사, 2006)의 380-390면을 전재

결하면 사기죄가 성립될 수 있다.

기망의 정도는 거래의 신의칙상 일반인을 착오에 빠지게 할 정도이면 되고, 따라서 어느 정도의 과장광고는 기망행위가 될 수 없다. 기망의 상대방은 스스로 착오를 일으킬 능력이 있는 타인이어야 하므로 심신상실자 등은 제외된다. 또한 기망행위로 상대는 착오를 일으켜야 하는데, 이 때 착오의 주체는 오직 사람만 되므로 자동판매기에 위조화폐를 넣어 커피를 가져가도 사기죄는 되지 않고 단지 편의시설부정사용죄만 될 뿐이다. 또한 기망행위와 상대의 착오 사이에 인과관계가 있어야 하므로 이 때 기망행위와 상대방의 착오 사이에 인과관계가 없으면 사기죄의 미수가 된다. 가령 기망을 했으나 상대가 착오에 빠지지 않고 동정심에 의해 돈을 주면 사기미수가 된다. 또한 사기죄가 되기 위해서는 상대가 착오에 빠져 재산처분행위를 하여야 한다. 가령 대리점으로 지정시켜 주겠다고 속여서 보증금조로 돈을 교부시킨 경우에는 사기죄가 된다. 이 때 처분행위자와 피기망자는 동일인이어야 하지만, 처분행위자와 피해자는 동일인일 필요가 없다.

본죄의 실행의 착수시기는 기망행위를 개시한 때이고(소송사기범이 법원에 소송을 제기한 때), 기수시기는 피해자가 착오에 빠져 재산처분이 있으며, 그 결과 점유 또는 이익이 현실적으로 이전된 때이다. 가령 김씨가 박씨에게 부동산사기를 할 때 박씨로부터 등기이전에 필요한 서류를 받은 때가 아니라 부동산의 점유가 이전되거나 소유권 이전등기의 취득 때에 기수시기가 된다.

본죄의 주관적 구성요건에는 고의(피해자를 기망해 이익을 얻고 그 결과 피해자의 재산손해가 있게 된다는 사실의 인식)와 불법영득의사가 필요하며, 1개의 기망행위로 같은 사람에게 수차례 걸쳐 재물을 편취하면 포괄 1죄가 된다.

2) 컴퓨터 등 사용사기죄(1995년 신설)

신문지상에 가끔 은행원이 자신의 통장에 입금되지 않았음에도 컴퓨터에 허위의 입금 데이터를 입력해 예금 잔액을 증가시켜 인출한 사건이 있었는데, 이것이 바로 컴퓨터 사용 사기죄이다. 이처럼 컴퓨터 등 정보처리장치에 허위의 정보 또는 부정한 명령을 입력하여 정보처리를 하게 함으로써 재산상의 이익을 취득하거나 제3자로 하여금 취득케 하면 10년 이하의 징역 또는 2천만 원 이하의 벌금에 처하도록 제347조 제2항에 규정되어 있다. 본죄는 순수한 이득죄인 점에서 재물죄인 동시에 이득죄인 일반 사기죄와는 차이가 있다.

본죄의 객체는 재산상의 이익이며, 행위는 컴퓨터 등 정보처리장치에 허위의 정보나 부정한 명령을 입력시켜 정보처리를 하게 하는 것이다(해커가 A은행의 전산망에 침입하여 타인구좌의 돈을 단말기 조작으로 자신의 구좌로 입금시키는 행위를 말한다. 본죄의 실행착수시기는 허위정보나 부정한 명령을 입력한 때이고, 기수시기는 재산상의 이익이 발생한 때이며, 주관적 구성요건은 고의와 불법영득의사가 있어야 한다.

3) 준사기죄

고물장수가 10살 꼬마가 가져 온 골동품을 소액의 돈만 주고 산 경우가 바로 형법상 준사기죄이다. 형법 제348조는 "미성년자의 지려천박 또는 사람의 심신장애를 이용하여 재물의 교부를 받거나 재산상의 이익을 취득한 자는 10년 이하의 징역 또는 2천만 원 이하의 벌금에 처한다"라고 되어 있다. 여기서 지려천박이란 기망수단에 의하지 않아도 처분행위를 할 정도로 생각이 부족한 경우이다 또한 본죄에서 미성년자란 생각이 부족한 미성년자이므로 생각이 전혀 없는 미성년자는 제외된다. 본죄의 심신장애란 민사상의 거래에 있어서 판단능력이 없는 상태를 말한다.

4) 편의시설부정이용죄

예컨대 위조주화를 자판기에 넣어 커피를 빼먹은 경우 편의시설부정이용죄가 된다. 형법 제348조에는 "부정한 방법으로 대가를 지급하지 아니하고 자동판매기, 공중전화, 기타 유로자동설비를 이용하여 재물 또는 재산상의 이익을 취득한 자는

3년 이하의 징역, 500만원 이하의 벌금, 구류 또는 과료에 처한다"라고 규정하고 있다. 본죄의 구성요건에서 객체는 자동판매기, 공중전화, 기타 유로자동설비이므로 무료인 자동설비는 본죄의 객체가 아니다.

본죄에서 '부정한 방법으로 이용'이란 자동설비의 작동을 통한 이용을 의미하므로 기계를 부수고 그 안의 물건(공중전화기)을 가져가는 것은 본죄가 아니라 별도의 절도죄를 구성하며, 본죄의 실행착수시기는 편의시설에 대한 부정이용행위를 개시한 때이고, 기수시기는 재산상 이득을 취득한 때이다. 따라서 자판기의 라면을 가져갈 목적으로 위조주화를 사용했으나 라면이 나오지 않으면 편의시설부정이용죄의 미수가 된다.

5) 부당이득죄

예컨대 A는 심야에 급한 일이 발생하였으나 돈이 없던 차에 가까운 이웃에게 1,000만 원짜리 보석을 사줄 것을 요청하자 이웃은 이를 기회로 보석을 50만원에 산다면 상대의 궁박한 상태를 이용해 부당한 이익을 취득한 것이 되므로 부당이득죄가 된다.

형법 제349조에는 "사람의 궁박한 상태를 이용하여 현저하게 부당한 이익을 취득한 자는 3년 이하의 징역 또는 1천만 원 이하의 벌금에 처한다"라고 규정하고 있다. 본죄에서 궁박이란 경제적 개념 외에도 정신적·육체적 곤궁개념도 포함된다. 본죄에서 '현저히 부당한 이익'이란 행위당시의 구체적 사정을 종합하여 객관적으로 판단할 때 급부와 반대급부가 일반통념에 비추어 지나치게 불균형한 상태를 말한다. 한편 형법 제351조에는 상습사기죄를 규정한 바, 여기에는 사기죄, 컴퓨터 등 사용사기죄, 준사기죄, 편의시설부정이용죄, 부당이득죄를 상습적으로 범하는 자는 그 죄에 정한 형의 1/2까지 가중된다. 이 때 상습사기로 인한 사취금액이 5억원 이상이면 특정경제범죄가중처벌법에 의하여 형이 가중된다.

2. 사기죄의 특징과 심리

사이버사기를 제외한 오프라인 사기죄는 보통의 절도죄와 달리 피해자 또는 대리인을 대면하는 경우가 필수적이다. 즉 절도죄의 많은 경우는 범인이 피해자를 직접 대면하지 않고 범행을 하지만, 사기죄는 기망해야 되므로 반드시 피해자와 대면해야 한다. 이 때 대면이란 직접 보는 것 이외에도 청각에 의한 간접적인 대면도 포함된다.

형법상의 사기죄는 개인적 법익 중 재산권을 침해할 때만 성립되므로 개인적 법익의 침해라고 해도 재산권의 침해가 아닌 것은 사기죄가 아니다. 가령 고졸출신이 학력을 대졸로 속여 취직하거나 사기결혼하여도 사기죄는 되지 않고, 여성을 기망하여 정조를 빼앗아도 사기죄는 되지 않는다. 또한 개인적 법익의 침해가 아닌 국가적·사회적 법익을 침해하여도 사기죄는 되지 않는다. 가령 기망적 수단을 써서 조세를 면제받은 경우는 사기죄가 아니며, 조세범처벌법에 의해 처벌 될 뿐이다. 또한 등기소 공무원을 기망해 타인소유부동산을 자기명의로 이전해도 사기죄는 되지 않는다.

사기죄는 범죄실행비용이 적게 든다. 강도나 절도·살인 등은 철저한 계획과 준비물의 확보, 장물아비의 섭외, 차량의 확보와 기회의 포착 등 많은 범죄생산비용이 들지만, 사기죄는 그러한 준비는 별로 필요가 없고, 말만 그럴싸하게 하면 성공할 확률이 높다는 점에서 남·녀 성별을 가리지 않고 사기죄에 뛰어들며, 또한 절도나 강도죄와 달리 상당한 신체적 기민성과 체력과는 크게 관련이 없으므로 젊은 연령층 외에도 많이 발생한다.

사기죄와 기존의 전통적인 절도범죄의 차이점은 절도는 대상물건이나 집에 대한 관찰비용이 생산비용에 들어가지만, 사기죄는 표적대상인물이 속아 넘어 갈 수 있는 인물인가에 대해 심리적 관찰비용이 생산비용에 들어가는 점이다.

절도는 범죄인의 대상물건과 집중인 등에 대한 정보탐색비용이 필요하지만, 사기죄는 표적대상인물과 주위사람들에 대한 정보탐색비용이 각각 범죄생산비용에 들어간다. 물론 보험사기나 큰 사기건수는 심리적 관찰비용과 정보탐색비 및 심리적 게임비용이 많이 들어가므로 물리적 관찰비용이 주된 비용요소인 절도범죄의 비용보다 더 많이 들어갈 수 있다.

사기죄는 다른 범죄에 비해 고도의 지능적인 범죄이므로 심리적 취약성이 있는 자를 범행대상으로 삼으므로 심리적 취약성이 강한 어리석은 자나 노인들이 대상이 된다.

2006년 3월 15일 MBC TV의 '형사'에 소개된 노인대상 사기범죄의 내용은 다음과 같다.

> 상습사기전과범인 A는 경상북도 상주에 있는 노인에게 전화했는데, 안면이 있는 자가 아니라 전화번호부에 있는 아무나 보고 전화하여 노인네가 전화받으면 입에 사탕을 물고 기침을 일부러 내고 우는 목소리로 '아버지'라고 하니 피해노인이 '니 XX가'하니 범인이 '예'라고 하고, 지금 차사고가 나서 급한 수술을 해야 되는데, 빨리 의사통장으로 1,200만원을 입금시키라고 하자, 놀란 피해자는 급히 마을금고로 가서 입금시킨 사건으로 상주에서 연달아 발생했는데, 그는 무려 2년동안 전화부에 나오는 아무에게 전화를 걸어 노인들로부터 100여건, 12억원을 사취했다. 입금통장도 노숙자명의로 하는 등 철저히 시골 노인들을 농락한 범인은 자식을 소중히 여기는 부모의 교묘한 심리를 이용했던 것이다.

그러나 강도나 절도는 피해자의 심리적 취약성과는 관계없이 표적건물이나 대상이 정해지면 바로 실행에 들어가므로 피해자의 심리적 방어상태와는 큰 관계가 없다는 점에서 사기와 차이가 있다.

YTN(2006. 3. 6) 보도에 의하면 최근에는 공무원을 사칭해 홀로 사는 노인들이나 정신적 장애가 있는 노인들이 범행대상이 되는데, 그 수법이 갈수록 교모하고 지능화되고 있다고 한다.

연합뉴스(2006. 3. 31)에 의하면 인천 연수경찰서는 노인들을 홍보관에 모집해 놓고 건강식품판매사기를 한 사기범들을 검거했다. 최근 몇 년 사이에 이러한 홍보관에서 노인들을 모아 놓고 상품사기를 하는 수법이 전국적으로 유행하고 있다. 이들은 값싼 휴지나 비누 등을 무료로 주어 노인들을 모아 노래방기기를 통해 노래도 많이 들려준다. 그런데 대개 외로운 노인들은 많이 모여 오락을 하는데서 동질감과 정체감·소속감을 느끼고, 또한 휴지를 공짜로 받아 미안함과 고마움을 동시에 느낀다. 이런 노인들의 심리를 교모하게 이용해 사기범들을 엉터리 건강제품을 몸에 좋다고 속여 강매하는데, 일부 노인들은 진짜로 건강식품인 줄 알고 기망당해서 사기도 하고, 일부 노이들은 물건을 사지 않으면 홍보관을 나오지 못하게 할까봐 엉터리인 줄 알면서도 물건을 산다. 왜냐하면 집에 혼자있는 노인들은 자기또래 노인들이 많이 모인 곳에서 여흥을 통해 심리적 만족감을 이미 맛보았기 때문이다. 사기죄는 경우에 따라서는 불특정다수인 2차 피해자를 대량생산하는 점에서 특정 소수인을 2차 피해자로 만드는 강도·절도·살인 등의 기존 범죄와 차이가 난다. 가령 강도나 살인을 피해자의 가족 등이 생계 등에 영향을 받으므로 2차 피해자이지만, 이 때 2차 피해가 가족 등 특정 소수인이다. 그러나 보험사기로 1조원이 넘는 돈이 매년 사기범에게 넘어가면 그 결손액은 결국은 기존의 다른 보험가입자와 향 후 보험에 가입하는 자에게 그 피해액만큼 피해가 이전되어 불특정다수인이 피해를 보게 된다. 또한 해커가 은행전산망이나 공적 전산망에 들어가 허위로 데이터를 조작하면 그 피해는 고객과 국민이 된다. 사기죄는 절도나 살인과 달리 피해자와 가해자가 서로 잘 알고 있는 경우가 많다는 것이다. 그것은 언어를 통한 심리적 게임에서 이기려면 피해자의 신뢰가 어느 정도 필요로 하므로 일정기간의 쌍방적 커뮤니케이션의 기간이 필요하기 때문이다. 따라서 언어적 신뢰감을 주기 쉬운 여성이 하기 쉬운 범죄가 사기범이다. 또한 사기죄는 고도의 지능범으로 피해자의 심리적 취약성을 공격하여 재물의 이익을 편취하는 것이 목적이므로 대개 사람을 해치려는 의도가 없다는 점에서 처음부터 흉기를 가지고 피해자가 죽어도 좋다는 미필적 고의를 가지는 강도범이나 살인범과 다르다.

사기범은 대게 끈기와 인내심이 강하고 장기전을 펴는 점에서 한 번의 범죄행위로 많은 것을 취득하려는 강도나 절도와는 차이가 있다. 왜냐하면 상대가 속아서 기망당하기 위해서는 많은 설득이 필요하기 때문이며, 특히 표적금액이 큰 경우는 더욱더 그렇다.

사기범은 고도의 지능과 창의력 및 인지력을 요구하는 점에서 상대적으로 절도나 강도 등의 기존범죄인에 비하여 고학력자가 많다. 특히 특정전문분야의 사기의 경우에는 상당한 전문지식과 때로는 외국어 실력도 요구되는 점에서 고학력자나 사회적 지위가 높은 경우에는 일단 잠재적 피해자가 범인의 지위에 대해 이미 신뢰의 신호를 가지고 있어 그만큼 범행이 용이하다.

사기죄는 고도의 지능범이고 상대를 해치려는 의도가 거의 없다는 점에서 복수나 애정적 동기에 의한 사기는 드물고, 대개 철저한 경제적 이익의 획득이 목적인 점에서 감정적 동기나 중요한 방화나 살인 등의 범죄와 차이가 있다.

사기범죄는 미래로 갈수록 더욱 영역이 확대되고, 수법이 진화되며, 범인에게는 매력적인 분야이다. 사기범죄는 상당한 전문성을 요하고, 사회적·경제적·정치적 구조가 복잡할수록 사기범죄의 표적은 증가하기 때문이다.

사기범죄는 피해자의 신분이 공무원 등 특정계층인 경우는 피해신고율이 적다. 즉 일반시민이나 평범한 회사원이 사기를 당하면 신고율이 높지만, 고위공무원이나 유명인인 경우는 명예실추나 프라이버시의 침해 및 수사확대에 따른 심리적 부담감 등 여러 이유로 인하여 피해신고를 하지 않는데, 이것은 피해신고로 인하여 얻게 되는 한계수익이 마이너스가 되어 피해신고를 할 동기부여가 적기 때문이다. 가령 부유한 고위층이 1억 원을 사기당했어도 범죄사실을 신고하여 1억 원을 되찾는다고 해도 그에게 1억 원은 주관적 한계효용가치가 적은데 비해, 수사과정의 공개로 인한 명예나 심리적 부담 등의 한계비용이 너무 크기 때문이다. 또한 사기범죄는 고도의 지적 노력과 철저한 준비 등이 요구되므로 머리가 좋은 범인은 만약의 경우를 대비해 증거인멸을 하거나 증거를 남기지 않고 범죄를 하려고 시도하므로 체포되어도 물증확보가 어렵다. 더군다나 피해자가 기망당했다는 사실을 피해자의 내심적 측면이므로 이것을 입증하기도 어려운 측면이 있다. 또한 사기범죄는 단순한 사기는 단독으로 행하는 경우가 많지만, 토지사기·보험사기·금융사기 등 전문분야의 사기일수록 공범의 형태를 많이 취한다. 이 때 공범이란 교사범·종범·공동정범 등 여러 형태로 사기범죄에 참여하는 것을 말한다. 따라서 사기범죄의 공범은 필자가 조작한 용어인 숨은 공범과 다르다. 기존의 사기공범은 형법의 공범조항에 의해 규제받는 점에서 법적 공범이라고 한다면, 이것은 형법의 적용을 받지 않지만 사실상 사기범죄를 도운 것이다. 주로 소개형에서 많은데, 가령 A는 직접 사기범죄를 하기는 싫고 그렇다고 타인에게 사기를 교사하지도 않으면서 어리석지만 돈 많은 친구 B가 사기죄의 쉬운 먹이라고 생각하여 평소에 알고 지내는 사기꾼인 C에게 B에 대한 여러 정보를 가르쳐 주고 C를 B에게 소개해 주고 약간의 소개비를 받는 형태는 A는 B가 C에게 사기당할 수 있다는 사실을 알고 있다.

이런 형태는 상당히 많은데, 가령 앞에서 진술한 홍보관에서 하는 노인 상대의 건강식품사기에서는 실제로 할머니들이 주위의 돈 많은 할머니를 홍보관에 데려오기만 해도 휴지나 비누 등 사례품을 주는데, 모든 인간은 철저히 이기적이므로 그 할머니는 친구 할머니가 상품사기를 당할 수 있다는 사실을 알지만 자신의 이익을 위해서 홍보관에 데려 오는 것이다. 따라서 데리고 온 할머니가 상품사기를 당하면 그 원인제공자는 바로 그 할머니를 데리고 온 할머니인 것이다. 즉 노인 상대의 식품사기단은 이러한 인간의 이기주의적 심리를 철저히 이용하여 데리고 온 할머니가 고가의 엉터리제품을 사주면 소개해 준 할머니에게 한계효용이 있는 상품, 가령 비누세트나 비싼 화장지 등의 물건을 사례품으로 준다.

사기꾼은 소비자들이 가장 원하는 것과 그들이 가장 두려워하는 심리를 파악해 이를 역이용하는데, 가령 한여름 무더위 때문에 소비자들이 에어컨을 원하지만 비싼 가격을 두려워하는 것을 알고 의심하기 직전의 낮은 가격으로 온라인에서 일괄 주문받고 사라진다. 한편 사기꾼의 생물학적 특징으로 뇌의 전두엽에 백질이 일반인보다 많다는 주장이 최근에 나왔다.

사기죄는 기존의 절도나 강도 등 다른 범죄에 비해 피해규모가 엄청나게 크다. 특히 보험사기는 한 해 피해액이 1조 6천억 원이나 된다. 한편 겉으로는 보아서는 도저히 국산과 외국산을 구별할 수 없는 농산물과 수산물에 대해서는 판매자만 완전한 정보를 소유하는, 소위 비대칭정보현상이 발생하고, 그 결과 저질상품이 시장을 주도하는 역선택현상이 발생하게 되었다. 즉 농산물사기꾼들은 소비자들이 원산지표시 100% 믿는 심리와 정부가 원산지표시 감독의무를 다하지 않는다는 관료제의 심리를 교묘히 이용해 허위로 국산으로 표시해 농산물을 팔아 거래상대방에게 손실과 후생을 감소시킨다.

제16장 성폭력범죄심리[223)]

1. 개 념

성폭력이란 강간 · 강제추행 등의 성범죄와 같은 법적 개념과 가벼운 성희롱·관음증과 같이 단순한 성적 일탈과 같은 사회학적 개념 등을 포함하는 종합적인 개념으로 자연인인 상대의 의사에 반한 일체의 성적 폭력행위라고 개념 지을 수가 있다. 따라서 이런 개념에 따르면 강간, 강제추행, 미성년자의 간음, 해상강도강간, 강도강간, 강간치상(치사), '성폭력범죄의 처벌 및 피해자보호 등에 관한 법'과 '성매매알선 등 행위에 처벌에 관한 법'에 규정된 성범죄 · 성희롱 · 음란전화 · 성기노출 · 아동성학대 · 사디즘(가학증) 및 관음증과 같은 성도착증의 일부가 포함된다.

상대의 의사에 반한 성폭력행위는 그것이 "영혼을 침해한 범죄"라고 비유되듯이 피해자 개인에게는 오랜 기간에 걸쳐 후유증을 남긴다. 심할 경우 성폭력 피해자가 자살할 수 있음을 2006년 초에 발생한 구치소 내 여자수형자의 자살을 통해서도 알 수가 있지만, 최근 한국사회는 지위고하를 가리지 않고, 도처에서 대상을 가리지 않고, 성폭력이 난무하고 있으며, 이런 현상은 남성위주의 성문화와 가부장적 문화를 기반으로 더욱더 확산되어 왔다.

우리 사회가 성폭력을 심각한 문제로 인식하기 시작한 것은 1991년 전북 남원에서 발생한 김부남 사건으로 당시 31세의 김부남은 21년 전 9세의 어린 나이에 이웃 송백권(당시 35세, 피살당시 55세)에게 강간당하고 그 사실을 아무에게도 말하지 못하다가 가해자를 살해함으로써 알려져 사회적으로 성폭력범죄의 문제에 대해 관심을 갖기 시작하였으며, 그 이후 성폭력사건은 은폐·묵인되는 경향에서 벗어나 신고에 대한 증가추세를 보이고 있다.

이와 같이 최근에 폭발적으로 증가하는 성폭력문제는 개인적 · 미시적 피해 외에

223) 신범죄심리학(천정환, 대왕사, 2006)의 391-429면을 전재

도 많은 사회적 부담과 경제적 부담문제를 초래하는 사회적·국가적 문제가 될 정도로 심각해지고 있다. 더군다나 최근에 이러한 성폭력범죄가 증가하는 이유 중의 하나는 성 관념에 대한 인식의 변화와 여성의 인권의식의 성장 및 양성평등의 민주화 등으로 암수(暗數)가 줄어들기 때문이다. 따라서 이렇게 급부상하는 사회문제인 성폭력에 대해서는 종전과 같은 형사법적 대응만 하는 정책 외에도 피해자와 가해자에 대한 심리치료와 성폭력수형자에 대한 교정복지적 접근 등이 추가되어야 하며, 아울러 성폭력예방교육과 성범죄추방을 위한 사회적 운동도 같이 이루어져야 지나치게 높은 성폭력범죄를 적정수준으로 낮출 수가 있다.

따라서 여기에서는 성폭력 관련 법률과 성폭력가해자와 피해자의 심리적 특징, 성폭력의 발생원인, 성폭력의 실태, 성폭력의 유형과 성폭력의 대책을 살펴보기로 한다. 다만 성폭력 중에서 아동성학대와 성희롱은 다른 장에서 다루므로 여기에서는 제외한다.

2. 성폭력의 유형

1) 성도착증에 의한 성폭력

성도착증이란 일반인과 달리 비정상적인 대상 또는 방법으로 성적 만족을 얻으려는 성적 장애로 ICD-10의 분류에 의하면 여성물건애(Ferishism), 의상도착증(Ferishistic Tromsvestimo), 노출증(Exhibitionism), 관음증(Voyeurism), 소아기호증(Pedophilia), 피학증(Sadomesochism), 기타 성적 선호장애(전화외설증, 마찰성욕도착증) 등으로 나누는데, 이외에도 기학증(Mashochism) 등이 있다.[224] DSM-IV에 따르면 성도착증의 진단기준은 다음과 같다.

① 인간이 아닌 대상, 개인 자신이나 상대방의 고통이나 굴욕감, 소아나 동의하

224) 김성진은 범죄심리학적으로 문제가 되는 것은 성도착증이라고 주장하고, 성도착증의 종류에 동성애도 포함시키고 있다(김성진, 범죄심리학, 2004, 280면). 다른 성도착증과 달리 동성애자가 어떤 범죄에 편승한다는 과학적 근거도 없으므로 동성애를 성도착증에 포함시키는 것은 무리가 있다.

지 않는 사람들을 포함하는 반복적이고 강렬한 성적 환상과 성충동 및 성행동이 적어도 6개월 이상 지속되는 경우이다. ② 일부 개인들에 있어서는 성도착증적인 환상이나 자극이 성적 흥분을 일으키는데 항상 동반된다. 다른 경우 성도착증이 간헐적으로 나타나며(예컨대 스트레스 기간 동안), 성도착증적인 공상이나 자극이 없어도 성적으로 가능할 수 있다. ③ 이러한 행동이나 성충동 그리고 환상이 임상적으로 심각한 고통이나 사회적·직업적 또는 기타 중요한 영역에서 장대를 일으키는 경우이어야 한다.

성도착증의 원인에 대해 여러 설명이 있다. 즉 인격발달과정 중 구순기나 항문기 수준에 고착된 것으로 외디푸스 콤플렉스(아버지에 의한 거세에 대한 공포)와 관련시키는 역동적 설명이 있으며, 사회적 이론에서는 어렸을 때 성도착증환자에게 당했던 대중매체의 영향 등이 원인으로 작용한다고 하고, 학습이론에서는 이럴 때 도착행동에 대한 환상이 타인과의 관계를 통해 억제되지 못했기 때문이라고 한다.[225] 이러한 성도착증의 모든 종류가 성폭력과 연결되는 것은 아니지만 성폭력을 상대의 의사에 반하는 일체의 성적행위라고 넓게 개념을 지으면 대부분의 성적 도착증은 성폭력과 관련지을 수 있다.[226]

관음증은 타인의 성행위나 알몸을 훔쳐보는 행위이다. 관음증의 발병은 대개 15세 이전에 시작되고, 만성화되는 경향이 있다. 관음증의 심리적 이유로 신희천(통설)은 성적 흥분을 얻기 위한 것이라고 주장한다.[227] 그러나 필자는 관음증의 목적을 성적 흥분의 하나로 단순화시키는 환원주의적 태도는 잘못되었다고 생각한다. 물론 관음증은 성적 흥분을 얻기 위한 것이 주된 이유이지만, 관음증은 여러 이유에 의해 생길 수 있다. 필자가 생각하기에 관음증은 성적 능력이 있는 자와 성불구자 모두에게 생길 수 있는데, 그 이유는 성관계의 기회가 없거나, 있어도 좀 더 색다른 자극을 얻기 위해 관음증을 보일 수 있다.

---

225) 신희천, 성도착증과 성정체감의 장애, 학지사, 2000, 31~32면.
226) 물론 애인으로부터 엉덩이 등 신체 일부를 맞음으로써 성적 만족을 느끼는 새도키즘(피학증)은 본인의 의사에 반한 것은 아니지만, 새도키즘을 가진 사람들의 30% 정도도 가학증을 함께 가진다는 점에서 논의 실익이 있다.
227) 신희천, 전게서, 92면.

기존의 이론에서는 관음증을 타인의 성행위를 바라보는 것으로만 정의하나고 있으나, 이것은 너무 좁은 견해로 시각은 물론 청각·후각까지 포함해야 된다고 생각한다. 즉 타인의 섹스행위를 몰래 보는 행위뿐만 아니라, 섹스행위 시 내뱉는 괴성이나 섹스행위의 전후 또는 섹스행위 도중에 나누는 말을 듣는 청음증도 성적 흥분을 얻기 위한 것이므로 관음증에 포함시키거나 새로운 성도착증의 종류로 포함시켜야 한다고 생각한다. 때로는 청음증이 관음증보다 더 큰 성적 흥분을 줄 수 있지만, 성적 흥분으로만 관련시켜 말하면 좀 더 특정한 성적 자극을 얻기 위함이거나 적절한 성관계의 기회가 없거나, 정상적인 성관계를 할 자신이 없는 성불구자의 경우에 발생한다고 추론할 수 있다. 또한 기존의 통설이 관음증의 목적이 성적 흥분이라고 정의하지만, 필자는 성적 흥분이나 쾌감과 무관한 보상심리에 의한 관음증도 있다고 생각한다. 가령 A는 평소에 자기를 깔보고 무시하며 도덕적 행세를 하는 여자선생이 남자 파트너와 섹스행위를 하고 그 과정에서 남성에게 애원하는 것을 보고 자신의 열등감이 치유되고 그 과정에서 심리적 보상을 얻을 수 있을 것이다. 왜냐하면 A는 다른 모든 면에서 완벽한 여자선생을 따라 갈 수가 없고 애원하는 여자선생을 성적으로 공격하는 애인의 활동을 관음함으로써 대리학습을 통한 대리보상을 얻을 수 있기 때문이다.

필자가 주장하는 것은 복잡한 내적 속성에 기인하는 성도착증의 원인이나 목적을 하나의 원인으로만 귀인시키는 기존의 태도는 문제가 있다는 것이다. 정신역동적 입장에서 보면 성적 가학증은 희생자에 대한 지배 및 통제의 욕구로써 성적 무능감의 병적 극복이고, 기타 유전적 소인, 호르몬 이상, 병적 대인관계, 과거 성적 남용의 피해경험, 정신장애의 동반 등이 원인일 수 있으며, 발병과 경과는 성적 피학증과 같다.[228)]

희생자에 대한 가해자의 우월성을 상징하는 행동(때리기·찌르기·고문 등)을 가지는 성적 가학증은 대개 성인 초기에 발생하고, 자신이 체포될 때까지 반복되며, 이것이 반사회적 성격장애를 동반할 때에는 희생자에게 심한 손상을 입히게 된다.[229)] 한편 성적 피학증은 성파트너로부터 괴로움을 당함으로써 성적 만족을 찾

228) 신희천, 전게서, 72~73면.

는 도착증인데, 여기에는 모욕·구타·채찍질·묶임 및 기타 고통을 당하는 방법이 되는 형태와 성적 흥분을 얻기 위해 신체적으로 상처를 입거나 생명의 위협을 받는 행동에 의도적으로 몸을 내맡기는 경향의 형태가 있으며, 여자에게서 더 많고, 만성적이다.[230] 이러한 성적 피학증환자의 일부는 성적 가학증 환상과 행동을 보인다는데 범죄심리학적 관련성을 찾을 수 있다.

노출증은 자신의 성기 등을 타인에게 노출시키는 경우로, 가끔 신문지상에 여중학교 근처에서 여학생들이 다니는 길목에서 중년남성이 성기를 노출하여 여학생들이 놀랬다는 기사가 오른 적이 있다. 노출증에 대해 임상곤(통설도 마찬가지이다)은 낯선 사람에게 성기를 노출시키는 것이라고 주장하고,[231] 이인혜는 부적절한 상황에서 낯선 사람에게 성기를 강박적으로 노출시키는 장애[232]라고 주장하여 강박증을 노출증과 연관시키고 있다. 또한 기존 이론들은 이러한 노출증을 성적 흥분 등 변태성욕과 관련시킨다.

필자는 기존통설과 달리 노출증을 낯선 사람이든 또는 면식이 있는 사람이든 관계없이 행해지며, 그 방법은 성기노출만 아니라 피해자가 성적으로 충격을 받는 일체의 노출도 노출증에 포함시켜야 한다고 생각한다. 가령 이슬람사회에서는 여성들은 남성의 성기만 아니라 삼각팬티만 입은 모습을 갑자기 보게 되어도 충격을 받기 때문이며, 따라서 문화에 따라서는 성기 아닌 팬티만 입은 도습을 갑자기 타인에게 보여주는 것도 노출증에 포함시킬 수 있다.

기존의 이론들이 노출증을 성적 흥분과 변태성욕 등 성적 측면에서 설명하나, 필자는 그러한 성적 측면 외에 비성적(非性的) 측면도 노출증의 목적이 될 수 있다고 생각한다. 가령 여러 이유로 관심을 받지 못하는 관계부적응적인 개인이 자신에 대한 관심을 끌기 위한 수단으로서 충격이 가장 크면서 그러나 범죄행위는 아닌 노출증을 택할 수 있으며, 때로는 사회에 대한 분노와 항의의 표시로 행해질 수 있다. 또한 강박증을 노출증과 연계시키는 이인혜의 주장은 현실적으로 강박증

229) 신희천, 상게서, 74면.
230) 정민자 외, 성상담, 교육이론과 실제, 대왕사, 2005, 185면.
231) 임상곤, 범죄심리학, 백산, 2004, 263면.
232) 이인혜, 전게서, 170면.

이 수반되지 않는 노출증도 많다는 점에서 타당한 정의가 아니라고 생각한다.

마찰도착증도 변태성욕장애 또는 성도착증으로 보는 것이 통설이다. 마찰도착증은 상대에 대한 성적 접촉을 통해 성적 흥분을 가지려는 행동으로, 흔히 지하철 내에서 타인의 몸에 자신의 성기를 밀착시키는 경우가 그것이다. 이런 행위는 때로는 추행이 되어 성폭력특별법의 적용을 받기도 한다. 그런데 마찰도착증 증세는 정상인에게서도 보일 수 있으며, 동성애자에게도 보인다. 이것은 성욕이 강한 호색한에게도 나타나며, 성 능력이 약한 사람이 자신의 성 능력을 테스트하는 수단으로 이용하는 등 그 내적 동기는 복잡한데, 어떤 경우이든 긍정적 강화(피해자가 반항하지 않거나 피해자도 그런 행위에 흥분되는 것)를 한번 받게 되면 그런 행동이 반복되거나 다양한 방법으로 행해지게 된다.

물품음란증은 우리가 흔히 신문기사에서 빨래줄에서 여성의 속옷이 도난당한다는 기사를 접할 수 있듯이, 이성의 속옷 등에서 성적 흥분을 느끼는 형태이다. 심할 경우 여성의 속옷을 훔치다가 강도하는 범죄행위로 연결되기도 한다.

프로이드(Freud)는 이것을 거세불안과 연결시킨다. 그는 성적 감정을 불러일으키는 주물(呪物)로 선택된 대상물은 여성의 남근을 뜻하고, 그것은 거세불안을 극복하도록 돕는다고 하며, 또한 그리나크레(Greenacre, 1970, 1979)는 물품음란증을 이해하는데 중심이 되는 것은 거세불안이라고 보았지만, 그 근원은 더 이전의 생식기 이전단계에 장애가 있다고 하고, 따라서 생후 첫 몇 달동안의 만성적인 외상적 상호작용이 물품음란증을 생기게 하는데 작용할 수 있다고 주장하였다.[233] 그러나 필자는 프로이드나 그리나크레의 주장은 지나치게 잠재적 성 심리 측면만 본 견해로 물품음란증 환자들의 일반적인 심리행태를 설명할 수 없다고 생각한다. 즉 어릴 때 애착관계에 문제가 없는 청소년이 단순한 호기심에서 절도를 한 경우라든지, 최근 문제가 되는 스토킹에서도 자신이 좋아하는 여성의 속옷을 훔치는 일이 있고, 지나친 성충동을 해소하기 위한 자위용으로 속옷을 훔치거나 또는 성적으로 이상 없는 자의 행동도 있듯이 그러한 행위의 심리적 태양은 다양하다.

소아기호증은 어린 아이와의 성행위 또는 그 공상이 성적 흥분에 반복적으로 이

233) 최정윤 외, 이상심리학, 학지사, 2001, 261~262면.

용되는 것을 말한다. 이것이 심할 경우 아동성폭력으로 나타날 수도 있다는데 문제점이 있다. 이러한 소아기호증 환자들은 자기애성 성격장애를 가진 경우가 있으며, 소아들과의 성행위는 이상적 대상과 융합하고 어린 시절의 이상화된 자기를 회복한다는 무의식적 공상을 동반하고, 나아가 나이를 먹고 죽어간다는 불안도 소아와의 성행위를 통해 극복된다고 한다.[234] 또한 소아를 성적으로 정복하는 것이 복수의 수단이 되기도 하는데, 그것은 환자들은 어린 시절 자신이 실제로 성적 학대의 희생자였던 경우가 많고, 이 환자들의 정복감이나 승리감은 자기 스스로가 희생자를 능동적으로 계속 학대를 함으로써 소아기의 수동적 외상을 변형시켰다는 것을 의미할 수 있기 때문이라고 한다.

2) 성장애에 의한 성폭력

성장애는 심리적·기질적 이유 또는 복합적 이유 등으로 파트너와의 원활한 성관계를 가질 수 없는 일체의 형태를 말한다. 이러한 성장애는 개인에게는 좌절감을 심어주고, 상대에 대한 성적 폭력이나 성적 이외의 폭력으로 나타날 수도 있으며, 심할 경우 자살도 수반된다. 성숙되지 못한 사람은 이러한 성장대를 겪으면 여러 형태의 공격적 또는 회피적 반응을 보일 수가 있는데, 성폭력과 관련해서 문제가 되는 것은 성장애자가 행하는 파트너에 대한 일체의 성폭력이다. 성장애 중에서 특히 범죄와 관련되는 것은 성적 혐오증과 조루증·발기부전 등으로, 이들은 부부간의 갈등을 일으키거나(조루증, 발기부전) 때로는 무작위적으로 연쇄성폭행살인(성적 혐오증, 성충동과다증)의 원인이 되기도 한다.[235]

3) 강 간

강간의 유형에 대해 프렌키와 나이트(Prentky & Knight)는 강압적 강간과 분노강간 및 가학적 강간을 들고 있다.[236] 강압적 강간에서 자신이 대인관계에서

234) 최정윤 외, 상게서, 263면.
235) 최정윤 외, 전게서, 263면.

부적절하고 서툴다고 느끼는 강간범들은 희생자들에게 신체적인 위협을 가함으로써 겁을 주고, 분노강간에서 강간범들은 일반적으로 여성에 대한 원한을 갚으려는 경향이 있으며, 육체적·언어적 학대를 통해서 그의 분노를 표현한다. 그는 강간으로부터 거의 또는 전혀 성적인 만족감을 얻지 못한다. 세 번째이자 아주 드문 유형인 가학적 강간에서는 성과 공격성이 결합되어 있는데, 희생자 고통에 중점을 둔다고 주장했다. 또한 레터(Letter)는 강간의 유형으로 대체적 공격(애인으로부터 성적 거절을 당했을 때 그 불만을 임의로 선택된 낯선 여인에게 가하는 공격), 보상적 공격(강간범의 행동을 피해자가 항복하여 그에게 순종하도록 요구하는 것으로, 피해자는 그의 취향에 맞는 여성이 선택된다), 성공격동시수행형(성을 공격과 관련시키며, 피해자가 공격을 한다면 그는 더욱 많은 흥분을 하여야 만족이 되는데, 동물적 잔인성을 보인다), 충동형(정신병적 특성을 보이는 자로 충동이 일어날 때마다 강간하는 형)을 들었다.

필자의 사건으로는 레터와 프렌키·나이트의 주장은 강간의 심리적 측면에 너무 치우친 주장이고, 간접강간과 경제적 성격의 강간 및 정치적 의미의 강간 등을 간과하고 있으며, 오늘날 발생하는 강간현상의 일반화된 이론이라고 할 수 없다. 더군다나 그들은 오늘날 많이 발생하는 약탈적 또는 애정추구형 강간을 전혀 설명하지 못하고 있다. 레터는 충동적 강간범은 정신병적 특성을 가진다고 주장하지만, 오늘날 충동적 강간은 정상인에서도 많이 발생한다는 사실에 비추어 볼 때 그의 주장은 설득력이 없다.

필자는 강간행위자의 직접성 여부에 따라 직접강간과 간접강간으로 나누고, 강간을 목표 또는 수단으로 하는가에 따라 목적형 강간과 수단형 강간으로 나누며, 수단형 강간은 다시 애정약탈적 강간, 경제적 의미의 강간, 심리적 강간, 문화적 강간, 정치적 강간, 사이코패스형 강간으로 나눈다. 분설하면 먼저 직접적 강간이란 행위자가 단독 혹은 수인이 직접 강간행위를 하는 것이며, 간접강간이란 행위자가 직접 강간행위를 하는 것이나 아니라 타인을 사주 또는 이용하여 교사범이나 간접정범의 형태로 강간행위에 참여하는 것을 말한다. 간접강간의 범죄심리적

236) 사라손/김은정 역, 이상심리, 학지사, 2002, 311~312면.

의미는 질투나 원한 그리고 복수의 감정이 뒷받침될 때가 많다. 여성은 자신의 애인을 빼앗아간 여성에 대한 복수를 위해 제3자로 하여금 무자비하게 강간하게 할 수 있으며, 그것을 통해 공격적 분노를 해소하려고 한다. 또한 남성이 하는 간접강간은 관계박탈적 의미, 즉 애인과의 관계를 끊기 위해 그 수단으로 간접강간하거나 때로는 치정이나 보험 등 경제목적과 열등감 보상 등 다양한 동기에 의해 이루어질 수 있다. 다음으로 목적형 강간이란 강간 자체가 목적인 형태로 여기에는 고의에 의한 것과 우발적인 강간이 있는데, 이것은 강간 자체가 목적이다. 수단형 강간은 애정약탈적 강간으로 여성을 자신의 것으로 만들기 위하여 강간하는 형태이다. 경제적 의미의 강간이란 제비족이 여성에게 돈을 뜯을 목적으로 강간 뒤에 협박하는 형태로 강간장면을 녹화하는 등 치밀한 계획이 수반된다. 심리적 강간이란 남성이 자신의 열등감이나 보상심리에 의해 열등감을 회복하고자 하는 방법으로 강간을 하거나 강도나 절도범이 여성에게 수치심을 주어 신고를 못하게 하는 강간을 말한다. 문화적 강간은 어떤 문화 즉 문화규범으로 10대 갱집단이나 10대 또래집단에서 급증하는 강간현상을 잘 설명할 수 있는데, 이 때 10대 집단에서의 강간은 보통 절도와 강도로 수반되는 형태로 강간이 하나의 집단놀이의 성격을 띈다. 10대 소년은 강간을 하나의 놀이로 생각하는 집단규범에의 동조압력을 받게 되고, 자신의 조직 내에서의 지위를 보전하기 위해 그러한 집단문화에 참여한 방법으로 강간하는 것을 말한다. 정치적 의미의 강간은 주로 전쟁 때에 발생하는데, 1937년 일본군의 중국 남경주민의 34만명 학살 때 수만명의 중국여성을 일본군이 집단강간 한 것은 집단 보복적 의미의 정치성을 띤 강간이었다. 또한 반정부체제의 여성들을 성고문하는 것으로 과거 아르헨티나 등 남미에서 많이 행해졌으며, 권위주의국가에서 데모하는 여성들에게 자백을 받아내는 수법으로 많이 자행되었다. 여기서의 성고문 방식은 여성의 성적 수치심을 극도로 자극하는 방식을 사용하는데, 정치적 강간의 특징은 성 피해자의 피해가 오래 지속된다는 것이다.

사이코패스형 강간은 강간이 잔혹한 범죄의 형태로 이어지고 있다. 즉 강간으로 끝내는 것이 아니라 강간 후 아무렇지 않게 살해하거나 유기하는 형태로 이루어지고 있는 실정이다. 이러한 범죄의 특징은 강간이 1회에 그치는 것이 아니라 연쇄적으로 행한다. 한국에서 사이코패스형 범죄는 2000년 10월 발생한 고창 연쇄 강간살인이 유명하다. 즉 범인은 어린 여학생을 강간한 후 잔인하게 살해하고 시체의 살점을 1/3이나 도려내어 집으로 가져가는 등 증거물을 집안에 그대로 보관해 두었다. 나중에 체포되어 현장검증 때에도 너무나 태연하고 자세하게 범행을 재연하고 반성이나 죄책감은 전혀 없으며, 사형선고를 받고 광주교도소에 수감 중인 그는 지금도 사건의 원인을 다른 곳에서 찾고 있다고 한다.[237)]

강간의 원인에 대해 머피(Murphy)는 노동의 성별분화가 두드러진 사회에서는 강간이 사회통제의 수단으로 이용된다고 보고 있다.[238)] 갈등이론에서는 자본사회의 성차별구조, 즉 자본경제하에서는 여성이 사유재산인 양 취급하는 가치구조 속에서 강간이 발생해도 법적으로 문제 삼지 않는다고 보며, 인류학 이론에서는 혼인 외 성관계를 제한하면서 만혼을 권장하는 문화권에서 강간율이 높다고 주장하며, 하위문화론은 특정지역의 강간율은 그 지역의 인구구성과 연령분포, 실업수준, 평균소득, 가족구성, 강력범죄율과 관련이 있다고 한다.[239)]

4) 아동성폭력

2006년 초 서울 용산초등학교 여학생에 대한 성폭력 살인사건을 계기로 아동성폭력은 성인대상 성폭력에 비해 그 피해가 크므로 이에 대한 강경책으로 대처해야 한다는 각계각층의 주장에 따라 처벌 형량을 높이거나, 신상정보 공개, 전자

---

237) 2006년 3월 22일 MBC TV의 '형사'라는 프로그램에 의하면 범인은 어린 여자아이를 무덤가 주위에서 성폭행을 한 후 살해하고 나서 무덤 위에 십자가로 시체를 전시하는 행동을 보였다. 최초 사건이 발생한 뒤 목격자의 진술을 통해 몽타쥬를 작성한 경찰은 탐문수색하고 있었으나 수사의 진전이 없다가 두 달 뒤 범인이 무덤 주위에서 하교하는 여학생을 나무에 묶고 강간한 다음 살점을 1/3이나 도려내는 잔인함을 보였다. 이 때 범인의 족적이 아래 마을까지 연결되어 수색 중 범인의 집 근처 곳곳에 동일족적과 피해자의 잘린 살점이 집근처의 도랑에 산재해 있었다. 주민들의 증언에 의하면 범인은 어릴 때부터 개나 소를 두들겨 패는 등 살생습관이 있었고, 중학교 2학년 때 가출해 강간미수 등 다양한 범죄경력이 있었다고 한다. 범인을 면담한 자에 의하면 그는 희생자의 고통을 전혀 이해하지 못했고, 죄의식이나 미안함을 느끼지 못하였으며, 양심이 전혀 없는 사이코패스라고 진단했다.

238) Murphy, "Social Structure Sex Antagonism", *Southwestern Journal*, No. 15, pp. 89~98; 김성진, 전게서, 276면에서 재인용.

239) 김성진, 상게서, 277면.

발찌 부착, 화학적 거세 등을 통해 강경대응을 하고 있지만 아동 성폭력범죄는 줄어들지 않고 계속 증가추세에 있다. 이러한 원인은 성폭력범죄의 대상을 점차 강간하기 쉬운 상대를 고르기 때문이다. 또한 범죄를 당한 후 일관된 진술을 하지 않아 진술의 신빙성이 다소 떨어지거나 성폭력을 당한 아동이 병원에 늦게 오고, 빨리 온다고 해도 부모가 씻겨서 오므로 인해 분비물과 상처가 사라져 병원은 성폭력의 결정적 증거인 DNA를 확보할 수 없어 가해자의 처벌을 어렵게 하고 있기 때문이다.

3. 성폭력의 원인

성폭력의 발생 원인을 개인내적인 원인, 생물학적 원인, 사회·문화적 원인 상황적 원인으로 나누어 생각할 수 있다. 먼저 개인 내적인 원인이란 개인의 특정한 경험이나 가치관·태도·인지체계를 말한다. 가령 어린 시절에 여러 번 성인여성인 여성에게서 성적 경험을 강요받았거나 성역할과 성폭력에 대해 가지는 개인적 태도 또는 여자의 말과 행동을 잘못 지각하는 것들이 강간을 저지르기 쉽다고 한다.[240] 또한 성범죄자는 타인에 대한 감정이입과 자책감이 부족하며, 성에 대한 왜곡된 인식 및 부족한 의사소통능력 등의 특징을 보이고, 이들의 이러한 인지적 왜곡은 자신의 행위를 정당화하고 핑계거리를 제공하며 행위 자체를 부정함으로써 성관련 일탈행위를 지속하는 중요한 요인이 된다고 한다.

성범죄자는 타인에 대한 감정이입과 자책감이 부족하며, 성에 대한 왜곡된 인식 및 부족한 의사소통능력 등의 특징을 보이고, 이들의 이러한 인지적 왜곡은 자신의 행위를 정당화하고 핑계거리를 제공하며 행위 자체를 부정함으로써 성관련 일탈행위를 지속하는 중요한 요인이 된다고 한다.[241]

생물학적 요인은 생화학적 요소의 변화 또는 호르몬 등의 변화와 같은 생물학적

---

240) 이인혜, 전게서, 256~257면.

241) 이수정 외, "성폭력 원인과 개입전략에 대한 고찰", 한국사회문제 심리학회지, 제10권, 2004, 117~146면; 장세석, "성폭력 범죄 고찰", 교정복지연구, 제1호, 2005, 53면에서 재인용.

요소가 강간 등의 성공격성을 증가시킨다는 것이다. 가령 뇌의 특정부분을 자극하면 공격성을 증가시킨다든지, 내분비이상이나 성중추신경의 변화, 혈당 등의 변화가 범죄와 연관된다는 것이다. 특히 최근에는 특정영양분의 부족, 우유 등의 알레르기 식품의 과다섭취, 당분의 과다섭취 등이 범죄를 증가시킨다는 연구가 많이 행해지고 있다. 1982년 슈엔달러(Stephen Schoenthaler)의 수형자연구에 의하면 수형자들에게 당(sugar)의 섭취를 현저히 감소시키니 폭력적 행동이 감소되었다는 연구결과는 중요한 시사점을 준다고 할 수 있다.[242)]

사회문화적 요인은 성폭력, 성역할, 성에 대한 그 사회가 가지는 문화적 태도를 말한다. 가령 왜곡된 성문화(여성을 성적 상품화하는 사회적 구조, 여성을 공격의 목표물로 설정한다든지, 외설적 농담, 남자들이 어릴 때부터 힘·지위·통제력을 행사하도록 강요받는 문화)에서는 남자들은 소년시절부터 거칠고 공격적인 행동을 하도록 사회화되고, 이런 사회화과정에 의해 성폭력은 익숙하게 된다는 것이다.[243)] 즉 Figure-ground이론에 의하면 그런 남성문화에서는 남성의 성폭력은 흔한 것이어서 낯선 장면이 아니나, 여성의 성폭력은 매우 낯선 장면이 되어 Figure(前景, 전경)로 지각된다는 것이다. 그러한 남성 위주의 성문화가 된다는 가부장적 역사가 자리하는데, 가령 남아선호사상과 여성의 순결 이데올로기, 일부다처제, 전통적 성역할과 뿌리 깊은 성차별적 의식구조가 복합적으로 작용하였다. 한국사회는 이러한 가부장적 남성 위주의 문화가 잔존하여 그 생명력을 유지해가는 가운데 그런 남성 위주의 성문화를 불식하려는 페미니즘 운동과 성의 민주화, 평등문화, 민주화의식이 급상승하면서 인간들의 의식은 상당히 성숙되어 가지만, 아직도 인간의 내면에 잠재된 가부장적 성문화와 왜곡된 사회화의 영향으로 종종 성충동조절에 장애를 일으켜 성범죄가 고위층 등 계층을 가리지 않고 만연하고 있다.

특히 언론의 선정성과 이중성은 또 다른 측면에서 성폭력을 조장하는 간접요인

242) 김보환, 범죄생물학, 동국대학교, 2004, 155면; 생화학적 요소와 범죄와의 관계, 식원성 증후군과 범죄와의 관계에 대해서는 김보환, 상게서, 113~163면을 참고할 것.
243) 이인혜, 전게서, 256면.

이 될 수 있다. 언론의 규범적 목적은 진실보도와 국민들의 올바른 가치관 함양을 위한 사회화이지만, 언론의 실질적 목적은 이익의 극대화이며, 이익의 극대화를 위한 수단이 바로 시청자의 눈과 귀를 감각적으로 자극시키는 선정적이고, 외모와 미모를 중시하는 선정성에 의해 또 다시 여성은 성적 공격대상으로 전락하며, 이런 현상은 사춘기의 성범죄에 많은 영향을 주어 왔다. 특히 여고생들의 과반수 가까이가 원조교제를 한다는 어느 여고생의 주관적 증언을 진실보도란 디명하에 그대로 보도함으로써 충동조절에 성공한 건전한 사람들마저 새로운 성폭력의 공급자와 수요자를 창출하였듯이 언론의 영향력은 메가톤급이다. 즉 한국사회의 높은 성범죄율은 가부장적 성문화와 언론의 선정성, 충동조절에 실패한 개인의 심리내적 요소와 개인을 둘러싼 여러 부정적 환경 등이 상호복합적으로 작용한 결과하고 할 수 있다. 다음으로 상황적 요인은 주로 우발범을 설명할 수가 있다. 성충동조절에 성공한 남성이라도 지나친 알콜이나 약물복용 또는 피해여성의 성폭행 상황제공 등으로 인하여 기회범이 되어 성폭행을 하는 것이다.

한편 최근에 급증하고 있는 연쇄성폭행범의 공통된 심리에 대해 국립과학연구소 강덕지 범죄심리과장은 모성결핍으로 설명하는데, 어릴 때 엄마의 부재는 큰 상실감으로 잠재의식 속에 각인되고 그것이 적절히 제어되지 않으면 인격장애로 발전되어 여성에 대한 막연한 증오심의 심리적 근원이 된다고 한다.[244]

이와 관련하여 한국일보 기획팀의 분석에 의하면, 흉악 또는 상습성범죄자 212명 중 41%가 부모의 이혼 등에 따른 모성결핍성범죄자라고 한다.[245] 1차 분석결과 부모의 이혼과 가출 등으로 편부나 계모 밑에서 자란 성범죄자는 41%였는데, 부모와 함께 살더라도 부모가 무관심한 경우까지 포함하면 성범죄자의 70%가 모성결핍환경에서 자란 것으로 추정되었다.

연쇄성폭행범 중에서 아동 때 학대받은 경험이 있는 자는 78%였으며, 최근 들

244) 초등학교 때 부모가 이혼한 A는 계모 밑에서 혹독한 유년기를 보냈고, 10년 뒤 그는 피해여성의 유방을 도려내는 강간사건을 저질렀는데, 그에 대한 심리분석결과 여자에 대한 분노가 누적되어 잔인한 복수를 한 것으로 나왔다.
B는 3명을 강간살인 했는데 그는 어릴 때 어머니의 신앙생활로 관심을 받지 못했고, 그런 공허감이 여자에 대한 증오심으로 변했다고 한다(한국일보, 2006. 3. 28).

245) 한국일보, 2006. 3. 28.

어 가정붕괴에 따른 모성결핍성범죄자가 급증하는 것으로 분석하였다.246) 또한 연쇄성폭행범으로부터 나타나는 또 다른 특징은 소심함과 열등감으로, 수사관은 "여자 앞에서 제대로 말도 못하는 강간범도 많다"고 말하는데, 소심함은 아동성폭행범일수록 특히 강하다고 한다.247)

---

246) [사례1] A(23)는 초등학교 2학년 때 부모가 이혼했다. 이후 엄마와 떨어져 아버지와 할머니 손에 키워졌다. 엄마 없이 자란 A의 상실감은 무엇으로도 채울 수 없었다. A의 상실감은 여성에 대한 분노로 바뀌었고, 술만 마시면 밤늦게 귀가하는 부녀자를 쫓아가 성폭행했다. A는 뒤늦게 소식을 듣고 교도소를 찾아온 어머니를 보고는 묘한 쾌감을 느꼈다고 말했다. [사례2] B(21)는 외아들로 태어나 경제적 어려움 없이 성장했다. 그러나 맞벌이인 부모와는 대화를 나눌 시간이 없어 정서적인 유대감을 느끼지 못했다. 아버지는 무뚝뚝하고, 어머니는 강압적이었다. 특히 어렸을 때 아버지의 외도로 부모가 자주 다투는 광경을 보면서 자신감을 잃어갔다. B는 답답한 현실에서 벗어나기 위해 상습적으로 본드를 흡입했다. 그는 본드 환각상태에서 초등학생을 강간했다. 그리고 한국일보 기획팀의 연쇄강간범에 대한 분석은 〈표 2-16-1〉과 같다.

〈표 2-16-1 연쇄성폭행범 9명 분석결과〉

구분	범행	성장이력
1	혼자 사는 여성만 골라 15차례 강도·강간	공무원출신 부모 생존했으나 혼자 집 나와 거주
2	2001년 성범죄전과 출소 이후 확인된 것만 4차례 성폭행	육군 중위 출신, 부인과 헤어진 뒤 성충동 억제 못해 범행
3	검거 전 1년간 38차례 성폭행	편모슬하에서 성장, 모친 학대경험
4	2004년 여름 이후 7차례 성폭행	계모 슬하 성장
5	귀가하는 여성 위협해 감금·폭행·강간, 피해여성 투신자살	종교에 심취한 아버지의 학대, 모친 온화했으나 부친학대를 막지 못함
6	본드 흡입 후 초등학교 여학생을 아파트 옥상에서 성추행	경제적으로 여유 있으나, 맞벌이부모 밑에서 성장, 모친이 특히 강압적
7	1개월간 세 차례 가정집에 침입, 칼로 위협해 여성 강간	안정적인 가정환경에서 성장, 왜소한 체격과 내성적 성격, 아내와의 불화
8	차를 태워주겠다고 유인, 칼로 위협해 강간·살해	부친 알코올·도박중독, 모친 생활고로 자녀에 무관심
9 (중학생)	초등학교 여학생 위협해 인근 오피스텔 화장실에서 강간, 이후 세 차례 동일수법 범죄	범행 한 달 전 부모가 별거, 모친 부재 중 포르노 사이트 노출

자료: 한국일보, 2006. 3. 28.

247) 강은영(형사정책연구원)은 아동성폭력범은 40대 이상 연령층이 많으며, 열등감과 스트레스를 자신보다 약한 아동을 성적 학대를 함으로써 해소한다고 주장한다. 최근 잡힌 육군 일병은 10건 이상의 성폭행범인데, 그는 계모 밑에서 자라 위축된 성격과 극도의 내성적 성격으로 열등감을 아동을 성폭행함으로써 해소했다고 한다. 2005년 7월에 잡힌 연쇄강간범 C는 왜소한 체격과 경제적 무력감으로 열등감이 강했고, 그런 열등감이 그를 연쇄강간으로 만들었다고 한다(한국일보, 2006. 3. 28). 그러나 사견으로는 강은영 등 기존의 견해는 연쇄성폭행의 원인을 지나치게 심리적 측면에서 파악해 이

최준호 한양대학교 의대 신경정신과 교수는 자신의 상담·치료경험을 바탕으로 어린이를 대상으로 성범죄를 저지르는 사람들을 '소아성애증환자'와 '알코올중독 및 고연령층'의 두 가지로 나누고 있다.[248] 소아성애증이란 어린이에게 강한 성적 충동을 느끼는 병리현상이다. 최 교수는 "소아성애자들은 잘 드러나지 않기 때문에 치료에 이르는 길이 드물어 어린이 성범죄를 반복적으로 저지를 가능성이 있다는 점에서 문제"라고 지적했다. 또 알코올중독 및 고연령층의 경우, 성적인 능력이 활발한 여성보다는 다루기 쉬운 어린이들을 표적으로 삼게 된다고 한다.

한국형사정책연구원의 강은영 전문연구원이 2003년 성폭력가해자 231명에 대한 기록 · 설문조사를 토대로 내놓은 "아동 성폭력가해자에 관한 연구" 논문을 보면, 어린이 성폭력의 경우 가해자는 학력이 낮고, 직업도 불안정한 경우가 많았다. 교육수준도 고졸이 37.3%로 가장 많고, 중졸(29.8%), 초등졸(24.9%) 순이었다. 연령은 30~40대가 50%를 차지하고, 50대와 60대 역시 각각 10% 안에 있다고 한다.

연세대 신의진(소아정신과) 교수는 "어린 여자아이에게 성적으로 집착하는 소아기호증(pedophilia) 환자는 치료가 힘들고 환자들이 병으로 잘 인정하지 않기 때문에 국가가 체계적으로 관리할 필요가 있다"고 지적했다. 이렇게 재범율이 높은 성범죄자에 대해서는 강력한 처벌과 동시에 교정 프로그램이 실질화 되어야 한다. 이와 관련하여 한국 여성의 전화 연합은 개인상담과 집단상담 및 역할극 등을 제시하고 있는 바, 이미 영국은 1991년부터 역할극을 도입했고, 네덜란드는 성범죄자교육 프로그램에 가해자의 참여를 의무화시키고 있으며, 캐나다는 성범죄자들에게 심리·약물치료를 병행하고 있고, 뉴질랜드는 아동성범죄자에게 31주간 집단 재발방지 프로그램을 운영하고 있다.

것이 모든 성폭력범의 원인이 될 수는 없다고 생각한다. 심리적 문제가 없어도 이상성욕의 과잉과 과잉성욕의 충동조절장애 또는 인성적 측면에서 문제가 된 것도 많기 때문이다.

248) 한겨레, 2006. 7. 22.

4. 성폭력가해자의 특성

장세석은 성폭력가해자의 동기에 따른 특징으로 다음과 같이 5개의 형태로 나누고 있다.[249] ① 기회적 성범죄인은 성폭력범죄의 기회를 본인이 창출하는 것이 아니라 우연한 기회와 상황이 도래되었을 때에만 성폭력범죄를 범하는 유형이다. 상대의 지나친 노출이 성적 충동의 자제력의 결여로 강간행위 등으로 나타날 수 있는 유형이다. ② 가학성 성범죄인은 가학적인 공격행위의 상황을 스스로 만들어서 그 자체에서 성적 흥분을 일으키는 정신병리학적 형태의 유형을 말한다. ③ 피가학성 성범죄인은 가학성 공격행위를 유도함으로써 폭력적 신체적 학대를 받음으로써 성적 흥분을 일으키는 자기파멸적 정신병리학적인 유형이다. ④ 권력적 성범죄인은 자신의 우월성 등을 매개할 성적인 범죄행위를 저지르는 유형으로써 성적 스릴을 과시하는 유형이다. 강간의 형태보다는 성매매 · 성희롱 등의 형태로 많이 나타난다. ⑤ 복수적 성범죄인은 특정 여성으로부터 배신감 등으로 인하여 그 특정 여성과 유사한 여성들을 폭력적 신체학대를 통해 희생자들을 공격함으로써 음란살인까지 나아가는 유형을 말한다고 주장하고 있다. 그러나 지나치게 가해자의 심리적 측면에만 치우쳐 경제적 동기나 집단문화적 동기(또래 집단의 성놀이 문화) 및 심층적인 무의식적 동기 등의 여러 변수를 도외시 하고 있다.

성주향은 성폭력가해자의 특징을 다음과 같이 언급하고 있다.[250] 강간범들은 남성우월주의 사상과 문화적으로 인정받는 성관계로 인식한다고 한다. 따라서 남성은 여성에게 무제한적으로 성적 접근을 할 자격이 있으며, 남성의 섹슈얼리티가 본질적으로 공격적이라는 특징을 갖고 있는데, 이것은 강한 남성상과 불평등한 남녀관계의 학습에서 비롯된다고 한다. 또한 많은 강간범들은 피해자에게 책임을 전가하고 강간이라는 범죄를 폭력이 아닌 상호관계적 상황으로 보는데, 이는 가해자나 피해자의 인식과 행동, 여성의 저항, 폭력의 사용 등을 강간의 요소로 인식하게 만들어 온 우리 사회의 허위의식의 결과라고 한다. 또한 성폭력범의 공통적 특징으로써 가해자와 피해자가 아는 사이가 80%라는 통계를 들어 철저한 범행의 계

249) 장세석, 전게논문, 55면.
250) 정민자 외, 성상담 · 교육과 이론의 실제, 대왕사, 2005, 277~279면.

획이 있으며, 성지식이 전무하여 이성이나 성행위에 대해서는 나름대로 판단을 한다고 주장한다.[251] 그러나 현실적으로 성폭행범죄자 중에는 범죄의 고의가 없는 우발적·충동적으로 일어나는 경우가 많고, 민주적 가치관과 평등적 여성관을 갖는 자들 중에서도 성폭력범죄가 많다는 점에서 그녀의 주장은 일반화시킬 수가 없다. 더구나 그녀는 성폭력 가해자의 80%가 피해자를 안다는 통계를 들어 논리를 전개하나, 익명성과 은폐성이 철저해진 현대사회의 강간은 피해자와 안면이 없는 경우의 강간도 많다는 점에서 동의하기 어려운데, 실제 강도나 절도, 살인의 기회에 행해지는 강간은 모르는 경우가 대부분이다.[252]

형사정책연구원에 의하면 우리나라의 성범죄는 약물복용 경험자와 정질환자가 많지 않아 강간범죄가 정신이상의 증후가 아니고, 성욕이 강한 자가 많았으며, 강간범죄자 중에는 하층의 비율이 적고, 중층이 상대적으로 높다고 한다.[253] 성범죄자의 특징으로는 신체적으로는 과잉성욕자이고, 세장형(細長形)이 많으며, 성염색체의 이상이 있고, 의식적 측면에서는 윤리적 가치를 부정하고, 성격적 측면에서 윤간집단형은 외향적이며 자기과시형이 강하다. 단독 강간집단은 내성적이고 억압적인 수축형이 많고, 문화적으로는 빈곤과 교육이 불충분한 자들이라는 견해도 있다.[254]

사견으로는 과잉성욕자가 강간행동을 할 경향이 많다는데 동의하지만, 이것은 필연적 인과관계는 아니며, 과잉성욕을 가진 자가 성충동조절장애를 일으키고, 상황이나 기회가 주어지면 강간의 가능성이 있다고 생각한다. 또한 단독강간범은 내성적임에 비해 윤간집단은 외형적이라는 견해는 아무런 과학적 근거가 없는 잘못된 견해로 외향적 성격 중에서도 단독강간범이 많듯이 성격유형과 강간범 형태를 연관시켜 일반화시키는 것은 문제가 있다고 본다.

---

251) 그녀가 드는 가해자의 나름대로의 판단의 한 예는 여성을 인격체가 아닌 성적 대상으로 생각하고, 여성측에도 강간의 잘못이 있다고 생각하며, 부인이 도망하자 화가 나 식모를 강간한 것처럼 여성을 같은 적으로 생각하고 남성의 진짜 맛을 보여주기 위해 또는 여성의 콧대를 꺾기 위해 그렇게 한다는 것이다(정민자 외, 상게서, 279면).

252) 형사정책연구원 자료에 의하면 강간범죄는 범행의 계획이 없는 우발적인 성충동이 범죄의 가장 중요한 요인을 차지한다고 한다(형연원, 강간범죄의 실태연구, 1992, 99~150면; 송광섭, 범죄학 겸 형사정책, 유스티니아뉴스, 1998, 767면).

253) 송광섭, 전게서, 767면.

254) 송광섭, 상게서, 767면.

빈곤하고 교육이 부족한 자가 강간을 많이 한다는 견해도 부적절하다고 본다. 그 이유는 교육을 많이 받는 자도 강간범이 많은데, 이것은 피해여성을 접할 기회가 화이트칼라층에서는 다양하기 때문이다. 따라서 자연스럽게 성폭행의 기회가 많고, 이 때 안면이 있는 여자가 피해자로 될 가능성이 많다. 반면에 교육수준이 낮고 빈곤한 자는 자연히 행동반경과 사회적 교류의 기회가 적어 안면에 의한 성폭력범죄보다는 강도나 절도 등의 전통적인 범죄에 의해 강간이 행해질 가능성이 상대적으로 많으며, 이 경우 특징은 피해자와 안면이 없는 경우가 많다. 그런데 성범죄에서는 절도·강도·사기 등 다른 전통적 범죄에 대한 충동적 범죄가 많은데, 그것은 다른 범죄와 달리 성범죄를 결정하는 변수가 범죄가격 이외의 다른 충동변수가 있기 때문이다. 가령 절도 등에 대한 범죄공급은 절도범죄가격, 즉 절도를 했을 때 얻을 수 있는 예상수익에서 체포될 염려와 체포될 시 형량 및 주위의 비난 등의 예상비용을 비교하여 도출되는 범죄가격이 올라 갈수록 절도공급은 증가되지만, 성범죄의 공급은 그러한 범죄가격 이외에도 충동변수가 작용하므로 비합리적인 범죄공급이 이루어진다. 여기서 충동변수의 요소에는 성적 욕망의 강도, 여성의 성적 매력, 충동조절장애의 정도와 규범의 사회화의 정도, 기회 등의 상황적 요인들로 이루어지고, 이 안에서 복잡한 역동적 메카니즘의 작용에 의해 충동지수가 일정한 값 이상이 되면 범죄가격과 관계없이 성범죄가 발생하는데, 이것이 충동변수의 역할이 적은 절도 등의 다른 범죄와의 차이점이다.

5. 성폭력범죄심리

1) 기존의 견해

성범죄자들의 대표적인 심리특성으로는 고립과 정서공감능력의 결여가 있는데, 성적 살인범들은 살인을 저지르지 않는 강간범에 의해 고립감의 정도와 사회성 및 정서성이 다르게 나타났다고 한다. 즉 성적 살인범의 60% 이상은 그들의 인생에서 여성과 친밀한 관계를 가져 본 경험이 매우 적었고, 나눔과 신뢰상황에서 정서와 신뢰가 제한적으로 작용했는데, 브리테인(Brittain)은 가학적 살인범은 내향성·소심·고립감이 있다고 했고, 맥클로치(MacClloch)는 유년기에 가학적 범죄자가 사회적 관계에 있어서 어려움을 겪었음을 보고했으며, 데츠(Deitz)등은 성적 가학자들은 대체로 나르시즘이 있다고 한다.

성범죄자들은 타인의 고통 등에 대한 정서공감력이 결여되어 있는데, 이와 같이 타인의 고통이나 아픔을 이해하거나 인식하지 못한다면 피해자의 고통이 가해자에게는 아무런 의미가 없고, 성적 공격은 살인을 하기 위해 증가된다고 한다. 또한 성범죄자들은 자신의 행위가 일반인에게는 경멸적인 것임에도 불구하고 인지적 왜곡과정을 통한 일탈행위를 함으로써 자기만족을 추구하고, 이를 통해 자기존중감을 유지하며, 또한 자신의 행위를 정당화하는 방법으로 피해자가 유혹을 했다는 주장을 하기도 한다.

2) 사 견

기존의 견해들은 아주 특수한 형태의 강간범에는 맞지만 모든 강간범의 공통된 심리라고 할 수는 없다. 기존의 견해에서는 고립감과 사회성의 부족을 특징으로 내세우나, 오늘날 급증하는 강간범에는 사회성도 좋고 고립감이 없는 정상적인 인간이 더 많기 때문이다. 또한 타인의 고통에 대한 정서적 공감형성이 있어도 그런 것을 상쇄할 만한 이익이 있는 경우에는 얼마든지 강간이 가능하기 때문이다. 대개 인간은 이기적이고 합리적인 인간으로 철저히 계산을 하므로 자신의 강간으로 여성이 고통당한다는 것은 범죄비용을 높이지만, 동시에 신선한 성적 쾌감, 정복감, 복수심의 해소, 금전 등 여러 자원의 획득, 범행의 용이함 등으로 인하여 범죄이익을 훨씬 더 높이므로 그 결과 피해여성의 고통에 대해 공감하지만 범죄총이익에서 범죄비용을 제한 순이익이 너무 크므로 범행을 하게 된다면 범죄경제학적 시각이 필요하다. 따라서 성폭행범의 심리는 일반범죄의 경제이익적 심리, 매력적인 여성과 성관계를 맺고 싶은 남성의 본능, 자신을 무시한 여성에 대한 적개심과 보상심리의 표출, 소아기호증, 지나친 성욕의 해소, 정복감, 강간중독심리, 저렇게 정숙해 보이는 여성은 Sex를 할 때 어떤 반응을 보일까 하는 성적 호기심, 스트레스해소, 폭력심리, 변태적 성심리 등 다양한 심리가 있으며, 그 중 한 요인 또는 둘 이상의 요인에 의해 발생하며, 문제는 강간범의 상당수가 사회적 고립감이나 사회성에 문제가 없는 정상적 인간들이므로 기존의 견해처럼 고립감이나 사회성이 부족하다는 쪽으로 치우치면 급증하는 정상인에 의한 강간을 설명할 수 없다는 것이다. 가령 지난 10년간 180여명을 강간하다가 2006년 1월 19일에 구속된 대전 발바리 사건[255]에 대해 일부 심리학자들은 그가 어린 시절에 겪은 가난과 불우한 가정환경으로 사이코패스적 기질을 키워 분노와 저항, 증오와 충동심리가 자리 잡은 것을 지적하나, 그것은 지나친 정신분석학적 주장으로 타당성이 없다.

오히려 강간을 일당을 벌기 위한 강도행각의 보조수단으로 본 서동관 경위의 주장이 더 타당하다. 왜냐하면 그의 너무나 성실한 과거이력을 통해서 증오와 분노를 찾을 수 없었기 때문이다. 따라서 그의 연쇄강간은 사실상 경제적 이익이 가장 컸고, 그 외에 성적 쾌감과 보상심리 등이 혼재된 것이었지만, 겉으로는 과거 불우한 환경과 여성이 무시한데 대한 적개심의 표출로 자기범죄를 합리화시켜 조금이라도 형량을 가볍게 받거나 또는 정신질환자로 진단받아 교도소가 아닌 편안한 치료감호소로 가려는 고도의 치밀함이 있다고도 볼 수 있다. 여기서 최근 급증하는 강간범죄가 사회생활이 원만한 정상인에 의해 많이 행해진다는 사실에서 기존의 견해처럼 강간을 지나치게 범인은 과거 불우한 환경이나 무의식적 심층심리 등 정신분석학적 측면에만 치우쳐 접근하는 것은 경계되어야 하며, 범죄경제학적·생물학적·사회문화적 접근 등 다양한 접근방법이 모색되어야 한다.

---

255) 연쇄강간범인 이모씨(47세, 남)는 수사결과 아내와 2자녀를 둔 성실한 가장으로 절약심이 강했고, 사회생활도 원만했다. 왜소한 체구를 가진 그는 범행이유에 대해 자신이 택시기사로 일할 때 여성승객이 무시해서 그 때부터 여성에 대한 적개심을 해소하기 위해 범행을 했다고 주장하고 있지만, 범행 때마다 치밀함과 교활함을 보여준 그의 말은 신뢰할 수가 없다. 왜냐하면 단순한 적개심의 해소라면 강간으로 끝나지만 그는 강간 때마다 반드시 돈을 강취했고, 돈이 없다고 하면 반드시 친구를 통해 돈을 가져오라고 요구하였으며, 돈을 갖고 온 친구도 그 자리에서 강간하고 돈을 강취한 사실에서 보상심리와 성적 쾌감 및 경제적 이익 등 다양한 동기가 복합된 범죄로 보인다. 한편 그는 극도의 절약성을 보여 휴대폰을 많이 쓰는 아들을 꾸중하는 등 가정에서는 규범적 생활을 한 정상인이었지만, 범행 때마다 마스크와 장갑을 이용해 증거를 남기지 않는 치밀함과 애인 앞에서도 여성을 강간하는 잔인함을 보였다. 범행이 용이해지자 강간이 일상화되었고, 여성이 신고하지 않을 것이라는 심리를 교묘히 이용하여 오랫동안 범행이 계속되었다.

제17장 성희롱범죄심리[256]

1. 개 념

한국에서 성희롱이 문제가 된 것은 모대학 교수가 해당조교에게 성희롱 한 것이 계기로 주로 직장이나 기업 내에서 이루어지고 있다.[257] 성희롱의 역사는 형태를 어떻게 하든 인류역사와 함께 정해져왔고, 앞으로도 영원히 계속될 수밖에 없는 부적절한 형태로 과거와 달리 더욱 교묘하고, 은밀하게 행해지는 성희롱에 대해 남녀고용평등법 · 남녀차별금지법 · 인권법 등에서 명문화함으로써 성희롱이 새로이 범죄화가 되었다. 그러나 학문적으로 범죄학과 관련하여서는 성희롱의 개념정의가 상당히 어려운 점이 있다. 학자에 따라서는 형법상의 강간도 성희롱에 포함시키는 자가 있고, 강제추행까지만 성희롱에 포함시키는 자도 있는 등 다양하다.

지광준은 성희롱이란 음란한 눈빛과 가벼운 성적인 농담·장난을 하한선으로 하고, 타인의 특정신체부위를 더듬고 만지는 손짓 등의 강제추행을 상한선으로 하는 중간영역이라고 한다.[258] 또한 자스트로우(Zastrow)는 강간도 성희롱에 포함시키고 있다.[259] 그러나 강제추행이나 강간은 형법상 범죄이므로 이들까지도 성희롱에 포함시키는 것은 무리가 있다. 그러한 강간이나 강제추행은 성폭력에는 포함이 되지만 성희롱에는 포함될 수 없기 때문이다.

---

256) 신범죄심리학(천정환, 대왕사, 2006)의 444-458면을 전재

257) 직장 외에서의 언어적 모욕이나 신체적 추행을 당했다면 형법상 모욕죄나 강제추행죄의 죄책을 물을 수 있다. 여기서 강제추행이란 그 목적을 불문하고, 폭행·협박을 통해 객관적으로 일반인에게 성적 수치심이나 혐오감을 느끼게 하는 일체의 행위로 객관적으로 성적 수치·도덕감정을 현저히 해할 수 있을 정도의 중요한 행위로 제한된다. 주체는 남자와 여자이며, 객체는 남녀, 기혼, 미혼을 불문하며, 법률상의 처는 객체가 되지 않는다. 또한 추행은 주관적인 동기나 목적을 불문한다. 공연성을 요하지 않으며, 보호법익은 성적자기결정권의 자유로 성적침해여부는 객관적 관점에서 파악한다. 강제추행죄는 친고죄로 고소가 있어야 공소제기할 수 있다. 13세 미만의 자에게 동의하에 추행을 했다고 하더라도 우리 법은 처벌한다. 그 이유는 13세 미만자는 승낙의 의미를 잘 이해하지 못하기 때문이다.

258) 지광준, 범죄학, 경인, 2003, 443면.

259) 임상준, 범죄심리학원론, 백산출판사, 2004, 490면.

강제적 성적 관계를 대상으로 하는 모든 폭력을 의미하는 성폭력과 성희롱은 구성요건이 다르므로 구별되어야 한다. 즉 폭력이 아닌 다른 방법으로 피해자에게 성적 자극을 주어 피해자가 성적 수치심을 일으키게 하는 모든 행위가 성희롱이므로 폭력을 구성요건으로 하는 성폭력과는 다르다. 즉 협박이나 폭행이라는 강제성을 반드시 요하지 않고 형법상의 범죄행위가 아닌 것이 성희롱이다. 또한 타인의 성적 자유를 침해하는 음란한 행위로서 성적 수치심을 일으키는 행위인 강제추행이라는 범죄에서 성적침해인가의 여부는 객관적으로 판단해야 되지만, 그러한 객관적인 기준을 필요로 하지 않는 것이 성희롱이라는 것에서 둘은 구별되어야 한다.

성희롱의 판단기준은 가해자의 의도나 목적이 아니라 피해자의 주관적 관점이 우선 고려되므로 가해자가 별 의도 없이 성을 매개로 한 말을 하였어도 피해자가 성적 수치감을 느끼면 성희롱이다. 물론 일반인이 그런 피해자의 입장이었다면 어떤 감정이었을까의 통념도 성희롱의 판단기준이 되므로(2차적 판단기준) 성희롱 피해자(가령 워낙 성에 관대한 여자일 경우)가 가해자의 성적인 말에 조금도 성적 수치심을 느끼지 않았다고 해도 누가 보아도 그러한 행위가 객관적으로 성적 침해 행위가 명백하면 성희롱이 될 수 있다.

한편 남녀고용평등법 제2조 2항에서는 직장 내 성희롱을 “사업주, 상급자 또는 근로자가 직장 내의 지위를 이용하거나 업무와 관련하여 다른 근로자에게 성적인 언어나 행동 등으로 또는 이를 조건으로 고용상의 불이익을 주거나 또는 성적 굴욕감을 유발하게 하여 고용환경을 악화시키는 것”이라고 정의하며, ‘남녀차별금지 및 구제에 관한 법률’ 제2조의 2에서는 “성희롱이란 업무, 고용 기타 관계에서 공공기관의 종사자, 사용자 또는 근로자가 그 지위를 이용하거나 업무 등과 관련하여 성적 언동으로서 성적 굴욕감 또는 혐오감을 느끼게 하거나 성적 언동 기타 요구 등에 대한 불응을 이유로 고용상의 불이익을 주는 것”이라고 정의하고 있다. 즉 성희롱이란 성적 언어나 행동을 통해서 상대방의 성적 수치심이나 혐오감을 초래하는 일체의 행위라고 할 수가 있다.

2. 성희롱에 대한 공급곡선의 특징

이렇게 성희롱이 발생하는 이유로는 한쪽 성을 다른 성에 대하여 종속적이라고 생각하는 성고정관념과 성문화가 가장 크며, 또한 Sex산업발달과 왜곡된 기업문화(회식자리에서 여성이 술시중 드는 것), 향락업소의 팽창, 직장 내의 성차별구조와 권력적 조직문화, 여성의 저임금, 성범죄에 대하여 유난히 관대한 사법부의 법의 선택성, 인간 자체의 성욕, 여성 스스로의 낮은 의식 등 여러 요인이 복합적으로 작용하게 된다. 그러나 아름다운 것을 좋아 하는 인간의 본성상 성희롱수요의 가장 큰 변수는 여성의 성적 매력의 정도다. 즉 뚱뚱한 추녀에게는 정상적이고 합리적인 인간은 성희롱이 잘 발생하지 않기 때문이다. 그리고 성희롱에 대한 수요자체가 성희롱 공급이 된다. 따라서 성희롱 공급곡선이 일반상품의 공급곡선과의 차이점 및 남자·여자가 행하는 성희롱공급곡선의 차이점을 사견으로 고찰한다. 먼저 성희롱공급곡선 S는 다음과 같은 공급함수로 결정된다.

S=f 여성의 내적 특징과 조직문화·사회문화, 여성의 의식수준, 법의 엄격성, 대체재의 존재 여부, 보완재의 존재 여부, 남성의 성숙성의 정도, 매스컴의 태도, 경제상황

성희롱의 주체가 남성일 경우의 성희롱공급곡선의 가장 큰 변수는 여성의 내적 특징이다. 여기서 여성의 내적 특징은 여성의 성적·인간적·연령적 매력과 여성의 성에 대한 태도이다. 즉 남성의 성농담에 대한 여성의 반응적 커뮤니케이션을 말한다. 따라서 여성의 내적 특성은 여성의 매력과 남성의 성적 언어에 대한 커뮤니케이션의 조합이라고 할 수 있는데, 이 두 요소는 상당히 주관적 요소도 갖고 있다. 즉, A에게 B녀는 성적 매력이 없지만 C에게는 매력이 있을 수 있고, 또한 B녀는 A라는 직장상사에게는 부정적 커뮤니케이션을 보이지만 C라는 동료의 성적 언어에 대해 긍정적 커뮤니케이션을 보일 수도 있기 때문이다. 따라서 여성의 매력과 그녀의 커뮤니케이션의 정도는 가변적이고 서로 상충할 수도 있다. 즉 매력

적인 여성이지만 성에 대해 커뮤니케이션 정도가 낮을 수 있고, 반대로 매력은 적지만 높은 커뮤니케이션을 보일 수도 있다. 여성의 내적 특성은 그러한 두 요소의 내적 작용의 상호작용적 결과이다. 여성의 내적 특성이 큰 값을 가질수록 성희롱공급은 증가되며, 이때는 성희롱공급곡선 자체의 변화는 없고, 단지 공급곡선 자체 내에서의 변화만 있다(이를 공급량의 변동이라고 한다).

여성의 내적 특성 이외의 다른 요소, 즉 기업문화, 조직문화, 법문화, 대체재나 보완재의 존재, 매스컴의 태도 여부에 따라서 성희롱공급곡선 자체가 좌측 또는 우측으로 변동하는데, 이를 공급의 변동이라고 한다. 가령 기업문화가 회식을 자주하고 접대문화가 많은 곳에서는 당연히 주어진 조건보다 성희롱이 증가한다. 또한 사회문화가 향락적이고 성에 대해 관대할수록 성희롱이 증가한다.

법의 선택성이 강해 판사들이 고위층들의 성범죄에 대해 집행유예 등의 관대한 판결을 내리거나 성희롱에 대해 법적 규제가 약하면 당연히 성희롱공급을 증가시킨다. 한편 성희롱에 대한 대체재가 존재하면 성희롱에 대한 공급이 줄어든다. 가령 동료나 부하여성과 sex할 기회나 강제추행·간음·간통 등의 기회가 많으면 성희롱에 대한 공급은 상대적으로 줄어든다.

여성이 아무리 매력이 없다고 해도 직장에서의 남성은 인간본성의 특성상 최소한의 성적 언어는 반드시 있기 때문이며, 더욱이 가벼운 성적 농담도 성희롱으로 보는 관점에서는 더욱 그러한데, 이것은 조직인이라는 남성행동학에서 일상성의 탈출을 위해 또는 일상성의 일환으로 비합리적인 최소한의 행위는 반드시 있기 마련이기 때문이다.

처음에는 여성의 매력에 관심이 많아 성희롱이 증가하지만, 일단 그녀에 대한 많은 정보를 알고 여성의 어느 정도 긍정적 커뮤니케이션이 있게 되면 성희롱의 욕구가 다소 줄어들게 되는 것이 인간의 본성이기 때문이다. 그러나 성희롱의 주체가 여성일 경우는 남성의 내적 특성이 성희롱공급의 가장 큰 변수가 되므로 남성의 내적 특성이 큰 값을 가질수록 성희롱공급은 증가되지만, 이때는 원점을 통과한다. 즉 여성은 남성의 내적 특성이 '0'이면 성희롱은 거의 존재하지 않으며, 또한 성희롱공급곡선도 남성의 성희롱공급곡선보다 훨씬 낮은 위치에 자리해 성희롱공급증가가 아주 완만하거나 변동이 거의 없다. 그것은 만약 기업문화가 남성중심이라고 가정할 경우에 여성의 남성에 대한 성희롱은 오히려 전경(figure)이 되어(이때 배경〈ground〉은 남성의 성희롱이다) 독특하게 지각되어 오히려 이상한 여자로 경멸되어 비난받을 소지가 있기 때문이다. 따라서 여성의 성희롱공급곡선의 가치는, 가령 여성들이 주도하고 중심이 되는 직장에서 소수의 남성이 있을 때 이론적으로 존재할 수 있으며, 이때도 남성이 행하는 성희롱공급곡선보다 아래에 위치함은 당연하다(이때는 수가 많은 여성의 모든 행동이 배경이 되고, 소수 남성의 행동이 전경이 된다).

3. 유 형

성희롱의 유형은 보는 시강에 따라 다양하게 나올 수 있다. 가령 사회문화형, 성적 유혹형, 뇌물형, 협박형, 성행위요구형으로 나눌 수도 있고, 일상적·유혹적·보상적·폭력적 성희롱, 또 가해자책임형, 예방적대처형, 사회구조책임형, 피해자책임형으로 분류하기도 하며, 여성특별위원회는 육체적·언어적·시각적 성희롱으로 나눈다.[260] 한편 자스트로우(Zastrow)는 언어적 성희롱, 비언어적 성희롱(음란한 몸짓 등), 신체적 성희롱으로 나누고 있다. 신체적 성희롱에는 부적절한 가벼운 스치기부터 강간까지 포함시키고 있다.[261]

필자는 성희롱을 남·녀간 이성(異性)에 대한 성희롱과 동성애자간처럼 동성(同性)에 대한 성희롱, 또한 가해자가 직접 피해자에게 행하는 직접적 성희롱과 가해자가 제3자를 통해서 행하는 간접적 성희롱으로 나눈다. 또한 성관계 등 어떤 목적을 위한 전단계로 이용하는 목적적 성희롱과 단순히 스트레스 해소로 하는 단순한 성희롱으로 나누고, 횟수에 따라 일회적 성희롱과 지속적 성희롱, 장소에 따라 사이버 성희롱과 오프라인 성희롱으로 나눈다. 또한 권력관계 종속 여부에 따라 권력적 관계에 있는 자에 대한 권력적 성희롱과 동료 등 비권력적 관계에 있

260) 문성제, 현대여성과 법률, 법문사, 2002, 239면.
261) 임상곤, 전게서, 490면.

는 자에 대한 비권력적 성희롱으로 나누고, 특정대상에게만 행하는 스토커형 성희롱과 불특정인에게 행하는 무작위형 성희롱으로 나눈다. 또 피해자와의 커뮤니케이션의 반응에 따라 피해자에게 혐오감만 주는 일방적인 성희롱과 피해자가 혐오감도 가지지만 동시에 긍정적 커뮤니케이션도 가지는 쌍방적 성희롱으로 나눈다.

성희롱을 하는 방식에 따라서 신체적 · 언어적 · 시각적 · 관계적 · 청각적 · 후각적 성희롱으로 나누는데, 신체적 성희롱은 2006년 3월에 발생한 여기자 추행사건처럼 국회의원이 여성 기자를 만지는 것처럼 주로 신체적 접촉을 통해서 상대방에게 성적 수치감을 주는 행위를 말하며, 언어적 성희롱은 피해자에게 성적 암시나 성적 정보를 유포하여 성적 수치감을 주는 행위로, 이때 언어란 입으로 하는 말과 수화(手話)를 말한다. 시각적 성희롱은 음란한 그림을 보여 주어 성적 수치감을 느끼게 하거나 자신의 성기를 만지는 행위 등 피해자의 시각을 자극하여 성적 수치심을 주는 일체의 행위를 말한다. 또한 관계적 성희롱이란 간접적 성희롱처럼 피해자와 친밀한 관계에 있는 자를 통한 성희롱을 말한다. 즉 피해자와 친한 사람에게 피해자가 "힘이 좋게 생겼다"라는 말을 하여 그 내용이 피해자에게 전달되는 형태이다. 청각적 성희롱이란 섹스행위 시 나오는 흥분된 음성을 들려줌으로써 청각적 자극을 통해 성적 수치심을 느끼게 하는 것이고, 후각적 성희롱이란 성적 흥분을 일으키는 최음제와 같은 방향성 있는 약의 냄새를 피해자 주위에 유포함으로써 성적 수치심을 느끼게 하는 것을 말한다.

한편 법률적 정의에 의한 유형은 조건적 성희롱과 환경적 성희롱으로 구분된다. 남녀고용평등법 제2조 2항에 의하면 조건적 성희롱은 성적 요구 등에 불응을 이유로 고용상의 불이익을 주는 것으로, 가령 회식자리에서 포옹을 거부하자 불리한 부서로 배치하는 것이 그 예이다. 환경적 성희롱은 성적 언어로 피해자가 성적 수치감을 느끼게 하는 것으로, 가령 회사 내에서 고용주가 음담패설을 하여 피해자가 성적 수치심을 느끼는 것이 그 예로, 작업환경을 성적인 특성이 강조·자극되는 적대적 작업환경으로 조성되었을 때 성립된다.

4. 성희롱의 특성

성희롱은 성폭행과 근본적으로는 이성 또는 동성의 성적 자유를 침해하는 면에서는 같지만, 그 침해의 정도·방법·결과 등에서 여러 차이가 있다. 그 차이점을 살펴보면 ① 폭행 또는 협박이라는 강제성을 반드시 요소로 하지 않아도 성립될 수 있다는 점, ② 간음행위나 추행행위에까지 이르지 않는 육체적·심리적 침해행위라는 점, ③ 현재 강간죄나 강제추행죄가 형벌이 부과되는 범죄인 반면, 성희롱은 징계대상이 되는 것은 몰라도 범죄행위로는 보지 않는다는 점, ④ 강간죄나 강제추행죄가 개인에 대한 개인의 성적 침해로 접근하는 반면, 성희롱은 직장내 근로조건의 문제로 접근해 왔다는 점 등이다.[262)]

필자는 성희롱을 개인에 대한 성희롱과 집단에 대한 성희롱으로 나누고, 전자를 다시 학교 내에서의 성희롱과 직장 내에서의 성희롱으로 나눈다. 학교 내에서의 성희롱은 하향적 성희롱(교사→학생), 수평적 성희롱(교사간 또는 학생간), 상향적 성희롱(학생→교사)으로 나눌 수 있다. 직장 내에서의 성희롱도 마찬가지로 분류할 수 있는데, 특징은 상향적 성희롱은 보기 드물지만 유대관계나 신뢰관계가 밀접하지 않을 때 발생하는데 대개 연령차이가 작을 때 발생한다.

집단에 대한 성희롱의 주체는 특정국가나 특정집단이 될 수 있는데, 이때의 성희롱의 특성은 구체적 행위가 아니라 상징조작을 통해 형성된다는 점이며, 궁극적인 목적은 성희롱이 아니라 성희롱을 통한 특정집단에 대한 여러 형태의 공격이라는 점이다.

개인의 성희롱에 있어서 성희롱의 피해자는 주로 젊은 고객이 많은데, 그것은 성적 매력을 주기 때문이다. 만일 늙은 할머니에게 성희롱을 하는 사람은 과거 누나나 어머니에 대한 복수심이 있는 자이거나 주의집중기제나 퇴행의 하나로도 해석할 수 있고, 또는 자신감이 없거나 성적 능력이 부족한 자에게서 발생할 수가 있다. 늙은 여인은 보통은 관용과 이해력이 있어 그런 성희롱을 이해하는 측면도

262) 한국형사정책연구원, 직장내 성희롱의 실태와 대책, 1999, 32면; 이상욱, 여성과 법, 영남대학교, 2001, 312면에서 재인용.

있으리라는 기대 하에서 행해질 수 있기 때문이며, 드물게는 경제적 이익 등의 목적을 노린 성희롱도 있을 수 있다. 다만 늙은 여인에게 행하는 성희롱에 있어 육체적 성희롱은 적은 편이다. 따라서 젊은 여인에게 행하는 성희롱의 형태는 육체적 · 언어적 · 시각적 · 청각적 성희롱(음란 테이프를 틀어주는 것) 등 다양한 형태로 행해지되, 성희롱의 가해자와 피해자의 관계 및 피해자의 특성에 따라 어느 한 유형이 보다 더 잘 사용된다.

성희롱의 개념은 문화적 특수성을 많이 반영한다. 즉 성희롱의 범위와 처벌 등은 해당국가나 해당조직의 역사·문화적 규범에 의해 결정되므로 다른 국가에서는 문화적 놀이의 형태로 이해되는 성희롱도 다른 국가에서는 성폭력에 가깝게 엄격하게 규제되기도 한다.

성희롱은 긍정적 기능을 하는 면이 있는데, 이것은 성희롱이 성폭력이나 강간과 구별되는 점에서 성권력적 개념을 반영하기 때문이다. 물론 상대의 의사에 반한 성희롱은 상대에게 우울감과 적대감 등 정서적 피해를 초래한다는 점에서 원칙적으로 바람직하지 않지만, 때로는 성희롱이 강간 등의 성폭행을 차단할 수도 있다는 점에서 효과가 있을 수 있다. 그리고 모방심이 강한 10대에게 성희롱은 확대재생산 될 수 있다. 성희롱을 당한 경험이 있는 10대는 다시 다른 학생에게 성희롱을 직접 또는 간접적으로 할 수 있으며 그 과정에서 또 다른 쾌감을 맛본다는 것이다. 또한 생리적으로 성희롱은 성희롱가해자의 성욕과 비례하므로 대개 성욕이 강한 자들이 성적 스트레스 해소 차원에서 많이 행할 수 있어 성욕이 약한 자들에게는 잘 일어나지 않는다.

5. 예방책

성희롱을 예방하기 위해 가장 근본적인 것은 남성들의 의식수준의 변화와 왜곡된 기업문화나 권위주의적인 조직문화 및 가부장적 사회문화, 남성우월주의적인 성고정관념, 향락산업 위주의 서비스산업 등의 측면에서 근본변화가 있어야 한다.

그러나 가부장적 한국사회와 자본주의사회에서 그것은 사실상 통제가 어려운 내생변수이므로 합리적이고 이기적인 인간의 행동을 변화시키는 최선의 방법은 강력한 처벌법규와 예방법규이다.

현재 성희롱예방을 위해 남녀고용평등법 제8조는 "사업주는 성희롱을 예방하기 위해 성희롱 예방교육의 실시, 성희롱가해자에 대한 부서전환, 징계 등의 조치를 해야 하며, 성희롱 예방교육을 1년에 1회 이상 실시해야 한다"라고 규정하여 성희롱 예방 및 발생 시 가해자에 대해 징계조치를 하도록 규정하고 있다. 성희롱이란 용어를 최초로 사용한 여성발전기본법 제17조 3항은 "국가·지방자치단체·사업주는 성희롱의 예방 등 직장 내의 평등한 근무환경조성을 위하여 필요한 조치를 취하여야 한다"라고 규정하고 있으며, 남녀차별금지 및 구제에 관한 법률 제7조는 "공공기관의 장 및 사용자는 성희롱의 방지를 위하여 교육을 실시하는 등 필요한 조치를 강구하여야 한다"라고 규정하고 있고, 국가공무원법 제63조는 "공무원은 직무내외를 불문하고 그 품위를 손상해서는 아니된다"라고 규정하고 있다.

직장 내의 성희롱으로 인하여 피해자가 정신적 손해를 입었다면 손해배상책임에 대해서는 민법 제750조 "타인을 사용하여 어느 사무에 종사하게 한 자는 피해자가 가한 손해를 배상할 책임이 있다"가 있으며, 성희롱이 지나쳐 강제추행 등의 성폭행으로 되면 성폭력특별법 제11조 "업무, 고용 기타 관계로 인하여 자기의 보호 또는 감독을 받는 사람에 대하여 위계 또는 위력으로 추행한 자는 2년 이하의 징역 또는 5백만 원 이하의 벌금에 처한다"의 적용을 받을 수 있고,[263] 또한 형법 제298조의 강제추행과 제297조의 강간죄의 적용을 받을 수 있다.[264]

263) 1994년에 제정된 '성폭력범죄의 처벌 및 피해자보호 등에 관한 법률'은 성폭력범죄의 처벌 및 그 절차에 관한 특례를 규정한 법이다. 여기에는 제2조에서 성폭력범죄의 정의를 내리고, 제6조에서 특수강간(흉기 기타 위험한 물건을 휴대하거나 2인 이상이 합동하여 강간), 제8조에서 장애인에 대한 준강간(준강간이란 여자가 만취된 틈을 타서 성관계를 하듯이 심신상실 또는 항거불능의 상태를 이용하여 간음 또는 추행하는 것이다), 제7조의 친족강간죄, 제9조의 강간 등 상해·치상, 제11조의 업무상위력 등에 의한 추행, 제13조의 공중 밀집장소에서의 추행, 제14조의 통신매체이용음란죄가 규정되어 있다.

264) 형법 제297조의 강간죄의 보호법익은 성적 자기결정의 자유이므로 침해범이다. 강간죄는 항거불능의 폭행 또는 협박으로 강간하는 것으로 미수범도 처벌하며, 고소가 있어야 공소를 제기할 수 있는 친고죄이다. 강간죄의 주체는 남자에 한하지 않는데, 그것은 간음행위 그 자체는 남자만이 가능하지만, 여자도 간접정범의 형태도 주체가 될 수 있고, 남자와 공동정범이 될 수 있다(여자는 때리고 남

〈그림 2-18-2 여성특별위원회의 성희롱 구제절차?

사건접수

⇩

합의권고

⇩

조정

⇩

남녀차별 여부결정

⇩

결재

⇩

법적 지원, 공표, 고발

⇩

이의신청

⇩

시정권고

성희롱의 구제절차로는 기관 내에서는 총무과에 접수하고, 그 뒤 조사와 경과조치를 통보하며, 사실 확인과 징계조치를 거친다. 그리고 여성특별위원회에서의 성희롱 구제절차는 [그림 2-18-2]와 같다.

자는 간음). 따라서 강간죄는 자수범이나 신분범도 아니다. 강간죄의 객체는 부녀에 한정되므로 만약 여자가 폭행으로 자신의 성기를 남성의 성기와 결합해 성교하면 강제추행죄가 성립하고 강간죄는 되지 않는다. 또한 자신의 처는 강간죄의 객체가 되지 않고 단지 강요죄의 성립은 가능하다. 강간죄의 폭행·협박이란 상대의 반항을 불가능하게 하는 것을 말하므로 수면제를 먹인 상태에서 간음하면 강간죄가 된다. 또한 간음이란 성기를 삽입하는 행위로 폭행과 협박 사이에 인과관계가 있어야 하므로 협박 후 여자가 동의하면 단지 강간죄의 미수가 된다. 본죄에서 실행의 착수란 폭행·협박을 개시한 때이며, 기수시기는 성기가 삽입한 순간이다. 또한 본죄의 주관적 구성요건으로 폭행·협박에 의하여 부녀를 강간한다는 고의가 있어야 한다.

6. 성희롱의 심리

성희롱을 하는 동기는 다양하므로 심리적 태양도 다양하지만, 추론해 볼 수 있는 것에는 다음과 같은 것들이 있다. 첫째, 성희롱을 하나의 수단적 행위로 여기는 사람들은 성희롱을 통해 Sex행위가 가능한지 미리 탐색하는 심리를 가진 이들이 있다. 이들의 궁극적 목적은 쾌감을 주는 Sex이며, 그러한 Sex 파트너로서 신선한 감각을 주는 직장부하나 동료들에게 계산된 성희롱을 하고, 그로 인하여 위험부담이 적다고 판단되면 Sex를 요구하는 형이다. 모든 인간은 철저히 이기적이므로 아무리 Sex가 좋아도 자신의 명예나 지위가 손상될 정도의 위험한 성희롱이나 Sex를 하지 않으려는 것이 대다수 위험기피적 또는 위험중립적 태도를 가진 인간들의 모습이기 때문에, 이런 인간들에게는 성희롱은 하나의 모험적 구실을 한다. 가령 Sex하고 싶은 여성에게 가벼운 성희롱을 했으나 강경하게 나오는 여성에게는 다시는 심한 성희롱이나 Sex요구를 하지 않게 된다. 둘째, 자신의 여러 심리적·성적 스트레스를 풀어줄 대상으로 동료나 부하에게 성희롱을 하는 경우가 있는데, 성적 농담문화가 만연된 직장에서 많이 행해지며 이들은 대거 성행위까지는 가지 않는다. 셋째, 성능력이 불충분하거나 성불구자들이 대리만족을 느끼기 위해 성희롱을 하는 경우가 있다. 성능력이 완전치 못해 여성을 현실적으로 만족시키지 못하는 이들 중에는 자살이나 우울증으로 치닫는 경우도 있지만, 최선이 아니면 차선이라도 택하는 것이 이기적인 인간의 심리이므로, 이들은 성희롱을 통해서, 때로는 과감한 성적 농담을 통해서 여성의 얼굴이 붉어지는 모습을 통해 심리적 정복감을 맛보는 쾌감이 있기 때문이다. 이런 유형은 여성의 유방이나 음부 등 특정부위를 유심히 쳐다보는 시각적 성희롱을 하고, 자신의 성능력이 대단하다는 것을 언어적으로 과시하여 상대여성이 감탄하면 더욱더 희열과 정복감과 고양감을 느낀다. 그러나 이들은 성능력이 불충분하므로 성희롱의 상대를 신중히 선택하려는 심리가 있다. 만약 잘못해서 개방적인 여성에게 성희롱을 했다가 그녀가 Sex를 요구할 경우 그녀를 만족시킬 수 없고, 모든 것이 탄로날지 모른다는 두려움을 가지고 있기 때문이다. 넷째, 교활한 성희롱자는 자신의 부하나 동료직원들의 반응적 커뮤니케이션을 치밀한 방식으로 계산하여 여성특별위원회 등 관련기관에 고소하지 않을 사람을 선택하여 끈질기게 성희롱을 하는데, 이들은 고소를 꺼리는 여성들의 심리를 철저히 역이용한다. 다섯째, 여성이 행하는 성희롱은 더욱더 치밀한데, 이들은 대개 성희롱 자체가 목적이 아니라 Sex를 위한 전단계로 성희롱을 하고, 그 방식은 은밀하면서도 체계적이며 신중한 심리가 내재되어 있다. 직장동료나 부하남성 중에 정력이 튼튼해 보이고 Sex를 해도 나중에 제비처럼 돈을 요구하지 않고 비밀을 잘 지키며, 신뢰할 만한 사람인가를 치밀하게 파악한 후에 가벼운 성적 농담부터 시작해 점차 강도가 강해지다가 나중에는 성관계를 암시하는 신호를 보낸다. 특히 남편과의 성생활에 불만인 여성들은 남성의 성기를 의미있게 봄으로써 성적 신호를 계속 보내는데, 다만 처녀들은 다른 방식으로 신호한다. 여섯째, 가벼운 성적 농담을 사무 등의 공적 커뮤니케이션을 원활히 하기 위한 수단으로 행하는 자들도 있는데, 이러한 가벼운 성적 농담은 상대에게 심리적 부담을 주지 않는 점이 특징이다. 일곱째, 일부 남성은 반동형성으로 성희롱을 하는 경우도 있다. 자기가 관심을 얻고자 하는 여성과 친하지만 못생기고 뚱뚱한 여성에게 성희롱을 하여 그 결과 피해여성이 친한 친구에게 이야기함으로써 자신에 대한 관심을 원래 관심을 둔 여자가 갖기를 바라는 형이다. 이런 유형의 특징은 아주 가벼운 성적 농담이며, 소심하거나 순수한 남성에게 많은데, 대개 자신의 숨겨진 동기를 들키지 않기 위해 애를 쓴다.

제18장 도박범죄심리[265)]

1. 개념과 구성요건

형법에서 도박을 규정하는 이유는 사회의 경제에 관한 건전한 도덕법칙과 국민의 근로의식 및 선량한 미풍양속을 보호하기 위한 것이다. 형법 제246조 제1항은 "재물로써 도박한 자는 500만 원 이하의 벌금 또는 과료에 처하되, 일시 오락 정도에 불과한 때에는 예외로 한다"라고 규정하고 있다. 본죄의 주체가 되려면 2인 이상의 참여를 필요로 함으로 필요적 공범관계에 있다. 본죄에서 도박의 개념은 우연한 승부에 의하여 그 재물의 득실이 결정되는 쌍방적 개념이다.[266)] 본죄에서 재물이란 재산상의 이익도 포함되므로 재산죄의 재물개념과 다르며, 재물이 반드시 현장에 있어야 되는 것은 아니다.

형법 제248조는 복표발매·발매중개 취득죄를 규정한 바, 여기에는 법령에 의하지 아니한 복표를 발매한 자는 3년 이하의 징역 또는 2천만 원 이하의 벌금에 처하고(동조 제1항), 복표발매를 중개한 자는 1년 이하의 징역 또는 500만 원 이하의 벌금에 처한다(동조 제2항). 제1항의 복표를 취득한 자는 500만 원 이하의 벌금 또는 과료에 처하는데, 본죄가 도박죄와 다른 점은 추점방법을 사용하는 점이다. 도박죄의 수사 시 유의사항은 다음과 같다.[267)]

① 재물을 건 도박의 경우 재물의 종류, 수량, 가격 등을 조사한다. ② 현금의 대용물 사용여부와 판돈의 계산방법 등을 조사한다. ③ 도박의 구체적 방법, 물주와 도박행위자간의 관계, 도박을 하게 된 동기를 조사한다. ④ 도박의 횟수와 시간, 승부의 결과, 도박 전의 소지금, 도구의 소지와 입수경위, 감시자, 안내자 등을 조사한다. ⑤ 전과와 상습성, 도박행위자의 세력 또는 계파 등을 조사한다. ⑥

265) 신범죄심리학(천정환, 대왕사, 2006)의 459-466면을 전재
266) 사기도박은 도박에서 필수조건이 우연성이 피해자의 일방에 있으므로 사기도박자에게는 사기죄가 성립하고, 다른 일방은 도박죄가 성립되지 않는다.
267) 손봉선, 전게서, 160면.

판돈과 도구를 증거물로 압수한다. ⑦ 일시 오락의 경우 당사자 상호간의 신분관계와 친숙관계, 소비하는 물건의 수량과 가격 등을 조사하여 결정한다. ⑧ 사기도박의 경우 방법과 도구에 장치부착유무 확인, 도구의 입수방법, 상습성, 이득액, 공범자, 감시자, 바람잡이 등을 조사한다. ⑨ 도박장의 개장은 개설의 이유, 소유자, 도박자 유인방법, 감시자나 바람잡이, 사용료, 도박장의 관리자, 개장의 목적 등을 조사한다.

도박죄의 기수시기는 도박행위를 착수한 때인데. 이것은 도박죄가 추상적 위범이기 때문이다. 그리고 형법 제246조 제2항은 "상습도박을 한 때에는 3년 이항의 징역 또는 2천만 원 이하의 벌금에 처한다"라고 규정하고 있다. 이렇게 일반 도박죄에 비해 가중처벌하고 있는 것은 상습성 때문에 책임이 가중되는 가중적 구성요건이며, 부진정신분범이다. 상습도박죄는 집합범이므로 도박행위를 여러 번 하더라도 포괄해서 1죄가 된다. 상습도박과 비상습자가 공범관계에 있으면 형법 제33조 단서가 적용된다. 그리고 제247조는 "영리의 목적으로 도박을 개장한 자는 3년 이하의 징역 또는 2천만 원 이하의 벌금에 처한다"라고 규정하고 있으며 영리를 목적으로 하는 목적범이다. 도작개장은 도박행위를 부추길 위험이 높아 더욱 반사회적이므로 도박죄보다 가중처벌 한다. 본죄에서 도박개장의 의미는 범인이 도박의 주최자가 되어 그의 지배하에 도박장소가 개설되는 것이므로 단지 장소만 제공하면 도박죄의 방조에 불과하다. 또한 본죄가 성립하기 위해서는 영리목적과 고의가 있어야 한다.

2. 도박죄의 심리적 요인[268]

1) 정신역동이론

여기에서는 도박행동은 일종의 자기처벌·자기모멸이며, 피학적인 행동으로 본다. 피학적인 행동은 아동기의 해결되지 않은 무의식적인 심리적 갈등에서 비롯되

268) 이 부분은 이흥표, 도박의 심리, 학지사, 2005, 103~122면을 발췌 및 정리한 것이다.

며, 도박은 아동기의 갈등으로부터 솟아나는 불안을 해결하거나 다루는 자기처벌적인 방법으로 출현한다. 도박이란 기저에 깔려 있는 도박자 자신은 인식하지 못하는 무의식적인 갈등의 상징적 표현물이다. 프로이드에 의하면 자신도 모르는 죄의식에서 벗어나기 위하여 도박을 하며, 많은 돈을 잃어야만 죄의식을 벗어날 수 있다고 한다. 죄의식의 근원은 무의식에 있는 아버지에 대한 증오심과 애정의 양감정이다. 따라서 아버지를 사랑하면서도 증오했던 살해의 충동 때문에 처벌받고자 하는 욕망이 자라나며, 도박에서 돈을 잃는 것은 잘못을 속죄하고, 아버지에게 다시 사랑받는다는 것을 의미하므로 죄책감을 줄이기 위해 무의식적으로 패배를 추구한다.

버글러(Bergler)에 의하면 도박자는 죄의식에 의해 양심을 속죄받고자 하는 자기처벌의 메카니즘에 의해 움직인다. 죄의식의 근원은 부모의 규제에 대항하여 금지된 쾌락을 추구했던 아동기에 있다. 반항은 부모에 대한 무의식적 적개심과 다르지 않으며, 바로 이 공격성으로 인해 죄책감과 자기처벌을 피할 수 없게 된다. 도박자는 부모의 처벌을 무효화하기 위하여 스스로 무의식으로 부모와 동일시되어 그는 사랑받기 위하여 패배한다는 것이다.

2) 학습이론

사회학습이론에서는 병적 도박은 학습된 행동으로 본다. 즉 도박자는 도박을 하여 정적 강화, 즉 돈을 따는 것과 부적 강화[269]를 경험할수록 그 행동은 학습되어 더욱 도박에 집착하게 되는데, 이런 강화의 심리를 이용해서 사기도박판에서는 사기꾼들이 초반에 일부러 져주기도 한다. 도박판에서 가장 강력한 강화물은 돈이나 정적 강화물과 부적 강화물 모두 도박행동을 강화하는 기능을 한다. 그리고 도박을 할 때마다 돈을 따는 것을 연속적 강화라 하고, 가끔 돈을 따는 것을 간헐적 강화라고 한다. 바로 이 간헐적 강화가 도박으로 인해 심각한 손실을 보고도 오히려 도박행동을 계속하게 하는 가장 강력한 요인이다. 대부분의 병적 도박자들은

---

269) 도박을 하게 되면 일상생활에서 오는 심리적 고통이나 스트레스가 해소되는 것을 말한다.

간헐적 강화(큰 돈을 따는 것)를 기대하기 때문에 도박판을 떠나지 못하는 것이다. 도박판에서는 돈 이외에도 쾌감이나 스릴도 강력한 강화물로 작용한다. 도박판에서 스릴감과 흥분을 느끼는 사람은 병적 도박으로 발전할 가능성이 높다. 병적 도박자는 쾌감과 도취감을 맛보기 위해 도박을 한다. 특히 도박하기 전부터 가족관계에서 불만이 있던 자들은 도박판에서 도피처를 찾게 된다. 즉 쾌감과 스릴 및 고통의 망각은 도박판의 중요한 1차적 정적·부적 강화물이며, 도박할 때마다 언제든지 느끼는 연속적 강화이기 때문이다.

3) 인지이론

도박자에게는 잘못된 신념 세트가 있어 이런 잘못된 신념 때문에 계속되는 손해에도 불구하고 도박을 지속하게 된다고 한다. 잘못된 신념에는 통제력의 착각, 자기편의적인 오류, 미신적 신념, 일보직전의 심리가 있다. 통제력 착각이란 도박이 우연에 의해 결과가 발생하는 무선성임에도 불구하고 이를 무시하고 도박기술과 전략을 정교화시키면 사건이 실제보다 예측가능한 것처럼 행동하는 것을 말한다. 자기편의적 오류란 도박자들은 지금까지 많이 잃었으니까 행운이 좀 더 가까이 왔다고 기대하는 것이다. 나아가 도박자들은 선택적인 기억과 사고의 오류를 범한다. 도박을 하면서 좋았던 일들, 예컨대 돈을 따고 좋았던 시기만을 선택적으로 회상하고, 돈을 잃었거나 나빴던 시기는 의식선상에서 무시하게 되는데, 이런 기억의 오류는 자신에게 좋은 결과가 따를 것이라고 낙관하면서 도박을 지속하는 근거가 된다. 미신적 신념이란 실제로는 그 행동이 결과와 무관함에도 불구하고 어떤 특정한 행동을 함으로써 그 행동이 결과에 영향을 미칠 수 있다는 신념을 말한다. 도박에서 주사위를 어떤 방식으로 굴리면 원하는 숫자가 더 잘 나온다는 신념 등이 그 예이다. 이러한 미신적 행동 역시 행동에 영향을 미칠 수 있는 자아의 영향력에 대한 믿음을 강화시킨다는 점에서 통제력 착각의 한 예에 속한다. 일보직전의 심리란 승리에 거의 가까이 간 것 같은데 아슬아슬하게 놓치는 것을 의미하는데, 일보직전에 실패하는 것도 승리하는 것과 거의 동등한 효과를 발휘한다. 그 이유는 거의 승리에 다가선 것처럼 개인에게 지각되며, 곧 큰 대박을 맞을 수 있다는 희망을 품게 될 수 있기 때문이다.

이상과 같은 도박중독자의 심리적 특징으로는 미성숙, 성격의 황폐화, 극심한 기분변화, 자기방어 등의 특징이 있다. 병적 도박자들은 아이들과 유사한 미성숙한 특징을 보인다. 아이들은 욕구를 늦추지 못하는 것처럼 병적 도박자들도 욕구충족이 지연되는 것을 참지 못하고 즉각적인 만족을 추구한다. 자신의 행동이 장기적으로는 어떤 결과를 가져올지 예측하지 못하는 것처럼 행동하며, 장기적으로 해로운 결과를 가져온다는 것을 말면서도 단기적인 욕구의 충족이 급하기 때문에 자신에게 정작 유리한 선택을 하지 못한다. 또 다른 미성숙함은 스트레스 인내력이 낮다는 것이다. 병적 도박자들은 스트레스를 견디지 못할 뿐만 아니라 스트레스를 적절하게 다루고 대처하지 못한다. 이들은 압박감과 스트레스를 줄이는 방편으로 도박에 의지한다. 도박문제가 심각할수록 성격은 더욱 황폐해진다. 많은 도박자들이 도박에 빠지기 이전부터 성격적인 문제를 갖고 있다. 이런 성격적 문제점들이 도박을 계기로 악화되거나 잠재되어 있던 성격적 문제점들이 표면화되기도 한다. 그 결과 화를 잘 내며 돈을 달라고 가족들에게 행패를 부리거나 주변을 비난한다. 병적 도박자들은 기분변화가 심하다. 분노, 우울, 죄책감 등이 교차하며, 극심한 기분변화의 소용돌이를 경험한다. 병적 도박자들의 기분은 게임결과에 좌우된다. 간혹 이기거나 큰돈을 따면 일시적으로 기분이 좋아지고 호기를 부리거나 관대해진다. 도박자는 도박행동에 문제가 있음을 받아들이기보다는 문제를 부인하고 변명하며, 합리화하는 자기방어적 행동을 보인다. 도박자들은 배우자의 의존성을 역이용해 이혼을 요구하면 배우자가 당황하리라 예상하고 가족을 역이용하려고 한다.[270)]

270) 이홍표, 전게서, 131~135면.

3. 도박중독 사례연구

도박은 세계적인 현상이며, 특히 온라인 도박시장은 급속히 팽창하고 있다.[271] 그러나 세계 도박시장이 주로 복권과 카지노인 점에 비추어 한국은 전국 곳곳에 최근 급증하는 성인오락실인 게임랜드가 있다. 심지어 성인오락실은 도시, 농촌, 섬까지 파고들어 많은 국민들을 도박중독에 이르게 할 위험이 있다고 2006년 4월 19일 KBS 2TV '추적'에서 방영한 내용을 소개하고자 한다.

> 마약중독보다 더 심각하다는 도박중독이 합법적으로 운영되는 성인오락실에서 행해지고 있다. 2005년 12월 기준으로 전국의 성인오락실 15,590개로 유흥업소 지역만 아니라 주택가, 농촌, 섬지역 등 전국 곳곳에 진출해 있는데, 문제는 오락실이 아니라 명백히 도박장으로 운영되어 탈법과 불법의 온상이 되고 있다. 특히 최근에 개업되고 있는 성인오락실은 대규모화·기업화되어 실내에 취침실과 샤워실까지 두고 있으며, 과거와 달리 대부분의 피해자가 도박을 전혀 경험하지 못한 평범한 사람이 많다고 한다. 특히 성인오락실이 저소득층 지역에 급증하는 것이 최근의 현실이나 이러한 성인오락실은 허가제에서 등록제로 바뀌면서 급증하게 되었다. 문화관광부는 성인오락실의 엄연한 도박행위를 게임으로 규정하여 건전한 게임문화산업이라는 명목하에 경품상품권까지 지정해 시설도박을 합법화 해 주고 있다. 일부 성인오락실의 경우는 주인이 통제실에서 기계를 조작하여 승률을 조작하기도 하며, 상품권을 위조하고, 오락실 내에 불법 환전소를 두고 있다. 경남 통영시에 거주하는 한 어민은 20여년간 배를 타서 모은 6천여만 원을 몇 개월간의 성인 오락실 출입으로 다 날렸으나 지금도 밤마다 성인오락실의 유혹을 받고 있다. 용인의 노인부부는 처음에 호기심으로 들어갔다가 1만 원 넣고 280만 원이 당첨되자 그 뒤 매일 6개월만에 4천여만 원을 탕진하였다. 돈이 없는 지금도 매일 밤마다 성인 오락실에 들러서 한 번 보고 나와야 될 만큼 중독증이 심하다고 한다.

이러한 성인오락실이 사람들을 도박중독으로 이끄는 것은 대박을 노리는 인간의 심리와 스트레스를 풀 곳이 없다고 성인오락실의 출입을 합리화하는 심리 및 사

271) 세계 도박시장의 규모는 지난해는 1,600조원이 넘어 매일 45억달러가 도박장에 몰렸다. 특히 호주는 성인의 80%가 도박을 즐긴다고 한다. 전체 도박시장에서 온라인 시장은 아직 5%이나 성장세가 눈부시다고 한다(중앙일보, 2006. 4. 21).

람을 다시 오게 만드는 오락실 기계소음의 교묘함 등이 어우러진 결과인데, 특히 귓가에서 들려오는 기계음향의 잭 팟 소리 환청 때문에 중독자들은 몽유병환자처럼 다시 가지 않을 수 없게 한다.

게임도중 화면에 '예시'를 알리는 화면이 뜨는데, 이것은 그만큼 당첨확률이 높아진다는 뜻이다. 즉 당첨될 것 같은 그림을 자꾸 나오게 함으로써 사람들이 더 많은 돈을 걸게 하는데, 이것은 사람의 심리를 교묘하게 파고드는 오락기계의 정밀성이다. 중독자들은 작은 것이 계속 터지다 보면 기대감이 높아져 이번에는 잭팟이 터지겠지 하고 계속 돈을 넣게 만든다. 중독자들은 처음에는 호기심으로 발을 들여 놓은 후 처음 몇 번에 조금한 것이 당첨된 후부터 급속히 중독에 빠지게 된다.

제19장 마약범죄심리[272]

1. 마약의 개념과 관련법규

우리나라의 마약류관리에 관한 법률 제2조 2호에서는 마약이란 ① 양귀비, 아편 및 코카엽(葉), ② 양귀비, 아편 및 코카엽에서 추출되는 모든 알칼로이드로써 대통령령으로 정하는 것, ③ ①과 ②에 열거된 것과 동일하게 남용되거나 해독작용을 일으킬 우려가 있는 화학적 합성품으로써 대통령령으로 정하는 것, ④ ①과 ③에 열거된 것을 함유하는 혼합물질 또는 혼합제제 다만 다른 약물이나 물질과 혼합되어 ①내지 ③에 열거된 것으로 다시 제조 또는 제제할 수 없고, 그것에 의하여 신체적 또는 정신적 의존성을 일으키지 아니하는 것으로써 보건복지부령이 정하는 것(이하 한외마약이라 한다)을 제외한다. 또한 동 법률 시행규칙 제2조에서 한외마약은 다음 각 호에 해당하는 마약의 제제(주사제의 제제를 제외한다)로 한다.[273]

마약은 조그만 양에도 강한 환각과 진통 및 쾌락상태를 주지만, 습관성과 내성이 있어 사용 후 중단하면 바로 금단증세가 나타나고, 이 과정에서 개인적 또는 가정적으로 피해가 올 수 있으며, 더구나 마약남용으로 인하여 범죄도 쉽게 행해지므로 사회적 · 국가적으로 큰 해악을 가져 오는 약물이므로 각국은 마약의 유통과 매매 등을 엄격히 규제하고 있다. 다만 세계적인 추세는 마약의 사용자들은 처

---

272) 신범죄심리학(천정환, 대왕사, 2006)의 467-499면을 발췌, 정리한 것임

273) ① 100그램당 코데인, 디히드로코데인 및 염류는 염기로써 1그램 이하(수제인 경우에는 100밀리리터당 100밀리그램 이하)이고 1회 용량인 코데인 및 염류는 염기로써 20밀리그램 이하, 디하드로코데인 및 그 염류는 염기로써 10밀리그램 이하이며, 마약성분 외의 유효성분이 3종 이상 배합된 제제, ② 100밀리리터당 또는 100그램당 의료용 아편이 100밀리그램 이하이고, 동일한 양의 토근이 배합된 제제, ③ 디펜옥시레이트가 염기로써 1회 용량이 2.5밀리그램 이하이고, 당해 디펜옥시레이트 용량의 1퍼센트 이상에 해당하는 양의 아트로핀설페이트를 함유하는 제제, ④ 디펜옥신 1회 용량이 0.5밀리그램 이하이고, 당해 디펜옥신 용량의 5퍼센트 이상에 해당하는 양의 아트로핀설페이트를 함유하는 제제, ⑤ 마약류 취급 학술연구자가 학술연구목적에 사용하는 연구시험용 시약으로 식품의약품안전청장이 인정한 제제.

벌하지 않고 있으며, 다만 유통, 판매, 제조하는 경우에 처벌하지만, 우리나라는 과거부터 마약법, 대마관리법, 향정신성의약품관리법, 유해화학물질관리법 등의 법률로 마약과 약물의 제조, 유통, 판매뿐만 아니라 사용자까지 처벌해 왔으며, 2000년 7월 1일부터 마약법, 대마관리법, 향정신성의약품관리법은 '마약류에 관한 법률'로 통합하여 마약 등의 불법약물의 사용자에 대하여 대처해 오고 있는데, 여기서 마약류관리에 관한 법률은 형법상 아편의 죄에 관한 특별법으로 마약사범에 대해서는 특별법이 우선 적용되므로 형법상의 아편에 관한 죄의 규정이 실제 적용될 소지는 없다.274)

2. 마약의 유형275)

1) 마 약

(1) 아 편

아편은 앵속의 미입자에서 채취한 유액을 응고한 물질로 맛은 쓰며, 약 20종의 알칼로이드가 함유되어 있고, 이들 알칼로이드는 황산, 유산 또는 메콘산과 경합되어 존재하며, 아편의 품질은 그 주성분인 몰핀의 함량이 많고 적은데 따른 것이다. 아편은 생아편, 의약용 아편, 흡연용 아편으로 나뉜다. 아편의 대표적인 성분

274) 형법상 아편에 관한 죄의 보호법익은 공중의 건강이며, 보호의 정도는 추상적 위험범이다. 형법 제201조에는 "아편을 흡식, 몰핀을 주사한 자는 5년 이하의 징역에 처한다"라고 규정하고 있고, 동법 제198조는 "아편, 몰핀, 그 화합물을 제조·수입 또는 판매하거나 판매목적으로 소지한 자는 10년 이하의 징역에 처한다"라고 규정하고 있다. 여기서 판매목적으로 아편을 소지한 경우 목적범으로 판매목적 아편소지죄가 성립하지만 그런 목적이 없이 단지 소지만 한 경우에는 동법 제250조의 아편소지죄가 성립한다. 동법 제199조는 "아편을 흡식하는 기구를 제조, 수입 또는 판매하거나 판매목적으로 소지한 자는 5년 이하의 징역에 처한"라고 규정하고 있고, 동법 제200조는 "세관공무원이 아편이나 몰핀 그리고 그 화합물 또는 아편흡식기구를 수입하거나, 수입을 허용할 경으 1년 이하의 징역에 처한다"라고 규정하고 있다. 동법 제205조는 "아편이나 몰핀, 그 화합물 또는 아편흡식기구를 소지한 자는 1년 이하의 징역 또는 500만 원 이하의 벌금에 처한다"라고 규정하고 있어 아편을 소지하거나 흡식하기 위해 기구를 제조 또는 판매한 경우 모두 처벌하고 있어 아편의 위험성이 강조되고 있다.

275) 양태규, 과학수사론, 대왕사, 2004, 603~611면을 발췌하여 정리한 내용이다.

은 모르핀, 코데인, 데바인 등으로 페난 트렌계 알칼로이드와 파파베린 및 나르코틴으로 대표되는 이소퀴놀린계 알칼로이드로 나누어진다. 모르핀은 중추신경진통, 기분전환, 호흡억제, 졸음 등을 유발시키고, 헤로인이나 다른 아편계 약물은 정신적으로 느슨한 느낌을 갖게 하는데, 경험이 많은 자는 이러한 중추신경억제상태를 즐겁게 받아들이지만 초보자는 몹시 우울하게 느끼며, 사용자들은 공격성이 저하되고 성적 충동이 감소한다고 한다.[276]

(2) 헤로인

헤로인은 몰핀을 아세필화시켜 부분합성한 것으로 백색의 요방형 결정이며, 보통은 액체에 혼합되어 혈관으로 주입되는 강력한 도취감으로 말미암아 마약 중에서 가장 대표적으로 남용된다. 연용하면 만성중독에 빠지고, 중지하면 금단현상을 일으켜 초조, 불안, 불면, 고통, 발양, 침울 등의 정신이상이 나타나며, 남용하면 나태감, 우울증, 체중감고, 식욕감퇴, 태만, 불결, 오한, 신경과민, 불안 등이 동반되며, 헤로인을 주사하면 빠르게 뇌에 도달해 행복감·부유감 등으로 즉각적인 영향을 주며, 강력한 진통 및 진정효과가 있다고 한다.[277]

(3) 몰 핀

몰핀은 대표적인 아편 알칼로이드로써 앵속의 모든 부분에서 검출되는데, 앵속의 발아 후 36일 정도이면 최초로 물핀이 검출되며, 아편 중 몰핀의 함량은 매우 광범위해 20~30% 정도이다. 몰핀은 약품남용으로 헤로인 다음으로 사용되고 있으며, 체내 흡수되면 흥분기를 거쳐 마비기로 들어간다. 몰핀의 중독증상에는 금단증세, 불쾌감의 지속, 모발과 체모의 빠짐, 이상성격증세, 공복증상, 허약 등의 증상이 나타난다.[278]

---

276) 손봉선, 경찰외사론, 대왕사, 2005, 187면.
277) 손봉선, 상게서, 190면.
278) 손봉선, 경찰외사론, 190면.

(4) 코 카 인

코카인은 코카의 잎으로부터 추출되는 알칼로이드로 자연계에 존재하는 중추신경흥분제 중 가장 강력한 것이다. 코카인은 강력한 중축신경흥분제로 흥분효과는 암페타민과 유사하며, 혈관과 신경체계에 심각한 영향을 주는데, 남용하면 혈압상승, 체중저하, 흉부통증, 불안, 불면, 조급증, 우울증, 환각증세가 나타난다. 만약 중단하면 금단증상이 복합적으로 일어나 부적응적 사회생활과 우울증, 경련, 식욕저하, 근육통 등이 일어난다.[279]

(5) 페치딘

페치딘은 1931년에 합성하였는데 물핀과 유사한 진통작용이 있고, 그 효력은 몰핀의 1/8 정도이며, 중독가능성은 서서히 발전하고 몰핀보다 강도가 낮다.

(6) 코데인

코데인은 아편 중에서 약 1.3%~0.4%가 존재하며, 대부분 몰핀을 메틸화시켜 제조한다. 이것은 호흡중추진정작용에 의한 진해효과 때문에 임상분야에서 가장 광범위하게 사용되며, 몰핀이나 헤로인보다는 중독성이 적고 도취감을 유발하는 점에 있어서 효능이 적다.

2) 향정신성 의약품

(1) LSD

LSD는 가장 강력한 환각작용을 갖고 중추신경계에 영향을 미쳐 소량으로 환각상태에 빠지게 하지만 신체적 의존성은 나타나지 않는다. 남용하게 되면 착각과 환각 외에 무관심이나 의욕상실과 같은 이상정신작용과 정신병적 환각작용이 나

279) 손봉선, 상게서, 202면.

타나는데, 남용의 특징으로는 우울증, 환각으로 몰입, 인간성 상실, 자살충동, 공포감 그리고 앞뒤가 맞지 않는 말을 하는 등 예측할 수 없고, 감정조절이 되지 않는다.[280)]

(2) 메스카린

페이오트라는 선인장의 상부에서 나오는 활성물질로 LSD와 유사한 효과를 가지고 있으나 LSD보다 강력한 시각흥분작용을 가지고 있다.

(3) 히로뽕(메삼페타민)

필로폰이라고 불리우는 이것은 과거에 학생들이 졸음을 쫓기 위해 사용했다가 상습복용자가 급증하였다. 이것의 남용은 중추성 흥분작용과 교감신경 흥분작용을 일으키는데, 처음에는 일시적으로 안락감을 느끼나 곧 불안, 불면, 두통이 오고, 주의력이 산만해진다. 금단현상은 강하게 나타나지 않지만 수면장애, 피로감, 두통 등의 부작용이 나타나고, 환각상태가 지속되면 정신분열증이 오며, 과대망상에 빠지고, 남을 오해하며, 살인 등의 범죄행위를 유발하기도 한다. 또한 식욕을 감퇴시켜 비만치료에 사용되어 온 히로뽕을 만약 남용하게 되면 과격한 행동, 공격적 행동의 증가, 환각과 편집광적 증세, 불면, 초조, 불안, 빠른 말과 많은 말의 사용, 열광적인 행동 등을 보이고, 약효가 떨어지면 심한 우울증과 자살충동을 일으킨다.[281)]

(4) 바르비탈신염

진정, 체면제로 중추신경계를 진정시키고 수면을 촉진하기 위해 소량으로 처방되고 있는데, 여기에는 아모바르비탈 등 많은 종류가 있으나 우리나라에서 사용되는 것은 수면제인 페노바르비탈이 있다.

---

280) 손봉선, 경찰외사론, 213~214면.
281) 손봉선, 경찰외사론, 220~221면.

(5) 벤조디아제핀류

불안, 긴장, 스트레스 등 현대의 정신질환에 사용되는 것으로 남용하게 되면 환각상태에 이를 수 있다. 이것은 청량음료에 혼입하여 복용시킨 후 금품을 갈취하는 마취강도사건에 사용되기도 한다.

(6) 지페프롤

아편과 다르게 신체적 의존성 등의 부작용은 없지만 다량복용하면 아편과 같은 일시적 안락감이 생기는데 다량복용으로 인해 1991년 이래 65건의 사망사례가 발생했다.

(7) 날부핀

분만 등에서 사용되는 마취제로 메스암페타민이 구하기 어려워지자 대체물로 이용된 것으로 다량 남용 시 중추신경 억제작용과 환각작용이 나타난다.

(8) 엑스터시

살을 빼는 약으로 알려진 엑스터시는 약리효과는 유사하지만 환각효과는 필로폰보다 강력하고 저렴하여 청년층에서 많이 이용되는데, 중독으로 이어지면 쉽게 끊을 수 없는 단점이 있다.[282)]

3) 대 마

대마란 대마초와 그 수지 및 대마초 또는 그 수지를 원료로 하여 제조된 일정의 제품을 말한다. 단, 대마초의 종자, 뿌리 및 성숙한 대마초의 줄기와 그 제품은 제외하며, 습관성 중독을 일으키기 쉽다. 대마는 가공방법에 따라 분말형태, 흡연용, 농축형, 추출형(술에 대마초를 넣어 그 유해성분을 추출한 것)이 있다. 유효성

282) 손봉선, 경찰외사론, 222면.

분은 테드라하시드로칸나비놀(THC), 칸나비디올(CBD), 칸나비놀(CBN), 칸나비노이드산으로 되어 있으며, 이 중에 중독을 일으키는 성분은 THC이다.

대마는 도취감과 불안감을 해소하며, 환상, 사고의 비약, 제어력의 상실을 동반한다. 남용하게 되면 식용항진, 자제력의 감소, 심한 기침, 멍청한 상태의 계속, 동공의 확대, 많은 말과 웃음, 시간과 크기 및 거리개념의 상실을 초래하게 된다.

대마초 남용자에 대한 증거와 단서, 그리고 남용자의 형태를 살펴보면 첫째 증거와 단서는 ① 옷이나 몸에서 풀냄새가 난다. ② 흡연용 파이프를 소지하고 있다. ③ 주머니에 대마초가루나 씨가 있다. ④ 갈색류 담배를 마는 종이를 가지고 있다. ⑤ 눈동자가 매우 투명하게 보인다. ⑥ 말과 웃음이 많아진다. ⑦ 동공이 확대되고 눈이 충혈된다. ⑧ 크기, 거리, 시간, 속도 등을 인식하지 못한다. ⑨ 입안이 마르고 물을 많이 마신다. ⑩ 식욕이 항진되고 멍청하게 보인다. 둘째, 남용자의 형태는 ① 위험한 행동을 태연하게 잘 한다. ② 분별없이 행동한다. ③ 잘 웃으며 히죽거린다. ④ 일견 술에 취한 사람처럼 보인다. ⑤ 낙천적인 언행을 한다. ⑥ 주변이 지저분하다. ⑦ 기침을 심하게 한다. ⑧ 인내력이 없다 등이다.[283)]

4) 기타 약물

여기에는 페인트와 염료 등에 사용되고 흥분과 환각작용을 일으키는 톨루엔, 질식성 의식장애를 가져올 수 있는 부탄가스류(노르말 부탄, 이소부탄, 노르말 프로판), 무색·투명한 자주성이 있는 휘발성·가연성 액체인 메탄올, 특유의 과실향을 갖는 무색·투명한 액체인 초산에틸 등이 있다.

283) 손봉선, 경찰외사론, 243~245면.

2. 마약남용의 원인

1) 생물학적 요소

유전적이며 생물학적 요소가 영향을 미친다는 것이다. 마약류중독자는 보상·쾌감과 관계되는 도파민의 분비량이 적어 보통 사람들보다 더 강렬한 보상적·쾌락적 자극을 찾으려고 남용하게 된다고 보아 마약중독을 치료해야 할 질병으로 보고 약으로 치료하고자 한다.[284)]

어떤 연구에 의하면 입양자녀들의 알코올중독비율은 입양부모보다 원래 부모의 알코올 중독비율에 보다 가까웠다는 보고가 있듯이 유전적 요인이 마약을 남용하게 된다고 한다. 또 메타볼리즘의 불균형이 마약중독원이라는 견해가 있다.

의사인 돌과 니스완더(Vincent Dole & Marie Nyswander)에 의하면 개인들이 일단 마약을 취하기 시작하면 그들의 생리는 당뇨병자가 인슐린을 갈망하는 것과 같이 아편을 갈망하여 마약을 반복투약하면 신체는 마약에 점진적으로 적응하게 되고, 마약은 기본의 결핍을 정상화시켜 주는 안정제로 작용하여 신체적 기능에 꼭 필요한 것이 되게 된다는 것이다.[285)]

2) 심리학적 요소

심리적 이유로 인하여 마약을 남용하게 된다는 것이다. 마약류를 사용하는 자는 대체로 자기존중감이 낮아 약물을 통한 신체의 변화에서 자아존중감을 가지려는데 특히 청소년의 경우 정체감 혼란과 낮은 자아개념은 청소년들로 하여금 마약류를 사용하게 만드는 심리적 요인으로 작용함과 동시에 마약류 남용이 자아의 발달을 저해하고 왜곡시킨다.[286)]

정신분석적 이론으로 보면 마약류중독자는 불안과 갈등으로부터 벗어나기 위해

---

284) 박상규, 마약류 중독자를 위한 자기 사랑체, 학지사, 2003, 47면.
285) 장인환, "마약사범의 효율적 교정처우방안", 경기대학교 석사학위논문, 2004, 17면.
286) 박상규, 상게서, 49면.

약물을 사용하며, 중독의 고통스러운 결과를 피하는 능력이 부족하기 때문에 마약을 계속 사용하게 된다고 본다. 인지행동이론에서는 마약의 사용은 어떤 개인이 스트레스를 받게 되었을 때 부적응으로 반응하지만 이것은 나름의 대처방식이므로 이해한다.[287)]

강화이론에서는 긍정적 강화와 부정적 강화로 설명한다.[288)] 부정적 강화가 일어나는 것은 개인이 안식을 구하거나 고통을 피하고자 할 때나 과거 안식을 취했거나 고통을 경감시켜 준 것이면 무엇이든 하려는 동기가 되므로 금단과 관련된 고통스러운 감각의 반복을 피하기 위해서 마약을 사용한다는 것이다.[289)]

긍정적 강화는 쾌락의 감각을 가진 모든 도취성 약물에서 일어나는 반면, 부정적 강화의 메카니즘을 강조하는 이론은 대체로 물리적 의존을 생성하는 아편에 국한된다.[290)] 성격이론에서는 약물사용이 삶의 문제를 얼마간 가려 준다는 부정적 방식의 적응기제이므로, 성격이 보다 부적절할수록 약물사용에 고도로 관련된 가능성이 커지고, 그 사용으로 중독이 될 가능성이 커진다.[291)]

마약남용자들은 죄의식, 불안, 감정적인 고통, 분노, 등으로부터 보호받기 위해 복잡한 심리적 방어기제를 갖게 되는데, 이 중 부정은 가장 두드러지고 보편적인 방어기제로 널리 사용된다. 이러한 부정은 ① 자신은 마약류남용자가 아니며, 자신의 행위가 보편적이고 정상적이라는 주장, ② 마약류중독의 원인을 다른 사람이나 상황탓으로 돌리고 변명하며 합리화하는 것, ③ 언제든지 마음만 먹으면 마약을 끊을 수 있다는 것 등이다.[292)]

---

287) 박상규, 상게서, 49~50면.
288) 여기서 긍정적 강화란 마약을 사용하면 쾌락의 감정을 주게 되므로 이를 반복한다는 것이며, 부정적 강화는 이에 반대되는 것이다.
289) 장인환, 전게논문, 18면.
290) 장인환, 상게논문, 18~19면.
291) 장인환, 상게논문, 19면.
292) 박상규, 전게서, 49면.

3) 사회적 요소

마약사용은 사회의 부정적 요인에 의해 결정된다는 것이다. 즉 원래는 마약남용자가 아니었지만 학교관계의 부적응, 부모의 이혼 등의 가족관계의 와해, 직장생활의 붕괴 등과 같은 외부적 요인이 마약남용을 하게 된다는 것이다. 특히 청소년은 불량집단 등의 또래집단으로부터 마약사용에 대한 집단적 동조압력을 받게 되고 그들과의 접촉이 강화될수록 결국 마약을 남용하게 된다는 것으로 개인이 처한 사회적 상황과 사회관계를 강조한다. 여기에는 사회학습이론과 사회통제이론 및 하위문화이론으로 접근이 가능하다. 사회학습이론에서는 어떤 사람이 특정집단 구성원들과의 상호접촉을 통해 마약을 사용하는 것이 그들로부터 보상을 받게 된다는 것이다. 대부분의 사람들이 마약을 사용하지 않는 것은 마약사용에 대한 사회적 통제력이 강하고, 사회적 유대가 깨어지지 않기 때문이다. 하지만 하위문화이론의 중심주제는 약물사용에 우호적인 태도를 가진 특정집단과의 관련이 자신의 약물사용을 배양하는 핵심요인이고, 약물사용에 부정적 태도를 가진 집단과의 그러한 관련은 약물사용을 억제시키는 경향이 있다는 것이다.[293]

4) 생물 · 심리 · 사회학적 요소

마약남용의 원인은 사회적 요인과 생물학적 요인 및 심리학적 요인들의 어느 하나로는 설명할 수 없고, 여러 요인들이 상호작용하는 것으로 보는 이론이다. 마약류 남용은 타고난 성향과 함께 부모의 양육형태, 교우관계, 학습된 대처유형, 문화적 · 사회적 구속력이 관련되어 있으며, 특히 장기적으로 마약류를 복용하는 경우 성격적 요인이 많이 작용한다고 한다.[294] 레번탈(Levintal)의 약물남용에 대한 생물 · 심리 · 사회적 모델은 다음과 같다. 첫째, 생물학적 모델은 비정상적인 신경전달물질 기능과 유전적 소인이 있다. 둘째, 심리적 모델은 약물남용행위에 대한 예상, 약물남용에 대한 환경적 신호에서의 민감성, 낮은 자존심, 동료의 영향 등이 있다. 셋째, 사회적 모델에는 붕괴된 가족체계, 공동체집단에서의 기대 등이다.

293) 장인환, 전게논문, 22면.
294) 박상규, 전게서, 52면.

3. 마약남용자의 특징

마약류중독자들은 기분이 우울하며, 자존감이 낮고, 성격적 문제를 가지고 있는 사람이 많다. 사회에 비동조적이며, 반항심이 많고, 범죄행위를 보이기도 한다.[295] 또한 중독에 잘 빠지는 사람들은 자기와 세상을 왜곡하여 보고 있고, 외부의 자극에 대해서 민감하게 반응하고 있으며, 지금 여기에는 즉각적인 만족을 추구하려는 경향이 강하고, 이들은 문제해결능력이 부족하다고 한다.[296]

한 조사결과에 의하면 마약류를 남용하는 사람들은 마약류의 중독성이나 의존성 같은 것은 믿으려고 하지 않으며, 그러한 사람들은 자신들이 마약류에 이미 중독되어 있으면서도 그러한 상태를 심각하게 인식하기는 커녕 순간의 쾌락에 사로잡혀 자신만이 인생의 참맛을 체험하면서 사는 양 착각하고 있고, 그들의 대다수는 마약류를 인체에 해로운 약물로 간주하기보다는 잘만 이용하면 삶의 만족과 보람을 증대시키고, 생활의 활력소 역할을 하는 물질로 인식한다고 한다.[297] 마약은 환각효과, 쾌락추구수단, 체력유지, 치료효과기대. 범죄에 대한 불안감 제거, 무료한 일상타파와 호기심, 운동선수의 기록단축, 모방심리, 과시심리, 유혹, 강요 등에 의해 마약을 복용하듯이 복용 후 중독되면 마약의 위험성을 인식하지 못한다. 마약남용자의 범행과 관련한 특징은 첫째, 마약남용자는 자신이 가해자인 동시에 피해자이다. 둘째, 마약을 피로회복제로 오인하는 등 마약사용의 동기가 그릇된 지식에서 비롯되는 경우가 많다. 셋째, 마약의 중독성이 강해 재사용의 유혹을 극복하기 어려워 반복적 · 상습적으로 행해진다.[298] 넷째, 폭력 · 재산 · 풍속 등을 동반하는 복합범죄가 많으며, 때에 따라서는 3가지 이상의 범죄가 동시에 복합되는 경우도 있다. 다섯째, 지능적으로 범행을 은폐하는 경우가 많아 특정의 마약류에 대한 단속이 강화되면 대체마약을 찾아내고, 정맥주사법은 흔적이 남아 단속

295) 박상규, 전게서, 90면.

296) 박상규, 상게서, 91면.

297) 권상규, "마약류범죄의 수사실태와 공조협력방안", 광운대학교 석사학위논문, 2003, 18면.

298) 마약중독자는 마약은 마귀들이 주는 약이라고 증언하고 있으며, 약물을 중단하면 가위에 물리는 경험과 1분주기로 골을 확확 찌르는 것 같은 고통을 호소하고 있다. 마약을 끊기 위해 동맥을 끊어보는 등 다양한 방법을 동원해도 그만두기 어렵다고 한다(권상규, 전게논문, 19면).

에 적발될 위험성이 크므로 음료수 혼입 등 다른 방법을 사용하기도 한다. 여섯째, 과거와 달리 범죄자의 계층이 다양해 연령이나 직업에 제한 없이 다양하게 이용한다.[299] 이렇게 마약을 남용하게 되면 신체·정신·행동 등에서 여러 증상이 나타나게 된다. 신체적 증상으로는 가장 우선적으로 마약에 중독된 사람들을 보게 되면 충혈이 된 눈을 흔하게 발견할 수 있다. 눈과 뇌의 중추신경에 많은 자극을 하게 되고, 정서적인 불안상태를 보인 나머지 눈의 피로와 함께 출혈상태가 상당기간 지속되는 모습을 보인다.[300] 마약중독의 가장 큰 문제는 정신적 증상으로 환각과 피해망상, 사고력 저하, 부정적 인식을 갖게 되고, 건망증의 증가와 식욕 및 성욕의 저하로 체중감소와 영양부족이 나타난다. 이로 인해 무책임한 행동을 보이게 되고, 신체적 합병증이 나타난다.

4. 마약범죄의 대책

1) 법적 접근

마약범죄인은 형법상 아편에 관한 죄와 특별법인 마약류관리에 관한 법률 및 특정범죄가중처벌 등에 관한 법률의 적용을 받는 마약사범을 말하며, 이들에 대해서는 관련법에 따라 처벌받는데, 그 절차와 원칙은 일반형사절차와 같다. 다만 마약, 향정신성 의약품, 대마, 그 밖에 남용되거나 해독작용을 일으킬 우려가 있는 물질이나 알코올을 식음·흡입·흡연 또는 주입받는 습벽이 있거나 그에 대한 중독된 자로서 금고 이상의 형에 해당되는 죄를 범한 자도 광의의 마약범죄인에 포함된다. 그 이유는 마약 등에 중독된 상태에서 행한 범죄이므로 마약이 원인을 제공했기 때문이다. 따라서 전자의 경우를 협의의 마약범죄인 또는 마약범죄인이라고 할 수 있고, 후자는 확장된 마약범죄인이라고 할 수 있으며, 양자를 광의의 마약범죄인이라고 할 수 있다. 여기서 확장된 마약범죄인에 대해 금고 이상의 범죄를

299) 이황우 외, 형사정책, 법문사, 1997, 183~185면.
300) 동아일보, 2002. 02. 15.

행한 경우에 행하는 치료감호절차를 알아보기로 한다.

마약중독자에 대한 치료감호제도[301]는 보안처분의 일종이다.[302] 치료감호의 과정에는 정신의료사업과 교정복지사·심리치료사·장애인 교정복지사 등의 협력이 필요한 역동적 과정이다. 이러한 치료감호제도에 대한 서구에서는 1970년대 이전부터 운용되었고, 오늘날 확대 운영되고 있으며, 교정복지사 등 다방면의 관련전문가의 협력으로 이루저이고 있다.

치료감호기관의 주관부서는 법무부 보호국의 조사과이고, 공주의 치료감호소가 있으며, 여기에는 일반정신과, 신경정신과, 사회정신과, 특수치료과, 일반진료과, 간호과, 감호과 등이 있으며, 감호과는 행정업무와 피치료감호자의 감호를 담당하고 있다.

부정기처분인 치료감호는 검사의 청구에 의해 판사가 선고하는데, 이 때 치료감호와 형벌이 경합할 때는 치료감호를 먼저 집행하며, 이 때 치료감호의 집행기관

---

301) 우리나라는 마약중독으로 인한 범죄자에 대한 치료감호의 대상으로 하나, 사실상 마약남용자체를 범죄로 규정한 특별법으로 인해 마약중독자가 범죄를 행하지 않아도 마약중독자체가 범죄가 되어 치료감호의 대상이 될 수 있다.

302) 보안처분이란 범죄의 위험성이 있는 자를 사회방위를 위해 형벌 이외의 처분으로 사회로부터 격리하는 범죄예방처분을 말한다. 이것은 범죄자나 범죄의 위험성이 있는 자에게 부과하는 대인적 보안처분인 협의의 보안처분과 범죄를 예방·진압하기 위해 국가가 시행하는 형벌 이외의 일체의 강제조치를 행하는 광의의 보안처분으로 나누어 볼 수 있다. 이러한 보안처분의 역사를 살펴보면 먼저 독일의 클라인(Klein)은 최초로 보안처분이론을 정립했고, 리스트는 클라인의 사상을 자신의 목적형사상으로 부활시켜 형벌과 보안처분을 일원론적으로 파악해 개선이 불가능한 자에게는 보안처분을 과해야 한다고 주장했다. 그 뒤 1983년에 스투스(Stooss)는 리스트의 이론을 구체화해서 보안처분제도를 스위스형법 초안에 기초한 최초의 입법이 1908년 영국의 범죄방지법으로 나타났다. 한편 형벌대용물 사상을 주장한 페리(Ferri)는 생래적 범죄인은 형벌 대신에 특별한 사회방위처분인 보안처분을 해야 한다고 주장하고, 1921년에는 사회방위의 견지에서 구성된 이탈리아형법 초안(이를 Ferri 초안이라고 함)을 작성하였다. 그 특색으로 우선 보안처분은 책임과는 관계없는 방위자의 장래의 위험성에 대한 예방조치로 전망성, 개별예방, 특별예방 및 2차적 목적성을 가진다. 그리고 보안처분은 형벌의 대체 또는 보충해서 과해지고, 사회방위와 범죄인의 개선을 목적으로 하므로 보안처분의 본질은 사회방위와 교정이라 할 수 있다. 보안처분의 지도이념에는 비례의 원칙과 보안처분법정주의가 있는데, 전자는 보안처분을 통한 개인에 대한 자유침해의 정도는 보안처분의 목적인 사회방위와 비례관계를 유지해야 한다는 것으로, 보안처분의 정당성의 근거로 작용한다. 비례성의 원칙의 구체적인 내용은 적합성의 원칙(목적달성에 적합한 수단과 정도일 것), 필요성의 원칙(최소침해의 원칙), 상당성의 원칙(협의의 비례원칙으로 공익상 필요와 공권력 발동은 비례할 것)이 있고, 비례성의 원칙에 대한 판단기준은 행위자의 범죄의미와 행위자에 대해 기대되는 범행의 의미, 행위자로부터 나오는 위험의 정도이다. 그리고 헌법의 규정에 따라 보안처분의 종류와 요건 등을 법률로 정해 두어야 하는데, 이를 보안처분법정주의라 한다.

은 형기에 산입하는 대체주의가 인정되고 있다.[303] 치료감호의 내용에 대해서는 대통령령에 위임하고 있는데, 그 기본내용은 먼저 치료감호자가 입소하면 정신감정 등을 통해 분류심사를 받게 되면 증상에 따라 분류수용하게 되고, 그 다음에 치료와 직업훈련의 적응훈련을 거치게 된다. 치료는 주로 정신과적 치료를 치료감호소 내에서 하되, 치료감호소 내에서 치료가 불가능할 때에는 외부에 위탁해서 치료를 하게 된다. 치료감호소 내의 치료방법에는 약물요법, 정신요법, 활동요법 등이 있다.

의료사회복지사와 교정복지사의 개입이 필요한 부분이 정신요법과 활동요법이며, 활동요법에는 특수치료와 재활치료가 있다. 전자는 피치료감호자의 자아실현의 강화와 정신활동의 활성화를 돕는 것으로 음악치료, 미술치료, 심리극, 운동치료, 공예치료 등의 기법이 활용되며 재활치료는 가족상담과 인간관계기술훈련 등을 통해 사회적응훈련 등을 통해 사회적응력 향상을 제고하는데 목적이 있다. 직업훈련은 완치 또는 양호판정을 받은 피치료감호자에게 출소 후 경제기반의 확보에 도움이 될 수 있는 직업훈련을 시키며, 사회적응훈련은 치료감호가 끝난 피치료감호자를 대상으로 사회적응력을 향상시키는 것이다.

한편 종전의 사회보험법은 폐지되고 2005년 치료감호법이 제정되었는데, 그 목적과 대상자는 다음과 같다.

303) 대체주의는 형벌은 책임의 정도에 따라 선고되지만(이원주의)그 집행단계에서 보안처분의 집행에 의해 대체되거나 보안처분의 집행이 끝난 뒤에 형벌을 집행하는 제도이다(일원주의). 따라서 보안처분인 치료감호는 치료감호를 마친 후 치료감호기간은 형기에 산입하는 대체주의 입장이다. 여기서 형벌과 보안처분의 요건과 신고는 별개로 보지만, 집행은 대체할 수 있다고 본다. 이러한 주장의 논거는 형벌의 응보적 성격을 긍정하면서도 추구하는 목적은 범죄인의 사회복귀에 두며, 사회복귀라는 관점에서 보안처분의 선집행이 좋고, 보안처분기간을 형기에 산입시켜 둘 사이의 기능적 대체성을 인정하자는 것이며, 보안처분과 형벌은 선고의 절차와 내용이 별개이므로 보안처분의 선고기관은 특별법이나 특별규정으로 해결하자는 입장이다. 그러나 형벌과 보안처분의 교환이 책임형법에 맞지 않고, 보안처분을 받은 자가 형벌만을 선고받은 자보다 유리하게 되어 사회정의에 반한다는 비판이 있다. 예컨대 A와 B 둘 다 동일한 범죄를 행한 경우 A에게는 치료감호처분을, B에게는 징역형만 선고되면 A는 치료가 되어 감호가 필요 없다고 인정될 때까지 치료시설에 수용되므로 A가 훨씬 유리한 결과가 도출된다. 피치료감호자가 치유되어 치료감호의 종료 또는 가종료결정 때까지 수용된다.

(1) 목 적

이 법은 심신장애 또는 마약류, 알코올 그 밖에 약물중독상태에 등에서 범죄행위를 한 자로서 재범의 위험성이 있고, 특수한 교육 및 개선이 필요하다고 인정되는 자에 대하여 적절한 보호와 치료를 함으로써 재범을 방지하고 사회복귀를 촉진하는 것을 목적으로 한다.

(2) 대상자

첫째, 형법 제10조 제1항의 규정에 의하여 벌할 수 없거나 동조 제2항의 규정에 의하여 형이 감경되는 심신장애자로서 금고 이상의 형에 해당하는 죄는 범한 자. 둘째, 마약, 향정신성 의약품, 대마 그 밖에 남용되거나 해독작용을 일으킬 우려가 있는 물질이나 알코올을 식음·흡입·흡연 또는 주입받는 습벽이 있거나 이로 인해 중독된 자로서 금고 이상의 형에 해당하는 죄를 범한 자이다. 따라서 마약범죄 문제는 단순한 마약남용의 문제와 마약중독에 의한 범죄의 문제로 구별해야 한다. 마약남용의 문제는 2000년에 제정된 특별법인 마약류관리에 관한 법을 적용하고, 마약중독자가 저지른 범죄는 치료감호로 대응해 나가는 것이 원칙이다.

2) 경제적 접근

마약범죄에 대한 경제적 접근은 마약을 하나의 상품으로 보고 마약을 수요 또는 공급하는 합리적 인간이라는 전제하에서 마약수요곡선과 마약공급곡선을 도출하고, 정부가 마약세의 부과 또는 마약의 부분적 합법화 등 경제적 정책을 말하며, 이런 경제적 접근은 법적 접근이나 사회적 접근과 함께 사용하면 더욱 효과적이다. 경제적 접근을 살펴보기 전에 마약수요곡선과 마약공급곡선을 알아 본 다음에 마약수요와 공급에 대한 경제정책을 살펴본다. 공급이란 생산자가 어떤 재화를 판매하고자 하는 욕구 또는 의도로 사전적 개념이며, 미약공급에 영향을 미치는 요소에는 마약가격, 마약생산요소의 가격, 경기전망, 타재화의 가격 등에 의해 결정된다. 문제는 마약을 상습적으로 복용하는 중독자에 대해 어떻게 해결할 것인가가 중요하다. 마약가격이 아무리 높다하더라도 마약을 구입하지 않을 수 없는 한계에 대해 어떻게 대처해야 할 것인가이다. 그렇다고 마약을 합법화 할 수도 없는 실정을 감안한다면 진퇴양난이 아닐 수 없다. 따라서 상습 마약복용자에 대해 치료를 통해 새로운 사람으로 탈바꿈 하지 않으면 마약범죄를 이 세상이 존재 하는 한 사라지지 않을 것이다. 특히 마약범죄를 근절하기 어렵게 만드는 가장 큰 요인은 바로 마약은 대개 음성적으로 이루어지고 있는 점이다.

제20장 방화범죄심리[304]

1. 개념과 구성요건

방화죄는 고의로 불을 놓아 현주건조물·공용건조물·일반건조물·일반물건을 소훼함으로써 성립하는 공공위험범죄이다. 보호법익은 공공의 평온으로 사회 전체의 이익을 보호하지만, 부차적으로는 개인의 재산권도 보호하는 이중적 성격을 가진 범죄이다. 방화죄에는 크게 현주건조물 등 방화죄, 공용건조물방화죄, 일반건조물방화죄, 일반물건방화죄, 연소죄, 준방화죄 등이 있다.

현주건조물 등 방화죄는 불을 놓아 사람의 주거로 사용하거나 사람이 현존하는 건조물, 기차 등을 소훼함으로써 성립하는 범죄이다(제164조). 본죄에서 '사람이 현존하는 건조물'이란 건조물 등의 내부에 범인 이외의 사람이 들어 있는 것을 말하며(따라서 자기가 혼자 살고 있는 집에 방화 때는 본죄의 대상이 아님), '주거'란 범인 이외의 사람이 일상생활의 장소로 사용되는 것을 말한다. 본죄에서 '불을 놓아'란 불을 놓는 행위로, 이 때 불을 놓는 수단과 방법에는 제한이 없으므로 부작위에 의한 방화(불을 끌 의무가 있는 자가 끌 수 있음에도 끄지 않는 경우도 본죄성립)도 가능하며, 본죄의 실행의 착수시기는 불을 놓을 때이다. 또한 본죄는 불을 놓아 목적물을 소훼하면 바로 기수가 되므로 추상적 위험범이다. 다만 기수시점에 대해서는 여러 학설이 있다.[305]

본죄의 주관적 구성요건으로 건조물 등에 소훼한다는 고의가 필요한데, 본죄가 추상적 위험범이므로, 이 때의 고의는 미필적 고의로도 충분하므로 위험에 대한 인식을 필요로 하지 않는다. 가령 A가 부인과 싸움도중 화기를 던져 자신의 집이

304) 신범죄심리학(천정환, 대왕사, 2006)의 500-520면을 전재

305) 판례는 불이 매개물을 떠나 목적물에 옮겨 붙어 독립하여 연소할 수 있는 상태에 이르렀을 때 소훼가 되어 기수가 된다는 독립연소설을 취하고, 독립연소로는 부족하고 더 나아가 목적물의 중요부분이 소실되어 그 본래의 효용성이 상실된 때 소훼가 있다는 효용상실설(다수설), 목적물이 중요부분에 연소가 개시되었을 때 소훼가 있고 기수로 된다는 중요부분연소개시설(절충설) 등이 있다.

연소되었지만 인근 집에 불이 붙지 않았다고 해도 본죄는 성립한다.

방화의 목적물이 주거로 사용하지 않는다고 오인한 경우에는 구성요건의 착오로 되어 고의가 조각되어 일반건조물방화죄가 성립된다. 그리고 현주건조물 등 방화죄를 범하여 사람을 상해에 이르게 하거나 사망에 이르게 하는 경우에는 현주건조물방화치상·치사죄라는 결과적 가중범죄이 성립된다.

공용(公用)건조물 등 방화죄란 공용 또는 공익에 공하는 건조물 · 기차 · 전차 · 자동차 · 선박 · 항공기 또는 광갱을 소훼한 경우에 성립하는 범죄로, 추상적 위험범이고, 공용에 사용되는 이상 목적물의 소유자가 누구인가는 본죄성립에 문제가 되지 않는다.

불을 놓아 현주건조물 등 방화죄와 공용건조물방화죄에 해당하지 않는 건조물·기차 · 전차 · 자동차 · 선박 · 항공기 또는 광갱을 소훼할 때는 일반건조물방화죄가 성립하며, 이 때 방화목적물이 행위자 또는 공범자의 소유에 속하면 자기 소유 일반건조물 등 방화죄가, 방화목적물이 범인 자신의 소유에 속하지 않으면 타인소유 일반건조물 등 방화죄가 성립하고, 방화목적물이 범인 자신의 소유에 속하면 자기소유 일반건조물방화죄[306]가 된다. 이는 구체적 위험범이므로 소훼에 대한 인식과 공공의 위험에 대한 인식이 있어야 한다.

현조건조물 등 방화죄, 공용건조물방화죄, 일반건조물방화죄의 행위객체 이외의 물건에 불을 놓아 소훼해 공공의 위험을 발생케 하면 일반물건방화죄가 성립되는데, 여기에는 타인소유 일반물건방화죄와 자기소유 일반물건방화죄가 있으며, 구체적 공공위험범이므로 공공위험에 대한 인식과 소훼에 대한 고의가 있어야 한다. 따라서 A가 B소유의 일반물건에 방화하여 소훼했으나 공공위험이 발생하지 않은 경우는 본죄의 성립하지 않고 손괴죄의 책임이 성립될 수가 있다. 또한 형법 제168조는 결과적 가중범인 연소죄를 규정하고 있는데, 가령 자기 집에 방화할 생각이었는데 잘못해서 타인 집에 불이 붙은 경우를 말한다.

한편 우리 형법에는 준방화죄로 진화방해죄, 폭팔성 물건파열죄, 가스·전기방류

306) 자기 소유에 속하는 건조물 등을 소훼하여 공공의 위험을 발생하게 한 자는 7년 이하의 징역 또는 1,000만 원 이하의 벌금에 처한다.

죄, 가스 · 전기공급방해죄를 규정하고 있다. 진화방해죄란 화재에 있어서 진화용 시설 또는 물건을 은닉 또는 손괴하거나 기타 방법으로 방해할 때 성립하며(제169조), 이 경우 법정형은 10년 이하의 징역에 처한다. 가령 A는 화재발생시에 출동한 소방관을 협박하여 진화작업을 하지 못하게 하면 본죄가 성립되는데, 이 죄의 특성은 화재발생이라는 특정상황을 전제로 해서 성립된다. 따라서 화재가 발생하지 않았는데 A가 오해하여 진화를 방해할 의사로 소화기를 감추어도 본죄는 성립하지 않는다. 본죄에 있어서 행위는 은닉 · 손괴 기타 방법으로 진화를 방해하는 것으로, 예컨대 소방차가 가지 못하도록 진입로를 막거나 소방차의 바퀴에 공기를 빼면 본죄가 성립한다. 또한 '기타 방법'에는 부작위도 포함되므로 소화의무가 있는 자가 그 임무에 위배해 진화방해를 한 때(소방관이 고의로 화재발생보고를 하지 않아 진화방해) 부작위에 의한 진화방해죄가 성립한다. 또한 본죄는 추상적 위험범이므로 진화방해행위가 있으면 바로 기수가 되며, 현실로 진화방해의 결과가 발생할 것을 요하지 않는다.

보일러 · 고압가스 기타 폭발성있는 물건을 파열시켜 사람의 생명이나 신체 또는 재산에 대하여 위험을 발생시킨 경우에는 폭발성 물건파열죄(제172조)가 성립하며 구체적 위험범이다. 가스 · 전기 · 증기 또는 방사선이나 방사성 물질을 방출·유출 또는 살포시켜 사람의 생명 · 신체 또는 재산에 대하여 위험을 발생시킨 경우 가스 · 전기 등 방류죄(제172조의 2)가 성립하며, 구체적 위험범이다. 가스·전기 또는 증기의 공작물을 손괴 또는 제거하거나 기타 방법으로 가스 · 전기 또는 증기의 공급이나 사용을 방해하여 공공의 위험을 발생하게 한 경우(173조)는 가스 · 전기 등 공급방해죄(제173조)가 성립하며. 구체적 위험범이다.

실수로 불이 나게 한 실화죄(失火罪)는 제170조부터 제173조까지는 규정한 바, 단순실화죄인 제170조에는 "과실로 인하여 법률에 규정된 물건을 소훼한 자는 1,500만원 이하의 벌금에 처한다"라고 되어 있어 단순실화죄에는 벌금형만을 과할 수 있다. 또한 업무상 실화죄(중실화죄)를 규정한 제170조의 죄를 범한 경우는 3년 이하의 금고 또는 2천만 원 이하의 벌금에 처한다고 되어 있는데, 업무상 실화죄는 업무자의 예견의무로 인하여 책임이 가중되는 가중구성요건이고, 중실화죄는 조금만 주의했어도 화재발생을 예견할 수 있었는데도 부주의로 화재의 발생을 예견하지 못한 경우이다. 여기서 화재란 인간의 의도에 반하거나 방화에 의하여 발생할 것, 소화가 필요한 연소현상일 것, 소화시설 또는 이와 동등한 정도의 효과가 있는 것을 이용할 필요가 있다고 객관적으로 판단되는 연소현상이라는 3가지 요소로 되어 있다. 이 때 연소란 열과 빛을 수반하는 급격한 산화반응으로서 3요소는 화원, 가연물, 산소이다. 또한 연소가 일어나면 열과 빛을 발하지만, 생성된 것 중에 기체가 있으면 이것이 확장하여 주위의 공간에 압력을 미쳐 그 결과 파열·파괴가 생기는데, 이러한 연소현상을 폭발이라고 한다.[307)]

화재의 종류에는 담배에 의한 화재, 휘발유 등이 증발되어 연소되는 유류화재, 전기시설에 의한 전기화재, LPG와 LNG에 의한 가스화재, 난로화재, 정전기 화재, 전구화재, 분말이나 미진의 산화에 의한 분진·폭발화재, 차의 엔진과 열로 인한 차량화재, 화학약품 등의 산화반응에 의한 자연발화가 있다.[308)]

2. 동기에 따른 방화유형의 특징

범죄심리학에서 의미가 있는 것은 방화동기에 의한 방화유형이다. 여기에서는 기존의 분류를 언급하고, 그런 분류를 비판한 다음, 사견으로서 필자의 분류를 제시한다.

1) 기존의 견해

화이트(White, 1991)는 방화유형을 다음과 같이 분류하고 있다.[309)] 그는 방화광에 의한 방화(상습적이고 심리적 문제에 기인), 복수를 위한 방화(분노통제에 장애가 있는 자로서 방화범죄 중 가장 많음), 이득을 얻기 위한 방화(조직적이고

---

307) 양태규, 과학수사론, 525~527면.
308) 손봉선, 범죄수사론, 92~93면.
309) 성한기 외, "대구지하철 방화사건과 피의자의 방화행위에 대한 범죄심리학적 분석", 형연원, 2003, 62~64면.

이성적임), 영웅심으로 인한 방화(무료해서 행해지며 비계획적임), 스릴추구(사전 계획 없이 충동적으로 행해짐), 청소년방화(학습장애나 과잉활동에 의한 경우가 많음), 범죄은폐를 위한 방화, 사회적 항거를 위한 방화(치밀한 계획으로 경제적·정치적 표적)로 분류한다.

송재철(1991)은 경제적 이득의 목적, 범죄은폐목적(큰 범죄은폐를 위해), 범죄수단목적(살인 등 다른 범죄의 수단으로 이용), 악희(장난에 의한 방화), 선동목적, 방화광(변태성욕자나 소아병적 열등의식을 가진 자의 시험연기목적 등의 행위), 기타(영세자살)로 나눈다.[310)]

해리스와 라이스(Harris & Rice, 1996)는 정신장애인의 방화행위에 초점을 맞추어 정신병자(방화동기는 환각적이며, 정신장애인 방화 중 가장 많은 유형을 차지), 자기주장을 못하는 자(공격경험이 없고, 복수나 분노가 방화의 원인), 중다방화범(최악의 아동기경험과 불안정한 가정의 출신자로서 재범율이 높다), 범죄자(학대받은 경험이 많고, 주로 야간에 방화하며, 방화사실은 고백하지 않는다)로 나눈다.[311)]

로젠바우어(Rosenbaur, 1981)은 반달리즘 · 방화광 · 원한 · 경제목적 · 범죄은닉으로 나누고, 브래드포트(Bradford, 1982)는 우연적 방화, 복수를 위한 방화, 정신이상에 의한 방화, 전문적인 방화, 어린이들의 방화로 나누고 있다.[312)] 쇠데만(Sodeman)은 보험사기목적, 범죄은폐목적, 사업상의 대항을 목적으로 하는 것, 원한 · 복수 · 협박 · 공갈 · 태업을 위한 것, 장부 및 제반기록의 소각을 위한 것, 스릴을 위한 것으로 나누고 있다.[313)]

그러나 기존과학자들의 방화유형은 모든 방화현상을 설명할 수 없다. 가령 최근에 급증하는 '묻지마 방화'나 필자가 주장하는 행정적 동기에 의한 방화 등을 설명하지 못하고 있다. 또한 기존학자들은 방화의 동기를 하나의 원인에 귀착시키는 것으로 설명하지만, 청소년방화처럼 복합동기에 의한 방화도 있듯이 복합적 동기

310) 성한기 외, 상게논문, 64면.
311) 성한기 외, 전게논문, 65면.
312) 박형민, "방화범죄의 실태에 관한 연구", 형연원, 2004, 49면.
313) 이상현, 전게서, 31면.

에 의한 방화현상을 간과하고 있다. 가령 청소년방화에는 쾌감과 학교부적응 및 가정불화 등 여러 동기가 복합적으로 작용되어 발생하는 것이 있으며, 성인들의 방화에도 관심 밖에 놓인 외로운 한 개인이 자신의 효용가치를 알리기 위해서 또는 주의집중을 위해서, 보복의 목적 등 다양한 동기들이 혼합되어 발생할 수 있음에도 기존 이론들은 방화동기를 하나에만 귀착시키고 있다.

2) 사 견

필자는 인간의 의도적 행동에 의해 이루어진 방화의 유형을 다음과 같이 사건으로 학문적으로 분류한다.

먼저 방화의 유형을 정치적 동기에 의한 방화, 행정적 동기에 의한 방화, 종교적 동기에 의한 방화, 문화적 동기에 의한 방화, 사회관계적 동기에 의한 방화, 심리적·감정적 동기에 의한 방화, 우연적 동기에 의한 방화, 경제적 동기에 의한 방화, 생리적 동기에 의한 방화, 동기불명의 방화, 범죄적 동기에 의한 방화, 사이코패스형 방화, 복합적 동기에 의한 방화로 나누며, 이를 상설하면 다음과 같다.

(1) 정치적 동기에 의한 방화

여기에는 전쟁·테러 등에 수반되는 방화가 있고, 불순분자나 불만세력이 정치불안을 야기시키기 위해 행하는 방화도 있다. 또한 정치보복으로 행해질 수도 있고, 권위주의적 국가에서 경찰이 민주화를 외치는 학생들을 용공조작으로 상징조작하기 위하여 정보원을 시켜 국가나 미국 국기를 불태우게 하는 방화도 있다. 이러한 정치적 동기에 의한 방화는 치밀한 계획에 의해 행해지고, 타인의 생명이나 안전에 대해서는 무관심하며, 오로지 정치적 목적과 경찰 자신의 이익을 위해서만 행동하게 된다.

(2) 행정적 동기에 의한 방화

행정적 동기에 의한 방화는 필자가 최초로 내세운 개념인데, 이것은 일반인의 상식을 초월하기 때문이다. 필자가 주장하는 이것은 화재를 진압할 의무가 있는 소방서가 조직적 또는 개인적 차원에서 행해질 수 있는데, 비관료제적 소방조직 또는 계약형적 소방조직에서 의의가 있다.

가령 소방공무원의 신분과 연봉을 소방재(消防財)의 생산성과 관계없이 평생 신분이 보장되고 해마나 연봉이 올라가는 관료제가 아니라 소방수요와 소방수요에 따른 소방 서비스의 생산성에 따라 임금 및 소방조직이 탄력적으로 운용되는 비관료제적 소방조직 또는 계약형적 소방조직(민간소방서)에서 논의의 실익이 있다.

즉 이러한 형태의 조직에서는 일정한 화재가 해당지역에서 발생하지 않으면 소방수요의 감소로 소방조직이 축소되고 구조조정이 될 우려가 있으므로 조직적 차원에의 방화가 행해질 수 있다. 이때는 치밀한 계획에서 행해지되, 소방서가 직접하지 않고 교사범의 형태로 참여하는데, 주로 정신이상자나 어린아이 등 법적 책임이 면제되는 자들을 이용한다.

또한 소방수요의 증감과 관계없이 신분이 철저히 보장되는 관료제적 소방조직에서도 이론적으로는 소방공무원의 개인적 차원에서 방화가 행해질 수 있는데, 이것은 화재가 많이 발생하여 소방수요가 증대되면 소방조직이 확대될 수 있으며, 또한 화재진압점수가 승진에 긍정적으로 작용되는 인사행정체계에서는 단독범 또는 교사범의 형태로 소규모 형태의 방화가 생길 수 있다. 물론 이런 형태의 방화는 드물겠지만 학문적으로는 논의의 실익이 있다. 이것은 모든 인간 또는 조직은 자신 개인 또는 자신이 속한 조직의 이익극대화를 위해 행동한다는 자기이익극대화 가설에 따르면 더욱 그렇다.

(3) 종교적 동기에 의한 방화

과거 광신교적 일부 종교의 신자가 절에 있는 부처를 우상이라고 생각하고 절에 방화한 적이 여러 번 있었듯이 종교적 배타성에 의해 일어나는 방화를 말한다. 주로 타종교에 대한 이해력이 없고 자신의 종교에 심취된 광신도에 의해 발생하며, 치밀한 계획에 의해 행해진다.

종교적 동기에 의한 방화의 가장 큰 특징은 미디어를 이용한다는 점이다. 즉 방화사실을 적극적으로 미디어를 통해 알려 자신들 종교의 우월성을 알리는 것이 목적이다. 따라서 사람을 직접 공격하지 않는 것이 보통이다.

이외에는 사이비종교의식의 일환이나 무속인들이 미신적 행위로 행하는 방화가 있다. 미신에 의한 방화행위는 사람에게 해를 끼칠 수 있으며, 공공의 안전에 대한 이해력이 없다.

(4) 문화적 동기에 의한 방화

여기에서 문화란 집단문화의 특성을 말한다. 주로 청소년들의 또래집단에서는 집단규범에의 동조압력을 많이 받으며, 특히 불량청소년집단이나 특정인종집단에서는 방화가 하나의 문화놀이로서 기능을 하게 된다. 최근에 증가되는 또래집단에서 일어나는 방화 중에는 방화는 하나의 집단적 놀이 또는 자신들 집단의 정체성과 연계시키는 경향도 있다.

(5) 사회관계적 동기에 의한 방화

사회관계의 부적응으로 인해 인지부조화가 오고, 이런 인지부조화를 깨뜨려 인지형평을 찾기 위해서 행하는 방화이다. 가령 가정불화나 학교부적응 또는 친구관계의 불화, 직장에서의 부적응 등 여러 인간관계적 부적응에서 오는 부적절한 감정 때문에 일으키는 방화로 특정의 메시지를 담고 있다. 주로 분노를 통제하는데 문제가 있는 자들이 많다.

(6) 심리적·감정적 동기에 의한 방화

여기에는 일반심리적 동기에 의한 방화와 성심리적 동기로 인한 방화가 있다. 전자에는 가령 자살의 수단으로 방화를 하는 경우라든지, 또는 허영심이나 선망의 수단으로 이용되기도 한다. 또한 치정관계, 복수심[314], 힘의 과시목적, 애정관계로 인하여 방화하는 경우도 있고, 모방심에 의한 모방방화도 있으며, 노이로제·환각증세·강박형 등 정신장애에 의한 방화도 있다. 정신장애에 의한 방화는 사전 예고가 없으며, 자기소유물건이 대상이다. 또한 홧김에 하는 방화가 있을 수 있고, 좌절경험이나 동기학대가 원인이 될 수 있다. 또 주의집중의 기제로 행하는 방화, 즉 자신의 효용가치와 존재를 알려 주의를 받고 싶은 욕구에 의해 행해지는 방화가 있을 수 있으며, 퇴행과 연관된 방화, 즉 편안했던 어린 시절로 돌아가려는 심리적 작용으로 행하는 방화도 있다. 또한 불이 나는 것을 보고 스릴이나 쾌감을 느끼는 방화도 있고[315], 방화충동이 지나친 방화광에 의한 방화도 있다. 방화광은 흔히 화재를 처음 목격한 자들 중에 끼어 있거나, 방화현장 이웃에 있는 경우가 많고, 원인을 알 수 없는 유사화재가 연달아 발생할 때는 방화광인 소행의 경우가 많다. 알코올중독에 의한 방화광은 보통 방에 방화를 하거나, 자기 집에서 먼 곳까지 방화를 하며, 방화광은 어린 정신이상의 소년들일 수 있고, 동시에 방랑객, 공장노동자, 가정부, 알코올중독자일 수도 있다.[316] DSM-IV에 의한 방화광은 정신병이 아니라고 규정하며, 미국의 FBI산하 국립강력범죄분석센터(NCAUC) 등 공식기관들은 방화광의 존재에 부정적 입장을 보이고 있다.[317] 방화광은 변태적인 행동에 사로잡혀 방화를 하게 되며, 이들의 고백에 의하면 그들은 스릴을 맛보기 위해서나 흥분을 조성하기 위해 방화를 했다고 한다.[318] 골드(Gold, 1962)는 성적 장애와 방화는 관련이 있다고 주장하고, 아브라함(Abraham,

314) 복수에 의한 방화 중 개인적 복수심의 경우에는 피해자 또는 피해자와 관련된 물건이 방화의 대상이 되고, 심한 경우는 피해자와 그 가족 등 관련된 인물의 생명을 대상으로 한다. 직장에 대한 복수심으로 인한 경우는 직장동료보다는 직장과 관련된 주요내용이 들어 있는 물건이 방화의 대상이 되며, 사회나 국가에 대한 복수심으로 인한 방화의 방화대상은 불특정으로 하되, 사회의 이목을 끌 수 있는 물건이 대상이 되는 경우가 많다.

315) 청소년이나 어린이 등이 스릴을 추구하기 위해 행하는 방화는 빈 집 등 쉽게 방화할 수 있는 곳을 선택하며, 타인에 대한 공격이 없는 것이 특징이다. 이러한 스릴에 의한 방화가 통제되지 않고 성공하면 연쇄방화로 이어질 수도 있으며, 방화의 규모도 점차 커질 수 있고, 모방범죄가 일어날 수 있다. 스릴이나 쾌감을 느끼기 위해 방화를 하는 자는 대개 소방관에 의한 소화현장에서 그 광경을 목격하는 경우도 많아 최근에는 소방서에서 범죄현장의 주위인물들을 촬영하여 수사기록으로 제공한다.

316) 이상현, 전게서, 317면.

317) 정찬택, "방화범의 수사제도", 연세대학교 석사학위논문, 2005, 47면.

318) 김성진, 전게서, 260면.

1960)은 불은 방화광의 성적 욕구를 반영한다고 주장하며, 맥도날드(McDonald, 1977)는 방화범들 중에서 과거 성적 범죄로 체포된 경력을 갖는 사람이 많다고 한다.[319)]

한편 성심리학적 방화범의 분류가 있는데, 여기에는 구강기방화범 · 항문기방화범 · 남금기방화범 · 잠복기방화범 · 외음부기방화범이 있는데, 그 내용은 다음과 같다.[320)]

구강기방화범이 방화를 하는 이유는 이들이 무의식 속에서 모성을 주는 따뜻함과 안전감을 갈구하기 때문이고, 대개 생후 18개월 동안 모성애를 받지 못한 경험이 있으며, 방화특징인 방화대상이 모성과 관계있는 장소라고 한다.[321)]

항문기방화범의 특징에는 충동성과 격정성이며, 특정소유의 재산을 방화대상으로 하는데, 분노 · 미움 · 질투가 방화동기로 생후 18개월에서 3살 시기에 부모의 애정이 결핍된 것이 그 원인이라고 한다. 항문기방화범들은 구강기방화범과 달리 불 이외의 다른 종결수단을 대신 사용하기도 한다.

남근기방화범은 불을 보면 발기가 되어 성적 충동을 느껴 자위행위를 하거나 자위행위 대신 불을 지르기도 하고, 방화함으로써 긴장에 대한 해소감을 느끼는데, 이들은 자신의 행동이 잘못된 것을 알고 있으며, 방화 후 노이로제증세를 보인다. 이들은 대개 직접적인 성경험이 없고, 여성의 소유물에 직접 불을 붙이는 경향이 있으며, 불을 붙일 때 참을 수 없는 충동을 느낀다고 한다.[322)]

잠복기방화범은 후회할 줄 모른다는 것과 경험이나 처벌로부터 배우지를 못한다. 이들은 불에 대한 환상을 가지고 있지도 않고, 방화 때도 별다른 감정이 없

---

319) 박형민, 전게논문, 48면.

320) 정찬택, 전게논문, 51~56면.

321) 13살 소년 ○○○의 엄마는 격정적이고, 쾌락을 즐기며, 때로는 끓는 열정 때문에 자기 자신을 잃어버릴 정도로 놀아야 한다고 한다. 아이에 대해서는 완전히 방치해 두다가 지나칠 정도로 애정표현을 하는 등 양극단을 달려왔다. 동철이는 어두운 곳에 혼자 있기를 두려워해서 밤에는 엄마와 함께 잔다. 동철이는 4살 때부터 지하실에 불을 놓기 시작했으며, 점차 처마나 침대 등으로 방화대상이 바뀌어 갔는데, 정신감정결과 경계선상의 정신이상자로 판정받았다(정찬택, 상게논문, 51~52면).

322) 56세 어린이선호성도착증 동성애자 김○○은 돈으로 사춘기 이전 아동을 유혹하려고 하다가 실패하면 쓰레기통에 불을 지르곤 했고, 불을 지르고 나면 발기가 되었다. 그러면 김○○는 불길을 바라보면서 유혹하려던 소녀의 얼굴을 떠올리며 자위행위를 하였다. 이는 56세 때까지 성인여성과 성관계를 한 번도 가져본 경험이 없는 사람이었다(정찬택, 상게논문, 53면).

다. 이들의 행동은 짜증이 나는 상황이나 자기비하를 느낄 때 화풀이로 방화를 하듯이, 방화는 자신들이 추구하는 목표를 달성하기 위한 수단이고, 그 목표는 무질서이며, 이들은 주의를 집중할 수 있는 시간이 짧고 과격하며 파괴적이다.[323)]

외음부기방화범은 활동에 대한 욕구를 강하게 가지고 있어 이들은 소방관이 되고 싶어 하지만 그 꿈을 이룰 수 없는 경우가 많다. 이들이 추구하는 흥분감은 화재진압활동과 관련되었고, 방화로 타인에게 손실을 초래하고 싶어 하지 않는다. 따라서 이들의 방화는 자신 또는 소방관들의 진화능력의 범위 안에 있다.[324)]

(7) 우연적 동기에 의한 방화

이것은 호기심이나 유혹 또는 부주의로 우연히 발화도구가 보인 우발적 원인, 명정(심한 음주상태) 등 우연한 계기로 일어나는 방화로, 특히 음주상태에서의 방화는 상당히 높은 비율을 차지한다.

(8) 경제적 동기에 의한 방화

이것은 범인이 자신의 경제적 이익을 위해서 방화하는 것으로, 사전에 철저한

---

323) 10살의 ○○○이 동네 창고 옆에 쌓아 둔 짚더미에 불을 놓아 큰 화재가 났는데, 불에 대한 환상 같은 것을 갖고 있지도 않았고, 잡힌 후에 자신의 행동에 대해 전혀 동요 없이 담담하게 진술하였다. 학교생활은 주의가 매우 산만하고, 수업시간에 우스꽝스러운 행동을 하거나 돌아 다니며, 성행이 극도로 불량하고, 매우 변덕스러우며, 쾌활과 우울의 양극단을 달리하는 이상성격으로 자신이 한 행동의 결과에 대해 전혀 개의치 않는 요주의 대상이었다. 이와는 대조적으로 그의 어머니는 아들에 대해 삶의 기쁨과 아름다움을 즐길 줄 아는 생기발랄한 소년이라고 열정적으로 칭찬하였다(정찬택, 전게논문, 54면).

324) 17세 ○○○은 두 달 사이에 26곳에 연쇄방화한 혐의로 붙잡았다. 조사결과 불을 놓고 나서 화재경보기를 누른 후 현장에서 기다리다가 소방대가 도착해서 불을 끄는 광경을 지켜보다가 소방관을 도와주기도 하였고, 화재진압도중 소방대장을 찾아가 커피를 권하며 화재진압에 대해 이런저런 이야기도 나누어 소방대장과 매우 친해져 있었다. 또한 방화를 할 때마다 건물 안에 사람이 없다는 것을 확인하고 불을 놓았기 때문에 방화로 인해 사람이 죽거나 다친 적이 없었다. 그는 6살 때 부모가 별거하는 바람에 고아원에 넘겨졌으며, 13살 때 아버지와 함께 살기 위해 고아원을 떠났는데, 그의 아버지는 폐차를 불에 태우고 분해하는 폐차장에서 일하며 살고 있었다. 이때부터 차를 불로 태우는 작업과정을 지켜보았는데, 나중에 진술에 의하면 불을 지켜볼 때마다 굉장한 흥분을 느꼈다고 한다. 다음 해에는 아버지와 함께 차에 불을 붙이는 작업을 직접 하게 되었고, 그 해에 부모와 정식으로 이혼을 하게 되었다. 이혼하는 과정에서 어머니는 주말마다 자신을 보길 원했으나, 새엄마는 싫어했기 때문에 새엄마와 있는 것은 무척 불편했다고 진술했다(정찬택, 전게논문, 55면).

계획을 하는 것이 특징이고, 때로는 인명살상의 고의도 갖고 있다.

여기에는 납세유예목적, 탈세목적, 산업폐기물 처리비용 감소목적, 노동조합의 특정수단, 타기업과의 경쟁목적, 취업목적, 재산이득을 노린 사기목적, 재산상의 이득을 얻기 위해서 공갈이나 협박의 수단으로 행하는 방화, 보험사기목적의 방화가 있다. 이러한 보험사기방화는 대개 인명살상의 고의는 없지만, 두뇌가 비상하거나 흉악한 범죄인의 경우는 인명살상까지 계획한다. 독일에서는 보험사기방화는 전체 화재의 반 이상이며, 보험사기의 방화동기는 기업청산, 재고품처리, 파산모면, 판매가 불가능하게 된 제품의 파괴, 무가치한 건물의 처분, 납품기일을 어기기 위한 목적, 유지비가 많이 드는 설비의 정리, 구식이 된 판매불가상품의 소각 등이 있는데, 사기적인 사람은 방화범을 고용하기도 한다.[325] 보드루(Boudreau 등, 1977)는 보험금을 타내기 위해 방화를 하는 자는 조직적이지 못하고, 지능이 평균적이며, 사회적·직업적으로 뒤처지는 상태라고 주장한다.[326] 그러나 사견으로는 보드로의 견해는 적절하지 못한데 그것은 지능을 요하는 보험범죄에서는 지능이 높아야 보험범죄가 성공할 수 있기 때문이다. 그 이유는 보험사마다 경찰관 출신의 보험조사관을 두어 보험목적의 방화가 발생하면 철저히 주변관계와 현장을 수사하듯이 조사하므로 보험사기의 성공은 범인과 보험회사간의 두뇌싸움이기 때문이다. 더 나아가 큰 건수의 보험사기는 가족이나 친구 등 조직적으로 전개되는 점에서 그의 견해는 틀렸다고 할 수 있다.

보험범죄는 경성사기와 연성사기로 구분되며, 전자는 보험금 지급요건이 되는 방화 등을 조작한 후 보험금을 편취하는 행위이고, 후자는 합법적인 청구를 확대하거나 또는 허위정보를 제공하여 낮은 보험료를 내는 경우로 기회사기라고도 한다. 보험범죄의 특징은 저위험고소득(발각되어도 관대한 처벌), 혐의입증의 곤란(과실과 고의의 구분이 곤란), 보상심리와 동조의식존재(보험사기는 대기업인 보험사를 대상으로 하므로 죄의식이 없고, 소멸성 보험료에 대한 보상심리가 내재), 사기폐해의 간접성(보험사기로 인한 피해는 미래의 계약자가 된다), 범죄의 복잡

---

325) 김성진, 전게서, 258~259면.
326) 박형민, 전게논문, 47면.

성, 내부종사자의 공모(보상내용을 이해하기 어려운 보상상품의 특성상 내부인의 개입가능성), 단독범보다 공범관계가 많으며, 기밀유지가 쉬운 특수관계의 이용, 중독적 성향, 자발적으로 보험에 가입한 경우 등이다.327) 한편 보험사기목적 방화는 자기소유의 피해예상 평가액보다 훨씬 높은 보험에 드는 것이 특징이라고 주장한다.328)

그 외에 경제적 동기 또는 드물지만 학문적으로는 방재기구회사나 경비회사에 의한 방화를 예상할 수 있다. 왜냐하면 방화가 자주 일어나야 방재기구의 수요가 증가하고, 경비와 경호에 대한 수요도 증가하기 때문이다.

(9) 생리적 동기에 의한 방화

이것은 드문 경우이지만 여성의 경우는 월경기나 폐경기 때의 생리적 이상으로 인한 방화가 있을 수 있으며, 남성의 경우 지나친 성호르몬 과잉으로 인하여 나타날 수도 있다.

(10) 동기불명의 방화

이것은 방화의 동기를 알 수 없는 방화로, 소위 '묻지마 방화'이다. 이러한 동기불명의 방화의 특징은 동기가 불명하므로 불특정다수 또는 불특정건물을 대상으로 행해지는 것이 특징이고, 연쇄방화가 행해지기도 한다. 그러나 엄밀한 의미에서는 동기불명의 방화는 드물고, 대개 범인의 심리적 기저에는 사회에 대한 불만이나 일반인의 이해할 수 없는 이상심리가 있으므로 완전한 동기불명의 방화는 상당히 드물다.329)

327) 한국화재조사학회지, 2004, 4월호; 정찬택, 전게논문, 27~28면.

328) 양태규, 과학수사론, 574면.

329) 2006년 2월 7일 MBC TV의 PD수첩에 의하면, 최근 5년간 '묻지마 방화'가 81.5% 급증하였다고 한다. 2006년 1월 3일부터 파주지역 교회를 연쇄방화한 A의 방화동기는 단순한 앙심에 의한 방화가 아니라고 추정했고, 2005년 2월 28일 연쇄방화로 검거된 B는 심신미약으로 추정되었다. 서울지역의 연쇄방화범인 C는 방화한 뒤 불이 난 사실을 알려 주인과 함께 불을 끄고, 그로 인해 주인으로부터 고맙다는 말을 들었는데, 이런 인사가 그에게는 자신은 쓸모있는 사람인 것 같은 생각이 들어 11번이나 연쇄방화를 했다고 한다. C는 2005년 10월 교도소에서 출소한 후 주위로부터 냉대를 받고 돌

(11) 범죄적 동기에 의한 방화

이것은 더 큰 범죄를 위한 수단으로 방화를 하는 것이다. 즉 다른 범죄를 은폐하기 위한 방화이다. 가령 범인이 강간살인의 증거를 없애기 위해 피해자의 집에 방화하여 피해자의 부주의로 인한 화재로 사망한 것처럼 꾸미는 일은 많이 있어 왔다. 또는 횡령 · 사기 · 배임 등의 목적을 위해 서류를 소각해서 증거를 인멸하는 경우가 있다. 이런 범행의 특성은 증거조작을 치밀하게 꾸미려 하는 것이 특성이다.

(12) 사이코패스형 방화

사이코패스는 매우 정상적으로 보이지만 실은 이기적이고, 매우 잔인하며, 자기합리화에 능하고, 공포나 발생할 일에 대한 우려는 하지 않으며, 다음에 어떤 결과가 나올지 알면서도 잔혹한 일을 서슴없이 하는 형태이다. 이상인격자인 사이코패스가 방화와 연결될 때의 형태를 말한다.

(13) 복합적 동기에 의한 방화

지금까지 기존의 학자들은 방화의 동기로 하나의 원인에만 귀인시켰으나, 사실상 인간의 심리는 복잡하여 여러 동기의 동태적·복합적 작용에 의해 방화가 일어날 수가 있다. 가령 경제적·심리적·애정적 동기 등 여러 동기의 복합적 작용에 의해 방화할 수가 있는데, 그것은 현대에는 방화범죄의 특징이 갈수록 복잡해지기 때문이다. 2006년 3월 9일 9시 뉴스에 의하면 대학교를 졸업한 실업자가 여러 차례 울산의 편의점에 방화를 하고 방화 뒤에 경찰에 전화하여 초범인 경우 형량을 문의하였다고 한다. 그는 백수생활을 너무 비관했으며, 백수생활보다 차라리 돈이 들지 않는 감옥이 더 낫다고 생각하여 방화를 하였다고 말했다.

아 갈 집도 없어 노숙생활을 하였는데, 방화는 자신의 사회적 효용가치를 확인할 수 있는 유일한 방편이었다. 이처럼 사회나 의미있는 커뮤니케이션이 부족한 상태에서 극단적인 선택을 한 경우로 추정된다고 한다.

3. 방화범의 특징

방화범의 일반적인 특징을 조사한 브래드포드(Bradford, 1982)는 다른 범죄자 집단에 비해 방화범은 연령이 대체로 낮고, 미혼자가 더 많으며, 정신장애 및 성격장애의 비율이 더 높고, 직업적 지위 및 학력이 더 낮았으며, 친부모 밑에서 양육된 비율도 더 낮았음을 발견하게 하였다. 화이트(White, 1996)는 모든 방화범들의 공통된 특징은 그들의 방화행위가 의도적이라는 점이라고 지적하고, 이외에도 방화범은 남성이 압도적으로 많으며, 나이가 젊고, 지능이 평균 이하이며, 결손가정출신이 많고, 대체로 범죄전력이 있으며, 정상적인 사회관계를 형성하는데 어려움을 느끼는 특징이 있음을 제시하였다.[330] 방화범의 특징은 낮은 자존감이 있고, 이로 인해 사소한 자극에도 쉽게 흥분하며, 충동적·집착적 경향을 보이고, 정서적인 문제가 발생했을 때 합리적으로 이를 해결한 만한 사회적인 자원이 부족하였으며, 미약한 의사소통능력으로 인하여 분노나 충동을 조적하지 못한다. 그리고 방화범죄자 중에는 알코올중독 또는 심한 알코올 의존상태에서 범행을 저질렀고, 이러한 알코올 의존은 일상적 폭력과 상관관계가 있으며, 방화범죄자들 중에는 실패와 좌절의 경험을 심리적으로 극복하지 못하고, 이러한 경험들이 자신의 삶을 좌우했다고 인지하는 경우가 많았다고 한다.[331]

과거처럼 원한 같은 단순목적의 방화보다 이유가 분명하지 않는 연쇄방화가 증가하는데, 이는 날로 각박해지는 도시문명 속에서 적응하지 못하고 비뚤어지는 인간성에 원인이 있다고 심리학자들은 분석한다.[332]

일본의 나까다 오사무(中田修)는 정신병과 방화와의 연구에서 약 과반수가 정신분열병이라고 주장하고 있으며, 그의 정신의학적 분류에는 정상, 정신병질의 경향, 정신질병, 정신박약, 미련함, 어리석음 등이었는데, 정신박약은 일반인이 2~3%이고, 일반범죄자 10%이므로 정신박약이 방화범이 방화범에 있어 현저하게 높은 비율을 차지한다고 한다.[333] 방화범 중에 정신박약이 많은 이유는 ① 방화가

330) 성한기 외, 전게논문, 61면.
331) 박현민, 전개논문, 225면.
332) 양태규, 과학수사론, 573면.

정신박약자와 같이 지적으로 열등한 자가 실행이 용이하다는 것이다. ② 정신박약자는 무능 때문에 타인으로부터 학대받거나 경멸당하는 수가 많고, 그로 인해 원한, 분노의 감정을 품기 쉽다는 것이다. ③ 방화는 그 자체와 정신박약자 사이에 어떠한 생물학적 친화성이 있어 불에 대한 기쁨이나 소위 방화본능도 정신박약자에 매우 특징적으로 나타나는 것 등이다. 또한 동기에 있어 중대한 결과를 발생시킬 수 있어 동기와 결과 사이에 큰 불균형이 주목되고 있지만, 정신박약자는 행위의 결과에 대한 통찰력이 부족하다는 사실이 서로 상통하는 점이다.

333) 김성진 외, 전게서, 254~255면.

제21장 환경범죄심리[334)]

1. 환경범죄의 개념

오늘날 공해가 심각해지고 그로 인해 환경오염이 심각해 가고 있으며, 이 과정에서 공해범죄는 산업화와 더불어 급속히 증가하고 있는데, 최근 중국기업의 공해범죄로 인한 피해가 한국에도 영향을 미치듯이 이러한 환경범죄는 국내문제만이 아니라 국제적 문제가 되고 있다. 이러한 공해범죄 또는 환경범죄의 개념은 다양하게 모색되어 정의가 분명하지 않으나 유명건은 인간의 건강에 위해를 주거나, 환경을 저해하는 환경오염행위 또는 이와 관련된 행위로서 법에 의해 처벌되는 행위라고 규정하며,[335)] 공해범죄는 공해 그 자체에 주목하여 공해를 대기오염, 수질오염, 소음과 진동으로 인하여 국민의 건강에 영향을 미치고, 생활환경을 저해함으로써 발생되는 피해로 규정되고 있다.[336)] 그러나 유명건의 견해는 환경범죄를 인간의 건강에 위해를 주는 환경오염행위로 규정하여 사후적 개념을 전제로 하고 있는데, 환경오염이 서서히 나타난다는 점과 그런 환경오염이 인간의 건강에 바로 위해를 주는 면 외에도 지금 당장은 인간의 건강에 위해를 주지 않지만, 장기적으로 위해를 줄 우려가 많은 것이 특징이므로, 환경범죄를 인간의 건강에 위해를 줄 우려가 있거나 또는 주는 환경오염행위 또는 이와 관련된 행위로서 법에 의하여 처벌되는 행위라고 광의의 개념을 보는 것이 더욱 타당하다고 본다.[337)]

오늘날 환경범죄의 주체는 쓰레기를 몰래 버리는 개인과 공해를 배출하는 기업

---

334) 신범죄심리학(천정환, 대왕사, 2006)의 521-535면을 전재
335) 유명건, 환경범죄와 공해대책, 1987, 29면.
336) 이윤호, 현대사회와 범죄, 박영사, 2005, 291면.
337) 과거에는 환경범죄의 보호법익을 인간의 생명과 건강에 두었으나 최근에는 환경재를 직접적 보호법익으로 하되, 전통적 법익도 간접적 보호법익으로 하자는 견해가 있다(이승헌, 형사정책, 대명, 2000, 609면).

및 국가 등이며, 미래에는 우주도 환경범죄의 주체가 됨과 동시에 객체가 될 수 있다.

2. 환경에 관한 법률

우리나라는 1980년 헌법에서 환경권을 규정하였지만, 환경규제에 관한 법은 1963년 공해방지법이 시초였다. 이때의 공해방지법은 소극적으로 공해의 규제를 목적으로 하여 더욱더 복잡하고 광역해 가는 환경문제에 효과적으로 대처할 수 없어 보다 적극적인 환경개념이 들어 간 환경보전법이 1977년에 제정되었다. 이 때 환경영향평가제도와 환경기준 및 오염물질의 총량규제제도 등을 도입하였고, 환경권의 주체를 현재의 국민에서 장래의 국민에게까지 확대한 점이 특징이다. 그 뒤 1990년 8월 1일에 환경보전법이 환경정책기본법, 대기환경보전법, 수질환경보전법, 소음과 진동규제법, 유해화확물질관리법, 환경분쟁조정법 등 6개의 법으로 나뉘어졌다. 그 뒤 습지보전법·낙동강특별법·야생동식물보호법 등이 제정되어 39개에 이르고 있다. 그런데 환경범죄를 형법적으로 파악함에 있어서 일반형법과의 차이점은 보호법익의 문제점(환경만이 보호법익인가, 또는 환경과 인간의 건강까지 모두 보호법익이라는 이중법익설), 환경형법과 환경행정법과의 관계문제, 책임의 주체문제, 인과관계의 확정문제 등이 있다. 여기서 가장 문제가 되는 것이 소위 인과관계의 문제인데, 그것은 일반형법과 달리 환경형법에서는 인과관계의 특수성으로 인해 일반적인 객관적 귀속이론을 적용함에 있어서 특별한 법적 문제가 발생하게 된다. 따라서 환경오염과 관련된 환경형법에서는 추월적 인과관계, 이중적 인과관계, 중첩적 인과관계, 종합적 인과관계가 고려될 수 있다. 가령 A기업과 B기업이 강에다가 폐수를 버릴 때 A기업이 먼저 폐수를 방류했으나 아직 강이 오염되기 전에 B기업이 또 다른 성질의 폐수를 버려 A기업의 폐수방류행위에 의한 환경오염이 발생하기 전에 B기업의 행위로 바로 강이 오염되었다면, 이 때 기존의 조건인 A기업의 폐수방류와 강의 오염이라는 결과 사이의 인과관계는 부정되고(단절된 인과관계), 후의 조건인 B기업의 행위와 환경오염 사이의 인과관계(추월적 인과관계)를 인정하게 되는데, 이것이 추월적 인과관계론이다. 이중적 인과관계란 단독으로 동일한 결과(강물오염)을 야기하기에 충분한 수개의 조건이 결합하여 일정한 결과를 야기시키면, 이때는 모두 인과관계를 인정한다는 것이다.

중첩적 인과관계란 각기 독자적으로 결과를 발생시킬 수 없는 수개의 조건(가령 A · B의 각 기업이 개별적으로 폐수방류를 해도 강의 오염이 안 되지만, 두 기업이 동시에 폐수방류해 전체 폐수량이 환경오염을 가져 온 경우)이 공동으로 작용하여 결과발생시에는 모두 인과관계를 인정한다는 것이다. 또한 두 기업의 폐수방류로 인해 강이 오염되었을 때 그 각각의 기여도가 확정 되지 않았을 경우에는 종합적 인과관계가 논의되는데, 이러한 인과관계문제는 환경오염에 대한 구체적 위험범에서 중요한 과제가 된다.

최근에는 환경범죄[338]에 대한 인과관계를 완화하려는 주장들이 대두되고 있다. 한편 환경범죄를 담당하는 기관은 환경특별사법경찰로 환경특별사법경찰관은 환경관련 단속업무를 하는 4~9급 국가 및 지방공무원 가운데 관할지방검찰청장이 지명한 사람으로, 검사의 지휘를 받아 관할구역 안에서 22개의 환경관계법률에 규정된 환경범죄의 피의자와 참고인 소환조사, 증거수집, 현행범의 체포·구금, 각종 영장의 신청과 집행, 수사종결 된 사건의 검찰송치 등의 직무를 담당한다.

3. 환경범죄의 특징

환경침해행위의 특수성은 침해의 간접성 · 전파성 · 완만성 · 상규성 · 복합성 · 영구성 등이 있다. 간접성이란 환경침해행위가 물 · 공기 · 대지 등의 환경인자를 매개로 하여 인간에 가해지는 것이고, 전파성은 환경침해행위는 시간적 · 공간적으로 광범위한 지역에 걸쳐 침해를 가져 오는 것을 말하며, 완만성은 환경침해행위가 서서히 일어나는 것을 말하고, 상규성은 일상적인 사회활동 등에서 이루어지는 경

338) 환경부에 따르면 2004년 환경범죄는 대기오염이 전체의 46.9%인 421건으로 가장 많았고, 수질오염이 23.2%, 폐기물관련이 16.6%, 유독물관련이 1.2%의 차례로 집계되었다.

우가 많은 것을 말하며, 복합성은 환경오염은 여러 가지 간접적 요인 결합되어 발생해 원인규명을 어렵게 만든다는 것이다.[339)]

환경범죄는 단순히 우연한 것이 아니고 동일한 기업과 정부기관의 수많은 조직사이에서 일어나는 제도적 행위로, 이런 기업범죄로서의 특성은 사회의 주류언론이 그런 기업들의 환경위반행위에 대해 축소보도하기 때문이며, 또한 환경범죄는 때로는 정부가 오염자가 되고, 때로는 주요산업계와 연계되어 환경범죄행위에 가담한다고 한다. 또한 환경오염의 피해자는 주로 하류계층들로서 그것은 환경규제가 까다로운 선진국을 피해서 개발도상국으로 폐기물의 반출이 이루어져 국제적 환경범죄의 피해자는 주로 환경범죄에 저항할 힘도 없는 가난하고 아무런 권력도 가지지 못한 계층이라고 한다.[340)]

환경범죄의 가해자는 사회적으로 우월한 지위에 있어 피해자구제가 어렵고, 환경범죄는 행위자가 복수인 경우가 많아 행위주체를 확정하기가 곤란해 인과관계 문제와 입증부담의 문제가 생겨 환경소송을 어렵게 하고 있다.[341)]

환경침해원인이 국가나 사회활동에 유익한 경우에는 그러한 피해가 무시되거나 행위자가 죄의식을 가지지 않고, 환경범죄는 기술적 요소가 강해 그런 범죄의 단속처리에 있어서는 그런 시설에 대한 지식을 갖춘 전문가가 필요하며, 환경범죄는 그 피해가 가시적이지 않아서 개인이 고소하는 경우가 드물고, 수사단계에서도 기술적 요소로 인하여 증거수집이 어렵다.[342)] 또한 환경문제에는 관련이익집단간의 이해가 상충하는데, 가령 기업과 환경보호단체간의 대립이 심할 경우에는 보다 합리적인 환경정책을 수립하기가 곤란하다. 그리고 환경문제의 배후에는 사적비용과 사회적 비용의 불일치를 가져 오는 외부성이 발생해 시장이 자원배분의 문제를 적절히 해결하지 못하므로 정부가 통제하지 않으면 환경오염문제는 더욱더 심각해져 간다. 이 때 오염시의 사회적 비용은 사적비용에 오염제거비용과 피해보상비

339) 지광준, 범죄학, 경인, 2003, 482면.
340) 이윤호, 현대사회와 범죄, 293면.
341) Censored, *The News that Didn't make it and Why*, Chapel, NC: Shelburne, 1993, p. 57; 이윤호, 상게서, 293면.
342) 송광섭, 범죄학, 유스티니아뉴스, 1998, 669면.

용을 더한 것이다.[343)]

한편 환경론자는 공해의 완전방출을 주장하나, 경제학에서는 그것을 비현실적이라고 한다. 이것은 공해를 완전히 없애는데 한계비용이 급격히 체증하기 때문이다. 다시 말해 환경론자와 달리 경제학자들은 희소성이 작용되는 현실에서 환경오염이 없다는 것은 비현실적이므로 적정한 환경오염의 존재를 전제로 한다. 깨끗한 환경을 공공재라고 하면 오염된 환경을 깨끗이 하는 환경순화 서비스도 공공재이다. 이 때 개인의 환경순화에 대한 한계효용을 수직으로 합쳐서 구한 것이 환경순화수요곡선이 되고, 환경순화에 대한 한계비용을 수직으로 더해서 구한 것이 환경순화에 따르는 사회적 한계비용이고 공급곡선이 되므로 두 곡선이 만나는 점에서 적정환경순화수준과 적정환경오염수준이 결정된다.

4. 환경범죄에 대한 대책

1) 정부의 개입을 통한 해결

여기에는 가장 많이 사용되고 있으며 가장 쉬운 방법이 환경오염행위에 대해 각종 법을 통해서 규제하는 것이다. 가령 환경보전법·오물청소법·해양오염방지법 등이 있다. 현재 우리나라는 환경범죄대책법으로 크게 특별조치법과 개별 환경법률로 되어 있는데, 이러한 법률에는 형벌과 행정벌이 혼재되어 있어 효과적이지 못하다는 평을 듣고 있다. 또한 환경범죄가 성행하는 이유는 그것이 전문성을 내용으로 하고 있어 수사와 기소에 어려움을 겪고 있으므로 관련법령을 재정비하고 환경경찰을 신설하여 전문화시키는 방안도 필요하다. 또한 각 지방자지단체에서

343) 환경오염은 주로 생산에 따르는 외부성으로 생산의 외부성이라고 칭하고, 수형자가 흡연 시 공기오염현상은 소비의 외부성이라고 한다. 예컨대 연탄을 생산할 때 외부효과가 발생해 주위사람도 손해보는 것은 생산의 외부성이다. 외부성이 있으면 사적비용과 사회적 비용이 불일치되는데, 이 때 외부성을 내부화시켜 사적비용과 사회적 비용을 일치시키면 외부효과에 의한 비효율성이 제거된다. 사적비용은 외부성을 고려하지 않은 것으로 연탄생상비이고, 사회적 비용은 외부성 해소비용이 고려된 것으로 오염제거비용도 포함된다.

환경을 담당하는 공무원에게 실질적인 환경범죄단속권을 주는 제도화방안이 필요하며, 전문적 환경행정담당자를 육성하기 위해 환경행정직렬을 실시하도록 한다. 또 하나의 방안은 공해방지설치를 하는 기업에 대해 조세감면이나 보조금 등의 지원 또는 공해세금을 부과하는 간접적인 통제방식이 있다.

가령 공해배출기업으로 하여금 외부비용이 발생하지 않도록 오염배출측정기를 오염방출기업에 달도록 한다. 그러면 오염배출량에 따라 공해세를 부담하게 하면 이윤극대화를 목적으로 하는 기업은 스스로 공해배출을 줄이기 위한 노력을 한다. 그러나 이 방법은 공해한계이익과 공해한계비용이 너무 큰 차이가 나는 기업에게는 효과가 없으므로 차액에 대한 누진적 공해세를 부과해야 효과가 있다.

보조금제도를 통해 공해방지시설을 설치하거나 공해배출을 줄이는 기업에 대해 일정금액을 보조하는 제도가 있다. 가령 공해방지장치를 설치하는 기업에 보조금을 설치하면 공해방지장치가 생산시설의 생산비를 절감하게 된다.[344)]

2) 시장거래를 통한 해결

여기에는 환경오염권을 하나의 경제적 자원으로 보아 국가는 동종산업에게 동일한 양의 공해발생권을 배분한다고 가정하에 환경오염권을 가장 높은 가격에 응찰하는 기업에게 매각하게 되면 관련기업들간에 환경오염권의 거래를 통해(이렇게 되면 공해를 많이 배출하는 기업이 공해를 아주 적게 배출하는 기업에게 환경오염권을 시장을 통해 사는 것이 유리하다고 생각해 매입하는 경우) 국가 전체로 보면 환경오염을 적정수준 이하로 규제할 수가 있다.

또 하나의 방법은 그 유명한 코우즈(R. Coase)의 정리를 통해 해결할 수가 있다. 먼저 코우즈의 정리를 살펴보기 전에 공해발생원인을 살펴보기로 하자. 공해

344) 공해발생기업처럼 생산자의 생산활동으로 인해 타인에게 외부경제나 외부비경제를 가져오는 것을 말한다. 즉 상류의 공해기업으로 하류의 유기농 농가에 오염제거비용이 증대되는 것을 생산외부효과라 한다. 소비의 외부효과는 소비행위가 타인에게 외부경제를 제공하는 것으로 예컨대 A가 마을입구 도로 앞에 자기 집을 신축하여 마을 전체가 집값이 상승하는 것을 말한다. 외부비경제는 예컨대 수형자가 흡연 시 동료에게 피해를 주는 것을 말한다.

는 외부성의 문제와 관계된다. 외부성이랑 생산과 소비로 인해 발생하는 이익과 비용이 거래당사자 외에 제3자에게 영향을 미치는 것으로 시장 밖에서 발생한 것이다. 여기에는 외부경제와 외부비경제가 있다. 가령 마을입구에 낡은 집이 있어 마을 전체의 이미지가 안 좋을 때 낡은 집의 주인이 그 집을 깨끗이 고치고, 자기 집에 진입되는 길을 도로로 만든 경우에는 마을 전체의 집값이 올라가고 마을주민 전체가 교통이익을 보듯이, 어떤 개인의 행위가 제3자에게 이익을 주는 것이 외부경제이다. 반면 교도소 내의 방에서 골초가 담배를 피우면 옆의 사람도 간접흡연의 피해를 보듯이, 어떤 개인의 행위가 제3자에게 손해를 주는 경우는 외부불경제라고 한다. 즉 강의 상류에서 폐수를 버리는 기업으로 인해 그 기업과 직접 사장에서 거래하지 않는 토마토재배농가가 하류에서 토마토재배 때 심각한 피해를 입는 것도 외부불경제이다. 이 때 폐수발생기업이 상품제조과정에서 투입되는 비용이 사적비용이고, 그 기업이 자신이 부담하지 않는 손해를 제3자에게 끼치는 비용을 사회적 비용의 일부분이 된다. 따라서 이런 사회적 비용이 시장실패를 가져 오는 원인이 되고, 공해문제는 외부불경제와 관계됨을 알 수가 있다.

즉 공해물질의 배출을 비용으로 여기지 않는 기업이 생각하는 최적생산량을 공해를 비용으로 보는 사회적 관점에서는 적정량 이상 과다생산이 되기 때문이다. 그런데 오염을 발생하는 상류에 있는 기업과 토마토를 재배하는 하류의 재배농가만 있다고 가정하고, 오염이 발생했을 때는 외부불경제가 발생하며, 이때는 사회적 비용이 사적비용보다 크게 된다. 이 때 사회적 비용은 오염으로 인한 토마토재배농가들의 손해비용과 폐수기업이 오염물질을 방출을 줄이기 위해 자체 정화하는 폐수처리비용을 더한 것이고, 따라서 오염방출량에 따른 사회적 한계비용은 토마토농가들의 한계손해비용과 오염기업의 한계처리비용을 합친 것이 된다. 또한 이 때 폐수기업의 한계처리비용은 오염발생량이 증가될수록 감소한다. 처음에는 고가의 정수처리시설이 설치되었기 때문이다. 따라서 오염에 따른 사회적 한계비용곡선은 한계처리비용곡선과 한계손해비용곡선을 더한 것이 되고, 이 때 최적오염물질의 방출수준이 결정된다.[345]

345) 사적비용은 만두제조에 필요한 재료비, 자본비, 임금 등으로 구성되고, 만두의 사회적 비용은 사적

사적비용과 사회적 비용이 일치하면 외부성의 문제가 없고, 공해와 같은 환경오염의 문제도 발생하지 않는다. 이처럼 사적비용과 사회적 한계비용이 일치하는 것은 소유권이 분명히 확립되었을 때이고, 소유권이 분명하게 규정되어 있지 않을 때는 외부성의 문제가 발생해 사적비용과 사회적 비용의 차이를 가져오게 됨을 알 수가 있다. 가령 김씨는 박씨의 범죄학 책이 박씨 것이라고 생각, 즉 소유권이 박씨의 것이라고 보므로 김씨는 박씨의 범죄학 책에 함부로 낙서하지 않는다. 만일 김씨가 박씨의 책을 훼손하면 박씨는 김씨에게 손해배상을 청구할 것이다. 그러나 누구의 책인지 모르면, 즉 소유권이 명확히 규정되어 있지 않으면 아무나 책에다가 낙서하고 찢어 갈 것이다(예컨대 공공도서관에서 책 훼손행위). 만일 교도소 내에서 흡연히 허용되면 교도소 내의 공기에 대해서는 아무도 소유권을 주장할 수 없어 외부성의 문제, 즉 아무나 담배를 피워 옆 사람에게 피해를 주는 공해가 발생하게 된다.

지역하천도 지역민들은 막연히 국가 것이라는 인식은 있지만, 어느 누구도 소유권을 갖고 있지 않기 때문에 누구나 오염물질을 버려도 아무도 말리지 않으며, 국립공원 내에 함부로 쓰레기를 버려도 아무도 간섭하지 않아 결국 환경이 파괴되는 이른바 하딘이 말한 공용지의 비극이 생기게 된다. 이렇게 외부불경제와 관계된 환경오염을 해결하는 데 있어서 코우즈(Coase)는 정부의 개입이 없이도 외부성 문제(공해)가 해결될 수 있음을 보여 준다. 즉 코우즈는 외부성과 관련된 문제에 상호성이 있기 때문에 오히려 정부의 간섭은 바람직하지 않은 결과를 가져 온다고 한다. 상호성이란 서로 피해를 주고받는 것을 말하는데, 교도소 내에 공장과 고시반이 이웃해 있을 때 공장의 소음이 고시반의 강사에게 피해를 주게 되고, 그렇다고 공장을 없애면 이번에는 강사가 공장의 수형자들에게 손해를 주는 것을 말한다. 이와 같은 상호성과 관련된 외부성이 있을 경우에 강사와 공장경영자간에 협상에 의해 좋은 결과를 볼 수 있고, 이 때 정부는 둘 간의 협상이 잘 되도록 도움을 주는 데 그쳐야지, 더 이상 개입을 해서는 안 된다는 것이다. 예컨대 강의

비용에다가 만두제조과정에서 생긴 수질오염, 대기오염비용을 합친 것이고, 사회적 비용과 사적비용의 차이가 외부비용이다.

상류에서 폐수방출기업이 있고, 하류에는 토마토재배농가만 있다고 가정할 때, 이 강물에 대한 소유권은 현재는 누구에게도 없기 때문에 외부성의 문제가 발생한다. 이 때 강물에 대한 가격을 책정하면 외부효과가 내부화되어 외부성문제가 해결된다.[346] 예컨대 폐수방출로 인해 토마토농가는 매달 100만 원의 정제비용이 들어가고, 그 대신 폐수방출기업은 자체처리비용이 50만 원이 들어갈 때 강의 소유권을 토마토 농가에 주면 폐수방출기업은 50만 원을 지불해 폐수를 정화하여 내보내게 된다.[347] 그 이유는 토마토 농가의 피해액인 100만 원을 물을 주는 것보다 이익이 되기 때문이다. 또한 강물의 소유권을 폐수방출기업에 주면 토마토 농가는 그 공장이 강물을 오염시키지 않는 대가로 기꺼이 50만 원을 지불한다. 그 이유는 강이 오염되면 토마토 농가의 정화비용은 100만 원이 되기 때문이다. 이 같이 시장원리의 외부에서 이루어지는 현상인 외부성[348]에 가격원리를 적용시켜 보상이나 교환이 이루어지도록 만들 경우 이를 "외부성이 내부화 되었다"라고 한다. 즉 앞의 예에서 당사자간 어떤 거래를 통해 문제를 해결했다면 공해문제라 해도 더 이상 이를 외부성이라고 하지 않는다. 시장에서 상품을 사고파는 것처럼 이미 가격이 지불되었기 때문이다.

코우즈정리가 적용되기 위해서는 당사자간의 합의에 따르는 거래비용이 적어야 하고, 당사자가 확정되어야 한다. 예컨대 오염기업도 많고, 강의 하류에 수많은 농가가 있다면 많은 사람들을 한 번 모으는데도 많은 비용이 들어가고, 수많은 사람과의 합의에 많은 시간과 비용이 들 경우 합의점에 쉽게 도달하기 어렵다. 즉 오염으로 인해 어떤 농가든 피해를 보겠지만 오염기업과 관련있는 농가들이 하류에 많이 있다면 그들은 오염에 대해 혐오감을 느끼지 않아 쉽사리 합의하기 힘들고 많은 거래비용이 발생해 코우즈의 정리에 근거해 외부효과를 해결할 수 없다.[349]

---

346) 외부성은 시장 밖에서 일어난 것이고, 만약 시장에서 일어나는 것은 외부성이 아닌데, 이런 사이비 외부성을 금전적 외부성이라고 한다. 예컨대 소규모 마트가 있는 곳에 대형 마트가 들어오면 소규모 마트의 수요량이 급감한 것은 대형 마트의 외부불경제가 아니다. 그것은 시장 안에서 발생한 것이기 때문이다. 시장 안에서 수요·공급변동의 결과이기 때문이다.

347) 이것을 외부성의 내부화라고 한다.

348) 어느 한 경제주체의 행동이 본인의 의도와는 무관하게 다른 경제주체에게 일방적으로 영향을 미치는 현상을 말한다.

이와 같이 외부성이 존재하는 경우에도 소유권만 명확히 설정하면 당사자들간의 자발적인 협상을 통해 효율적으로 자원을 배분한다는 것이 코우즈의 정리이며, 이 때 소유권은 누구에게 있든 무관하다. 다시 말해 코우즈의 정리의 의의는 정부가 개입하지 않고 이해당사자들간의 자발적 협상에 의해 외부효과를 해결할 수 있는 점을 제시한 것에 있다. 그러나 코우즈정리의 한계는 코우즈정리의 전제조건, 즉 외부효과가 있을 때 이해관계자의 확정과 자발적 협상, 거래비용 극소화, 외부효과를 발생시키는 재화의 경우 소득효과가 없어야 한다는 전제조건의 충족이 어렵다는 것이다. 예컨대 도로가 옆의 아파트에 거주하는 아이들이 자동차에서 나오는 벤젠으로 감기에 잘 걸린다면 오염자와 피해자를 명확히 하기 어렵고, 당사자를 확정지어도 많이 들어가는 협상비용 때문에 협상에는 참여치 않고 결과만 누리려는 무임승차자, 즉 다수의 피해자는 협상비용을 부담하지 않으려는 사태가 발생해 협상이 곤란한 경우가 많고, 비효율적인 자원배분이 된다는 것이다.[350]

5. 환경범죄심리

먼저 개인의 환경오염심리의 근본은 이기주의적 인간성이다. 환경정화보다 오염으로 인한 이익이 많으면 언제든지 오염시키는 것이 인간의 기본심리이다. 즉 환

349) 거래비용이란 사전비용으로 정보비, 협상비, 측정비를 말하고, 사후비용에는 이행비용, 감시비용, 보증비용을 말한다.

350) 자원배분이 가장 이상적인 상태로 되었을 때 파레토의 최적이라 하는데. 이 때 타인에게 어떤 이익을 주기 위해서는 또 다른 타인의 후생을 감소시켜야 한다. 즉 어떤 자의 후생을 감소시키지 않고서는 타인의 후생을 증진시킬 수 없는 자원의 배분상태를 말한다. 이러한 파레토최적이 달성되기 위해서는 소비(교환)의 최적성과 생산의 최적성 및 생산·소비의 최적성이라는 3가지 조건이 동시에 충족되어야 한다. 교환의 파레토최적이란 어떤 재화들을 사람들이 교환해서 소비한다면 타인의 후생을 감소시키지 않고서는 다른 어느 누구의 후생도 증가시킬 수 없는 배분상태로 된다. 이 때는 모든 재화들에 대한 사람들의 한계 대체율이 같아야 한다. 생산의 최적성은 기업들이 생산요소배분에 있어서 타기업의 생산을 감소하지 않고는 타기업의 생산을 증대할 수 없는 그런 생산요소 배분상태로 모든 재화생산에 있어서 모든 생산요소들간의 기술적 한계 대체율이 균등할 때 달성된다. 또한 재화생산에는 생산의 최적성과 소비의 최적성이 동시에 달성되는 생산, 소비의 최적성이 달성되어야 한다. 예컨대 연필을 생산최적성에 맞게 생산해도 사람들이 연필을 선호하지 않아 소비의 최적성이 안되면 자원의 낭비가 되기 때문이다. 그러나 현실적으로 파레토최적이 안 되는 경우를 시장실패라고 한다.

경범죄가격이 내려갈수록 환경범죄는 증가하는데, 그러한 환경범죄가격에 포함되는 것이 쓰레기봉투 가격, 창피함, 처벌에 대한 두려움, 타인들의 행동들이라고 할 때, 상대적으로 빈곤층과 창피함이 덜한 노년층과 어린 층에서 오염행위가 많지만 긍정적 자아감을 갖지 않는 중산층도 오염은 많다. 그러한 일반적인 것 외에도 비뚤어진 보상심리에 의해 무단투기하는 경우도 있으며, 상류층에 대한 치환된 공격성의 발로로 투기하는 경우도 있다. 예컨대 사회에 대한 불만을 가진 자가 관공서나 부잣집 근처에 쓰레기를 몰래 버리는 경우이다. 이 때 발각되지 않고 성공적으로 버리면 쾌감과 승리감을 짜릿하게 느끼는 것이 인간의 본성이다. 또한 반항심리로 쓰레기를 무단투기하는 경우도 있다. 예컨대 이곳에는 쓰레기를 버리지 말라는 표지판이 붙은 곳에다가 유달리 버리는 사람들이 있는데, 그에게는 그런 표지판이 기존사회의 권위와 동일시되기 때문이다.

합리화의 방어기제를 사용하는 경우도 있다. 특히 빈곤한 계층은 쓰레기봉투 대신에 일반봉투에 오물을 넣고 몰래 버릴 때 자신의 지나친 빈곤으로 인한 것이니 누구라도 이해할 것이라고 생각하거나, 자신의 빈곤은 국가의 잘못된 경제정책으로 인한 것이니 이 정도의 오염행위는 무관하다고 애써 자기 스스로를 위로한다.

모방심리에 의해 무단투기를 하는 경우도 있는데, 예컨대 어느 집 앞에 사람들이 쓰레기를 많이 버려 놓은 것을 보면 군중심리에 의해 마음의 부담감이 적어 심리적 비용이 내려가므로 오염의 유혹을 쉽게 받게 된다. 그리고 이기적인 인간들은 몰래 쓰레기를 버릴 때에도 철저히 이기적 계산, 즉 잔머리를 끊임없이 굴려 좀 더 위험이 덜한 지역, 즉 공용지에 버리려고 하는 심리가 순간적으로 작용한다. 예컨대 쓰레기를 사적 영역인 남의 집 앞이 아닌 공용지인 전봇대 밑 또는 으슥한 장소, 지하철 내의 선반, 공공도서관, 동사무소 등에 버리는데 상습범들은 자연스럽게 행동한다.

이기적인 인간의 한탕주의 심리에 의해 부동산 투기와 그로 인한 무분별한 개발 및 인간중심의 과학적 자연관에 세뇌된 인간들의 자세도 결국 환경오염을 가져온다. 또한 저가 상품만 선호하는 인간심리가 확대되어 시장을 지배하면 농약을 친 식료품이 넘쳐나서 결국은 환경을 오염시킨다. 또한 미래보다는 현재를 타인보다는 자기의 이익만을 우선하는 인간심리는 점차 지양해야 한다. 미래의 후손을 위해 자연을 아끼고 보호하는 마음가짐이 정말 중요하다.

기업의 환경오염심리는 철저한 이기심과 자기합리화, 무시, 무책임, 이윤추구 등에서 비롯된 결과물이다. 즉 오염방지시설이 있어도 오염방지를 위한 한계비용이 오염방지의 한계이익보다 크면 밤이나 비오는 날 무단방류를 아무 죄의식 없이 행한다. 이러한 행위는 철저한 이기심에 의해 비롯된 행동하며, 자신들만 아니라 다른 기업들도 다 그렇게 한다는 식으로 합리화를 하고, 조직원들 전체의 집단심리에 의해 책임이 분산되어 죄의식이나 책임감을 느끼지 못한다.

국가적 차원에서 행하는 환경오염행위도 철저히 국가이기심과 상징조작 및 이중적 의식이 엿보인다. 예컨대 선진국이 각종 개발에서 오는 환경오염이나 불법 폐기물을 후진국에 수출하는 행위도 자국민의 경제와 환경을 위한 것이라는 합리화와 상징형성이 만들어진다.[351] 오늘날 산성비나 생물멸종 등에 대해 선진국의 책임 크지만 후진국에 책임을 전가하고 환경오염에서 오는 환경오염을 경고하는 이중의식을 보인다.

351) 특히 유럽에서 원자력 발전으로 인한 핵 폐기물을 처리할 수 없어 땅속 깊숙이 묻거나, 후진국에 돈을 주고 파는 행위는 지구 전체를 두고 봤을 때 후손을 위한 무책임한 행동이라 하지 않을 수 없다.

제22장 확신범죄심리[352)]

1. 서 론

확신범죄는 자신의 사상이나 이념 등에 의한 확신으로 인한 범죄이다. 여기에는 크게 사람에 대한 확신이 인적 확신과 사상에 대한 확신인 물적 확신이 있다. 이러한 확신을 가진 자들이 모두 확신범죄인이 되는 것은 당연히 아니며, 확신이 지나쳐서 거기에 근거하여 범죄를 행하게 될 때 확신범죄라고 한다. 즉 정치적 사상을 가진 자가 관련법을 어길 때 비로소 사상범이라는 확신범죄자가 되고, 개인적 신념에 의하여 군대를 가지 않고 대체복무를 요구하는 광신자가 자기 종교의 배타성에 근거하여 다른 종교를 배척하는 과정에서 다른 종교기관의 종교적 배타성에 근거해 다른 종교를 배척하는 과정에서 다른 종교기관의 종교적 상징물을 파괴할 때 확신범이 된다. 또한 2005년과 2006년에 한국사회에 큰 사건이었던 황우석 논문조작사건에서 황우석에 대한 개인적 확신이 지나친 일부 추종자들이 서울대 일부 교수들을 폭행하고 불법집회를 열거나 PD수첩이나 시사투나잇 등 TV게시판에 도배를 할 정도로 무차별적 사이버모욕을 가하거나, 심지어 자살행위 또는 자살시도를 하여 사회질서에 해를 주면 비로소 확신범죄가 된다. 이러한 확신범죄에 의한 확신범의 공통된 특징은 국가나 주류세력이 바라는 방향으로 교정이 되지 않는다는 것이다.

2. 황우석증후군

황우석증후군이란 황우석 논문조작사건이 일어나 논문조작이 드러났음에도 일부 확신범들이 황우석에게 끝없는 비이성적인 지지심리현상을 말하는데, 이 용어는

352) 신범죄심리학(천정환, 대왕사, 2006)의 536-552면을 전재

생물학연구정보센터의 소리마당에서 나왔다. 이러한 비이성적 지지자들이 범죄자들은 아님에도 불구하고 확신이 지나쳐 서울대 교수를 폭행하고 불법집회를 여는 등 불법행위가 계속되어 왔다는 점에서 확신범이라고 할 수 있다. 황우석의 지지자들에 대한 심리분석으로 이성주의 정신분석학적 진단을 살펴보면 다음과 같다.

1) 기존의 진단들

(1) 이성주의 진단[353)]

정신의학에 따르면 황우석 사태가 진행되는 일련의 과정은 전형적인 집단 히스테리의 반응을 말한다. 히스테리를 그대로 풀이하면 히스테리(Hysteria)가 집단적으로 일어나는 것이다. 집단 히스테리가 일어날 때 구성원들은 한 가지 흐름에 광적으로 몰두한다. 집단의 대세에 반대의견을 내면 그것이 합리적이더라도 몰매를 가한다. 탄핵사태 때는 촛불시위에 참석하지 않는다는 이유로 다른 사람을 비난하는 일이 횡행했다. 금모우기 때에도 그것이 경제적으로 비효율적이라는 이야기를 하면 비애국자가 되었다. 이 때문에 집단 히스테리가 중원을 장악하고 있거나 TV와 신문을 가득 채우고 있으면 남들이 하는 일에 빠져 불안해지고 위험을 느낀다. 그리고 집단에 섞였다가 다시 개인으로 되돌아오면 불안감과 무력감에 빠진다.

황우석 사태는 집단 히스테리가 우상숭배의 형태로 나타난 것이라고 할 수 있다 소외로 자아를 상실한 사람은 우상에 의존해 불안감을 보충한다는 해석이 가능해지는 것이다. 정신의학에서는 특정인이 특정가치에 대한 맹목적인 지지의 바탕에 동일화, 부정, 분리, 투사, 함입 등의 미성숙한 방어기제도 보이는데, 함입이란 외부의 상황을 내면에 수용하고 사실이라고 여기는 방어기제로 추종자들이 인터넷에 올린 글들을 사실이 아니라 믿음에 따라 재구성된 이야기가 대부분이었다.

황우석 사태에 대해 심리학자들은 인질이 범인에게 동조하고 감화되는 비이성적 심리현상을 가리키는 '스톡홀름 신드롬'으로 해석하기도 하고, 종말의 시기에 세상이 멸망하지 않아도 종말이 연기되었다고 믿으며, 또 다른 종말에 대비하는 '사교

353) 이성주, 황우석의 나라, 바다출판사, 2006, 262~284면을 발췌 및 정리.

집단의 심리'로 해석하기도 하는데, 두 현상 모두 동일화와 힘입어 방어기제가 바탕에 깔려 있다. 황우석의 팬들은 황우석의 반대쪽에 있는 사람에게는 투사의 방어기제를 사용한다. 투사는 자신의 열등한 인격을 남에게 떠넘기고 비난하는 것으로 이른바 '남탓'이 바탕에 깔려 있는 심리이기도 하다. 많은 사람이 자신의 불행을 썩은 사회탓, 정치탓, 사돈탓, 운수탓을 하는데, 이도 투사의 심리에서 비롯된 것이다.

(2) 기 타

이외에도 여러 계층에서 진단한 바, 진중권은 노정혜 교수를 폭행한 황우석 지지자들을 애국깡패라고 주장했으며, 2006년 2월 6일 자신이 진행하는 라디오방송에서 "어느 사이트는 황우석 지지자들이 모여 사실에 애써 눈을 감은 채 서로간에 믿음을 강화해 주는 해괴한 신앙의 공동체로 변모했다"고 주장하고, 황우석의 실체가 드러난 뒤 충격을 받은 일부 대중들이 정서적 측면에 기대어 사건 자체를 부정하고 싶은 경향으로 흐르고 있는 상황에서 일부 인터넷 사이트가 대중들을 치유하기는 커녕 오히려 무책임한 음모론의 진원지가 되고 있다고 주장하여 언론의 문제점을 부각시킨다.[354]

서울대 의대 정신과 류인균 교수는 "영웅화는 일반적으로 사회경제적으로 곤란한 대중의 관심을 돌리고 마음을 달래는 술책이 되곤 한다"며 대중은 영웅의 포장된 모습을 보며 자신과 영웅을 동일시하고 자신의 부족한 자존감을 상쇄시켜 억압된 분노와 공격성을 분산시키는 효과가 있다고 말한다.[355]

연세대 심리학과 황상민 교수는 "영웅화는 대중이 스스로 그렇다고 믿고 싶은 상황과 정확하게 일치하며, 누구나 영웅을 자기신념화한 상황에서는 자신이 왜 그 사람을 영웅으로 받아들였는지에 대하여 의문을 갖지 않으며, 온 사회가 나서 황우석을 우상화한 마당에 지지자 스스로가 마음의 우상을 파괴하지 않는 한 우상숭배는 계속될 수밖에 없다"로 설명한다.[356]

354) 오마이뉴스, 2000. 2. 8.
355) 이성주, 전게서, 267면.

2) 사 견

황우석 지지자들의 행위를 무의식에 자리한 열등감의 표현이나 폭행범죄를 행한 지지자들에게 애국깡패라고 단정하는 것은 문제가 있다. 그 이유는 여러 이유와 동기로 황우석 지지자가 형성되었으며, 그 중에는 열등감과 관계없는 정상적인 사고방식을 가진 자들도 많다는 점에서 그들 모두를 열등감을 가진 자라고 과잉 일반화시키는 것은 잘못되었다.

극단적인 행동을 보이는 일부 황우석 지지자들의 행동은 분명히 잘못된 행위임에 틀림없으며, 성숙된 행동은 아니다. 더구나 타인의 정당한 의견들을 모두 알바의 행위로 몰아붙이고 모욕하는 행위는 잘못된 방어기제를 사용한 부적절한 행동이지만, 그런 확신에 찬 극단적 행위의 이면에는 언론의 역할이 컸다. 언론의 규범적인 목적은 진실보도와 국민의 올바른 사회화이지만, 실질목적은 자기회사 이익의 극대화에 있고, 그런 이익의 극대화의 한 방법이 상품이 잘 팔리는 선정적 보도이다.

황우석이 처음 언론에 나타났을 때 언론은 어떤 검증도 하지 않고 그를 철저히 우상화시켰고, 그런 우상화작업의 관점이 철저히 확립되지 않은 많은 국민들이 세뇌되어 이제는 돌이킬 수 없는 믿음으로 각인되었다. 영향력이 엄청나고 신뢰성 있는 언론에 의한 상징형성에 의해 저절로 진실되게 각인되었고, 이것은 강력한 영웅을 원하는 소외된 현대인들의 깊은 무의식과 결부되어 그런 믿음은 교정될 수가 없었다.

황우석 지지자들의 극단적인 행동은 페스팅거(Festinger)의 인지부조화론으로 설명이 가능한데, 사람은 누구나 인지부조화가 생기면 고통을 느껴 인지가 균형이 되도록 여러 방법을 쓰는데, 부조화를 가져오는 것에 대한 가치를 격하하거나 자신의 확신적 행동에 긍정적 효과를 주는 것만으로 선택적으로 수용하고 과잉 해석하는 것 등이다. 즉 황우석에 대한 너무 강한 긍정적 인지가 언론에 의해 각인된 바, 그 이후 긍정적 인지에 반하는 부정적 정보가 있으며, 인주부조화로 괴로

356) 이성주, 전게서, 267면.

위함으로 인지의 조화를 위해 부정적인 정보를 무시하게 되고, 그 결과 불법시위 등의 불법행위가 나오게 된다. 즉 황우석의 지지에 대한 감정적 매몰비용이 너무 커서 진실이 드러났음에도 애써 무시하거나 의식 밖으로 밀어 내어 기존의 왜곡된 인지를 더욱 공고히 하려고 한다.

심리학의 사회지각이론에 의해서도 그들의 행위를 설명할 수 있는데, 이것은 항상성의 원리이다. 항상성의 원리 또는 일관성의 원리란 일단 한 개인에 대해 인상을 형성했으면 그를 일관성 있게 보려고 하는 곳으로 일관성의 원리는 사물에는 나타나지 않고, 인간에 대해서만 나타난다. 가령 교도관이 신입수형자에 대해서 제한된 정보 속에서 좋게 평가했다면 나중에 주형자의 나쁜 면이 나타나도 자기가 갖는 최초의 인상에 부합되기 위해 긍정적으로 해석하는 것이 그 예이다. 마찬가지로 대중들이 황우석에 대해 첫인상대로 유지하려고 한다. 결국 황우석 지지자들은 언론의 상징조직에 의해 형성되었고, 진실과 거짓이 극명하게 드러난 이후에는 최소한의 진실을 지킬 의무가 있는 언론에 의해 버림받게 된 또 다른 의미에서 피해자라고 할 수 있다.

3) 신창원증후군과 황우석증후군의 비교(사견)

첫째, 전자는 블루칼라범죄에 대한 것이라면 후자는 화이트칼라범죄에 대한 것이다. 둘째, 전자는 자연발생적으로 발생했으나 후자는 언론과 정치인에 의해 처음에는 타율적으로 발생하였다. 즉 언론의 상징조작(애국자)의 과정이 있었고, 나중에 부정이 밝혀졌음에도 과학기술의 엄청난 발전이라는 상징조작에 의한 상징폭력이 형성되었다. 여기서 상징폭력은 물리적 폭력과 달리 피해자 자신이 상징폭력의 피해자라는 것을 모르고 있으며, 더 나아가 상징폭력에 가담한다는 사실이다. 그러나 신창원의 사건에 대해서는 언론의 상징조작은 없었고, 사실과 범행동기에 대한 왜곡보도와 신묘한 탈주에서 선정성과 결부시켜 보도했다. 셋째, 전자에서 일부 국민들의 감정이입으로 대리만족과 타타르시스를 느꼈으나 감정적 수준이어서 체포와 동시에 신창원증후군은 소멸하였으나, 후자는 비이성적 지지이지만 확신에 찬 지지였기에 논문조작이 탈로난 뒤에도 황우석증후군 현상은 오래되었다. 넷째, 신창원증후군은 주로 상대적 박탈감이 강한 서민층에서 많이 발생했다면, 황우석증후군은 화이트칼라와 블루계층 전반에 걸쳐 발생했는데, 진실이 밝혀지면서 황우석 지지층은 이탈자, 이성적 비판층, 중립관망층, 비이성적이고 맹목적 지지층 등으로 계층이 세분화 되었다. 전자는 상대적 박탈감과 부자에 대한 증오심 및 왜곡된 분배구조에 일부 시민이 동조한 것이라면, 후자는 과학적 부국에 대한 열망과 스타과학자에 대해 영웅출현을 기대한 국민들의 감정적 동일시가 있었기 때문이다. 다섯째, 둘 다 스톡홀름증상과 무관하다는 것이다. 일부 학자는 황우석 지지자를 스톡홀름증후군이라고 표현했으나 이것은 잘못된 진단이라고 단정할 순 없지만 그렇다고 잘된 진단이라고 말할 수 없다고 생각한다. 그 이유는 스톡홀름증후군의 특징은 인질들이 공포 속에서 자신들이 인질이라는 것을 알고 점차 인질범들에게 정서적으로 동조해 협력하는 것이므로 공포, 인질이라는 인식, 정서적 동조로 가능하기 때문이다. 신창원은 탈주도중 사귄 여자들이 그가 도주범이라는 사실을 알면서도 그에게 정서적으로 동조했지만 인질의식이 없었기 때문에 정서적 동조만으로 스톡홀름증후군이라고 단정할 수 없다. 스톡홀름증후군과 신창원증후군은 감정적이고 정서적인 동조임에 비해 황우석증후군은 그것 외에도 비정서적인 인지적 동조와 이념적 동조가 있었다는 것이 다르다. 따라서 스톡홀름증후군과 신창원증후군은 감정적 성격으로 인해 사태종료와 동시에 그런 증후가 사라지지만, 황우석증후군은 인간의 인지적 의식에 세뇌된 측면이 강하므로 진실이 밝혀져도 증후군은 소멸되지 않고 오래간다는 것이다. 여섯째, 두 증후군은 언론플레이에 의해 많이 영향을 받았지만 언론이 전자에 대해서는 비가치적 개입을 했다면 후자는 강한 가치적 개입이 있었다는 것이다.

3. 종교적 확신범죄

종교적 확신범죄란 주로 정통종교의 이단에서 많이 생기는데, 사이버종교의 교주와 그의 추종자들이나 광신도에 의해 발생해 왔다. 여기서 중요한 것은 정통종교의 이단이나 소수종교라고 해서 불교, 기독교, 천주교 등의 주류종교보다 못하거나 그런 종교집단보다 반드시 확신범죄가 많다는 의미는 아니며, 기존의 거대 주류종교의 신도에서도 광신도에 의한 종교적 확신범죄자 있어 왔던 것은 사실이다. 가끔 타종교의 종교적 상징물을 부수고 화재를 일으킨 주류종교에 속하는 광신도도 있었다. 그러나 상대적으로 이단종교의 종교적 철학이나 이념적 구조의 폐쇄성과 절대성 등의 취약적 특징으로 인하여 그동안 일부 이단종교의 교주와 추종자 및 광신도에 의한 확신범죄가 많았던 것이 사실이다. 따라서 주로 이단종교와 사이버종교의 교주와 그의 추종자들 및 광신도에 의한 종교적 확신범죄를 살펴보기로 한다.

1) 종교적 확신범죄의 범죄형태

먼저 종교적 확신범들은 미신범에 의한 형태를 이루는 경우가 있다. 미신범이란 종교적 광신도들이 기도나 굿 등 비현실적이고 비과학적인 수단으로 범죄를 저지르는 경우로 이는 형법적으로 아무 의미 없는 행위로 불가벌이다. 예컨대 신도 A가 기도하면 다른 종교신자인 B나 원수를 죽일 수 있다고 믿고 기도를 했는데 우연히 죽은 경우가 미신범으로 이는 위험성이 없으므로 무죄이다. 즉 미신범은 고의에 의한 행위반가치[357]조차 없어 행위반가치가 모두 존재하는 불능미수와는 범죄현상이 다르다.

미신범이 광신도에 있어서 중요한 의미를 지니는 이유는 사실은 우연히 발생했는데도 불구하고 미신에 의해 결과가 발생한 경우는 광신도의 왜곡된 신념체계를 더욱 심화되어 간다는데 있다. 그런데 사이버종교의 교주나 신도에 의한 범죄에는

357) 행위반가치는 행위자의 행위에 대한 부정적 가치판단이므로 주관적 행위요소인 고의나 목적 등을 중요시 한다. 예컨대 살인죄에서 사람을 고의로 죽인 경우에는 행위반가치가 크고, 과실로 죽인 경우에는 행위반가치가 적어 행위측면에서 고의범과 과실범은 차이가 있으므로 불법의 경중에서 고의범과 과실범은 차이가 있다. 그러나 죽은 결과 등 객관적 법익침해가 된 것이 살인죄의 불법의 본질로 보는 결과반가치설에서는 고의범이나 과실범 모두 살인이라는 법익침해에 대한 차이가 없으므로 불법의 경중에서 고의범과 과실범의 차이가 없다.

확신범죄도 있고, 일반 범죄도 있다. 사이버범죄의 범행은 주로 교주가 범행의 주체인데, 직접 범죄를 하는 경우도 있지만, 교주가 직접 하는 것보다는 교사범이나 종범 혹은 간접정범의 행태로 참여하는 형태가 많다. 여기서 교사범이란 범죄의사가 없는 타인으로 하여금 범죄실행을 결의하여 그 죄를 실행하게 하는 자를 말한다. 교사범은 의사지배가 없이 정범에 종속되는 공범이라는 점에서 의사지배가 있는 간접정범과 구별되며, 교사범은 피교사자에게 범행결의를 유발시킨다는 점에서 타인의 범행결의를 전제로 그 실행을 원조하는 종범과 구별된다. 종범이란 타인의 범죄를 방조하는 자로 이미 범행의사가 있는 자에 대하여 성립하는 점에서 그렇지 않은 교사범과 구별된다. 예컨대 광신도가 이탈자를 감금한 경우 그 감금상태가 계속되도록 돕는 사람이 종범이 된다. 종범의 형은 정범보다 감경하며, 자신의 지휘·감독하에 있는 자를 이용하여 교사한 경우 정범의 정한 형의 장기 또는 다액의 1/2까지 가중할 수 있다. 즉 사이비교주가 부하를 시켜 이탈자를 납치케 한 경우가 그 예이다.

신생조직이거나 신도수가 적은 사이비종교집단의 교주는 직접 범죄를 하기도 한다. 예컨대 신도를 대상으로 자신에게 몸을 바쳐야 영생을 얻을 수 있다며 강간을 행사하는 경우이다. 이런 형태로 여러 신도들을 농락을 하거나 다른 신도들은 신도가 당하는 행위를 보고도 쉬쉬하면서 수사기관에 신고를 하지 않는 것이 더 큰 문제이다. 따라서 종교적 확신범죄는 종교적 신념에 의해 행하는 범죄로 어머니가 딸에 대한 수혈거부, 입대거부, 집총거부, 종교적 신념에 의해 이탈자를 죽이거나, 상해를 가하는 범죄를 말한다. 교주나 신도의 개인적이 동기에 의한 범죄는 확신범죄에서 제외되지만, 문제는 그러한 개인적 동기에 의한 범죄인 절도, 강간 등의 범죄도 종교적 상징형성과 상징조작이 이루어져 개인적 동기에 의한 범죄가 종교적 신념에 의한 확신범죄로 둔갑하는데 있고, 이를 잘 구별할 수 없다는데 있다. 그러나 사이비교주들이나 광신도의 개인적 동기에 의한 범죄는 종교적 확신범이 아니고, 종교적 확신범의 터울을 쓴 일반 범죄일 뿐이다.

2) 사 례

기독교의 한 이단인 OOO교에서 내세우는 문제점과 종교적 확신범죄의 사례는 다음과 같다.

(1) 집총거부

OOO교는 "현 정부의 권력은 사탄마귀로부터 받았기에 우리의 적이다. 곧 멸망할 정부를 위해 협조하거나 국기배례는 물론, 국가를 위해 병역을 이행해서는 절대로 안 된다"라고 교리서에 적고 있어 이러한 세뇌교육에 무장된 광신도들은 예비군훈련과 교련을 거부하며, 만약 교리를 어기고 국가요구에 응하면 사형제도나 다름없는 제명을 시키는데, 한국은 1975년 3월 12일 부산에서 55명이 종교적 이유로 병역을 거부해 집단 구속된 적이 있다.[358)]

이러한 집총거부는 최근 양심적 병역거부와 관련하여 사회문제가 되고 있다. 이와 관련하여 병역의무를 규정한 병역법 제88조 1항 1호가 종교적 양심에 따른 병역거부자들의 양심의 자유를 침해한다고 위헌제청 신청된 사건에 대해 헌법재판소는 2004년 8월 26일 재판관 7:2의 의견으로 현역입영대상자들이 정당한 사유없이 입영기일로부터 5일이 경과하여도 입영하지 않는 경우 처벌토록 하는 병역법 제88조 1항 1호는 합헌이라고 결정하였다(2002헌가1).[359)]

최근에는 불교신자인 모씨가 종교적 이유로 병역거부를 선언하고, 이에 동조하는 사람들이 늘어나고 있으며, 시민단체들도 종교적 개인 신념에 따른 병역거부자들의 인권이 보장되어야 한다며 이들의 대체복무제를 지지하고 있다.

---

358) 탁명환, 전게서, 204면에서 발췌·정리.

359) 헌재는 결정이유로 헌법 제19조의 양심의 자유는 개인에게 병역의무와 이행을 거부할 권리나 대체복무를 요구할 권리를 부여하지 않으며, 우리 헌법은 병역의무와 관련하여 양심의 자유의 일방적인 우위를 인정하는 어떠한 규범적 표현도 하지 않는다고 판시하고 양심상 이유로 병역의무의 이행을 거부할 권리는 단지 헌법 스스로 이에 관하여 명문으로 규정된 경우에 한해 인정할 수 있다고 한다.

(2) 수혈거부

OOO교는 성경에 나오는 "피를 멀리 하라(행 15 : 20)"를 엉뚱하게 확대해석하여 교통사고 등 어떤 경우에도 수혈을 거부케 하고, 만약 수혈을 하면 협회는 제명처분을 한다. 1972년 5월 22일 조모양이 교통사고로 출혈이 심해 수혈을 하려 하자, 그 모친이 교리를 내세워 수혈을 거부했고, 1977년 1월 28일 부산에 거주한 신도 OOO의 딸 김모양이 모친의 수혈 거부로 인하여 숨진 사건이 발생하여 모친이 구속된 바 있으며, 1980년 미국에서 원로 여가수 OOO가 종교적 신념을 이유로 수혈을 거부하여 사망하였다.[360] 또한 모종교신자로 백혈병치료를 받던 소년이 교리에 따라 수혈을 거부하다 2005년 4월에 숨졌는데, 소년과 그의 부모는 "피를 멀리 하라"는 성경구절을 중시하는 교리에 따라 수혈을 거부했다고 문화일보가 보도한 바 있다. 이같이 수혈을 거부하는 환자가 현재 3,000명이고, 그 중 20%가 미성년자인 것으로 의료계는 추산하고 있다.[361]

이 같은 종교적 신념에 의한 수혈거부로 인해 피해자가 사망하는 일이 많이 발생하는데, 이에 대해 수혈거부도 종교적 권리이며, 특히 미성년자의 경우는 재산처분 등 물권적 변경행위에서는 부모의 동의 등이 있어야 법적 효력을 받지만, 의료적 행위의 결정에는 제한이 없으므로 법적 문제가 없다는 의견과 그것은 명백한 친권남용이며 살인묵인과 살인방조라는 의견도 있다.

이처럼 종교적 이유로 부모가 자식에 대한 수혈을 거부하여 딸을 사망케 한 경우 대법원 판례는 어머니에 대해 유기치사죄가 성립한다고 보았다. 즉 생모가 사망의 위험이 예견되는 딸에 대하여 수혈이 최선의 방법이라는 의사의 권유를 자신의 종교적 신념을 이유로 완강히 거부하고 방해했다면 이는 결과적으로 요부조자를 위험한 장소에 두고 떠난 경우와 다름없고 사리판별능력이 없는 11세의 환자 본인이 수혈을 거부했더라도 생모의 수혈거부 행위가 위법하여 유기치사죄가 성립한다고 판시하였다.[362]

---

360) 탁명환, 전게서, 205면.

361) 조선닷컴, 2005, 5. 11.

362) 대판 1980. 9. 24. 다만 학설의 경우에는 묵인설을 인정하여 살인의 고의를 인정하는 견해도 있고, 이때 의사의 경우에도 보증인의 지위가 인정되므로 부작위에 의한 유기치사죄의 공범이 인정되지만,

(3) 성직자의 범죄불고지

1989년 서경원 의원은 밀입북하고 귀국하여 김수환 추기경에게 밀입북사실을 밝혔다. 이런 입북사실을 사제에게 고백한 것이 천주교의 고해성사로 될 경우 사제나 성직자는 고백내용을 비밀에 부쳐야 하는 것이 천주교의 교회법이지만, 국가보안법 제10조는 국가보안법 위반혐의자임을 알면서도 관계기관에 신고하지 않으면 불고지죄로 처벌한다고 되어 있어 성직자의 범죄불고지죄가 문제가 되고 있다. 형법에서는 성직자가 고해성사로 알게 된 타인의 범죄행위를 고발하지 않는 경우도 국가보안법 제10조의 불고지죄 또는 도주죄[363]의 방조의 구성요건에 해당하더라도 업무에 의한 정당행위가 인정되어 위법성을 조각하지만, 그 범위를 넘어서서 적극적으로 범인을 은닉·도피케 하는 것은 위법성이 조각되지 않는다. 판례는 "성직자의 직무행위가 사회상규(常規)에 반하지 아니한다 하여 그에 적법성이 부여되는 것은 그것이 성직자의 행위이기 때문이 아니라 그 직무로 인한 행위에 정당·적법성을 인정하기 때문인 바, 사제가 죄지은 자를 능동적으로 고발하지 않는 것에 그치지 아니하고 은신처 마련이나 도피자금 제공 등 범인을 적극적으로 은닉 · 도피케 하는 행위는 사제의 정당한 직무에 속하는 것이라고 할 수 없다"라고 판시하였다.[364]

(4) 일가족 음독자살사건

1969년 10월 8일 서울 영등포에 거주하던 A씨 댁에서 A씨의 부인과 자녀 등 5명이 사이비종교인 OOO교의 간부가 자기들의 종교는 독약을 먹어도 죽지 않는다는 설교에 현혹되어 자신들은 OOO교의 교리에 따라 독약을 먹어도 죽지 않는다는 사실을 증명하기 위해 약을 먹는다는 편지를 남기고 음독자살한 사건이 발생하였다.[365]

종범인지 또는 공동정범인지에 대해서는 여러 학설이 있다.

363) 도주죄는 법률에 의하여 체포 · 구금된 자가 도주한 때(제145조) 성립되며, 진정 신분범이다. 도주하는 단순도주죄와 도주시키는 행위인 도주원조죄는 성질상 공범관계에 있지만, 형법은 각각 독립된 구성요건으로 규정하고 있어 단순도주죄의 성립과 관계없이 도주원조죄는 별도로 성립할 수가 있다. 단순도주죄의 주체는 법률에 의해 체포·구금된 자이므로 구금되지 않은 자, 가령 가석방이나 보석 중인 자 또는 형의 집행정지 중인 자는 주체가 될 수 없다.

364) 대판 1983. 3. 8, 82도3248.

위의 사건은 종교적 확신에 의한 자살사건이며, 사실상 사이비종교 간부가 자살방조죄를 범한 것이 된다.[366]

(5) 일반범죄

종교인에 의한 일반범죄는 정통종교이든 사이비종교이든 다 발생할 수 있지만, 중요한 것은 이러한 일반범죄는 종교적 양심에 근거한 확신범죄는 아니며, 종교의 탈을 쓴 파렴치한 범죄이다. 특히 사이비종교나 이단에서 이러한 일반범죄가 사회문제시 되어 왔는데, 사이비교주에 의한 강간사건, 살인사건, 혼음사건, 납치, 감금, 상해와 폭행, 인권유린, 재물탈취, 무고죄 등 다양하다.

3) 종교적 확신범의 심리

사이비종교 교주들은 자신들의 먹이, 즉 사이비종교에 잘 빠지는 사람들을 포섭한다. 사이비종교에 잘 빠지는 사람은 기존 정통종교교리나 현실에 불만이 많거나 소속의 욕구가 부족하거나 기존 정통교리를 잘 모르는 미성숙한 사람들인데, 특히 소속욕구 결핍에 걸린 이들은 사이비종교의 신격화된 구원론에 쉽게 광신하는 분위기에 절어든다. 사이비종교 교주들은 자신들을 신격화·절대화시키고, 멋대로 만든 교리에 절대성을 부여해 기존종교에 적응하지 못하는 종교적 수요자들을 흡수하여 나간다.

특히 사이비종교는 기독교의 이단에서 많이 나온다. 이러한 이단들의 배후에는 공통적으로 절대화된 사이비교주가 있다. 따라서 종교적 확신범은 종교적 확신을 가진 사이비종교의 교주에 의한 것과 그런 사이비종교에 현혹된 광신도의 종교적 신념에 의한 범죄로 나눌 수가 있다. 먼저 스스로를 신격화하고 있는 사이비교주

---

365) 탁명환, 전게서, 308면.

366) 위의 사건과 같이 우리 형법에는 자살이나 자살미수는 구성요건해당성이 없어 처벌하지 않는데, 이때 자살을 처벌하지 않으려면 자살을 방조한 자를 처벌하고 있는 근거에 대해 공범 독립성설과 공범 종속성설이 있는데, 자살의 공범을 원래 처벌할 수 없기 때문에 이를 공범이 아닌 독립범죄로 특별히 국정된 것이라고 보는 공범종속성설이 다수설이다.

의 심리상태는 자기 밖에 모르는 자기애성 인격의 소유자이다. 자기애성 인격성향의 핵심은 과대성이다. 즉 자신의 능력을 비현실적으로 과도하게 인식하기 때문에 자신에 대한 비판을 이성적으로 받아들이지 못하고 부당한 모욕이나 모함으로 인식해서 강렬한 감정반응을 보이며, 자기애성 인격장애자는 실제적인 자기를 발달시키지 못하고 대신 주변의 찬사가 끊기면 허물어질 수 있는 '병적으로 과장된 자기'를 발달시킨다.[367]

광신적 형태를 보이는 신도들은 교리에 철저하고, 자신에 대해 지나치게 엄격하며, 다른 종교에 대한 이해가 부족하고, 융통성이 없는 강박성 인격장애의 특징을 보일 수가 있다. 이러한 광신자들, 특히 사이비종교에의 광신자는 미성숙할수록, 가난할수록, 소외된 사람일수록 잘 발생하게 되는데, 때로는 자신의 사회적 소외를 감추기 위해 관계적 몰입을 위해 광신자가 되는 경우가 있다. 그러나 어떤 경로가 되었든 광신도들은 자신들의 사이비교주가 구속되거나 자신들의 사이비종교의 교리의 허구성이 밝혀져도 곧바로 정상상태로 돌아오지 못하고 한동안 왜곡된 믿음이 계속되지만, 그 중 일부는 인지적 방황을 하거나 서서히 인지적 몰락을 경험하게 된다.

367) 이성주, 전게서, 278면.

제23장 테러범죄심리[368)]

1. 테러의 개념과 종류

테러란 테러리즘의 약칭으로 국가정보원은 정치적·사회적 목적을 가진 개인이나 집단이 목적을 달성하거나 상징적 효과를 얻기 위하여 계획적으로 행하는 불법적 폭력행위라고 정의하고 있다. 국제연합은 공포의 결과를 초래하는 희생물이 있고 기본적인 목표물이 설정되어 있으며, 폭력을 사용하고 정치적 목적을 달성하기 위한 행위라고 정의한다.[369)] 그러나 테러의 정의는 다양하며 아직 국제적 합의가 없고, 심지어 테러와 테러리즘을 다르게 보는 견해도 있다. 김두현은 테러와 테러리즘은 현격한 차이가 있다고 주장하고, 테러는 "특정한 위협이나 공포로 인해 모든 인간들이 심적으로 느끼게 되는 극단적인 두려움의 근원이 되는 것"이라고 정의하고, 테러리즘은 "개인이나 집단이 정치적 또는 이념적 목적달성을 위하여 기존체제에 대한 찬성 또는 반대행위로써 자행되는 직·간접적 방법에 의한 폭력행위"라고 주장한다.[370)]

테러란 발생 원인이 무엇이든지간에(범죄가 아니어도) 극도로 불안한 심리적 상태로, 테러는 테러리즘의 중요요소이나 테러는 테러리즘이 없어도 발생가능(대형사고 보도로 공포를 느끼는 것)하며, 테러리즘이란 정치적 목적이나 동기가 있고, 폭력의 사용이나 위협이 있으며, 공포심을 일으키고, 소기의 목표를 관철시키려는 것이라고 한다.[371)]

이렇게 테러 또는 테러리즘에 대한 개념정의는 다양한데, 이런 문제의 일부는

---

368) 신범죄심리학(천정환, 대왕사, 2006)의 553-570면을 전재

369) 손봉선, 경찰외사론, 108면.

370) 김두현, 현대 테러리즘, 백산출판사, 2004, 15면.

371) 김두현, 상게서, 18면. 그러나 김두현은 『경호학개론』에서는 테러를 테러리즘과 동일시하여 테러란 정치적·사회적 목적을 가진 집단·개인 또는 비밀공작원이 목적달성 또는 상징효과를 얻기 위한 수단으로 타인의 생명·재산에 위해를 가하고자 하는 계획적인 폭력행위라고 개념짓는다(김두현, 경호학개론, 백산출판사, 2004, 450면).

테러리즘을 실재적인 본질적 범죄활동으로 범주화하는데서 비롯된다. 테러범죄자에게 있어서 피해자에게 유발된 무시무시한 공포는 그 중요성에 있어서 하나의 도구인 범죄활동 그 자체를 능가하는 것으로, 테러는 직접적인 피해자가 그 행위 자체를 겨냥하는 특정집단에 미치는 전체적인 영향보다 덜 중요시되는 일반 억제와 유사한 목적을 가진 점이 일반 범죄와의 차이라고 한다.[372)]

이러한 테러리즘의 유형으로 이윤호는 정치적 테러리즘(정치적 목적을 위한 것), 비정치적 테러리즘(지역사회를 공포에 떨게 하는 조직범죄), 준테러리즘(인질을 잡는 은행 강도나 교도소폭동처럼 직접 피해자에게 공포를 주는 것이 목적은 아니지만 진정한 테러리스트의 기술을 이용하는 범죄), 제한된 정치 테러리즘(기존정권의 전복이 아닌 제한된 정치적 목적), 국가 테러리즘(침략국가의 행동)을 소개하고 있다.[373)]

한편 김두현은 테러리즘의 종류를 반체제 테러리즘, 체제 테러리즘, 보통 말하는 무차별적 테러리즘으로 나누고 있다. 무차별적 테러리즘에는 군사적 테러리즘, 종교적 테러리즘, 이념적 테러리즘(독일의 적군파), 경제 테러리즘(채권국에 대한 지급중지선포), 보복성 테러리즘, 문화적 테러리즘(선진국의 문화가 전 세계에 미치는 영향으로 언론이 중요한 매개자가 되는데, 수단을 가리지 않는 언론은 돈이 된다면 자국의 문화유산을 배제하고 외설 등의 테마들로 채운다고 한다), 전자 테러리즘(소프트웨어 프로그램의 파괴나 인터넷을 통한 테러), 원자력 테러리즘, 군 조직의 반란적 테러리즘, 맹목적 테러리즘, 국가개입 테러리즘, 환경 테러리즘(베트남 전쟁 시 고엽제 살포), 관료적 테러리즘(문서 테러리즘: 허위로 된 서류를 근거로 부동산을 압류하여 정부기관을 혼란시키는 행위), 미디어 테러리즘(매체를 장악하여 특정정권에게 이익이 돌아가도록 하는 것)을 들고 있다.[374)]

372) 이윤호, 현대사회와 범죄의 이해, 삼경문화사, 2004, 248면. 이런 맥락에 의해 미국의 형사사법기준과 목표에 관한 대통령자문위원회에서는 테러리즘을 강제적 목적을 위하여 광범위한 두려움을 유발하려는 일차적 목적을 가지고 폭력의 수단으로 이용되는 진술이라고 한다.

373) 이윤호, 상게서, 249~251면.

374) 김두현, 현대 테러리즘, 61면 이하.

2. 테러발생이론

테러리즘의 발생이론에는 상대적 박탈감이론(제3세계 국가처럼 사회적 욕구형성도가 사회적 욕구만족도를 초과할 때 심리적·사회적 좌절이 생기고, 이것이 폭력으로 연결), 동일시이론(테러리스트들은 국민들이 자신들에 대하여 동일시를 느끼도록 유도하며, 이를 통해 자신들의 조직을 강화시킨다), 국제정치체제이론(국제정치체제의 구조적 속성에서 기인), 현대사회구조이론(고도의 도시집중화·고도화된 교통체계와 대중매체발달, 무기체제의 고도화, 발생된 테러에 대한 주권국가차원의 묵인현상) 등이 있다. 그런데 현대의 생태학적 조건들이 테러의 발생을 쉽게 해 주는데, 특히 테러와 대중매체는 상호 상징적 관계로 해커(Hacker)는 "테러리즘은 TV가 없으면 존재이유를 상실하고, 테러가 없으면 TV는 가장 극적인 대상을 상실한다"라고 표현하고, 테러발생의 대중전달을 차단할 수 있다면 테러의 75%를 줄일 수 있다고 주장하였다.[375] 이와 같이 현대의 테러발생과 미디어는 긴밀한 관계에 있는데, 이것은 미디어 감염이론으로 설명할 수 있다.[376]

미디어 감염이론이란 테러에 대한 미디어의 특종위주의 보도가 모방 테러를 증가시키고, 테러리스트들은 목적달성의 수단으로써 미디어를 악용한다는 것으로, 이 같은 감염이론에서 발전하여 테러와 미디어는 공생관계에 있다는 공생관계론

---

375) 김두현, 상게서, 35면 이하.

376) 테러리스트들의 잔학행위를 상업적 언론기업이 선정적으로 보도함으로써 단기적으로는 언론은 이익이 되고, 반면 미디어의 보도는 테러리스트들의 행위를 성공적인 것으로 만드는데 기여한다고 보아 둘간에는 공생관계가 있을 수 있다. 한편 테러리스트들의 목적이 미디어에 의해 의제로 설정되지 않으면 그들의 정치적 목적을 달성할 수 없다는 점에서 윌리암스는 테러리즘의 의제설정효과에 대해 테러리스트가 메시지를 폭력이라는 중개물을 통해 희생자를 내면 미디어가 이를 보도해 공중 사이에 매스 커뮤니케이션이 되고 그들이 의도하는 효과를 낸다는 것이다. 커뮤니케이션의 형태는 대인적 차원과 대중적 차원에서 이루어지는데, 후자의 경우는 테러리즘의 목표는 파괴보다는 수용자의 태도 변화에 둔다. 매스미디어는 테러보도로 폭력에 의해 조장된 두려움을 전파하며, 테러리스트가 전달하려고 한 모든 실제적인 메시지를 전달하게 된다. 테러리스트라는 송신자에 의해 전달된 메시지의 수용자는 직접적인 최초의 수용자와 지연되고 간접적인 최종적 수용자의 두 차원이 존재하는데, 전자는 폭력에 의해 희생되며, 후자는 메시지가 의도하는 수용자로서 다음 차례에 자신들이 희생되지 않을까 하는 두려움과 공포를 느낀다. 따라서 테러는 그 자체의 본질적 성격으로 인하여 뉴스가치가 있어 미디어의 관심을 끌지만, 뉴스사건은 일시적이고 또 따른 테러리즘에 의해 대체되므로 테러리즘은 공중의제로 지속적으로 설정되는 데는 성공적이지 못하고, 다만 의제를 일시적으로 구축하는데 성공적이다(최효찬, 테러리즘과 미디어, 커뮤니케이션북스, 2002, 87~93면).

으로 발전한다. 즉 테러범은 미디어를 이용하고 미디어는 판매부수의 증가를 위해 테러사건을 왜곡·확대보도한다는 것이다.[377)]

한편 프로이드는 침략적 성격은 애정과 증오의 갈등 속에서 생겨난다고 했고, 프롬은 나르시즘의 세계에 사는 인간들이 자기의 세계가 위협받는다고 생각될 때 복수를 위해 강력한 폭력을 행하며, 코후(Kohu)는 테러리스트의 공격은 이상적으로 보고 있던 부모에 대한 실망에서 연유한 것으로 설명하고, 프라이드(Fried)는 정신적 환자가 개인의 불운을 정치화한 행위가 테러라고 한다.[378)]

집합적인 정신병리의 부산물로써 극단적 폭력성의 발로가 테러를 발생시킨다는 견해에서는 테러와 같은 다중폭력은 다중흥분의 효과를 가져와 개별 참여자의 명백하고 합리적인 금지행위에 대한 억제를 짓밟기 때문에 정신병리적이며, 따라서 테러와 같은 극단적 폭력에 가담하는 사람들의 행위는 정신병리적이라고 한다.[379)]

한편 라케(Laquer)교수는 테러는 민주국가에서 발생하고, 테러가 성공하는 것도 테러행위가 방송됨으로써 오는 사회적 충격 때문이라고 주장하며, 전체주의국가에서는 테러가 보도되지 않아서 국민들이 모르고 있다고 한다.[380)] 또 세즈레(Segre)는 식민통치를 받는 국가는 제국주의에 대한 투쟁은 무엇이든지 정당화되어 테러까지 국민의 동정을 받으며, 정치적 불안을 테러를 사용하여 해결하려고 하는데 문제가 생기게 된다고 본다.[381)] 또한 파이어밴드(Feierband) 등은 다인종사회나 다종교사회에서 경제 및 사회발전이 급격히 올 때 갈등이 첨예화되고 이 중에서 소수의 집단은 테러를 행한다고 한다.[382)]

테러행위는 행위 그 자체의 실질적 결과에 못지않게 그 행위가 가지는 상징성(테러행위는 유사한 사람들에 대한 강력한 설득과 추종자의 모방을 장려한다)을

377) 김두현, 현대 테러리즘, 35면 이하.
378) 김두현, 경호학개론, 453면.
379) 이윤호, 현대사회와 범죄의 이해, 255면.
380) Laquer & Walter, The Anatomy of Terrorism, London: Royal United Service Institute for Defense Studies, 1979; 김두현, 경호학개론, 454면에서 재인용.
381) D.V. Segre & S.H. Alder, "The Ecology of Terrorism", Survival, Vol. XV, No.4, 1973; 김두현, 상게서, 454면에서 재인용.
382) 김두현, 상게서, 453면.

가지는데, 과거에 비해 그 피해규모가 거대하고, 교통 및 통신의 발달로 방송을 통해 테러범의 메시지가 전 세계로 빠르게 전달되며, 모든 형태의 테러는 강자에 대한 약자의 무기이므로 인질을 잡는 테러의 비용은 크다는 것이다.[383)]

테러리즘은 보통 사람들의 관심을 모으기 위해 뉴스 미디어를 이용하므로 '극장형사건'으로 불리우므로 특정한 메시지를 전달하기 위하여 관객의 눈을 의식하여 공격목표가 선택되므로 테러리즘은 언제, 어디서든지, 누구라도 표적이 되므로 보이지 않는 공포를 형성한다.[384)] 또한 테러리스트에는 직업적으로 훈련받은 자들도 있지만, 테러조직과 면식도 없는 일반인들도 그런 테러이념에 동조해 지원자도 상당히 많으며, 이러한 아마추어는 보통 때는 일반시민으로 살아가므로 테러조직을 근절하는 것이 어렵다.[385)]

한편 최근에는 뉴테러리즘이란 용어가 나오는데, 이것은 2001년 9월 미국 세계무역센터 공격처럼 공격주체나 요구조건이 없는 신종 테러리즘으로 미국의 랜드연구소가 정의한 것이며, 구테러리즘이 자신을 알리는 존재확인에 목적을 둔 반면, 뉴테러리즘은 구질서를 무너뜨리고 새 질서를 구축하려는 전쟁수준의 시도라는 점에 특징이 있다고 한다.[386)]

이러한 뉴테러리즘의 특징은 추상적인 이유로 요구조건의 제시도 없고 정체도 밝히지 않는 얼굴 없는 테러이며, 전쟁의 한 형태로 나타나기도 하고, 테러조직의 여러 국가에 걸친 이념적 결사체로 조직이 다원화되어 무력화가 어려우며, 테러장비가 미사일이나 폭탄이 아니라 우리 주변에 항상 있는 주유소 등의 시설이고 테러현장의 생생한 화면이 전 세계로 보도되어 공포가 최고조로 확산되며, 1970년대 말부터 마약범죄조직과 연계된 정치 테러리즘 조직들과 상호 연계한다.[387)]

또한 국가 테러, 반정부단체의 테러, 정치인 테러, 정부전복 테러 등 테러조직

---

383) 이윤호, 현대사회와 범죄의 이해, 252~253면. 테러의 비용에는 경제적·심리적·사회적 비용이 있으며, 이런 사회적 불안은 전염성이 있어 사회의 불확실성과 긴장을 초래하고 상호 불신을 조장시킨다는 점에서 사회적 비용을 치른다.

384) 大泉光一/강영숙 역, 테러의 이해, 백산출판사, 2005, 87~88면.

385) 강영숙 역, 상게서, 89면.

386) 국방부, 국방정책, 2002, 285면; 김두현, 현대 테러리즘, 130면에서 재인용.

387) 김두현, 상게서, 131면.

의 성격에 따라 나누는 견해도 있다.[388] 이러한 뉴테러리즘의 공격수단으로 사이버 테러리즘, 레이저무기 테러리즘, 전자무기 테러리즘(상대의 전자장비의 효율적 사용을 방해하거나 그 기능을 감소시키기 위한 일체의 행위), 생물무기 테러리즘(유해한 병원성 미생물과 생물체 · 질병 매개물을 이용해 하는 테러), 마약 테러리즘이 있다고 한다.[389]

위에서 사이버 테러리즘이란 사이버공간에서 일정한 목적을 가지고 계획적으로 정보 시스템을 공격하는 행위로, 최근에는 조직의 이익이나 정치적 목적을 위하여 정보유출과 파괴 및 시스템의 마비 등의 방법으로 주요국가 정보통신기반에 심각한 위해를 가하는 방향으로 변하고 있다. 그 유형에는 초보 아마추어의 해커, 범죄의 조직화된 엘리트 집단의 행위, 정치적 · 종교적 목적 달성을 위해 국가안보와 관계된 시설을 공격하는 사이버테러 등이 있다. 사이버테러의 주요수법에는 해킹 · 스누핑 · 스니핑 · 스푸핑 · 전자우편폭탄 · 스팸메일 · 서비스거부 · 고출력전자총 · 스캔공격 · 논리폭탄 · 트로이목마가 있다고 한다.[390]

3. 테러조직의 특성과 테러실태

테러조직도 대규모부터 소규모까지 다양하게 존재하지만, 모든 테러조직은 강력한 카리스마를 가진 지도자를 중심으로 조직되어 있다. 그것은 다양한 테러범[391]

388) 임상곤, 범죄심리학원론, 백산출판사, 2004, 512면. 임상곤은 테러란 특수조직에 의한 살인·방화·약탈 · 전복 등에 의해 최소의 인원과 장비 · 재정 및 시간과 공간을 이용하여 비인간적 방법으로 최대의 효과를 나타내는 잔혹한 행위의 일체를 포함한다고 주장(임상곤, 상게서, 510면)하고, 광의로는 국가적 차원에서 테러를 관리 운용하는 형태가 있으며, 협의로는 특정한 집단이나 종족 또는 종교단체에서 극비에 운영되는 테러조직관리라고 개념 짓고 있는데, 테러 개념을 지나치게 경제적 개념(최소자원으로 최대효과)과 결과적 개념 및 범죄활동적 개념으로 취급한다. 테러는 범죄활동 그 자체보다는 공포조성과 상징조성의 전파가 주요 특징이고, 방화나 전복 등의 최대효과를 가져오지 않아도 공포조성과 메시지의 전파만 있으면 테러목적이 달성되는 점에서(효과가 없는 미수에 그쳐도 테러의 목적이 달성되므로) 적절한 정의가 아니다.

389) 김두현, 상게서, 132면.

390) 이윤호, 현대사회와 범죄의 이해, 217면 이하.

391) 테러범의 심리에 대해 30년간 연구한 심리학자 로나필즈는 테러범들은 자기 주변 사람들이 당한 부당함이나 폭력에 대해 '눈에는 눈, 이에는 이'라는 맹목적인 복수심의 충동에 이끌려서 청소년기에 테러조직에 자원하는 경향이 높다는 사실도 있다고 주장했다. 또 스티븐 J. 모건은 『원리주의자 테

을 통솔하기 위해서는 강력한 지도력이 필요하기 때문이다. 그리고 테러조직[392]의 특징으로 조직의 측면에서는 테러집단은 우호적 국가 지원을 받는 국가형태의 조직을 갖추고 있으며, 자금의 측면에서는 공통적으로 기부금, 몸값, 마약거래 및 합법적 사업을 한다는 공통점이 있고, 현대는 테러조직의 활동반경이 확대되어 테러집단의 연계활동이 강화되며, 과학기술의 발달로 현대 테러집단의 행위를 갈수

러리스트의 정신』)(*The Mind of Terrorist Fundamentalist*, 2001)이라는 책에서 테러범들에 대해 "이들은 사랑을 모르는 정신적인 불구자들이다. 정서적으로 왜곡되어 있으며, 이들에게는 가장 자연스럽고 평범한 인성을 찾아볼 수 없다. ……이들은 가슴 속에 감정의 시한폭탄을 품고 다닌다. 이 폭탄은 여러 해 동안 터지지 않고 있다가 마침내 때가 되면 저절로 안전핀이 빠지면서 그들과 그들 주변에 있는 사람들을 살해한다"라고 주장하였다(이경식 역, 프로파일론, 브리이니언이니스, 휴먼북스, 2005, 325면.)

그러나 로나필즈나 모건의 주장은 테러범의 일부에 대해서만 타당할 뿐이며, 모든 테러범에는 일반화시킬 수 없다고 하였다. 청소년기에 복수심이 형성되지 않고 바르게 사회화 되었다가 성인이 되어서 테러에 가담하는 형태도 많기 때문이다.

392) 미국 국무성에서 발표한 테러조직에는 다음이 있다(이재영, 전쟁, 대왕사, 2005, 235~236면).

① 아브니달기구(Abu Nidal Organization: ANO): 중동과 서구→극좌 과격파
② 아브사아프(Abu Sayyaf Group: ASG): 필리핀→이슬람 과격파
③ 무장이슬람집단(Armed Islamic Group: AIG): 알제리→이슬람 과격파
④ 옴진리교(Aum 진리교): 일본→컬트교단
⑤ 바스크조국과 자유(Euzkadi ta Azktasuna Basque: ETA): 스페인→극좌계 민족득립파
⑥ 이슬람집단(Gamaat Islamiya: GI):이집트→이슬람 과격파
⑦ 하마스(Hamas): 팔레스타인→이슬람 과격파
⑧ 하라카트울무자헤딘(Harakat ul-Mujahidin:HUM): 파키스탄→이슬람 급진파
⑨ 헤즈볼라(Haebollah):레바논→이슬람 과격파
⑩ 이슬람운동우즈베키스탄(Islamic Movement of Uzbekistan: IMU): 우즈베키스탄→이슬람 과격파
⑪ 지하드(jihad): 이집트→이슬람 과격파
⑫ 카크(Kach): 이스라엘→유대인 극우파
⑬ 쿠르드노동자당(Kurdish Worker's Party: PKK): 터키→좌익계 민주독립파
⑭ 타밀엘람해방호랑이(Liberation Tigers of Tamil Eelim: LTTE): 스리랑카→민주독립파
⑮ 무자헤딘하루크(Mujahadin-e Khalq: MEK): 이란·이라트→반이란
⑯ 민주해방군(Ejercito de Liberacion Macional: ELN): 콜롬비아→좌익계
⑰ 팔레스타인이슬람성전(Palestinian Islamic Jihad: PIJ): 팔레스타인→이슬람 과격파
⑱ 팔레스타인해방전선(Palestin Liberation Front: PLF): 팔레스타인→좌익계
⑲ 팔레스타인인민해방전선(Popular Front for the Liberation of Palestin: PELF): 팔레스타인→좌익계
⑳ 인민해방전선총사령부(Popular Front for the Liberation of Palestin General Command : PFLPGC) : 팔레스타인→좌익계
㉑ 알카에다(Al-Qaeda): 중동과 아시아 등→이슬람 과격파
㉒ 아일랜드공화국(Irish Rrpublican Army:IRA): 영국과 북아일랜드→구교파
㉓ 콜롬비아무장혁명군(Revolutionary Armed Force of Colombia or Fuerzas Armada Revolucionarias de Colombia: FARC): 콜롬비아→좌익계
㉔ 혁명중추(Armed Revolutionary Nuclei: ARN): 그리스→극좌파

록 지능화 · 대형화 되어가고 있다.[393)]

현대 테러집단의 가장 중요한 요소인 자금문제는 1970년대 팔레스타인의 테러조직은 아랍산유국으로부터 지원을 받았고, 냉전시대에는 소련과 그 밖의 테러지원국가로부터 자금제공이 있었지만, 현대는 약물밀매, 복지 · 사회활동을 하는 NGO 그룹을 방패막이로 한 기부금수입, 마약거래, 사업가유괴에 의한 몸값, 혁명세 등이 주요 수입원이다. 여기서 혁명세란 스페인 좌익계 그룹인 바스코조국과 자유(ETA)에서는 변호사, 기업, 의사 등을 협박하여 획득하는 혁명세가 가장 중요한 수입원이다. 협박장을 보내면 상대방은 할 수 없이 혁명세를 지불하게 되는데, 1979년부터 20년 동안 ETA는 약 20억 페세타(100페세타는 우리나라 돈으로 환산하면 약 700원) 이상을 획득했다.[394)]

테러주의 수단에는 항공기 테러,[395)] 외국원수 등 요인을 살해하는 암살테러[396)] 사람의 인질을 통해 시설을 점거하는 시설점거 테러[397)]가 있는데, 보통은 유괴와 건물점거가 동시에 발생하기도 한다. 이러한 인질 및 유괴를 동원한 테러는 전통적인 테러수법이고, 그 이유가 정치적 · 경제적 · 사회적 · 종교적 이유가 있으며, 때로는 몸값을 요구하기도 한다.[398)]

---

393) 이재영, 전게서, 237~239면.

394) 강영숙 역, 전게서, 82면.

395) 항공기 테러는 하이재킹이라는 항공기납치와 항공기 폭파 및 항공시설에 대한 공격 등이 있는데, 항공기 납치는 인질을 이용해 자신들의 테러목적을 미디어를 이용해 알리려는 특징이고, 항공기 폭파는 정치적 · 종교적 목적을 위해 공포감을 조성하는데 특징이 있다.

396) 암살이란 정치적·종교적 기타 동기에 의하여 상징적 인물을 살해하는 행위로 자파세력을 과시하고, 자기조직에 반대하는 정부관리를 제거하는데 목적을 둔다. 특히 폭탄을 이용한 암살은 배후세력을 알 수 없어 선호되는 방법이며, 최근에는 전통적인 금속탐지기로는 발견할 수 없는 Symtex 같은 플라스틱폭탄이 등장하고 있다(김두현, 현대 테러리즘, 97면).

397) 인질이 잡히면 테러범과 대상집단간에 인질협상이 이루어지는데 인질협상은 고도의 심리전이므로 반드시 인질협상심리전문가가 참여해야 한다. 여기에는 두 개의 갈등세력이 존재한다. 경찰이나 군은 다소 희생을 보아도 빠른 진압을 원하고, 무력작전을 피하려는 협상심리전문가 사이의 갈등이 존재하게 된다. 희생을 최소화시키고 인질을 구출하기 위해서는 인질범의 심리적 특성을 이해해야 한다. 대개 인질범들은 사건 초기에는 자신들이 권력을 잡았다고 생각하지만, 그 권력이 불안한 권력이라는 것을 동시에 알게 되므로 초기에는 불안, 초조, 충동적 감정에 지배되므로 경찰의 사소한 반응에도 예측할 수 없는 반응을 보일 수 있으므로 인질범의 심리를 존중해 주고 편안하게 해 주도록 하면서 인질을 해치지 않는 것이 모두에게 득이 된다는 것을 심리적으로 이해하게 하여 자신들이 존중받고 있다는 느낌을 들게 해야 하며, 범인들의 열등감을 표출할 수 있는 커뮤니케이션은 절대 엄금해야 하고, 테러집단보다 경찰이 우월하다는 점도 삼가해야 한다.

398) 1996년 12월 17일에 페루의 리마에서는 토바크아말혁명운동(MRTA)이 일으킨 페루인질사건은 127일

4. 테러방지대책

테러를 방지하기 위해서는 테러행위 자체가 정치적·경제적·사회적·종교적·이념적 목적에 의해 행해지므로 가장 근본적인 방안은 외교역량을 강화하고 다양화해서 해결하는 것이다. 테러를 미연에 방지하기 위해서는 외국정보기관의 유대강화와 국내공항 등 국가주요시설, 다중이용시설, 장비, 폭발물, 총기류, 화생방물질 등에 대하여 완벽한 보안관리가 행해져야 한다.

테러관련 각종 국제협약의 국내적용기반을 법적 측면에서 마련해야 하고, 국민들의 테러의식을 제고시킬 제도적 방안을 모색해야 한다.[399] 또한 테러가 최근에는 인터넷을 통해 메시지를 보내는 등 그 수법이 고도화되므로 이러한 사이버테러에 대응할 IT관련 기술과 컴퓨터 보안기술을 개발해야 하며, 각 대학의 경찰행정학과에도 테러과목을 넣어 앞으로 테러예방의 주역이 될 예비 경찰관들에게 이론적 지식을 갖추도록 해야 한다. 더구나 테러심리전문가나 인질협상전문가 양성에도 주력할 수 있도록 관련 기관이나 대학원에서 이들의 양성을 위한 제도적 방안을 마련해야 한다. 테러심리이론은 중요하지만 우리나라에는 테러 심리전문가가 거의 없고, 테러에 대한 국내 도서에도 테러심리이론이 별도로 소개되지 않고 있다.

테러방지의 핵심은 실전에서 테러현장에 투입될 경우 인질의 희생을 최소화하고 소기의 목적을 달성하는 것이다. 테러범과 인질 그리고 테러심리전문가를 포함한 경찰간에는 3개의 심리적 권력관계, 즉 심리적 파워게임이 전개되며, 이들의 목적은 자기이익의 극대화를 위해 심리적 게임을 하는 것이다. 그런데 이들 집단 내에서의 의사결정이 극단적으로 흐를 위험이 있는 집단이 바로 테러집단이며, 테러발

간 일본대사를 포함하여 72명의 인질을 잡고 일본이 지원하는 후지모리정권의 긴축제정책에 반대하는 명분과 함께 수감 중인 정치범 수백 명의 석방과 몸값을 요구한 사건이었다. 페루 특수부대가 게릴라전을 통해 테러범 전원을 사살하였지만, 인질 1명도 희생되었다.

399) 테러방지를 위한 테러방지 관련 협약에는 민간항공의 안전에 대한 불법적 행위의 억제를 위한 협약, 외교관 등 국제적 보호인물에 대한 범죄의 방지협약, 항공기 내에서 범한 범죄 및 기타 행위에 관한 협약, 항공기의 불법납치억제를 위한 협약, 인질억류방지에 관한 국제협약, 핵물질의 방호에 관한 협약이 있다.

생 초기에는 의사결정권력이 테러범에 집중되어 있다. 테러심리전문가의 역할은 테러집단과 진압측의 심리게임이 Non-zero-sum 게임이 되는 것처럼 테러집단에게 인식시키고, 테러집단 내의 심리적 의사결정의 권력관계에 심리적 공백이나 심리적 와해가 생기도록 심리적 공작기법을 사용해야 한다.

테러심리전문가의 성공은 어떠한 무력진압을 하지 않거나 실리적 양보 없이 무장해제를 시키는 것이지만, 그것이 안 될 경우 경찰투입시점은 테러범들의 심리적 한계효용이 급락하는 변곡점이 되어야 한다. 그런 변곡점에서는 대항의지가 적어 인질의 희생이 적기 때문이다. 또한 테러조직 내에서 실제로 심리적 권력의 분포도를 찾아 심리적 권력이 큰 자를 중심으로 심리전을 펼쳐야 한다. 또한 테러심리학을 전공한 자를 대상으로 경찰에 특채하는 인사정책의 개선이 있어야 한다. 테러심리는 테러범, 경찰, 인질의 3가지 방향에서 논의되는데, 기존의 논의를 보면 인질범과 인질 사이에는 스톡홀름증후군이 생긴다고 한다. 이것은 인질들이 인질범들에게 정서적으로 동조하면서 경찰의 작전을 방해하고 사태를 평화적으로 해결할 수 없는 상태로 간다는 것이다. 즉 사람들은 인질이 되면 곧바로 자신을 인질범들과 동일시하여 인질범들에게 고분고분하게 되며, 총격전 등의 외부행동이 자신을 다치게 할 수도 있다는 것을 알기에 사태를 해결하기 위한 어떤 폭력행위도 반대한다고 한다. 시간이 갈수록 인질범과의 동일시 경향이 강해져 인질들은 인질범의 불만과 정치적 신념을 닮아 간다. 그리고 어느 순간에는 인질범의 주장이 옳다고 믿게 된다고 한다.

심리학자들은 스톡홀름증후군은 인질상황뿐만 아니라 가정폭력과 같은 상황에서도 일어난다고 한다. 한편 연구자들은 스톡홀름증후군이 일어나는 환경은 ① 어떤 사람이 다른 사람을 죽이겠다고 협박한다. 협박을 받은 사람의 눈으로 볼 때 협박을 하는 사람은 충분히 그럴 능력과 의도가 있어 보인다. ② 협박을 받은 그 상황에서도 도망칠 수 없다. 그래서 그의 목숨은 전적으로 협박하는 사람의 의지와 손에 달려 있다. ③ 협박을 받는 사람은 외부와 단절되어 있다. 그래서 외부와의 유일한 통로는 협박하는 사람이다. ④ 협박을 받는 사람이 보기에는 협박을 하는 사람이 자신에게 친절을 베푸는 것 같다 등이다.[400] 그러나 필자의 견해는 위의 스톡홀름증후군은 아주 특별한 경우, 즉 테러범들의 테러명분이 누가 보더라도 정당성을 띠고, 그런 명분이 인질들에게 자발적으로 수용될 때 일어난다. 그러나 대부분의 테러가 정당한 명분이 없다는 것과 이 사태만 모면하면 된다는 이기적인 인질본능을 감안하면 인질들이 인질범에게 정서적으로 동조하고 그들의 정치적 신념을 닮아 간다는 주장은 결코 일반화 될 수 없는 논리다. 다만 인질들은 자신의 이익, 즉 생명보전을 위해 가식 등 모든 방법으로 인질범들에게 정서적 지지를 보내고, 그들의 주장에 동조한다는 우호적 커뮤니케이션을 보내려고 노력하는 것일 뿐 상황이 끝나면 그런 태도는 바로 사라진다. 즉 진정한 스톡홀름증후군은 극소수일 뿐이다.

5. 테러범죄심리

1) 기존의 견해

정신분석학에서 인질범들은 어린 시절 가부장적 권위의 결핍으로 인해 순응적이기보다는 반항적 성격으로 자라났다고 주장하며, 정신장애적 특성을 지닌 인질테러의 경우에는 주로 불건강한 가족관계를 지닌 고립되고 부적응적인 사람들에 의해 발생한다고 한다.[401)]

설워드(Sullwold)는 테러리스트들은 두 가지 성격특징이 있는 바, 한 부류는 떠돌아다니기를 좋아하는 외향적 성격의 소유자들로서 자극을 선호하는데, 이들 중에는 자기도취적 성격장애도 있으며, 이와는 반대로 편집증을 지닌 사람들도 있는 바, 이들은 의심이 많고 공격적이며 자신의 잔인성을 무의식적으로 합리화하는 방어기제를 사용한다고 한다.[402)]

---

400) 브라이언이니스/이경식 역, 프로파일링, 휴먼북스, 2005, 326~329면.

401) Post, "Note on a Psychodynamic Theory of Terrorism Behavior", Terrorism an International Journal, No. 7, pp. 241~256; 이수정 외, 전게서, 331면에서 재인용.

402) L., Sullwold, Stationen in der Entwicklung von Terroristen-Psychologiche Aspekte Biographischer Daten, in G. Schmidtchen & Sullwold, Lebenslaufanalysen, Analysen zum Terrorismus 2,

머라리(Merari)는 자살폭탄을 제기하는 사람들이 일반 자살자 집단과 매우 유사한 심리적 특징을 지니고 있으며, 이들도 개인적인 이유로 자살을 희망했고, 다만 테러조직이 제공하는 논리적 구조에 의해 자신들의 동기를 위장했다고 한다.[403)]

표현적 욕구를 지닌 인질범들은 자신의 불만을 표시하고자 하는데, 쿠누스톤(Knuston)은 테러리스트들을 면담한 결과 이들의 폭력행위의 가장 큰 이유는 좌절감으로 정치경제적 욕구나 목표에 대한 좌절이 이들을 분노케 했다고 한다.[404)]

2) 사　견

인질범이나 테러리스트들의 심리적 동기를 정신분석학적 측면 등 어느 한 측면으로만 파악하여 설명하는 것은 타당하지 못하다. 그 이유는 정신분석학적 이론으로 설명할 수 있는 테러리스트들은 극히 한정적이기 때문이다. 따라서 테러리스트들의 심리분석에도 일반 범죄처럼 정신분석적 모델(범죄는 무의식적인 내적 갈등의 결과), 행동주의 모델(범죄는 잘못된 학습의 결과), 인지적 모델(범인이 의식하고 있는 능동적인 정신과정을 강조하고 범죄는 부적응적 사고의 결과), 생물학적 모델(범죄원인을 생리학적 인과관계) 등을 종합적으로 고려하고 또한 범죄경제학적 입장도 고려하여야 한다.

범죄경제학적 입장에서 테러리스트들의 범죄행동은 일반 범죄와 같이 범죄이익과 범죄비용을 치밀하게 계산한 후 범행을 하는데, 다만 일반 범죄자가 범죄이익의 계산에서 개인적 이익만 산정하지만, 정치적 테러리스트는 그러한 개인적 이익외에 자신의 희생으로 조국의 번영이 올 수 있다는 주관적인 애국심에 기초한 사회적 편익도 범죄이익에 포함시키는 것이 다르다. 또한 개인적 이익의 계산에 있어서도 젊은이들의 일반 범죄는 구체적이고 현실적 이익을 계산하지만, 자살폭탄과 같은 정치적 테러리스트는 죽은 뒤의 사후세계에 대한 편안함과 신념 등이 개

1981, pp. 86~116; 이수정 외, 상게서, 332면에서 재인용.

403) A., Merari, *The Readiness to Kill and Die: Suicide Terrorism in The Middle East*, 1990; 이수정 외, 전게서, 332면에서 재인용.

404) 이수정 외, 상게서, 336면.

인적 이익에 포함되는 것이 다르다. 이들은 대의를 위해 소수가 희생되어도 좋다는 논리로 자신들의 테러로 많은 사람이 사망하는데도 불구하고 죄책감이나 양심의 가책은 느끼지 않고, 오로지 조국의 독립을 위하거나, 종교적 신념을 전파했다는 이유로 자신들의 잘못을 합리화 시킨다. 이러한 합리화에 대해 일반인의 입장에서 접근하면 그들의 테러로 인한 죽음은 헛된 죽음이며, 이로 인해 그의 가족은 고통의 나날을 보내야 하고, 중요한 것은 억울한 피해자가 많이 발생한다는 사실이다.

종교적 분노나 민족적 분노가 범행의 원인이 되는 중동의 테러리스트와 달리 독재국가의 독재자의 지원을 받는 중남미의 국가 테러리즘은 그러한 분노보다는 정치적 신념의 전파와 경제적 이익이 범죄이익으로 계산된 점이 다르듯이 오늘날 다양한 형태의 테러리스트의 공통된 심리현상을 찾기는 힘들지만 대체로 합리화라는 방어기제의 사용과 대의명분의 중시 및 충성심 그리고 죄책감의 상실 등은 공통점으로 자리 잡고 있다.

중동지역의 빈번한 인종 테러나 종교 테러단체에서 자살폭탄 테러를 가하는 사람들의 심리에는 순교자 또는 자유의 투사라는 상징형성에 세뇌되어 그러한 상징세뇌가 완전 고착된 결과물로 볼 수 있다. 순결한 이런 정치적 테러리스트들은 스스로가 그러한 상징형성과 상징조작에 세뇌되었다고 생각하지 않고, 스스로 인지적 과정에 의해 자발적으로 순교자로서 외로운 길을 걷는다고 다짐하며, 이러한 다짐에 방해가 되는 모든 요소는 의식 밖으로 밀어낸다. 대개 이들은 국가주의·민족주의·애국심을 강조하는 정치사상에 오랫동안 세뇌된 자들이다. 그러나 현실적으로 이익만 추구하는 이기주의적 인간은 절대로 자살폭탄 테러를 행하지 않고 있다. 그 이유는 자살폭탄이 자신에게는 너무 많은 범죄비용이 되기 때문이고, 테러단체나 국가가 강조하는 애국심 등의 정치상징세뇌에 의식화되지 않기 때문이다.

여러 형태의 테러단체에는 일반 조직에서 보이는 과두제의 철칙과 집단사고가 더욱 강하게 작용한다. 즉 의사결정권이 소수에게 집중되는 과두제의 철칙은 테러단체에서 더 강하게 나타나는데, 이것은 불안과 위험이 내재된 테러구성원들에게는 보다 긴장이 상존하는 테러단체에는 조직구성원들이 더욱 위험한 집단의사결정을 하는 집단극화의 방향으로 치닫게 된다.

제24장 묻지마 범죄

1. 개념

"묻지마 범죄"란 배경이나 범죄동기가 불분명한 범죄로 다양하게 정의되고 있다. 대개는 범죄대상이 특정되지 않는 상태지만 2012년 8월에 있은 여의도 묻지마 범죄처럼 범죄대상이 특정되는 경우도 있다. 따라서 "묻지마 범죄"는 특정적 개념으로 조작할 수 없는 현대사회적 개념이며 사회구조의 필연적 부산물이다. 따라서 "묻지마 범죄"란 범죄동기나 범죄대상이 특정되지 않거나 때로는 특정된 범죄로 사회적 약자를 대상으로 대중들이 모인 공개된 장소에서 행해지는 분노표출 범죄라고 정의 할 수가 있다. 이러한 묻지마 범죄에는 묻지마 폭행 등 대인적 범죄가 가장 많다.

2. 묻지마 범죄의 현황(2012)

2012년 8월에는 전국적으로 묻지마 범죄가 증가한 바 통계는 다음과 같다.

〈표 : 2012년 8월의 묻지마 범죄〉

시간	지역	장소	사건	특징
18일 오후 6시 35분	경기 의정부시	지하철역	30대 남성이 지하철 승강장에서 공업용 커터칼을 휘둘러 8명 중경상	퇴근 시간대 붐비는 지하철 역사에서 범행
20일 오후 1시 24분	부산 강서구	초등학교 근처	40대 여성 노숙인이 하교길 남녀 초등생 2명 몽키스패너로 폭행	하교하던 학생들을 대상으로 범행

20일 오전 9시 반	서울 광진구	주택가	전자발찌를 찬 40대 남성이 30대 주부 성폭행 하려다 살해	자녀 배웅하러 나간 틈타 집안에 숨어 있다가 범행
20일 오후 7시 10분	서울 송파구	주택가	40대 남성이 자신의 가족에게 과도 휘두름	손도끼와 시너를 소지한 채 7세 조카에게도 휘두름
21일 오후 9시 반	울산 중구	동네 가게	20대 남성 50대 슈퍼마켓 여사장에게 칼 휘두름	단골가게 사장에게 묻지마 범행
22일 오후 7시 16분	서울 영등포구	회사밀집 지역	30대 남성 흉기로 전 직장동료와 행인 4명에게 칼 휘두름	최근시간대 붐비는 도심에서 발생

출처 : 동아일보 2012. 8. 24

위의 통계에서 알 수 있듯이 묻지마 범죄는 공개된 장소에서 행해지고 모방성이 강하며 분노가 왜곡된 형태로 나타나는 범죄임을 알 수가 있다. 따라서 언론보도의 신중한 접근이 중요하다고 할 수가 있다. 한편 전자발찌에 의한 둔지마 범죄도 증가하고 있다.[405)]

---

405) 〈표 : 전자발찌통계 : 조선일보 2012. 8. 24〉

연도	2008	2009	2010	2011	2012.8.23 현재	누적 착용자
발찌 착용자 수(명)	151	127	393	932	1025	2108

〈표 : 발찌 훼손 범행〉

연도	2008	2009	2010	2011	2012.8.23 현재	합계
발찌 훼손범행 (건)	1	5	9	13	8	36

(전원 검거, 평균 징역 4개월 또는 벌금 300만원 선고, 2012년부터 실형 선고 추세)
출처 : 조선일보 2012. 8. 24

3. 사례분석

연합뉴스 2012년 8월 23일에 나온 여의도 묻지마 사건은 다음과 같다.

(서울=연합뉴스) 김승욱 김지헌 김수진 기자 = 22일 퇴근길 서울 여의도 한복판에서 칼부림을 한 김모(30)씨는 실적 저하에 따른 직장동료의 모욕적인 언사로 직장을 그만두게 되면서 생활고에 시달리게 된 것에 앙심을 품고 범행한 것으로 경찰 조사결과 드러났다.

특히 김씨는 같이 근무했던 전 동료 6명을 죽이기로 마음먹고 치밀하게 범행을 계획했던 것으로 밝혀져 충격을 주고 있다.

23일 영등포경찰서에 따르면 김씨는 2009년 10월 A신용평가사에 입상, 채권추심업무 실적이 좋아 3개월 만에 부팀장으로 승진했다. 그러나 이후 실적이 점차 떨어지면서 상사와 동료로부터 "제 앞가림도 못하면서 뭐하냐", "부팀장이면서 월급만 많이 받아간다." 등의 비난을 받자 2010년 10월 퇴사했다.

김씨는 A신용평가사를 그만둔 뒤 대출 관련 회사에 취업했지만 적응하지 못하고 13개월 만인 지난 4월 퇴사, 생활고에 시달리면서 4천만원의 카드빚을 지고 신용불량자로 전락했다.

그는 이후 한 통신회사에 취업하려 했으나 신용불량자인 것이 걸림돌이 돼 낙방, 극심한 경제적 어려움에 처하자 A사의 직원 중 자신을 험담한 6명에게 앙심을 품고 살해하기로 결심했다고 경찰은 전했다.

김씨는 경찰에 체포될 당시 현금 200원, 4천원이 충전돼있는 교통카드가 수중에 있는 전부였으며 생계를 위해 노트북 컴퓨터도 팔아야 할 만큼 궁핍했던 것으로 조사됐다.

김씨는 지방대학을 중퇴했으며 부모는 경기 가평에서 펜션을 운영하고 있지만 가족간 사이가 좋지 않아 왕래가 잦지는 않았다.

김씨는 월 20만원의 신림동 고시원에서 생활하면서 이 6명을 떠올릴 때마다 과도(5개)와 숫돌을 구입해 칼날을 갈았다고 경찰은 밝혔다.

김씨는 경찰 조사에서 자신을 험담한 6명은 살인 충동을 느낄 만큼 증오했지만 팀원 중에는 호흡이 잘 맞아 마음이 통했던 사람도 있었다고 진술했다.

경찰은 검거 직후 '김씨에게서 술 냄새가 났다'고 밝혔지만 조사결과 김씨는 술을 마시지 않은 상태에서 범행한 것으로 확인됐다.

김씨는 22일 오후 7시 15분께 영등포구 여의도동에 있는 한 제과점 앞에서 A사의 상사였던 김모(32)씨와 부하 직원이었던 조모(31·여)씨의 얼굴과 목, 배 등 부위를 흉기로 수차례 찌르고 달아나다가 길에서 마주친 행인 안모(32·여)씨와 김모(31)씨에게도 마구 흉기를 휘둘렀다.

피의자 김씨는 범행 당일 A사 앞에서 전 직장 동료들을 기다리다 김씨와 조씨가 퇴근하는 것을 보고 115m를 따라가 흉기를 휘두른 것으로 조사됐다.

일면식이 없는 행인 2명을 해친 데 대해 김씨는 '마치 날 잡으러 오는 것 같아 흥분한 나머지 찔렀다'고 진술했다.

김씨는 안씨를 인질로 삼아 자신이 근무했던 건물 옥상으로 올라가 스스로 목숨을 끊으려 했지만 안씨가 완강히 저항하면서 옥상으로 올라가는 데 실패했다.

김씨는 범행 현장에서 도주하는 과정에서 신고를 받고 오후 7시20분께 현장에 출동한 경찰과 10분간 대치한 끝에 테이저건(전기총)을 맞고 검거됐다.

이 과정에서 많은 시민이 김씨를 제압하는 등 피해 최소화와 범인 검거에 큰 도움을 줬다고 경찰은 전했다.

경찰은 이날 중 김씨에 대해 살인미수 혐의로 구속영장을 신청할 예정이다.

출처 : 연합뉴스 2012. 8. 23

위의 여의도 묻지마 범죄에 대해 범죄심리분석을 하면 상대적 좌절감이 내면화된 심리상태에서 그것을 완충시키고 보호해줄 가족이 1차적인 보호기능을 못한 상태에서 범인은 내적인 충동조절 메카니즘이 붕괴되어 원초아인 이드(id)가 의식을 지배하여 양심적자아인 슈퍼에고우가 작동 못하였다. 학습된 무기력이 그를 묻지마 범죄로 몰리게 했고 자신이 하고자한 내면의 좌절감을 범죄로 표출하고자 한 범죄였다.

4. 원인과 대책

묻지마 범죄의 원인에 대해 기존의 전문가들은 다음과 같이 진단하고 있다.

> 신영철(강북삼성병원 정신과 교수)은 "이런 사람들은 꾹꾹 불만을 속에 담아두고 있는데 주변에 사람이 없어서 관계에서 잘 풀어내지를 못해요. 그래서 아주 사소한 일이 계기로 돼서 폭력적으로 순식간에 폭발하는거죠." (KBS뉴스. 2012. 8. 23)

신영철의 주장은 지나치게 심리적 측면에서 묻지마 범죄를 파악하여 사회구조적 원인에 의한 묻지마 범죄를 설명하지 못하고 있다.

> 표창원(경찰대 교수)은 "이러한 성격적 장애를 갖고 있는 사람들이 부담없이 쉽게 찾아가서 상담받고 치료 받을 수 있는 사회적 기반시설이 마련돼야만 예방이 가능한 문제입니다."
>
> 지난 2008년 도쿄 한복판인 아키하바라에서 충격적인 흉기난동 사건을 경험한 일본은 7명이 숨진 이후 일본은 범죄위험이 높은 '은둔형 외톨이'들과 전문적인 상담 체계를 만들었습니다.
>
> 인간관계 회복이 중요하다는 겁니다. (KBS뉴스. 2012. 8. 23)

표창원의 주장도 성격적인 개인적 차원에서만 문제삼고 있으며 성격적 장애가 없는 사람에 의한 묻지마 범죄를 설명 못하고 있다. 성격적 장애가 없어도 충동적으로 발생할 수 있기 때문이다.

> 한상진 교수는 "문제는 우리 사회가 남의 얘기를 잘 들어주지 않는 데 있다"며 "상호간 소통할 수 있는 회로가 열려 있어 자신을 정상적으로 표현할 기회를 많이 얻는다면 돌출적인 방법으로 타인에게 위해를 가할 개연성은 그만큼 줄어들 것이다"라고 말했다. (한국일보. 2009. 8. 27)

한상진 교수의 주장도 개인시밀적 측면과 커뮤니케이션적 차원에서만 접근한 것으로 정치적 또는 사회구조적 원인에 의한 묻지마 범죄를 설명 못하고 있다.

곽대경(경찰행정학) 동국대 교수는 “묻지마 범죄는 사회적으로 금기시된 ‘벽을 뛰어넘는’ 행위인데 일단 넘고 나면 이후에는 ‘될 대로 되라’는 심정으로 관계없는 사람에게까지 폭력을 행사하게 된다”고 설명했다. 경찰 관계자는 “사회적 소외감을 느끼는 사람들이 늘면서 범죄 역시 갈수록 흉악해지고 있다”며 “미국처럼 총기 소지가 자유화됐다면 생각만 해도 끔찍한 총기사고도 적지 않았을 것”이라고 말했다. (문화일보. 2012. 8. 23)

경찰은 잇따른 묻지마 범죄 및 강력범죄 발생에 대해 우범자 전담 감시 등의 강화된 치안 대책을 내놓았지만 한계가 있다는 지적이다. 현재 경찰은 800여 명 구모의 성폭력·강력범죄 우범자 감시 · 감독팀을 신설해 3만 7000여 명에 달하는 우범자를 전담 감시하는 대책을 추진하고 있다. 하지만 묻지마 범죄가 대부분 우발적 상황에서 발생하기 때문에 예방이 어렵고 경찰 1인당 담당 인구가 501명에 달하는 현재의 치안 인력으로는 초기 대응도 쉽지 않다는 지적이다. (문화일보. 2012. 8. 23)

곽대경의 주장은 묻지마 범죄가 여의도사건에서 알 수 있듯이 자신과 관계된 사람에게도 발생하는 현상을 설명 못하고 있다.

따라서 묻지마 범죄의 대책은 심리적, 사회적 측면 등 다양한 측면에서 균형적이고 종합적인 관점에서 접근해야 한다.

참고문헌

1. 철 학

강규철, 인간행동이해, 청목, 2004.
금교영 외, 인간과 논리, 진리, 윤리, 담론사, 1997.
김영필 외, 철학읽기, 학문사, 1997
김종욱, 불교에서 보는 철학, 철학에서 보는 불교, 불교시대사, 2002.
오강남, 세계종교둘러보기, 현암사, 2003.
윤리교재편찬위원회, 현대사상과 윤리, 학연사, 1993.
윤찬원, 도교철학, 돌베개, 1990.
이민재, 한국인의 인성, 교육과학사, 1998.
윌슨/이한음 역, 인간본성론. 사이언스북스, 2000
정진일, 도가철학개론, 서광사, 2006.
-----, 철학개론, 박영사, 2003.
조긍호, 유학심리학, 나남, 1998.
란트마/진교훈 역, 철학적 인간학, 경문사, 1997.
줄리앙/허경열 역, 계몽철학자와의 대화, 한울, 2004.

2. 사회복지관계학

강란혜 외, 아동복지론, 대왕사, 2005.
강영실 외, 사회문제론, 대왕사, 2005.
교정사회사업연구회, 교정사회사업, 아시아미디어리서치, 1996.
김준호 외, 청소년비행론, 청목, 2003.
남세진, 집단지도방법론, 서울대학교출판부, 1990.
문선화 외, 한국사회와 아동복지, 양서원, 2005.
배임호 외, 교정복지론, 양서원, 2001.
법무부, 교정현장상담, 2002.

-----, 교정현장상담, 2002.
오영재 외, 청소년복지론, 대왕사, 2004.
이영희, 교정복지의 이론과 실제, 홍익, 2002.
이인혜, 현대인의 정신건강, 대왕사, 2005.
이정찬, 교정복지, 한국교정선교회, 2000.
전재일 외, 사회복지론, 형설, 1989.
-----, 개별사회사업, 형설, 1989.
정민자 외, 성상담교육이론과 실제, 대왕사, 2005.
진영석, 정신보건사회사업, 백산, 2005.
천정환, 교정복지학, 대왕사, 2005.
한국교정복지학회, 교정복지연구, 2005~2006.

3. 심 리 학

권석만 외, 심리학개론, 박영사, 2002.
김성진, 범죄심리학, 동인, 2002.
사라손/김은정 역, 이상심리, 학지사, 2002.
김정호 외, 심리학개론, 서울대학교 출판부, 1985.
김종률, 수사심리학, 학지사, 2005.
박천식, 심리학, 교육과학사, 2002.
이규환, 스토킹 심리학, 미토, 2005.
이수정, 범죄심리학, 북카페, 2005.
이장호 외, 심리학개론, 방송통신대학교출판부, 1985.
이현수, 이상행동의 심리학, 대왕사, 2002.
이홍표, 도박의 심리, 학지사, 2005.
임상곤, 범죄심리학, 백산, 2004.
-----, 범죄심리학원론, 백산출판사, 2004.
장동환 외, 심리학입문, 박영사, 1997.
천정환, 교정심리학, 한국고시회, 2005.
최정윤 외, 이상심리학, 학지사, 2001.

홍대식, 사회심리학, 박영사, 1994.
-----, 심리학, 박영사, 1982.

4. 범죄학 및 형사정책

김두현, 현대 테러리즘, 백산, 2004.
김보환, 범죄생물학, 동국대학교출판부, 2004.
송광섭, 범죄학 겸 형사정책, 유스티니아뉴스, 1998.
이윤호, 형사정책, 박문각, 1999.
-----, 범죄학개론, 박영사, 2002.
-----, 현대사회와 범죄의 이해, 삼경, 2004.
이태언 외, 신형사정책, 형설, 2005.
이황우 외, 형사정책, 법문사, 1997.
조준현, 범죄학, 법원사, 2004.
지광준, 범죄학, 경인, 2003.
천정환, 형사정책, 한국고시회, 2005.
최인영 외, 합리적선택이론, 백산출판사, 2005.
---------, 화이트칼라범죄의 정의와 원인이론, 백산출판사, 2005.
--------, 가정폭력범죄와 여성에 의한 스토킹, 백산출판사, 2005.

5. 논 문

박형민, "방화범죄의 실태에 관한 연구", 형연원, 2004.
우제태, "사이버공간과 사이버범죄", 사회과학논총, 제16권 전주대학교 사회과학 연구소, 2000.
이수정 외, "성폭력 원인과 개입전략에 대한 고찰", 한국사회문제 심리학회지, 제10권, 2004.
이진수, "사이버 테러리즘의 실태와 대책", 형사정책연구 제42호, 형연원, 2000.
장규원, "새로운 사회문제로서의 스토커와 그에 대한 입법의 기본방향", 한국피해자학회, 2001.

장세석, "성폭력 범죄 고찰", 교정복지연구, 제1호, 2005.
장인환, "마약사범의 효율적 교정처우방안", 경기대학교 석사학위논문, 2004.
장인협, 노인복지, 서울대학교 박사학위논문, 2000.

6. 매스컴학

김예란, 미디어파워, 커런, 커뮤니케이션북스, 2005.
김우룡 외. 현대매스미디어의 이해, 나남, 1999.
-----, 커뮤니케이션 기본이론, 나남, 2004.
-----, 현대방송학, 나남, 1999.
김정기 외, 매스미디어와 수용자, 커뮤니케이션북스, 1999.
김창룡 외, 테러와 전쟁보도, 언론재단, 2001.
루이스/김후자 역, 커뮤니케이션개론, 성광, 1974.
노성호, 한국언론의 범죄보도관행, 형연원, 1996.
방정배, 매스미디어원론, 나남, 1996.
미노루/송진명 역, 방송미디어경제학, 커뮤니케이션북스, 2003.
오미영 외, 커뮤니케이션 핵심, 커뮤니케이션북스, 2005.
오택섭 외, 미디어와 정보사회, 나남, 2005.
원용진, TV 비평론, 한울, 2000.
유세경, 매스미디어와 현대정치, 나남, 1996.
이진국, 언론의 범죄보도와 형사법적 문제점, 형연원, 2002.
이창호, 전쟁 저널리즘, 커뮤니케이션북스, 2005.
이효성, 현대사회와 매스 커뮤니케이션, 한울, 1996.
진행남, 정보화시대 매스 커뮤니케이션 연구, 나남, 2004.
최병묵, 청소년자살예방론, 홍익제, 2002.
한국방송학회, 방송보도론, 나남, 1993.
홍기선, 현대방송의 이해, 나남, 2004.

7. 기 타

박상규, 마약류 중독자를 위한 자기 사랑체, 학지사, 2003.

손봉선, 범죄수사론 Ⅱ, 대왕사, 2004.

-----, 경찰외사론, 대왕사, 2005

신천희, 성도착증과 성정체감의 장애, 학지사, 2000.

양태규, 과학수사론, 대왕사, 2004.

-----. 수사종결론, 대왕사, 2004.

-----, 조직폭력범죄수사론, 대왕사, 2004.

유명건, 환경범죄와 공해대책, 1987.

이시형 외, 현대사회와 스토킹, 사회건강연구소, 1999.

이윤호, 현대사회와 범죄, 삼경, 2005,

이인혜, 현대인의 정신건강, 대왕사, 2005.

이재영, 전쟁, 대왕사, 2005.

정민자 외, 성상담 · 교육이론과 실제, 대왕사, 2005.

지광준, 범죄사회와 피해자, 더션, 2006.

천정환, 교정심리학, 대왕사, 2004.

-----, 신교정학, 한국고시회, 2004.

표창원, 한국의 연쇄살인, 랜덤하우스, 2005.

8. 외국문헌

1) 영미문헌

Afliter, John, *Prisoners Right*, Green Wood Press, 1996.

Bandura, A., *Social Learning Theory*, Englewood Cliffs, N.J, prentice-Hall, 1977.

山根眞住, 矯正心理學槪論, 平安書院, 1971.

Kerle, Kenneth E., *American Jails Looking to the Future*, Butterworth -Heinenmann, 1998.

Leech, M., *The Prisoner Handbook*, Oxford University Press, 1995.

Louis P. Charney, *Introduction to Correctional Science*, 2nd ed., McGraw-Hill Book Company, 1979.

Toch, Hans, *Living in Prison*, Washington, D.C., American Psychological Association, 1992.

Weiten, Wayne Dr., *Psychology Applied to Modem Life Adjustment in the 80s*, 2th edition, Monterey, California: Books/Cole Publishing Company, 1986.

2) 일본문헌

山根眞住, 矯正心理學概論, 平安書院, 1971.

日本法務省, 矯正心理學, 矯正協會, 1987.

武未, 犯罪心理學, 東京出版社, 1980.

加藤久雄, ポータ゜ーレヌ時代の刑事政策, 有斐閣, 1995.

矯正研修所, 矯正心理學, 財團法人 矯正協會, 2000.

菊田辛一　外, 犯罪學, 北樹出版, 2003.

大久保治男, 江戸の犯罪と刑罰, 高文堂, 1988.

藤本哲也, 犯罪學入門, 立花書房, 1980.

--------, 刑事政策の動向, 青林書院, 1991.

--------, 刑事政策概論, 青林書院, 1977.

法務省 矯正局, 矯正の現狀, 法曹時報 第55劵 第5号, 2003.

森下忠, 犯罪者處遇論の課題, 成文堂, 1988.

-----, 刑事政策入門, 成文堂, 1989.

저자 소개

千定煥

고려대학교 사회복지학 박사
국립경상대 법학박사
성균관대 경제학과 졸업

현재 : 동서대학교 경찰행정학과 교수
한국교정복지학회 부회장
저서 : 신범죄학 외 다수
논문 : 군행형법개정의 문제점 외 다수

李東任

국립경상대학교 법학박사

현재 : 폴리텍대학교 외래교수
한국교정복지학회 이사